中国社会科学院创新工程学术出版资助项目

中国人口合理分布研究

——人口空间分布与区域协调发展

张车伟 王智勇等 著

中国社会科学出版社

图书在版编目（CIP）数据

中国人口合理分布研究：人口空间分布与区域协调发展/张车伟等著.
—北京：中国社会科学出版社，2015.10
ISBN 978 - 7 - 5161 - 7254 - 4

Ⅰ.①中…　Ⅱ.①张…　Ⅲ.①人口分布—研究—中国　Ⅳ.①C922.2

中国版本图书馆 CIP 数据核字（2015）第 288618 号

出　版　人	赵剑英	
责任编辑	李庆红	
责任校对	周晓东	
责任印制	王　超	

出　　　版	中国社会科学出版社	
社　　　址	北京鼓楼西大街甲 158 号	
邮　　　编	100720	
网　　　址	http：//www.csspw.cn	
发 行 部	010 - 84083685	
门 市 部	010 - 84029450	
经　　　销	新华书店及其他书店	

印刷装订	三河市君旺印务有限公司
版　　次	2015 年 10 月第 1 版
印　　次	2015 年 10 月第 1 次印刷

开　　本	710×1000　1/16
印　　张	23.5
插　　页	2
字　　数	398 千字
定　　价	86.00 元

前　言

作为中国社会科学院重大项目成果，本书是课题组成员共同努力的成果。它的出版虽比预计时间稍迟，但这使我们有了更多时间修改、完善。现在呈现在大家面前的内容就比当初计划更丰富了些。初稿完成后，我们不断对书稿进行修改，多次召开课题组成员会议和专家讨论会，内容也从原来的 5 章增加为 10 章。

长期以来，由于我国现有区域数据统计数据不完善，很多比较复杂问题的分析经常只能基于省际层面数据，很少使用地级区域数据，更不用说使用县级区域数据了。然而，中国的省级行政区规模是如此之大，以至于省级区域分析常会忽略大量内部异质性，从而使得研究很难深入问题的实质。为了弥补以往研究中数据方面所存在的不足，课题组下大力气建立基于县级行政单元的人口、经济、社会和资源环境数据库。为获取数据，课题组与国家统计局、民政部、城乡建设部以及人力资源和社会保障部等部委以及国外研究机构进行各种形式的合作，收集了多种来源和渠道的数据，基本上建成了基于县级行政单元的人口经济社会和资源环境数据库。数据库的建立使得我们的研究有了更加坚实的基础。

我们的研究注意吸取国际上城乡以及区域划分方面的最新成果，采用规范的研究方法，依托县级单元人口经济社会数据库，尝试对中国人口合理分布问题进行探索。所谓人口合理分布，我们的理解就是人口与产业或者经济活动相匹配的分布。基于这样的想法，我们在研究中考察了我国人口分布的历史变动、现状、基本规律和发展趋势，分析了地区差距的变动特点及其对人口流动的影响。同时，我们把地区差距理解为人口与经济集聚两个过程不协同所导致的结果，而不匹配程度就是地区差距的空间表现。改革开放以来，经济向东部地区集聚，而人口没有相应集聚是造成区域之间差距不断拉大的直接原因。同时，人口与产业集聚相对速度变化决定了二者分布匹配性的动态演进，而旨在追平区域均衡发展的政策最终都需要落在如何影响人口聚集和产业聚集速度上。这样的分析以及所得出的一些结论和认识对于今后如何促进区域协调发展显然提供了一个新视角。我们的研究还探讨了我国城镇化格局变动与人口合理分布的关联。中国的城镇化率已经突破50%，已经成为名副其实的城镇化社会。作为推动中国今后经济增长的重要引擎，城镇化的本质从人口分布来看其实就是人口不断聚集的过程，在此过程中，如果人口的聚集不能与产业或者经济活动聚集相协调，则城镇化就不能称为完全城镇化。通过对我国城镇化格局变动的考察，并借鉴国际前沿的研究成果，我们在研究中提出了城镇人口合理分布的标准，并据此评判了中国各区域城镇人口分布的合理性，探讨了今后人口分布变化的方向。更进一步地，在分析人口和经济分布匹配度的基础上，依据对国别历史数据的考察，我们提出了地区差距的合理区间，归纳了我国区域地区差距变动类型，并为如何促进人口合理布局以及区域协调发展提供了政策建议。

我们的研究虽然在诸多方面进行了有一定新意的探索，也得出了一些具有一定参考价值的结论，但这些结论是否正确还需要理论和实践的进一步检验。当然，由于水平的局限，书中难免会有一些错误和疏漏，还望各位读者海涵！

作为集体智慧的结晶，本书第一章由王智勇撰写；第二章由杨舸和王智勇撰写；第三章和第四章由李晓峰和蔡翼飞撰写；第五章由张妍和王智勇撰写；第六章由张妍和蔡翼飞撰写；第七章由张车伟和蔡翼飞撰写；第八章由王智勇撰写；第九章和第十章由张车伟和蔡翼飞撰写。

本书的出版，离不开中国社会科学院科研局的支持，离不开中国社会科学出版社的支持，在此表示感谢！蔡翼飞和杨舸承担了一些书稿的编辑整理工作，感谢他们的劳动付出！

张车伟
2015 年 6 月 16 日

目　录

第一章　城乡和区域划分 ························· 1

　　第一节　城乡划分 ····························· 1

　　第二节　区域、空间分类系统和方法 ·············· 3

　　第三节　各国现有人口区域分类系统综述 ·········· 7

　　第四节　中国人口区域分类系统的研究综述 ········ 14

　　参考文献 ································· 34

第二章　中国人口分布区域格局 ················· 37

　　第一节　中国人口分布的"胡焕庸线" ············ 37

　　第二节　影响人口区域分布的因素 ·············· 42

　　第三节　人口分布区域格局变化 ················ 59

　　第四节　人口分布的区域聚集：三大经济圈 ········ 73

　　参考文献 ································· 91

第三章　地区差距现状与变化 ··················· 93

　　第一节　经济发展水平的地区差距 ·············· 93

　　第二节　居民收入水平的地区差距 ·············· 98

　　第三节　居民消费水平的地区差距 ············· 104

　　第四节　地区差距测算评价与分析 ············· 113

　　参考文献 ································ 123

　　附录 ···································· 124

第四章 流动人口格局及变化 ·········· 125

第一节 流动人口规模与政策 ·········· 125
第二节 流动人口结构变化 ·········· 138
第三节 流动人口的基本格局与变化 ·········· 147
第四节 流动人口格局变化的简单分析 ·········· 162
参考文献 ·········· 171

第五章 城市化的国际经验与借鉴 ·········· 175

第一节 城市化发展的内在机制与一般规律 ·········· 175
第二节 城市化的国际经验 ·········· 182
第三节 国际大都市圈人口集聚的经验借鉴 ·········· 195
参考文献 ·········· 208

第六章 中国的城镇化：现状与问题 ·········· 211

第一节 城镇化的定义与简要历程 ·········· 211
第二节 中国城市化发展的适度性分析 ·········· 223
第三节 中国城市化面临的问题与挑战 ·········· 231
参考文献 ·········· 240

第七章 中国城镇化格局变动与人口合理分布 ·········· 243

第一节 城镇化格局变动特征与趋势 ·········· 244
第二节 城市人口合理分布探讨：Zipf律及其含义 ·········· 258
第三节 从Zipf律看中国城市人口合理分布 ·········· 261
第四节 主要结论 ·········· 268
参考文献 ·········· 270

第八章 区位、产业结构与人口分布 ·········· 272

第一节 区位与区位优势 ·········· 272
第二节 区位优势与产业结构 ·········· 276

第三节　人口空间分布与区域经济发展 ·············· 284

参考文献 ··· 300

第九章　从人口与经济分布匹配度看人口合理分布 ·········· 307

第一节　不匹配度的内涵及度量指标 ················ 308

第二节　不匹配度的特征事实 ····················· 312

第三节　不匹配的形成机理 ························· 320

第四节　不匹配问题的影响因素 ··················· 327

第五节　结论 ··································· 334

参考文献 ··· 335

第十章　区域均衡发展与人口合理分布的政策选择 ·········· 338

第一节　区域发展不均衡的动态分析 ················ 339

第二节　人口流动、经济集聚与地区差距 ············ 346

第三节　不匹配度的国际比较及对中国区域均衡发展的思考 ····· 359

第四节　结论与建议 ····························· 365

参考文献 ··· 366

第一章　城乡和区域划分

本章介绍城乡划分和区域划分的理论脉络发展及最新进展，梳理中国城乡划分和区域划分的观点与理论，概述各国现有的人口区域分类系统，主要是经合组织（OECD）国家的人口区域分类系统，详细介绍具有代表性的人口区域分类体系。在这个基础上进行简单的国际比较，总结现有人口区域分类系统对于中国人口区域分类系统研究的借鉴意义。建立基于 OECD 标准的中国城乡和区域划分体系，进而对中国的城镇化问题进行新视角的研究。

第一节　城乡划分

城镇是人类社会发展的一个必然产物，当人口越来越多地聚集于某个交通便利的地方并逐渐形成居住和交易中心时，城镇也就相应地产生。城市的发生发展，在规模上有其由小到大的成长过程。在性质和功能上，有其由单一到综合和由低到高的演变。然而城市最为本质的要素则是人口聚居和从事非农产业活动（马侠，1988）。城镇的产生实际上是把一部分人口从农业领域转移到非农领域。因此，可以说，城镇化是农村人口转化为城镇人口的过程，是农村生活方式转化为城市生活方式的过程，是小农经济转化为城市化大生产的过程。

城乡划分就是对国家批准的市辖区、县级市、县和街道、镇、乡的行政区域进行划分，以政府驻地实际建设的连接状况为依据，以居委会、村委会为基本划分单位，将区域划分为城镇和乡村。城乡划分需要依据一定的标准或者指标来进行。国际上城乡划分的指标主要有三类，第一类是人口规模和人口密度，第二类是基础设施的完善程度和建筑密度，第三类是人口的就业构成（国务院发展研究中心课题组，2010）。中国学者针对中国国情及社会经济发展变化而提出的各种城乡划分标准，实际上也是以上三类的各种综合。例如，马侠（1988）提出按城市聚居非农人口比重为75%，郊区农业人口为25%来确定城市人口。田雪原（1989）则提出市、镇范围的确定应同时满足人口密度在500人/平方公里以上，非农人口比例在70%以上这两个条件作为划分城市人口的标准。周一星和史育龙（1993，1995）提出建立以城市景观地域为基础反映城市实体的统计概念和标准，进而建议采用下限人口规模、非农化水平和人口密度3个指标定义城市实体地域。

在中国，城乡划分在很大程度上是服务于统计和行政管理需要。统计上城乡划分标准的制定是以我国市镇建制模式以及行政区划为依据将地理行政区划划分为城镇和乡村。从我国城乡划分演变历史来看，以1984年国家放宽市镇建制标准和2006年国家统计局制定《关于统计上划分城乡的规定》为界，前后可以分为三个时期。（1）从新中国成立初期至1984年。这一时期，国家对市镇建制控制较严，统计上是直接采用设有建制的市和镇的辖区行政界限来划分城乡。（2）1984—2005年，随着撤乡设镇和撤县设市的力度加大，国家根据实际情况的变化，基本采取了以市或镇为整体的城乡划分原则。（3）2006年至今，根据村级单位所在的统计区域和城乡属性综合判断村级单位城乡类别的城乡划分原则。

长期以来城乡人口统计口径所使用的标准不够科学，其内涵不仅与国际上通行的标准不接轨，而且自身内部也不一致（朱宇，2002）。综观现有的大多数城乡划分方法，仍以城乡二元划分居多。第五次全国人口普查工作相比于过去的城乡划分有了很大的改进，但隐含在"五普"城乡划分标准背后的是传统的城乡二元的概念框架。这种概念框架将人类聚落及在其中居住的人口简单地区分为城市（镇）和乡村两种主要类型。然而，无论是发达国家还是发展中国家，一个显而易见的事实是，社会的城乡界限趋于模糊，这使得城乡划分工作变得越来越困难。在发达国家，人们在城区工作，在城郊或者农村生活；在发展中国家，随着乡镇工业化的进展，乡镇的工作生活模式与城市有着越来越多的相似之处。在中国，随着越来越多农村劳动力在农村和城镇之间迁移，传统的城乡模式及边界也越来越模糊。在东部沿海发达地区，诸如长三角和珠三角，城乡之间的边界正日益模糊，在某种程度上越来越向发达国家靠拢。不仅如此，研究表明，在乡村劳动力中从事非农产业者不断增加是亚洲许多发展中国家早已存在的普遍现象（Jone，1983）。此外，由于中国的城市几乎都是建成区小于行政辖区，但城市人口统计都是以行政地域为基础的。

在这种情况下，城镇人口统计数据对真实情况的夸大程度是与行政地域同景观地域的背离程度成正比的（周一星、史育龙，1993）。尤其值得注意的是，根据这些城乡二元标准统计出的市镇人口不是偏大就是偏小，而且在不同地区及市镇间缺乏可比性，在国际上更是屡屡受到质疑（周一星、史育龙，1995）。有鉴于此，早在 20 世纪 70 年代初，国际人口科学研究联盟城市化委员会就建议有关国家使用三分或四分的聚落分类系统（Hugo et al.，2001）。从这个角度来看，第五次人口普查时所采用的城乡划分方法仍然有许多不足之处，需要在此基础上进一步加以完善，其中一个重要的变革可能是不再仅以城市和农村来加以划分，可能需要在两者之间再划一至两个过渡地带，即遵行三分或四分的聚落分类系统原则。也有研究在梳理中国历次城乡划分标准和参考国际城乡划分标准之后，提出逐渐以行政村和居民社区的简易城乡划分标准（张立，2011）。

与城乡划分体系密切相关的是区域分类体系。从很大程度上说，区域分类的基础是城乡分类结果，区域间的一个重要差异也体现于城乡结构的不同。

第二节　区域、空间分类系统和方法

宽泛地说，区域可以定义为"一个或多或少有界限的地区，具有某些一致性或者组织原则从而使得它区别于其他地区"（Gregory，2000）。不过 Massey 强调认为，"区域这一术语并不必然指标准和地区，即一个国家主要的行政区划，而是指任何在国家之下的任何大小的地区"（Massey，1984）。甚至是分类或者观念上的世界区域也在使用之中。区域的大小、形状和细节依赖于发展的阶段，与特定的地理形式相联系。这些也将在实际的地理形式和功能中得以体现。这里的发展指的是一个社会的社会和经济结构，以及对这些结构的科学表述。

在 20 世纪早期，区域被视为客体，即地理学研究中的基本建筑板块之一。这意味着世界可以划分成许多有限的空间然后再加总，这些空间可以积聚，形成一个更大的总体。在传统区域科学领域里，这需要采取分布论的形式，或者说试图描述地球的每一个部分。这是 Hartshorne 区域观点的核心，他的观点大致可以视为倡导区域是"关于展示独特的区域是如何揭示现象的共变化性，它们只能通过确认区域而得以理解"的一种方法（Agnew，2000）。或者如 Cartier（2002）所说的那样，传统区域地理学"很大程度上依赖于描述性方法，集中于形成区域一致性和区域意义的多样化和独特的区域特征，它以对自然环境的描述性途径作为开端，接着对人类活动的模式和特征加以评估，它们通常包括诸如人口和种族群体分布、居住和城市化、农业和工业等类目"。

20 世纪后半期，传统的区域地理学面临着日益增加的批评。Hartshorne 的方法被人们批评为任由区域差异化主导了地理学，忽视了区域一体化，从而将区域的差异化与区域特殊性联系在一起，却将这些空间分布的原因遗漏在分析之外（Haggett，1965）。不过有人反击道，"越来越多关于区域分类和区域边界的思考令我心寒……毕竟，谁能够，或者谁想去记住大量的区域细分呢?"（Sauer，1956）。"实际上好的区域地理学是优雅的表述艺术，而创造性艺术并不是由模式和方法所局限的。"（Sauer，1956）然而，数量革命使它也切入到区域研究的领域之中，空间科学作为一种方法出现了，它关注"通过对空间分布、空间结构和组织以及空间关系的精确数量描述来构建具有预测能力的准确概括"（Berry and Marble，1968）。地理研究应该关注揭示世界的精致空间秩序，而空间秩序在其根本的几何学意义上说，是通过数学和统计公式来表达空间的。空间分类系统是其中的一部分，因为它以几何学的形式系统地表述了空间信息。问题是如何构建分类体系。关于区位的经济理论，如冯·屠能（von Thunnen）和韦伯（Weber）的区域三角论，洛希（Losch）和克里斯托勒（Christaller）的中心区位理论，为这项工作提供了一些原则，使得产业、市场、功能和人口构成了这些体系的标准。在这方面，尤其是中心区位理论起到了重要的作用。中心区位就是为周边区域提供产品和服务的区位。放到一起来说，中心区位是分层归类的：同一阶层的区位被假设为生产相同的产品，较高阶层的中心区则提供较低阶层中心生产的一切以及更多。中心区位的居住区理论上在平凡无奇的自给自足的经济服务方面会呈现出均匀分布的人口，而购买力也会在人群中一致地分布（Cartier，2002）。此外，便是居住集中过程中的位序—规模律（rank – size rule）；城镇与城市，从而确定功能区域。

　　然而20世纪70年代空间科学面临着批评，部分的是由于一个不同的世界开始形成。人们提出了关于贫困、公民权、环境、性别和种族不平等等方面的问题。这些问题是"数量革命"看来无法也是不愿意解决的。作为"数量革命"曾经的一员，David Harvey 承认了这种方法，他认为这种方法"仅仅描述"而无力去面对社会的内在过程和各种对立的力量。此外，新一代学者正在以一种更加激进的，通常基于马克思主义之上的方式来填补大学位置方面的秩序。这种方式意味着区域差异化理论的回归，却是以一种与传统区域地理学不同的方式，即人文主义的方法，关注作为人类行为基本前提的区位的社会结构，关键的理论/马克思主义的方法关注阶级、内在过程和不断变化的劳动分工，把两者关联起来的方法则关注人类的施为与结构（human agency and structure）。区域作为历史偶尔过程的概念得以引入，使得区域作为"有界的空间以及传统区域流派认同的建筑群落的概念变得不那么可靠"（Gregory，2000），人们更多地关注固定与流动之间的张力。由此可见，空间分类系统一般来说是特定权力几何学（power geometry）的组成部分。作为关注焦点转变的结果，区域形成被理论化为"社会关系外延网络局部的、纵横交错的以及混合的浓缩体，各自有不同的跨度以及变化无常的几何形状"（Gregory，2000）。代表性的问题出现了，例如，这些关于区域的理解如何应用于实践？对于那些居住于以特定方式加以描述的区域之内的人们而言，他们的职责是什么？相应地，一个更加分散且更加错综复杂的区域概念出现了，无界的区域地理学和不连续的区域是由当地不平衡的发展所组成的，这已经由 Allen、Massey 和 Cochrane（1998）所强调。90年代，新经济地理学的发展和新区域主义把区域作为群集概念和地区（内生）工业系统的核心。但是区域的边界模糊了，数据和统计资料经常取自现有的空间分类体系而没有任何进一步的关注。这当然部分的是由于统计资料可获得性的问题，例如，重要的统计资料是为特定地理单元而提供的，并没有自由选择的余地。然而，随着新统计时代的到来，这种情形将会改变，数据将与地理坐标或者特定数量，例如某平方公里或者某公顷的土地相联系。因而使得根据分析需要而获取特定区域的数据成为可能。

在 Laan 和 Schalke（2001）的工作基础上我们可以把不同的研究方法按照其关系概括成确定当地劳动力市场区域的方法、关注于空间科学的方法和新地理学方法（见表 1-1）。基本的分界线在于以异化和同化为特征的方法之间，也就是说，第一种方法使得确定连续且清晰有界的区域成为可能，相应地，就遭到了来自新地理学传统提出的批评；而第二种方法则与空间政策相关，假定存在连续的（劳动力）市场区域，且具有清晰描绘的边界。持异化方法者认为每个子市场都以特定的空间和不连续形式为特征，因而制度框架应该让位于空间分割，其他人则强调分割是特定累积体制构成的劳动与资本的空间关系而造成的。静态观点则把分割与子市场的特定特征相联系，例如把行业和职位与不同类型的人和他们的工资相联系；动态观点则关注通过市场分割之间的流动性而形成的开放和封闭市场。

表 1-1　　　　　　　　　　　　　　确定本地劳动力市场的方法

本地劳动力市场区域			
异化	同化		
静态	动态	演绎	归纳
分割	分割	新古典—克里斯托勒 | 后凯恩斯—伊萨德（Isard）	区位间的功能关系—普莱德（Pred）

资料来源：Laan 和 Schalke，2001。

根据同化方法，劳动力市场是通过演绎或者归纳的程序来确定的，也就是说，后一种观点关注区位之间的直接关系和间接关系，以及起始点的各个通勤者的行为，使得功能上相互依赖成为一个核心要素，并允许专业化和积聚，尽管各种关系并不必然是对称的。演绎法包含了新古典方法，后者的假设是雇员在寻找工作的时候尽可能离家近，而工作有其特定的成本—收益原理，也就是说较高的工资水平会导致相对较低的流动成本。此外，区位的不同是依据对劳动力需求的不同而定的，既考虑了工作的数量也考虑到了工作的内容，从而导致了区位的分级。区域之间的边界位于"对两个或多个区域而言，潜在供给的（相对）数量相同的地方，而与劳动力的类型无关。这一数量通常以活跃劳动力的某个百分比来衡量"（Laan and Schalke, 2001)。这种观点与克里斯托勒（Christaller）的理论是密切相关的。在演绎法范围之内还有后凯恩斯主义的观点，认为存在子市场的非渐进等级模式。关注的焦点在于与积聚活动和空间非均衡相联系的城市化差异。Laan 和 Schalke 引用了 Hall 在 1973 年的工作来说明这一观点。也就是说，都市经济劳动力区域（MELA）是劳动力市场区域的主要基础，而这一区域是由一个标准都市劳动力区域（SMLA）和一个与特定 SMLA 而不是其他 SMLA 相联系的休闲区域构成的，构成了一个中心区域和一个环绕或者腹地区域。

由 Laan 和 Schalke 给出的分类使得这一点变得很清楚，即在同样的不同的传统中也会有观点或者思维依据特定空间分类系统如何构建而存在差异。在新古典假设基础上建立分类体系是一个与在后凯恩斯理论基础上建立分类体系不同的任务，体现在边界是如何划分的以及导致区域出现的过程。类似地，基于静态观点的异化方法确定的区域不同于在动态观点下确定的区域。

现如今的情形是各种方法和各种观点并肩而存，尽管人们提出了批评意见来反对空间科学方法，然而基于这种方法的分类体系依然继续存在，这部分的是与政策设计和政策衡量相关的区域差异统计的需要使它存活，部分的是数量化取向研究者，如规范主义者，经验主义者和传统学者等的支持所致。然而，统计学和方法学的基础却在持续地发展和改进之中，也在适应着当前的社会结构，后者在实践中意味着分类标准等的选择。将数据引入地理坐标中也意味着空间分类体系在空间科学方法范围内的跨越式前进。于是，为了获得对于区域化过程的理解以及当需要描绘区域模式的时候，人们有着不同的方法可以利用。

第三节　各国现有人口区域分类系统综述

当前世界各国中广泛使用的人口区域分类系统存在明显的差异，很大程度上与各国的基本国情、区域经济发展策略和发展阶段有着密切的关系。人口区域分类在许多研究领域和业务部门得到越来越广泛的运用。除了地理和经济研究以外，统计部门越来越需要有合理可靠的人口区域分类系统加以指导统计工作。许多欧洲国家在进行人口区域分类系统研究的时候更多考虑的是劳动力市场，即人口之外还要考虑人口的流动成本这一因素，通常以通勤时间或者到城市中心的距离作为一个重要的分类指标。此外，地区经济的一体化程度也是区域分类的一个重要依据，也就是说，分类的一个重要目的是把经济发展程度相似的区域划分到同一个类目。

一　美国人口区域分类系统

美国人口区域分类系统主要也是以统计为基础。某个包含了已识别人口聚集区及具有高度社会经济一体化的邻近社区的区域。为了确定基于核心之上的统计区域（CBSA），该区域至少要包括一个"城市"区域，也就是一个城市化区域或者人口至少在 10000 人的城市聚集区。那些至少 50%的人口居住于 10000 人或者更多人口的城市区域或者至少 5000 人居住于人口规模在 10000 人或者以上的单个城市区域里的县被定义为"中心县"。具体来说，美国人口区域分类系统包括几个主要步骤。首先是确定几种不同的区域划分单元。一是都市统计区域（MSA）：一个基于核心之上的统计区域（CBSA）应至少包含一个具有人口规模至少在 50000 人以上的城市化区域；二是居住区统计区域：一个基于核心之上的统计区域（CBSA）应至少包含一个具有人口规模至少在 10000 人以上但少于 50000 人的城市聚集区域；三是城市化区域，包含一个中心区域及其相邻的密集居住区，总人口规模至少在 50000 人或者以上。通常来说总体人口密度应在每平方英里 1000 人或者以上。

（1）每个 CBSA 至少有一个统计局定义的城市化区域，包含了至少 50000 人，或者统计局定义的城市聚集区，包含了至少 10000 人但少于 50000 人。

（2）中心县或者 CBSA 县城是指具有如下特征的那些县城：a. 至少 50%的人口居住于规模至少为 10000 人的城市区域；或者 b. 其边界范围内包含了至少 5000 人居住于规模至少为 10000 人的城市区域。

（3）CBSA 外围县被定义为满足如下通勤要求的县：a. 该县至少 25%的就业居民居住于 CBSA 的中心县或 CBSA 县；或者 b. 该县至少 25%的就业人员被居住于 CBSA 的中心县或 CBSA 县的就业人员所认可。

（4）两个相邻的 CBSA 将被合并成为一个 CBSA，如果按照先前标准（3）中 a 和 b 的度量，一个 CBSA 的中心县及县城作为一个集体满足作为另外 CBSA 中心县或县城作为一个集体的外围。

（5）CBSA 的主要城市或者 CBSA 城市包括：a. 最大的归并区域，包含 CBSA 内至少 10000 人的规模，CBSA 内的最大的归并区域或者普查指定区域；b. 任何其他的归并区域或者指定区域，至少有 250000 人的人口规模或者至少有 100000 人的就业人口；c. 任何其他的归并区域或者指定区域，至少有 50000 人且少于 250000 人的人口规模，而且岗位数量满足或者超过就业的居民数量；d. 任何其他的归并区域或者指定区域，至少有 10000 人且少于 50000 人的人口规模，且是最大区域三分之一的人口规模，而且岗位数量满足或者超过就业的居民数量。

（6）都市统计区域，具有人口规模为 250 万人以上的单一核心区域，或划分为都市次区域：a. 主县拥有该县 65% 或者以上的就业居住者在该县工作，岗位数量与就业居民数量的比例至少为 0.75；b. 辅县，拥有该县至少 50% 且少于 65% 的就业居住者在该县工作，岗位数量与就业居民数量的比例至少为 0.75。辅县必须或者与一个连续的辅县或者一个连续的主县相邻，这样它的最高就业交换测度至少为 15。剩余的县或者辅县可归并到都市次区域，这样就拥有最高的就业交换测度，但给定连续的标准。

（7）当两个相邻的 CBSA 满足基于就业交换测度至少为 15 但低于 25 的合并条件时，如果两个地区都有明显的地方支持合并的意见倾向时，它们合并在一起。

二　加拿大人口区域分类系统

加拿大人口区域分类系统有两种，分别称为是加拿大 1 和加拿大 2 人口区域分类系统，它们之间的区别在于侧重点不同，体现于划分标准上存在一定的差异。

加拿大 1 人口区域分类系统是以确定加拿大都市区域为目的的人口区域分类系统。其基本原则是按照人口规模和通勤时间将城市区域划分成不同的区域，即以某个城市核心区为中心，周围有在社会和经济上与该城市核心一体化的相邻的城市和农村地区，这并没有覆盖整个加拿大。具体来说，可以划分成几种区域：（1）围绕至少在 10 万人以上的某个城市核心的普查都市区域（CMA）。（2）围绕至少在 1 万人以上的某个城市核心的普查区域（CA）。（3）普查次区域（CSD），但如果它们满足三个条件中的至少一个的话则被归入 CMA 和 CA 之中。a. CSD 完全或者部分地位于城市核心；b. 给定至少 100 个需要通勤的工作者，至少 50% 的就业劳动力是居住于 CSD 而同时又在指定的城市核心工作；c. 给定至少 100 个需要通勤的工作者，至少 50% 的就业劳动力是工作于 CSD 而同时又在指定的城市核心居住。某个邻近于 CMA 的 CA 可以并入 CMA 之中，如果它们之间通勤交流总量至少是居住于 CA 就业劳动力的 35% 及以上。依据这套人口区域分类体系，可以把加拿大划分成 27 个 CMA 和 113 个 CA。

加拿大 2 人口区域分类系统也是建立在统计基础上，以经济区域为划分目标。经济区域是指具有相似经济特征的区域，作为一个行政单元，或者一个发展区域，这套体系覆盖了整个加拿大。具体操作上分成三步：首先把具有相似的社会经济特征的地区加以确定；其次，由以某个城市核心为主的影响区域加以调整；最后，调整以满足省级需要。根据这套人口区域分类方法，可以把加拿大划分成 76 个经济区域。

三 欧盟人口区域分类系统

欧盟人口区域分类系统也被称为欧洲空间观测网络（EPSON），它是以功能性城市区域（FUA）为主要划分目标。确定功能性城市区域的标准主要有以下几个：（1）人口，这在欧洲国家间存在差异。不过每个区域单元都具有 20000 人以上或者 50000 人以上。（2）运输，具有 50000 乘客以上的航空港或者超过 20000TEU 集装箱运输车的港口。（3）旅游，满足 2001 年标准的床位或者旅馆数量（欧洲统计，NUTS3 标准）。（4）产业，按 2000 年标准的产业总增加值。（5）高等教育机构。大学的位置（仅考虑主校区）和大学学生的数量。（6）当地公司总部。每个国家按收益衡量的 500 强公司总部所在位置，不过一些国家只有官方排名的 100 强或者 200 强公司（该数据是通过邮政地址来获得且不在 FUA 标准之内，这使得数据并不完全可靠）。（7）行政状态。基于国家行政体系，不同层次政府管理机构所在地的城市，国家首府、省级中心、区域中心，等等。

四　澳大利亚人口区域分类系统

澳大利亚人口区域分类系统主要有三种，分别称为澳大利亚1、澳大利亚2和澳大利亚3人口区域分类系统。

澳大利亚1人口区域分类系统也被称为统计次区域（Statistical Subdivisions，SSD）分类系统，它基于统计数据之上，把功能上一体化的区域划入同一类目。SSD定义为社会经济方面同化的区域，这种同化的特征是由居民之间可确定的联系。此外，在非城市区域，SSD的特征是区域内经济单元之间可确定的联系，它们都在一个或多个主要城镇或者城市的统一影响之下。

澳大利亚2人口区域分类系统也被称为统计区域（Statistical Divisions，SD）分类系统，它同样是基于统计数据，把功能上一体化的区域划入同一类目。SD的定义是在社会经济标准的基础上尽可能地包括连续的当地政府管理区域，即这一定义更多地考虑到行政划分。而且这种划分是长期的，长达15—20年。首府城市SD的定义具有同样的时间维度并有固定的边界。在首府城市SD以外，SD被定义为相对趋同化的区域，这种趋同化的特征是由居民之间可确定的联系。此外，在非城市区域，SSD的特征是区域内经济单元之间可确定的联系，它们都在一个或多个主要城镇或者城市的统一影响之下。不同省份之间标准是有差异的。在新威尔士、维多利亚和昆士兰，划分的标准是基于主要城市和城镇之间的运输模式和电信流，零售店、鲜活物品市场，省级报纸发行范围以及主要广播站的覆盖范围等指标也用来划分边界。在南澳大利亚，划分的标准是人口密度与分布、社会经济特征、政治边界、政府服务区域、报纸发行、零售贸易模式，等等。在西澳大利亚珀斯（Perth）都市区域，划分的标准是与珀斯的总体框架和规划一致，并且考虑到LGA和CD边界。而农村区域则定义为基于社区的社会经济利益、自然资源的特征、人口与产业的分布、城镇规模、公路和铁路系统，以及生产与营销实践。

澳大利亚3人口区域分类系统也被称为统计澳大利亚系统，主要是基于人口规模而形成的城市中心与区域，建立在普查单元之上，但并没有覆盖整个澳大利亚。具体而言，有几个步骤。首先是确定城市中心，标准包括：（1）20000 个居民或以上。每平方公里 200 人以上的普查单元，主要是城市土地利用。较大的距离是一个中心到另一个中心为 3 公里（铁路/公路）。（2）10000—19999 个居民，带有一定主观性，基于航空图片、实地调查和其他信息。包括了所有连续的城市发展。其次是确定城市区域。人口聚集区少于 1000 人但预期在下次普查时能达到 200 人/平方公里，包括最少 200 人但不超过 999 人的非农业人口，具有至少 40 栋非农寓所及可辨的街道模式和可辨的核心家庭人口。

五 挪威人口区域分类系统

挪威人口区域分类系统主要有两类，分别称为挪威 1 和挪威 2 分类系统，它们代表了不同的人口区域分类角度。

挪威 1 分类系统的标准主要以人口规模作为依据，但同时包括：（1）人口流动状况，10% 或更多的人口的流动状况；（2）流动的方向，地区中心或者核心区域通常有大量的外来人口。据此，可以把挪威分成 162 个区域。

挪威 2 分类系统的标准更多地考虑了人口、经济和迁移等因素。挪威 2 分类系统的标准主要包括：（1）人口流动状况；（2）零售状况；（3）人口规模、报刊覆盖率以及迁移情况。在挪威的每一个县级地理单元里确定区域中心，即人口规模在 2 万人以上，以及零售水平（人均消费水平）。在此基础上，根据人流比例来进一步确定地区首府/中心。基于这一分类标准，挪威可分成 90 个区域。

六 瑞典人口区域分类系统

瑞典人口区域分类系统主要有三种，分别称为瑞典 1、瑞典 2 和瑞典 3 人口区域分类系统。类似于挪威，这几套人口区域分类系统也是出于不同的考虑。

瑞典 1 人口区域分类系统可归入经济区域分类体系，或者称为地方劳动力市场区域分类体系。它主要基于都市之间人口流动的劳动力市场。首先是要确定当地中心，标准是向外流动人员占总劳动力的比率低于 20%；其次是依据流动人员占劳动力的比例来将其他市并入各中心。根据这一标准，可以将瑞典划分成 87 个区域。

瑞典 2 人口区域分类系统是在瑞典 1 人口区域分类系统流动性标准的

基础之上的，也被称为功能性劳动力市场区域分类体系。它主要依据流动的状况和趋势，以及可能导致变化的结构性因素。

瑞典 3 人口区域分类系统也被称为统计性瑞典 A 区域体系，它主要考虑了人口和服务供给，服务于统计需要。这套人口区域分类系统主要根据 1966 年的人口和服务供给状况来划分区域。不过自那以后，由于相关人口和服务供给状况数据并未更新，故而这一体系自 2005 年起就不再使用。

七　芬兰人口区域分类系统

芬兰人口区域分类系统主要是基于统计原则，通过一系列的指标体系确定就业和经济发展中心区域。区域划分的内容主要基于经济和产业活动状况。具体来说，需要确定各个地区的商业活动程度、经营状况、技术研发和国际化程度；确定各个地区的农业发展程度、渔业和农业贸易的程度；确定各个地区区域性劳动力政策的执行力度以及对于劳动力交换办公室的指导和监督程度。在此基础上确定芬兰的人口区域分类，可将芬兰划分成 16 个区域。

八　荷兰人口区域分类系统

荷兰人口区域分类系统深受 Laan 和 Schalke 两位学者（见表 1－1）的影响，主要以区域劳动力市场为着眼点。具体来说，区域划分仍以通勤时间作为一个重要的指标，以三年的通勤时间及其平均数为依据。第一步是要确定通勤方向明显集中于某个节点的城市，所有这些城市的最大出行者都指向同一个节点并在那里聚集。第二步是将在第一步中确定的聚集点连接起来。第三步是所有的聚集点都要与它们的节点相连。第四步是按一定原则将剩余的城市与聚集点相连。第五步是按一定原则将城市与某个聚集点相连。第六步是按一定原则将城市加入到某个聚焦点。第七步是按一定原则确定不同聚集点之间的联系。第八步是按一定原则将剩余的城市归入某个聚集点。第九步是将剩余的城市按其地理位置归入不同的聚集点。依据这样的原则，可以将荷兰划分成 31 个 LAA 区域。

第四节　中国人口区域分类系统的研究综述

一　中国学者对中国人口区域分类系统的研究综述

中国学者对于中国人口区域分类系统的研究早期主要是地理学者们在从事相关的研究，随后，经济学家也有了广泛的研究。这些研究在不同程度上影响了中国区域经济发展策略的形成与演变。

国内学者同样也对区域划分进行了研究。对于区域经济的研究，离不开对区域现有资源、人口和经济条件的分析。对于区域的定义，有着不同的观点，但更多的研究关注于经济区，即以区域内的经济特征和联系的密切程度来划分区域。胡兆量（1984）认为，经济区是指在地域差异和地域联系的基础上形成的经济活动的地域单元。孙敬之（1955）认为，经济类型区，是指根据区内同一性和区外差异性原则确定的，即把全国划分为若干个区域，在每个区域的内部都具有相同或相似的经济发展特征，而在不同区域之间则有明显的差异。陈述彭和曾杉（1997）认为，"区域划分首先要考虑的问题是寻求区域内部的向心力和亲和力，意即保持区域内部人口流、物质流和能量流良性合理循环"。

关于经济区的划分，国内学者提出了不同的主张和意见。归纳起来，主要包括了：（1）二元论，例如肖金成（2005）；（2）三元论，例如杨吾扬（1992）；（3）四元论，例如孙红玲和刘长庚（2005）；（4）五元论，例如汪阳红（2008）；（5）七元论，例如王琪生和宋凤兰（1997）；（6）九元论，例如李善同（2003）。针对这些经济区划，张贡生（2010）认为尽管各有优点和特色，但依然还存在着缺陷。比较这些经济区划，可以注意到它们中的大多数都采用了以省区为基本单元进行划分，相对来说比较粗糙。不过也有一些提出了突破行政边界的思路，然而问题在于如何来突破并加以管理。对此，孙红玲和刘长庚（2005）提出，"在改善政府管理手段的制度安排中，建立统筹区域发展的协调机制是必然要求。在国务院统一领导下，由国家发改委牵头……"也就是说，在新的区域划分体系中，必须有超越省级以上行政权力的机构来加以协调，对此，陈述彭和曾杉很早就指出，"区域的划分要有利于中央集权与地方分权保持在一个最佳的临界稳定状态"，即需要协调好中央与地方的关系。此外，张可云（2005）认为中国目前尚未形成完整的区域经济体系，最明显的表现是迄今为止仍没有为实际部门所采纳的问题区域区划框架，最多只有贫困地区划分。

从分析的单元来看，既可以从全国的整体角度来看，也可以从地理分区的角度来看，更可以具体到县区级行政区划。

从微观区域开发的角度来看，在区域开发的过程中，通过生态和经济重要性指数的矩阵分类分析，可以用来确定一个区域不同开发程度的单元划分，使得区域资源的利用更加合理，也有利于区域的管理与规划，苏州市的规划方案就是一例（陈雯、孙伟等，2006）。作为比城市更大区域的省级规划，更多的是把城市与周边区域的发展密切相关，考虑相邻地区间经济的相互影响，利用空间自相关方法，对县级工业数据加以实证分析，从而可以衡量区域经济的集聚水平（葛莹、姚士谋等，2005）。类似地，通过对社会经济统计数据分析，也可以对一个省级区域范围内的各个地区加以综合评价，进行聚类分析，确定经济发展梯度区，确定促进地区经济发展的对策和思路（冯朝军、林亮，2006）。从全国的角度来看，根据城市中心性的等级体系，用实证的方法，可以确定京津塘、长江三角洲和珠江三角洲为全国的经济核心区，并利用外贸货流、铁路客货流、人口迁移等流量数据，可以确定核心区的内向型和外向型腹地范围。在此基础上，又可以进一步把中国的经济地域划分成北方区、东中区和南方区3个一级城市经济区和11个二级区，有助于确定各地区间的经济联系方向（周一星、张莉，2003）。

由于户口政策把居民划分成城市和农村，以及农业和非农业部门，城市—乡村二元划分在中国统计中起着重要的作用。根据国家统计局的理解，关于城市人口和农村人口，在实际使用中有三种定义：

（1）基于行政管理体系的定义。也就是说，城市人口是指在城市管辖之下的总人口以及在县管辖之下各镇区的人口，而农村人口是指在县管辖之下各乡总人口。这一定义使用于1952年至1980年期间。

（2）基于永久住地的定义。也就是说，城市人口是指居住于设有市区的城市中各个市区的总人口，不设市区的城市中各个街道社区的人口以及在县管辖之下各镇居委会管理的人口。农村人口指的是剩余的人口。这一定义使用于 1982 年至 1999 年期间。

（3）基于统计分类的定义。国家统计局于 1999 年制定了《城市与农村人口统计分类条例》。这一定义自 2000 年开始采用，其标准是：a. 人口密度在 1500 人/平方公里以上的所有城市行政管理区；b. 人口密度为 1500 人/平方公里的政府点和街道管理区；c. 在 b 的基础上城市扩展而形成的镇管理区。

（4）根据村级单位所在的统计区域和城乡属性的定义。2006 年，国家统计局发布了《关于统计上划分城乡的暂行规定》和《国家统计局统计上划分城乡工作管理办法》，对原来的办法作了修订，如城镇包括城区（含主城区和城乡结合区）、镇区（含镇中心区、镇乡结合区和特殊区域），并将最小划分单元统一为村（居）委会，取消了人口密度的指标，而是根据"城市公共设施、居住设施等连接到的其他居民委员会和村民委员会地域"作为城区的判识依据，这一次取消了人口密度指标，而从基础设施、公共服务设施的可达范围进行考虑。2008 年，国家统计局制定《统计上划分城乡的规定》，对城区的认定是指"在市辖区和不设区的市，区、市政府驻地的实际建设连接到的居民委员会和其他区域"。而镇区"是指在城区以外的县人民政府驻地和其他镇，政府驻地的实际建设连接到的居民委员会和其他区域。与政府驻地的实际建设不连接，且常住人口在 3000 人以上的独立的工矿区、开发区、科研单位、大专院校等特殊区域及农场、林场的场部驻地视为镇区"。在此之外的区域都是农村。2010 年全国第六次人口普查的城乡划分正是基于此规定。

乡村—城市分类定义上的变更使得任何纵向研究都变得令人可疑，或者简单来说，人们应该避免与定义变更相关的研究结论，尤其是与城市—乡村划分有关的任何结论不能从 2000 年以后的时期内得出。更重要的是，这种以行政体系为标准的城乡划分无法考虑人口流动的影响，而且在确定城乡边界时会有模糊之处，比如公共基础设施的认定、"连接"到什么程度可以算为城镇的定量标准设定问题（国务院发展研究中心，2010）。

对中国城市的规模还有一种分类，不过它对于城市的定义并不是那么直接。也就是说，"中国的城市是行政管理实体，必须由官方指定，而指定的标准是政治—行政管理状态、经济发展、开放度以及城区总人口的函数"
(Lin and Song，2004)。基于这样一个事实，即在城市等级体系中处于较高
的位置则意味着拥有更多的权力等，许多城市的当局都在努力地使城市升
级。事实上，许多县镇已经升级成市，从而导致城市数量从 1980 年的 223
个上升至 1999 年的 667 个。部分的是纯粹行政决策的结果，部分的是县镇
和城市扩张领地的结果，还有部分是通过合并相邻城市而形成的结果（Lin
and Song，2004）

在实际使用中有两种城市分类方法。第一种城市分类方法是根据行政
管理状态而形成的三级城市分类：县级市、地级市和直辖市。按照 Song 和
Zhang（2004）的观点，1993 年，中国有县级市 371 个，地级市 196 个，以
及三个核心都市，到 1998 年，相应的城市个数分别变成 437 个、227 个和 4
个。1993 年的三个直辖市为北京、天津和上海，1998 年新增重庆市。

第二种城市分类方法，城市类目的设立是以规模而定的。它包含了五
个类目：（1）小城市，即城市人口在 20 万人以下；（2）中等城市，即城市
人口规模在 20 万人至 50 万人之间；（3）大城市，即城市人口规模在 50 万
人至 100 万人之间；（4）特大城市，即城市人口规模在 100 万人至 200 万人
之间；（5）超大城市，即城市人口规模在 200 万人以上。同样地，按这种
分类方法，各类目的城市数量都在上升，即从 1980 年的 106—72—30—8—
7 上升至 1999 年的 365—216—49—24—13，意味着中国日益加深的城市化
进程（Song and Zhang，2004），尽管部分扩张可能是重新分类或者边界变
更的结果。

基于对中国城市中心性和经济核心区域的研究，以及对于外贸货物流、
铁路乘客流、铁路货运流、人口迁移流和信件流等的分析，周一星和张莉
把中国划分成三个核心经济区和 11 个城市经济区（Zhou and Zhang，
2003）。这种分类方法与 Skinner 等的分类过程中的某些方面相似，只不过
对于中心区位理论的联系性相对较弱，更多的是基于城市规模和经济活动
水平。三个核心经济区是北京—天津区，长江三角洲地区和珠江三角洲地
区，自 80 年代初改革开放以来，这三个地区的重要性已经显著增强。另
外，东北地区已经从一类城市区降为二类城市区。

Tang、Li 和 Kwok（2000）引用了此前 Kwok 的一项工作，确定"城市

化区域"作为区域分类的基础。这不同于西方国家基于节状区域环绕着城市核心而进行分类使用的"城市化区域"，也就是说，中国的城市化区域经常是以非常小的乡镇为中心的，导致区域在面积上相当小，但却具有较强的城市化效应。

多数关于中国区域划分的研究采用了聚类分析方法（张战国、孟军，2007），以一个或者多个指标或尺度（骆剑承、周成虎等，2002）来加以聚类分析和融合，从而把一定范围内的区域划分成不同类别的子区域。然而聚类分析多数只针对统计数据加以分析，并没有把地理因素考虑在内，从而忽略了区域经济内在的地理关联。

主成分分析法也是区域划分研究中常用的方法之一，通过对各种经济数据的相关分析，归纳出一两种最主要的影响因素，用以解释区域经济的相关性或者用来进行区域划分。同样地，这种方法也容易忽视区域经济之间的地理相关性，这一点在一些研究中已经得到注意（牟芳华，2006）。基于地理相关性的理解，一些研究也考虑了城市在区域经济中的重要作用，以重要城市为经济区域划分的一个重要依据（郑国、赵群毅，2004）。

从区域划分标准的角度来看，一些研究按生态和经济功能区对省区加以区域划分，综合考虑了流域内的生态环境与保护，兼顾上下游之间的经济互动与平衡发展，有助于促进区域经济的融合。例如，关于广东省的区域划分的研究（蔡人群、林幸青、许自策，2007）既考虑了县域的完整性，也考虑了地貌、流域和生态影响等因素，从而使得区域划分更具有环境保护和区域协调发展的目标。

也有研究从交通通达程度的角度出发，探讨县域经济发展的区域划分。交通通达程度确实是影响县域经济发展的一个重要因素，这在不少研究中已经得到印证。在很大程度上，这种划分方法跟利用流域去研究区域划分有异曲同工之效，即都把货物和劳动力的运输便捷程度视为区域经济发展中的重要指标。总体上来看，我国的东部沿海地区和南部地区交通通达性高，故而这些地区经济发展也相对迅速，也就是说，县域经济发展水平在一定程度上受到交通状况的影响。一些研究在进行县域或者地市域经济区划分析之后提出了打破行政区划界线，联合发展区域经济的建议（孙珊珊、朱传耿、李志江，2009）。

从政策层面来看，区域划分工作有一个渐进的演变过程。自 1949 年中华人民共和国成立以来，中央政府采用了至少三种经济计划的分类方法。在 20 世纪 50 年代，采用的是两大宏观区域（沿海地区和内陆地区）。60 年代和 70 年代，一种新分类方法得以采用，以适应当时的三线政策，该政策的制定主要出于国防的考虑，具有两种类目（三线地区以及一线/二线地区）。自 80 年代末期以来，三级分类法得以采用（东部、中部和西部地区），这种方法之所以采用是为了适应三级开发的政策，首先发展沿海地区，接着通过涓流效应来发展中部地区，最后是西部地区。这一理念实际上已经很难实现。

90 年代末期以来，中央政府调整了区域发展策略，突出了西部大开发和东北振兴战略，首次把东北和西部地区放到较为优先的发展次序并给予相应的政策倾斜。对照以往三大区域的政策，我们不难看出，新的区域发展策略对原有的中部地区和东部地区略加调整，在一定程度上强调了区域经济发展的地缘性。

传统区域地理学强调了自然特征之间的联系，基于这一事实，参照得以清晰化的自然区域也会激起学者们的兴趣。在 20 世纪 50 年代，自然区域的三层分类体系得以建立，第一层包括了三个面积较大的区域：华东季风气候区、西北干旱区和青海—西藏高原区；第二层也就是中间层，包括了七个区域（热带湿润区、亚热带湿润区、暖温带湿润区和亚湿润区、温带湿润区和亚湿润区、温带半干旱区、温带和暖温带干旱区，以及西藏高原区）；第三层则包括了 33 个更小的自然区域。Zhao（1986）已经把中间层区域发展成土地分类系统（见表 1－2）。

然而，这也是一个事实，即农业目前而言对中国经济是重要的，它吸纳了近一半的就业，在未来的数年之内，尽管它的相对重要性在下降，但它注定依然具有重要作用。因此，自然条件会影响到农业产出和生产力。例如，表 1－2 中提及的七大中等规模的区域之间显著的特征在于不同的气温模式、干旱程度和无霜期天数。这些不同的条件有可能导致这些区域内（农村）人口收入和福利的系统差异，在应用于旨在分析农业部门的地区分类系统中的一些自然区域时，就需要考虑这些特征差异。七大中等规模的区域也许过大，然而它们却揭示了一些自然差异。自然区域更加细密的

表 1 - 2　　　　　　　　　　中国的自然区域与自然带

自然区域	自然带
Ⅰ热带湿润地区	1. 红壤赤道雨林
	2. 红壤热带季风林地
Ⅱ亚热带湿润地区	3. 南方红壤及黄土壤亚热带常绿阔叶林
	4. 中部红壤及黄土亚热带常绿阔叶林
	5. 北方黄褐土亚热带落叶阔叶林
Ⅲ暖温带湿润和亚湿润区	6. 褐色林土落叶阔叶林
	7. 淋溶褐土半干旱落叶阔叶林
	8. 草原土壤半干旱落叶阔叶林和森林
	9. 黑黄土壤草原
Ⅳ温带湿润和亚湿润区	10. 黑棕林地土壤针叶和阔叶混合林
	11. 针叶林地带
Ⅴ温带半干旱区	12. 黑土和黑钙土壤森林及草原
	13. 栗钙土草原
Ⅵ温带和暖温带干旱区	14. 褐色沙漠草原土壤沙漠和草原
	15. 灰钙土山地沙漠和草原
	16. 灰褐色沙漠土壤沙漠
	17. 褐色沙漠土壤沙漠
Ⅶ西藏高原区	18. 草地和针叶林
	19. 森林、草地和草地草原斜坡带
	20. 草地草原和草地
	21. 干旱沙漠
	22. 严寒沙漠

模式，或者说是景观区域（Zhao，1986），是以更低层次的区域来加以显示的，如海南岛的情形那样（见表 1 - 3）。这种分类体系，或者其他对于自然区域的分类体系，存在的问题自然在于缺乏土地类别与社会统计之间的关联。这一问题同样也适用于之前所说的更大的自然区域。

　　另一个结论是大量的精力被用于开发基于自然的空间分类体系，但另一方面（社会经济）的努力，在中国社会科学范围内却没有得到重视。

表1-3　　　　　　　　　　土地分类体系：以海南岛为例

一级土地类型	二级土地类型
1. 沼泽洼地	（1）河湖沼泽洼地
	（2）黏土海滩
	（3）沙地海滩
	（4）盐土海滩洼地
	（5）红树林沿海湿地
2. 草场平地	（1）草场型海边平原
	（2）草场型海边低地
	（3）草场冲积地和湖积平原
	（4）草场淤积—冲积平原
	（5）稻田低地，平地
3. 热带季风林—坡坎地	（1）热带稀树大草原，红壤梯田和坡地
	（2）灌木，红壤梯田和坡地
	（3）热带季风林，红壤梯田和坡地
	（4）干旱耕种地，缓坡地
	（5）稻田，台地
4. 热带季风林—山坡	（1）热带季风林，红壤山坡
	（2）热带常绿林和季风林
	（3）林地，红壤，坡地
5. 热带山区雨林—低矮山区	（1）热带常绿林，红壤，低矮山区
	（2）热带山区雨林，黄壤，低矮山区
6. 针叶和阔叶混合林—中高山区	（1）针叶和阔叶混合林，灰黄壤，中高山区
	（2）山区矮树林，黄壤，中高山区

　　近年来，国家主体功能区划日渐成为影响地区经济发展的一个重要战略。国家"十一五"规划纲要中首次提出推进形成主体功能区，按照区域的主体功能定位来调整完善分类政策和绩效评价，规范空间开发秩序，形成合理的空间开发结构。很显然，作为一个国家层面的战略规划和布局，各级地方政府都需要遵照执行，对于现有已经在实施的政策，可能也需要依据国家主体功能区来加以调整。

　　国家"十一五"规划纲要明确提出"根据资源环境承载能力、现有开发密度和发展潜力，统筹考虑未来我国人口分布、经济布局、国土利用和城镇化格局，将国土空间划分为优化开发、重点开发、限制开发和禁止开发四类主体功能区"。并进一步对四类主体功能区界定为"优化开发区域是指国土开发密度已经较高、资源环境承载能力开始减弱的区域。重点开发区域是指资源环境承载能力较强、经济和人口集聚条件较好的区域。限制开发区域是指资源环境承载能力较弱、大规模集聚经济和人口条件不够好并关系到全国或较大区域范围生态安全的区域。禁止开发区域是指依法设立的各类自然保护区域"。主体功能区综合考虑了环境和资源对人口积聚和经济发展的约束，设定了未来城镇化发展的方向，也是引导人口流动的重要政策参考。不过国家主体功能区划是宏观层面上的开发战略，并不提供城乡划分的依据，区划的实施细节主要由地方政府来把握。

二 现有中国人口区域分类系统的缺陷与解决思路

中国现有人口分类系统最主要的缺陷在于缺乏与国际人口区域分类系统的可比较性，特别是与具有广泛国际影响的 OECD 人口区域分类体系的可比较性。因此，未来的研究，应该基于国际可比较性来进行，建立多指标体系，融合地理数据、人口数据和社会经济数据的人口区域分类体系。

此外，现有的研究或者是过于宏观，没有兼顾微观区域人口、社会、经济资源现状的分析，或者是过于微观，并没有形成对于一个较大区域乃至于全国的整体把握，从而难以对区县级经济发展有长远广阔的发展规划，而且，基于人口、经济和资源数据进行空间分析的研究更加缺乏，从而很难把握不同区域之间的内在空间关联性，不利于进行跨区域的联合规划与发展。在这样的背景下，建立一个以县级行政区划为分析单元的全国人口、资源和经济数据库，借助于地理信息系统技术的空间表达与空间分析功能模块，对于区域经济长远发展规划、区域分类、区域间经济合作与协调、宏观经济决策等各个方面都有着重要的作用。

以县为基本地理单元，建立全国范围内的县级人口社会经济数据库，不仅把全国县级单元的人口与社会经济有机地融合在一起，更重要的是，借助于地理信息系统技术，把人口社会经济数据与基础地理数据有机结合起来，能够更加直观地分析区域之间的聚类与影响，而且可以实现时空动态分析，从而为确定更有针对性、更有通盘考虑的区域战略发展研究提供有力的决策支持。

值得指出的是，世界各国的城乡划分体系中，大多数用到了人口密度这一指标，即人口密度具有较强的通用性。而中国恰恰在近些年的政策制定中取消了人口密度这一指标。实际上，人口的聚集本身就在一定程度上说明了城镇的兴起。而且，城镇化区域就是人口的集聚区，人口密度恰恰是区分城镇地域和农村地域的重要依据（惠彦等，2009）。因此，我国未来的城乡划分体系建设，理应综合考虑人口密度，以便与国际接轨，进行国际比较。另外，采用现有较为成熟的城乡划分体系来研究中国的城乡划分问题则是进行国际比较的一个现实选择，而且还可以对中国的城镇化进程进行评估。

借鉴 OECD 国家等的人口区域分类系统，我们不难注意到，大多数的分类系统强调了社会经济的一致性和劳动力市场的完整性，即更多地考虑到人口/劳动力的流动以及地区经济的融合。这也恰恰是我国现有区域分类研究中所缺乏的内容，也是未来我国人口区域分类研究的一个努力方向。

三 OECD 区域分类在中国的应用

OECD 区域划分法把所有的区域划分成三种类型，即城市主导区域、中间过渡区域和农村主导区域。这种区域划分方法主要考虑了区域之间的地理差异，从而有助于比较国家之间相同类型的区域在经济运行的差异，进而有助于确定相似的特征和发展路径。这种分类方法已经在 OECD 国家的分析框架中得到广泛应用。

OECD 区域划分法主要的标准是人口密度和区域中心城市的规模。具体步骤包括：（1）在 OECD 国家低于 TL3（行政区划单元）的地理单元上根据人口密度来确定城乡，如果密度大于 150 人/平方公里，则认定该地理单元为城市，若密度低于 150 人，则认定该地理单元为乡村。针对日本和韩国，城乡人口密度的标准提高为 500 人/平方公里，主要是考虑到这两个国家的全国平均人口密度已经超过 300 人/平方公里。（2）把各个低于 TL3 的地理单元汇总至 TL3 地理单元上，根据居住在农村的人口占 TL3 地理单元总人口的比例来确定三种区域类型：城市主导区域（PU），如果居住于农村的人口占 TL3 总人口的比例低于 15%；中间过渡区域（IN），如果居住于农村的人口占 TL3 总人口的比例在 15%—50% 之间；农村主导区域（PR），如果居住于农村的人口占 TL3 总人口的比例大于 50%。（3）根据 TL3 地理单元内城市中心的人口规模来对（1）和（2）的结果再做进一步的调整：如果在（1）和（2）中被认定为以农村为主导的区域内有一个人口规模在 20 万（日本和韩国为 50 万）人以上的城市中心，且其人口占整个区域人口的 25% 以上，则可以归入中间过渡区域；如果在（1）和（2）中被认定为中间过渡区域，区内有一个人口规模在 50 万（日本和韩国为 100 万）人以上的城市中心，且其人口占整个区域人口的 25% 以上，则可以归入城市主导区域。

根据 OECD 的区域划分标准，结合中国的具体国情，可以把 OECD 的 TL3 地理单元等同于地级市区域，而低于 TL3 的地理单元则等同于县区级。2010 年全国第六次人口普查数据表明，全国平均人口密度为 142 人/平方公里，远低于日本和韩国 300 人以上的人口密度标准。据此，可以考虑沿用 OECD 标准来进行区域划分。然而，中国的东部地区人口密集，其平均人口密度远高于全国平均水平。故而，在进行城乡划分时，也许需要采用日本和韩国的划分标准。至于到底采用哪种标准更合适，这需要在进行城乡划分时根据结果并结合国际经验来加以判定。

图 1-1 展示了根据 OECD 标准（150 人）而进行的区域划分结果，可以看到，这种划分与人口的空间分布有着密切关系，但凡人口密集的区域都容易划入城市主导区域。通常而言，东部沿海地区人口密集，故而这些区域会呈现出更多的城市主导区域，从结果来看，确实如此。但是，也并非所有的东部地区都被划入城市主导区域，从图 1-1 中可以看到，浙江、福建、广东、辽宁等东部地区还存在着中间过渡区域甚至农村主导区域，这恰恰展示了区域经济发展中的不平衡现象。

从图 1-1 中可以看到，如果采用 OECD 常用的 150 人的人口密度标准，那么中国会有数个省市全部会被纳入市主导区域中，这种结果与人们已有的认识有较大的出入，比如安徽是一个农业大省，把它归入城市主导区域，与实际会有较大差距。类似的情形还有山东、江苏和河南等省。

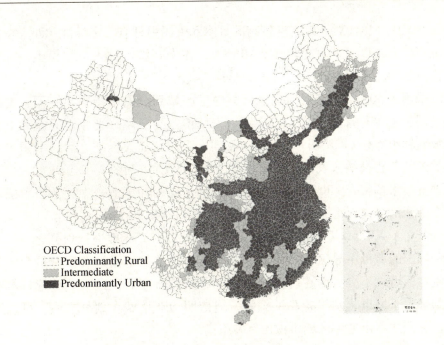

图 1-1　中国区域划分（OECD，150 人标准，第五次人口普查数据）

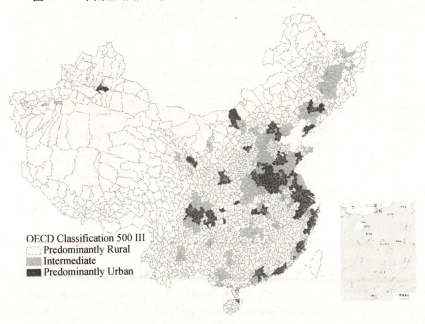

图 1-2　中国区域划分（OECD，500 人标准，第五次人口普查数据）

OECD 分类针对人口密度较高的日本和韩国另外有一个标准，即人口密度在 500 人及以上才算是城市，相应地，在中心城市的人口规模上，标准也提升到 50 万人和 100 万人。

采用了 500 人的密度标准之后，中国区域划分的格局明显不同，突出地表现在极少有省呈现整个省全部纳入城市主导区域（北京、天津和上海三大直辖市除外）。从图 1-2 可以看到，采用 500 人标准之后，中国绝大多数地区都将被纳入农村主导区域类目中。图 1-1 和图 1-2 给出的人口区域划分结果都符合 OECD 标准，然而问题是哪一种更适合中国？为了确定适合中国的分类标准，我们不妨把分类结果进行国际比较。

从图 1-3 可以看到，在采用 500 人的人口密度标准进行划分之后，日本和韩国的城市主导区域所占面积并不大。日本的中间过渡区域较大，农村主导区域也不少。而在韩国，农村主导区域所占面积最大。尽管日本和韩国都属于城市化水平较高的国家，但依照 OECD 城乡划分方法，可以看到，它们的城市主导区域所占比例并不高。

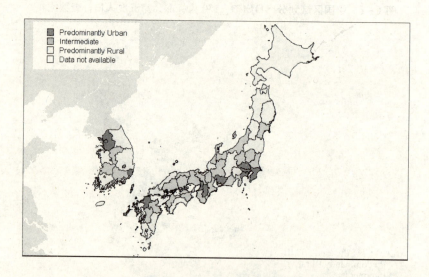

图 1-3　OECD 城乡划分在日本和韩国的应用

资料来源：Directorate for Public Governance and Territorial Development, OECD, 2010, OECD Regional Typology, [EB/OL] http：//www.oecd.org/gov/regional-policy/42392595.pdf, 图 1-4，图 1-5 来源均同此。

把OECD的城乡划分标准应用于大洋洲（见图1-4），可以看到，在澳大利亚，农村主导的区域占了大多数，城市主导的区域非常少。在新西兰，以中间过渡区域为主，少数区域为城市主导区域，但并没有农村主导的区域。

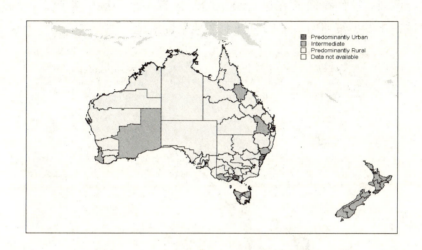

图1-4 OECD城乡划分在大洋洲的应用

从图1-5可以看到，在欧洲各国中，整体上看，城市主导区域并不多，而农村主导区域和中间过渡区域反而占有较大的面积。从中可以看到，英国和德国的城市主导区域所占比例较高。而纬度较高的国家，诸如挪威和瑞典等国，城市主导的区域所占比例就很小。

通过以上的对比，可以看到，对中国而言，采用与日本和韩国相同的500人的人口密度标准比采用150人的人口密度标准更加恰当，便于进行国际比较。因而，在利用新数据进行城乡划分时，可以采用500人的人口密度标准来进行。利用2010年"六普"数据，可以对中国的区域划分进行一次更新。

对比图1-2和图1-6可以看到，从2000年到2010年，中国的城乡划分格局已经有了明显的改变，表现在中间过渡区域和城市主导区域都有了显著的增长，相应地，农村主导区域则有明显减少。

基于OECD标准而进行的中国区域划分为中国的区域划分提供了一种全新的思路，这种区划强调了人口的聚集，强调了中心城市的影响，以及城乡演变。这使得利用同样的区域划分标准在 OECD 国家和中国之间进行比较成为可能，即在不同的区域分类结果里，中国与 OECD 国家的特征差异与发展路径对照。OECD 城乡划分体系在城市和农村之外，增添了中间过渡区域，这一区域实际上是城市主导区域的预备区域，即它们是未来的城市主导区域。这使得政府在进行决策的时候有一个明确的参照，特别是在制定城镇化发展策略时，能够有针对性地采取措施。

图 1-5　OECD 城乡划分在欧洲的应用

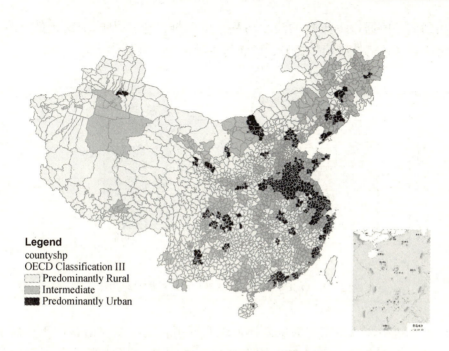

Legend
countyshp
OECD Classification III
☐ Predominantly Rural
☐ Intermediate
■ Predominantly Urban

图1-6　中国区域划分（OECD，500人标准，第六次全国人口普查数据）

四　OECD区域分类体系与中国的城镇化测量

利用OECD区域分类体系，可以测量中国的城镇化进程。我们把城市主导区域里的人口总量除以总人口数量，就可以得到城镇化率。根据2000年"五普"数据和2010年"六普"数据得到的区域划分结果，计算出来2000年和2010年中国的城镇化率分别为32.08%和38.36%，十年间，中国的城镇化率有了较为明显的提高。国家统计局公布的2000年和2010年中国城镇化率（按常住人口口径计算）分别为36.22%和49.68%，但是按照户籍口径计算，2012年中国的城镇化率仅为35%，这意味着根据OECD城乡划分体系计算的城镇化率介于常住口径和户籍口径的城镇化率之间。

从图1-7可以看到，从2000年到2010年，城镇化率显著提高，中间过渡区域的人口比例也有明显提高，变化最显著的是农村主导区域的人口比例显著降低，从44.89%下降到31.27%。可见，在十年间，中国的农村迅速地向城镇转变。这样的对比，就使得我们更多地了解中国的城镇化进程的细节。根据过去十年的演变历程，可以推测未来中国城镇化的进程。
城市主导区域将持续稳步提升，而农村主导区域也就持续下降。

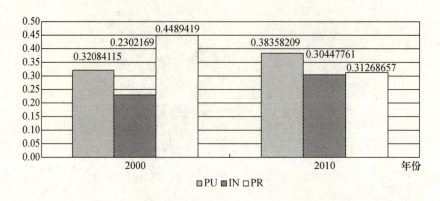

图 1-7　OECD 区域分类体系与中国的城镇化测量

　　我们进一步以山东省为例来详加说明城镇化的演变。山东位于东部沿
海地区，人口密度大，经济也较为发达，在东部沿海地区具有一定的代
表性。

　　从图 1-8 可以看到，在 2000 年，山东省的城市主导区域和中间过渡区
域已经占有较大比例，农村主导区域只占小部分。与同期的全国水平相比，
山东省明显要高于全国平均水平。这表明，在城镇化方面，山东省走在全
国前列。

　　图 1-9 展示的是 2010 年山东省按照 OECD 城乡划分方法的分类结果，
可以看到，整个山东省不再有农村主导区域，无论是城市主导区域还是中
间过渡区域都有明显的增加。山东的西南部已经是连成片的城市主导区域。
其余的城市主导区域主要位于东部沿海区域。北部和中部区域主要是中间
过渡区域，它们都是未来城市发展的区域。

　　类似地，可以对其他的省区进行对照分析，比如可以对处于西南区
域的云南省采取同样的分析方法，来对照十年间云南省的城镇化进程。
限于篇幅，以下仅用图表来对全国、山东和云南的城镇化进程加以
对照。

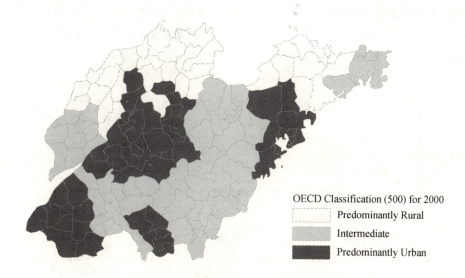

图 1 - 8　山东省 2000 年 OECD 城乡划分

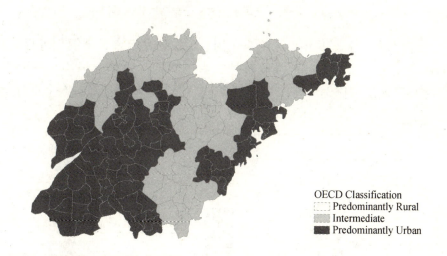

图 1 - 9　山东省 2010 年 OECD 城乡划分

从图 1 - 10 可以看到，2000 年，全国、山东和云南省城镇化进程呈现显著差异，山东省明显高于全国水平，而云南省则明显低于全国水平。云南省还没有城市主导的区域，农村主导区域占到 86%。值得指出的是，云南省地形地势非常复杂，宜居区域有限，居民点主要分布于山间的小块平地，即当地人称为"坝子"的地方，这种复杂的地形地貌也限制了人口的积聚和增长（王智勇，2012）。

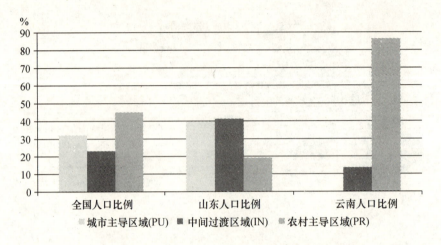

图 1 - 10　2000 年全国、山东和云南省城镇化对照

十年之后，到 2010 年，无论是全国、山东还是云南，城镇化进程都有了很大的变化。从图 1 - 11 可以看到三者的对比，就全国平均水平而言，城市主导区域所占比例从 32.1% 提高到 38.4%，十年间提高约 6 个百分点。

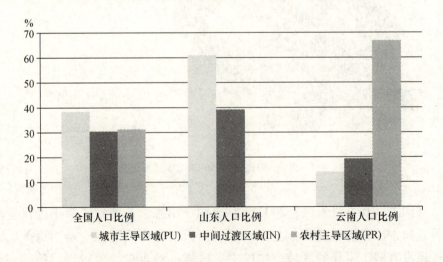

图 1 - 11　2010 年全国、山东和云南省城镇化对照

　　山东省已经没有了农村主导的区域，城市主导区域已经占到 60.9%，十年间提高了约 20 个百分点，这种增长速度远高于全国水平。而云南省在 2010 年增加了城市主导区域，该区域内的人口占全部人口的比例约为 14%，这一增长比例同样也很迅速，显著高于全国平均水平，尤其是，云南省农村主导区域的比例从 86.4% 迅速下降到 66.7%，十年间下降近 20 个百分点。

五　小结

　　城乡划分是评估城镇化的一项重要基础工作。只有准确地划分了城乡区域之后，才能更好地测量和评估城镇化进程。OECD 城乡划分体系是在 OECD 国家内普遍采用的一种城乡划分方法，它把城乡划分成城市主导区域、中间过渡区域和农村主导区域，即采用三元分类体系。用它可以进行城镇化的动态监测和评估。在梳理了已有的城乡划分研究之后，我们认为缺乏可与国际比较的城乡划分体系是当前中国城镇化研究中的一项空白，并且国内的城乡划分都基于城乡二元体系之上，基于这样的认识，我们采用 OECD 城乡划分方法，利用 2000 年"五普"数据和 2010 年"六普"数据对中国的城乡区域进行了划分，通过比较，确认 500 人密度的标准更合适于中国。基于两次人口普查数据的城乡划分工作，我们还进一步对中国的城镇化进行了评估，结果表明，中国的城镇化进程存在着显著的地区差异，东部沿海地区的城镇化进程快于内陆地区。但是十年来，无论是沿海地区还是内陆地区，城镇化的进展都比较显著，突出地表现在中间过渡区域的迅速扩张。基于 OECD 城乡划分体系而计算的中国城镇化率介于常住口径和户籍口径城镇化率之间。

　　基于 OECD 城乡划分体系使得中国的城镇化指标可以跟国际接轨，实现城镇化的国际比较，尤其是与 OECD 国家的城镇化比较。通过城乡划分，明确了城市主导区域、农村主导区域和中间过渡区域的空间分布及其动态演变，准确把握城镇化的空间差异。

　　城市的发展一个重要的前提是人口的集聚，从这个角度来看，采用人口密度来测量城镇化进程有其合理的一面。然而，值得注意的是，城镇的兴起并不是人口积聚的全部原因，对于一些具有悠久耕作历史的地区来说，历史的沉淀本身就是导致人口密集的一个重要原因。对中国而言，不少传统农业耕作区都是人口密集区，因而仅以人口密度来判断这些密集区属于城市主导区域或者中间过渡区域，可能有失偏颇。对于西方发达国家而言，由于经历了较长期的发展，城乡已经有了较好的融合，尤其是体现于公共服务的提供上，城乡的差别已经很小，故而人口密度本身就具有很好的代表性。从这个角度来看，未来可能需要在 OECD 城乡划分体系的基础上，进一步考虑公共服务或者产业结构等指标来充实城乡划分的基础。

参考文献

1. 马侠：《中国城乡划分标准与城镇发展水平》，《人口与经济》1988年第 6 期。

2. 朱宇：《超越城乡二分法：对中国城乡人口划分的若干思考》，《中国人口科学》2002 年第 4 期。

3. 骆剑承、周成虎、梁怡、张讲社、黄叶芳：《多尺度空间单元区域划分方法》，《地理学报》第 57 卷，2002 年第 2 期。

4. 蔡人群、林幸青、许自策：《广东省区域空间结构调整优化设想》，《经济地理》第 27 卷，2007 年第 1 期。

5. 张战国、孟军：《黑龙江省农业生产区域划分的研究》，《农业网络信息》2007 年第 5 期。

6. 国务院发展研究中心课题组：《城乡空间边界划分的国际经验及启示》，《中国发展观察》2010 年第 7 期。

7. 胡兆量：《经济区划的几个问题》，《经济地理》1984 年第 3 期。

8. 牟芳华：《山东省区域经济区域划分及区域经济差距的测度分析》，《山东社会科学》2006 年第 7 期。

9. 孙敬之：《论经济区划》，《教学与研究》1955 年第 11 期。

10. 田雪原：《中国城市人口划分标准问题研究》，《人口与经济》1989年第 1 期。

11. 郑国、赵群毅：《城市经济区与山东省区域经济空间组织研究》，《经济地理》2004 年第 1 期。

12. 孙珊珊、朱传耿、李志江：《淮海经济区经济发展差异研究》，《地理学报》2009 年第 8 期。

13. 王振波、徐建刚等：《可达性区域划分及其与人口分布的关系》，《地理学报》2010 年第 4 期。

14. 周一星、史育龙：《建立中国城市的实体地域概念》，《地理学报》1995 年第 4 期。

15. 周一星、史育龙：《城乡划分与城镇人口统计——中外对比研究》，《城市问题》1993 年第 1 期。

16. 张立：《城镇化新形势下的城乡（人口）划分标准讨论》，《城市规划学刊》2011 年第 2 期。

17. 肖金成：《重划中国经济区域》，《中国企业家》2005 年第 15 期。

18. 杨吾扬等：《中国的十大经济区探讨》，《经济地理》1992 年第 3 期。

19. 孙红玲、刘长庚：《论中国经济区的横向划分》，《中国工业经济》2005 年第 10 期。

20. 汪阳红：《我国经济区域规划范围划分原则及方案研究》，《宏观经济管理》2008 年第 7 期。

21. 王琪生、宋凤兰：《论中国经济地域划分》，《中国软科学》1997 年第 4 期。

22. 李善同、侯永志：《中国大陆：划分八大社会经济区域》，《经济前沿》2003 年第 5 期。

23. 张贡生：《经济区划分：学界纷争及其讨论》，《云南财经大学学报》2010 年第 6 期。

24. 张可云：《区域经济政策》，商务印书馆 2005 年版。

25. 陈述彭、曾杉：《区域开发与区域划分：中国古代的历史经验》，《地理科学》1997 年第 2 期。

26. Gregory, D., "Regions and Regional Geography", In Johnston, R. J., Gregory, D., Pratt, G., and Watts, M. (eds.): *The Dictionary of Human Geography*, Blackwell, Oxford, U. K., 2000.

27. Massey, D., *Spatial Divisions of Labour*, Routledge, London, 1984.

28. Agnew, J., "Areal Differentiation", In Johnston, R. J., Gregory,

D. , Pratt, G. , and Watts, M. （eds. ）: *The Dictionary of Human Geography*, Blackwell, Oxford, U. K. , 2000.

29. Carroll, G. R. , "National City – size Distributions: What do We Know after 67 Years of Economic Activity", *Progress in Human Geography*, 1982, 6 （1）: pp. 1 – 43.

30. Cartier, C. , "Origins and Evolution of a Geographic Idea – The Macro-region in China", *Modern China*, Vol. 28, No. 1, 2002, pp. 79 – 143.

31. Haggett, *Locational Analysis in Human Geography*, Edward Arnold, London, 1965.

32. Hugo, G. , Champion, A. , and Lattes, A. , New Conceptualization of Settlement for Demography: Beyond the Rural/Urban Dichotomy, Paper Presented for Session 42, IUSP Conference, Bahia, Brazil.

33. Berry, B. J. L . and Marble, D. F. , "Introduction", In Berry, B. J. L. and Marble, D. F. （eds. ） *Spatial Analysis: A Reader in Statistical Geography*, Englewoods Cliffs, London.

34. Allen, J. , Massey, D. , and Cochrane, A. , Rethinking the region. Routledge, London.

35. Jones, G. W. , Structural Changes and Prospects for Urbanization in Asian Countries , Papers of the East – West Population Institute, No. 88, Honolulu, 1983.

36. Laan, L. and Schalke, R. , "Reality versus Policy: The Delineation and Testing of Local Labour Market and Spatial Policy Areas", *European Planning Studies*, 2001, 9 （2）: 201 – 221.

37. Zhao, S. , *Physical Geography of China*, Science Press, Beijing.

第二章　中国人口分布区域格局

　　经过长期的历史发展，我国已经形成特定的人口分布格局，在经历了漫长的农业文明和近现代的工业文明之后，我国人口集中分布在华北、华中、华南的平原地区和巴蜀盆地等地区。中国人口区域分布呈现出极大的不平衡，主要表现为东密西疏；平原盆地地区多，山地、高原地区少；农业地区多，林牧业地区少；沿江、临海、沿路地区多，交通不便的地区少。人口分布这种不平衡状况是在漫长的历史发展过程中逐渐形成的，既有自然环境的作用，也有政治、军事原因，还有生产方式、经济发展的推动。人口分布受到自然环境的约束，人类的生产、生活活动会改造自然环境；产业格局受到人口分布的影响，经济发展又会带来人口迁移，从而改变人口分布。所以，人口分布受到自然、环境、政治、社会、经济等因素的影响，合理的人口布局也可以改善生态环境和优化产业布局。本章将阐述人口分布的历史变动、现状、基本规律和发展趋势，研究人口分布区域格局有利于引导人口分布、经济布局与资源环境承载能力相适应，实现社会经济可持续发展。

第一节　中国人口分布的"胡焕庸线"

　　1935 年，中国地理学家胡焕庸于发表在《地理学报》上的"论中国人口之分布"一文中提出了中国人口分布的重要规律——"胡焕庸线"。胡焕庸根据 1933 年全国分区县的数据，采用等值线的方法在地图上绘出了第一张全国分区县的人口密度图，根据这张密度图，他描绘出了黑河（瑷珲）—腾冲一线，将我国人口分布分为东南和西北人口疏密悬殊的两部分，东南半壁人口密度较大，以占国土 36% 的面积集中了全国 96% 的人口；西北半壁人口稀少，以占国土 64% 的面积仅占全国总人口的 4%（胡焕庸，1935）。这条线从黑龙江省瑷珲（1956 年改称爱辉，1983 年并入黑河市）经大兴安岭、张家口、榆林、兰州、昌都到云南省腾冲,大致为倾斜45度直线。线东南方以平原、水网、丘陵、喀斯特和丹霞地貌为主要地理结构,自古是以农耕为经济基础;线西北方人口密度极低,是草原、沙漠和雪域高原的世界,自古是游牧民族的天下。此后,该线一直为国内外人口学者和地理学者所承认和引用,并且被美国俄亥俄州立大学田心源教授称为"胡焕庸线"。

随着近代中国气象、环境和人文科学研究的发展,人们发现:"胡焕庸线"的意义绝不仅止于人口分布。这条人口分割线与气象上的降雨线、地貌区域分割线、文化转换的分割线以及民族界限均存在某种程度的重合,这条线也是中原王朝直接影响力和中央控制疆域的边界线,是汉民族和其他民族之间战争与和平的生命线。由《先锋国家历史》杂志社出版的《发现西部》一书中写道:"它还是一条文明分界线:它的东部,是农耕的、宗法的、科举的、儒教的……一句话,是大多数人理解的传统中国;而它的西部,则是或游牧或狩猎,是部族的、血缘的、有着多元信仰和生活方式的非儒教中国。"一直到现在,这条线仍然对中国经济布局、民政建设、交通发展有很大参考价值。

图 2 - 1　1935 年我国分县的人口密度和"胡焕庸线"

资料来源:胡焕庸《论中国人口之分布》,《地理学报》1935 年第 3 卷第 2 期。

注:此图显示了 20 世纪 30 年代中国版图,由于政治原因,当时的版图与 1949 年以来的中国版图并不一致。

"胡焕庸线"与气象、环境、人文等分割线的重合并非巧合，它反映了形成目前人口分布格局存在气象、环境、人文等诸多因素。特别是从自然地理的角度来阐述"胡焕庸线"成为人口地理学的重要研究领域。

许多后来的学者发现，"胡焕庸线"是气候变化的产物。王铮等（1996）指出："胡焕庸线"是中国东南季风的影响范围。在 1230 年以前，气候形势并不如此。1230—1260 年的气候突变，基本奠定了中国的现代气候特征。由此时期开始，各种旱涝灾害特别是大洪涝灾害空间频率分布的走向与"胡焕庸线"日趋吻合，越到近代越明显。因气候变化导致农业生产潜力波动，人口则因农业产出的区域不同作相应变化，从而形成了后来胡焕庸所发现的人口地理分界线——"胡焕庸线"。这是解释"胡焕庸线"成因的一个主要理论。

吴静等（2008）通过建立"中国历史人口地理演变的自主体模拟模型"，重现了伴随气候变化而来的土地资源数量和农业产出的波动，并模拟显示出大约在公元 918 年，中国南方人口总数超过北方人口总数，此后人口分布南重北轻的格局始终再未改变。换言之，中国人口分布的南重北轻的格局在唐末到五代之间开始形成。此后随着气候温暖期的结束，至 1240 年，中国人口的东西分布差异最终形成，从而出现"胡焕庸线"所展示的人口分布特点。

在汉唐时期，西部的黄土高原及关中地区气候较为温暖湿润，因而能够承载更多的人口，从而成为历代中国政治、经济中心。唐中期曾频繁从长安迁都洛阳，除了政治、经济上的解释，长安地区不断发生的自然灾害也是重要原因之一。宋代以后，气候变化日益表现出"胡焕庸方向"的趋势，中国人口、文化、经济重心遂逐渐南迁长江流域。明清两代，政府虽然大力经营甘肃，但"胡焕庸线"以西，生态环境日益恶化，粮食自给已成问题。

近代发现的 400 毫米等降水量线与"胡焕庸线"基本重合，也揭示出气候与人口密度的高度相关性。400 毫米等降水量线沿大兴安岭西坡—张家口—兰州—拉萨—喜马拉雅山，是我国半湿润区和半干旱区的分界线；是森林植被与草原植被的分界线；是东部季风区与西北干旱半干旱区的分界线；是我国种植业与畜牧业的分界线；是古代农业与牧业的分界线。年降雨量 400 毫米是树木能够生存的最基本条件，否则，土地便向荒漠化发展，正如西北部的草原、沙漠、高原等景色和以畜牧业为主的经济，东南部降水充沛则地理、气候迥异，农耕经济发达。

"胡焕庸线"也是一条中国生态环境界线。20世纪80年代，张新时、牛文元等学者提出中国存在一个自东北向西南延伸的生态环境过渡带（或称脆弱带），在过渡带上表现出独特的生态脆弱性。1995年，王铮、张丕远（1995）等学者陆续撰文论证了生态环境脆弱带基本沿"胡焕庸线"分布的情况。在"胡焕庸线"附近，滑坡、泥石流等地貌灾害分布集中；中段是包含黄土高原在内的重点产沙区，黄河的泥沙多源于此。这种脆弱性还表现为，中国的自然灾害活动及发生的空间布局也沿着"胡焕庸线"分异，并以此为界限呈过渡性，即由西北的无涝区向东南的洪涝区过渡。更为重要的是，他们发现自元代以来，洪涝、旱灾等级的分布，在"胡焕庸线"东侧具有平行于"胡焕庸线"的特征，而这个地带生态环境脆弱，是东部的生态屏障，承担着涵养水源、净化空气、控制风沙东移、减少水土流失、减轻洪涝的功能。

除此之外，20世纪90年代，王铮等在研究自然灾害分布，特别是地震活动的空间活动特征时，发现一个地震幕期间，强震活动震中连线具有近于平行"胡焕庸线"的特征，"胡焕庸线"可能有地球物理背景。

在上述地形、资源、气候等自然条件的作用下，"胡焕庸线"成为适宜人类生存地区的界线，由此也被赋予了经济属性，影响到国家的经济规划和发展规划。中国科学院国情小组根据2000年资料统计分析，"胡焕庸线"东南侧以占全国43.18%的国土面积，集聚了全国93.77%的人口和95.70%的GDP，显示出高密度的经济、社会功能。相反地，"胡焕庸线"西北侧地广人稀，受生态胁迫，其发展经济、集聚人口的功能较弱，总体以生态恢复和保护为主体功能。国家"十一五"规划纲要所列22个限制开发区域，大多分布在"胡焕庸线"两侧。西部大开发战略的"大西部"范围，包括"胡焕庸线"西北侧"远西部"和东南侧"近西部"的国土，面积占全国的70%以上。从农业综合区划的"东田西草"，林业总体布局的"西治、东扩、北休、南用"，电力供求关系的"北均，东、南缺，西供"等方面都可以看到"胡焕庸线"的影响。

自胡焕庸1935年划出"胡焕庸线"以来，中国人口分布的基本格局并没有本质的变化。以东南部地区为例，1982 年面积占比 42.9%，人口占比 94.4%，1990 年人口占比为 94.2%。到 2000 年，东南、西北两部分的人口比例还是 94.2%。尽管我国人口早已从 4 亿增长到 13 亿，"胡焕庸线"两侧的人口比例却变化不大。"胡焕庸线"成为一条无法撼动的人口地理分布分割线。尽管历经半个多世纪，种种自然和人为的人口迁移并没有撼动"胡焕庸线"确定的人口分布格局。改革开放之前，国家有组织地从东部沿海各大城市抽调大批工人、干部和技术人员支援内地和边疆建设；国家动员大批复员转业军人和城市知识青年到新疆、内蒙古、黑龙江等省区安家落户，参加国营农场建设；同时，大量农村人口从东部稠密区移向地广人稀的东北等地。改革开放以后，中国东南沿海地区经济飞速发展，中西部的农村剩余劳动力大规模涌入沿海的制造业工厂，人口流动空前频繁，仅流动人口就达到 2.2 亿（这还不包括已经落户的迁移人口）。所以这些人口变动丝毫没有改变东南和西北的人口分布格局，东南半壁和西北半壁的人口比重几乎没有发生改变。

综上所述，"胡焕庸线"不仅是一条人口密度的分界线，也是我国地形地貌分割线、气象上的降雨线、生态环境界线、资源分布线、地震灾害分界线，同时也是生产方式、文化、民族分布的界线。为什么在现代工业文明发达的今天，人口分布格局依然遵从自然选择呢？首先，迄今为止的人类社会发展从来没有离开过所处其中的地理环境，它是人类生存和发展的重要基础。特别是越是在人类社会早期，人类对地理环境的依赖性越大，在农耕社会，土壤、气候、降水是人们生产的基础，也是社会经济发展的基础。过渡到工业社会后，工厂中机器的运转虽不用进行"光合作用"，却依赖于农耕社会所建立起的城市体系和人口分布格局。一个区域的农业生产能力决定了能供养的人口，工业发展则需要这些人口。在工业化的初期，劳动力流向工厂，城市集聚人口。所以，不论是在农业社会，还是在工业社会，地理环境与人类社会均处于不断运动变化而又相互影响、相互制约之中，工业文明的发展本身也含有某种自然属性，农业和工业发展均遵循自然规律。

尽管如此，在"胡焕庸线"的东南半壁，人口分布格局则呈现了巨大的变化，这主要是受到经济社会因素的影响。进入现代工业社会之后，社会经济因素对人口分布的影响作用逐渐加大，人类由农业社会进入工业社会后，寻找就业机会的需求使得人口分布由以农村为中心转向以城市为中心，城市和城市带的发育也遵循着工业布局的需要，现代的人口聚集地区多由经济因素而产生。在一定的自然限度内（即在"胡焕庸线"的分界线下），中国人口分布受两大因素影响：区域间人口转变阶段的差异和区域社会经济发展水平差异而产生的人口迁移行为。在经济产业布局的变动和人口迁移相关政策共同作用下，城镇化发展、大都市区和经济增长热点的形成正在影响人口分布。由于自然、政治、经济、人口转变等原因引起的人口分布变动对社会发展产生了重要的意义，下文将详细阐述。

第二节　影响人口区域分布的因素

人口分布是在一定的历史背景、自然背景和社会背景下经过一定的历史时期形成的。影响人口分布的因素有自然、政治、经济、社会等多方面。各个影响因素的作用力有层次之分。从历史过程来看，自然因素是影响人口分布长期趋势的最重要变量，其作用力往往通过几百年、几千年，甚至上万年才能显现出来，虽然在人类科技发展进步的过程中，这一因素的影响力有逐渐减弱的趋势，但始终不能被其他因素取代，"胡焕庸线"的长期作用趋势就是最好例证。人类进入封建社会后，战争、饥荒、瘟疫、自然资源的抢夺和统治政权的更替都可能改变人口的分布，这些因素的作用力可能持续几十年、上百年的时间。进入现代社会之后，经济因素对人口分布的影响作用逐渐加大，人类由农业社会进入工业社会后，寻找就业机会的需求使得人口分布由以农村为中心转向以城市为中心，城市和城市带的发育也遵循着工业布局的需要，现代的人口聚集地区多由经济因素而产生。

一个区域人口数量的变动取决于三个方面，即出生、死亡和迁移。人口分布的变动可以分解为几个区域的人口变动，那么人口分布的变动也取决于三个方面：各个子区域的人口出生、各个子区域的人口死亡和各个子区域间的人口迁移（见图2-2）。子区域的人口出生和死亡又与各子区域自身的人口结构、生育水平和死亡水平有关，这些是影响人口分布的人口自身结构和特征因素。

图 2 - 2　两区域人口分布变动的示意图

在人类发展的过程中，人类会经历人口转变，这一过程的进程与文明发展程度有关，区域间人口转变所处的阶段差异越大，人口因素对人口分布变化的影响越大。世界人口的分布格局也由于各大洲之间的人口转变的差异而发生巨大的变化。"二战"以来，亚、非、拉发展中国家主要由于高出生率而出现人口的迅速增长，发展中国家人口占世界人口的比重由 1950 年的 67% 上升到 1980 年的 75%，而经济发达国家人口占世界人口的比重持续下降，由 1950 年的 1/3 降低到 1980 年的 1/4，预计到 2020 年，发达国家人口将只占全球人口的 1/6。全球人口格局的变动也跟人口国际迁移有关。2010 年，全世界的国际移民[①]可能达到 2.14 亿，比 2005 年增加 1900 万。60% 的国际移民迁往发达国家，主要包括欧洲（7000 万）、亚洲（6000 万）和北美洲（5000 万），美国接收的国际移民人数最多，为 4300 万，其次是俄罗斯（1200 万）、德国（1100 万）、沙特阿拉伯（700 万）、加拿大（700 万）。发达地区的大部分合法移民来自欠发达地区。2000—2007 年，80% 的加拿大和美国移民来自欠发达地区，澳大利亚、西班牙和英国的这一比例为 50%—60%。[②] 中国国内的人口分布格局变动也是由于人口转变和人口迁移引起的。

一　人口转变的区域差异

人口转变是指人口发展由高出生率、高死亡率、低自然增长率，经过高出生率、低死亡率、高自然增长率，向低出生率、低死亡率、低自然增长率转变的过程。人口转变理论最初是对欧洲人口再生产动态特征的总结，反映社会经济现代化进程中，人口再生产类型从传统模式向现代模式过渡

[①] 这里的国际移民是指其出生国并非其居住国的人。

[②] 联合国经济和社会事务司：《国际移民与发展》，2006 年，引自 www. unpopulation. org。

的过程。

　　绝大多数学者认为，我国在 20 世纪末就已经完成人口转变（李辉等，2005）。李建民（2000）、于学军（2000）等根据发达国家完成人口转变历史，从中国人口出生率和死亡率等方面数据出发，自 20 世纪 70 年代初开始实行计划生育至今，我国人口再生产类型完成了从"高出生、低死亡、高增长"向"低出生、低死亡、低增长"的转变，得出我国已经实现人口转变的结论。穆光宗（2006）认为我国人口转变经历人口死亡率变动主导和人口出生率主导的两个阶段；也有学者将中国人口转变划分为三个阶段：高出生、高死亡阶段，高出生、低死亡阶段和低出生、低死亡相对稳定阶段（王胜今，1998）；宋元梁（1997）依据人口平均预期寿命逐渐延长，把人口转变分成四个阶段：静止阶段、初期增长阶段、晚期增长阶段、稳定阶段。

图 2 - 3　1949—2010 年中国的人口出生率、死亡率和自然增长率

　　资料来源：1949—1999 年数据来自《新中国五十年统计资料汇编》，2000—2010 年数据来自《中国统计年鉴（2011）》。

　　不论划分成几个阶段，从我国的人口死亡率、妇女生育水平和人口增长状况来看，我国已经完成人口转变。从国家统计局人口抽样变动调查和人口普查公布的数据来看，20世纪80年代人口自然增长由于受当时年龄结构和计划生育政策等因素的影响出现两个小的高峰，即1982年和1987年人口增长高峰。90年代以来人口增长速度处于稳定下降的趋势，人口的自然增长率已由1990年的14.39‰下降到1998年的9.53‰，自70年代以来首次降到10‰以下。到2010年，人口自然增长率继续下降到了4.79‰。与此同时，随着我国卫生医疗条件的改善，死亡率在经历60年代的短暂反弹后也持续下降，由1949年的20‰下降到1977年的6.86‰，从此一直保持在7‰以下。全国育龄妇女总和生育率从1970年的人均5.8下降到90年代初的1.8左右，90年代以来生育水平已经逐步低于更替水平，进入低生育水平阶段，目前已经降到1.5左右。从育龄妇女生育水平来看，90年代以来生育水平已经完成了根本性转变。

在人口转变的过程中，不同区域出生率和死亡率的下降幅度是不一致的，由此导致不同区域的人口自然增长率也有差别。人口转变的区域差异将导致人口自然增长率的地区差异，最终成为影响人口分布的因素之一。根据以往学者的研究，我国的人口转变呈现大都市最快，东部快于西部，北部快于南部的特征。

由表2-1可知，辽宁、吉林和黑龙江是全国人口自然增长率最低的省，其中辽宁仅为0.42‰。还有江苏、四川、湖北、重庆等传统的人口密集地区，其生育政策控制严格，上海、北京和天津这样的大都市生育率下降很快，其人口自然增长率也已经降到5‰以下。人口自然增长率最高的是新疆和西藏，超过10‰，其次还有宁夏、广西、海南和青海等省区的人口自然增长率也超过8‰。总体上说，我国西部地区的人口自然增长率高于中东部地区，其中，西北地区的人口自然增长率高于西南地区，东南地区的人口自然增长率高于东北、华北地区。

同时，我们也发现，各个省（市、区）自然增长率的差异主要是出生率差异导致的，自然增长率与出生率直接的相关系数高达0.963，但与死亡率的相关系数仅为-0.256，地区间死亡率的差异不大，基本都在4‰—8‰之间。出生率不但反映生育水平，也受人口中育龄妇女年龄结构的影响。同样地，死亡率也受死亡水平和人口年龄结构的影响。

区域间出生率的差异影响了我国人口自然增长率的区域差异，从人口

表 2-1   2010 年中国分省（市、区）的人口出生率、死亡率和自然增长率   单位：‰

地区	出生率	死亡率	自然增长率	地区	出生率	死亡率	自然增长率
北京	7.48	4.41	3.07	湖北	10.36	6.02	4.34
天津	8.18	5.58	2.6	湖南	13.1	6.7	6.4
河北	13.22	6.41	6.81	广东	11.18	4.21	6.97
山西	10.68	5.38	5.3	广西	14.13	5.48	8.65
内蒙古	9.3	5.54	3.76	海南	14.71	5.73	8.98
辽宁	6.68	6.26	0.42	重庆	9.17	6.4	2.77
吉林	7.91	5.88	2.03	四川	8.93	6.62	2.31
黑龙江	7.35	5.03	2.32	贵州	13.96	6.55	7.41
上海	7.05	5.07	1.98	云南	13.1	6.56	6.54
江苏	9.73	6.88	2.85	西藏	15.8	5.55	10.25
浙江	10.27	5.54	4.73	陕西	9.73	6.01	3.72
安徽	12.7	5.95	6.75	甘肃	12.05	6.02	6.03
福建	11.27	5.16	6.11	青海	14.94	6.31	8.63
江西	13.72	6.06	7.66	宁夏	14.14	5.1	9.04
山东	11.65	6.26	5.39	新疆	15.99	5.43	10.56
河南	11.52	6.57	4.95	全国	11.9	7.11	4.79

资料来源：《中国统计年鉴（2011）》。

转变的过程来看，生育水平下降快的地区，人口结构老化也快，人口自然增长率与总和生育率呈现正相关性，1990 年，其相关系数为 0.771，2000 年，育龄妇女比例、自然增长率、总和生育率的地区差异均在缩小，自然增长率与总和生育率呈现出更加明显的正相关关系，相关系数达到 0.861。

综合近 20 年我国各省（市、区）的人口生育水平、年龄结构的变动，随着我国人口的生育水平进一步下降，生育水平的地区差异也进一步下降。我国区域的人口自然增长情况从高到低可以划分为以下七个层级：

一是大西北地区，包括新疆、西藏、宁夏和青海，这一地区生育水平高、年龄结构轻，其人口自然增长率一直处于全国领先位置。分地区自然增长率的总体趋势和总和生育率趋势一致，1990 年，新疆、宁夏、青海和西藏的总和生育率还高达 3.16、2.61、2.47 和 4.22，其自然增长率相应也就很高，分别高达 18.62‰、18.82‰、16.87‰和 16.43‰。到 2000 年，新疆、宁夏、青海和西藏的总和生育率依然超过其他地区，分别为 1.52、1.69、1.54 和 1.85，其人口自然增长率也就超过 10‰。尽管人口转变完成较晚，但到 2010 年，新疆、宁夏、青海和西藏的总和生育率下降到了 1.53、1.36、1.37 和 1.05，人口自然增长率均低于 10‰。

二是西南边疆地区，包括云南、贵州、海南和广西，其人口自然增长率一直仅次于大西北地区。1990 年，云南、贵州、海南的总和生育率还高达 2.59、2.96 和 2.93，其人口自然增长率高达 15.68‰、15.19‰、13.60‰和 18.60‰，仅次于西北地区。2000 年，海南、云南、贵州的总和生育率依然超过 1.5，分别为 1.54、1.81、2.19，其人口自然增长率也就超过 10‰，只有广西为 7.88‰。虽然在 2000 年之前，西南边境地区的人口自然增长速度下降快于西北地区，但在 2010 年，海南、云南、贵州的总和生育率似乎有反弹的趋势，分别为 1.51、1.41 和 1.75，所以仍然有海南和贵州的人口自然增长率超过 10‰，分别为 10.25‰和 10.56‰。总体来看，西南边疆地区的人口转变早于西北地区。

三是中部地区，包括湖北、湖南、河南、山东、山西、河北、安徽和江西，这些地区的人口自然增长率处于全国的中游水平。1990 年，湖北、湖南、河南、山东、山西、河北、安徽和江西的总和生育率均在 2—3 之间，分别为 2.50、2.40、2.90、2.12、2.46、2.33、2.51 和 2.46，其人口自然增长率也处于全国中等水平，为 11‰—19‰。到 2000 年，这些地区的总和生育率下降到了 1.6 以下，人口自然增长率均下降到 10‰以下。中部地区是流出人口最多的地区，青壮年人口的流出加快了人口转变的步伐。

四是沿海地区，包括浙江、广东和福建。在 1990 年，浙江的人口自然增长率已经下降到了较低水平，仅为 9.02‰，总和生育率也仅为 1.40；而广东、福建的总和生育率还高达 2.51 和 2.36，自然增长率也高达 16.50‰和 17.73‰。沿海地区经济发展迅速，生育水平快速下降，2000 年，浙江、广东和福建的总和生育率下降到了 1.04、0.94 和 1.03。由于青年人口的大量迁入，提升了其人口自然增长率，自然增长率的波动和育龄妇女在总人口中所占比例的波动一致。如广东的总和生育率 2000 年已经降到较低水平，但 15—49 岁育龄妇女的比例高达 32.11%，特别是 20—34 岁育龄妇女占全部人口的 16.81%，高于全国其他省（市、区），其人口自然增长率也就达到 9.38‰，是仅次于同时期的西部省份的较高水平。由于社会经济水平的发展，沿海地区人口转变快速，但由于人口大量迁入，年龄结构较轻，人口自然增长率有反弹的可能。

五是小西南地区，包括四川和重庆，其地理位置处于西部湿润的盆地，人口密集，迫使其生育水平的急速下降，其人口情况和其他西南省份截然不同。1990 年，四川的总和生育率低于周边的西南省份，为 1.76，自然增长率为 11.45‰；到 2000 年，四川和重庆的总和生育率已经下降到了 1.23 和 1.26，自然增长率分别为 5.58‰和 3.88‰，远低于周边的西南省份；2010 年依然保持了较低的生育水平和较低的人口增长率。

六是东北地区，包括辽宁、吉林和黑龙江，其生育水平的下降速度一直在全国处于领先地位。从 1990 年开始，东三省的生育水平就很低，总和生育率仅为 1.51—1.81，人口自然增长率仅为 10‰左右；到 2010 年，东三省的总和生育率不足 1，仅为 0.75 左右，远低于全国平均水平，辽宁的人口自然增长率甚至仅为 2.32‰。

七是大都市区，包括上海、北京、天津三个直辖市，生育水平下降和人口结构老化都走在全国前列，人口自然增长率接近负增长，人口异常密集，生育水平下降快，人口转变迅速，人口结构老化迅速。北京、上海的总和生育率在 1990 年就已经下降到 1.33 和 1.34 的低水平，其人口的自然增长率在 1990 年就下降到了 7.20‰和 3.67‰；到 2000 年，上海市的人口自然增长率还出现了负增长。但是，青年人口大量迁入却使得大都市的年龄结构的变化出现新的特征，生育率下降快的地区出现年龄结构年轻化的趋势，大都市区成为全国年龄结构最年轻的地区。

根据各地的人口转变态势，在可以预见的未来，人口转变的因素将使得人口发布表现为：西部地区的人口比重提升，东部地区的人口比重下降；在西部地区中，北边人口比重上升，南边人口比重下降；在东部地区中，北边人口比重下降，南边人口比重上升。

表2-2 1990年、2000年、2010年各地妇女生育和自然增长状况

地区	1990年				2000年				2010年			
	15—49岁育龄妇女比例（%）	20—34岁育龄妇女比例（%）	总和生育率	自然增长率（‰）	15—49岁育龄妇女比例（%）	20—34岁育龄妇女比例（%）	总和生育率	自然增长率（‰）	15—49岁育龄妇女比例（%）	20—34岁育龄妇女比例（%）	总和生育率	自然增长率（‰）
北京	28.16	14.95	1.33	7.20	30.36	12.88	0.67	0.85	31.30	16.77	0.71	2.03
天津	28.48	14.54	1.66	9.83	29.78	11.54	0.88	2.30	29.05	11.81	0.91	3.76
河北	26.66	13.37	2.33	13.64	30.14	12.19	1.29	5.86	27.70	11.70	1.31	6.4
山西	26.74	13.58	2.46	15.98	29.11	12.00	1.44	8.51	27.98	12.50	1.10	8.98
内蒙古	27.91	14.32	1.97	13.98	31.16	13.22	1.09	6.11	28.62	10.85	1.07	6.75
辽宁	29.23	15.20	1.51	9.71	29.47	11.21	0.98	2.49	29.52	11.87	0.74	2.32
吉林	29.19	15.10	1.81	12.93	31.09	12.31	0.84	4.31	28.23	12.74	0.76	6.81
黑龙江	29.38	15.02	1.71	11.76	31.36	12.73	0.88	4.03	28.84	11.49	0.75	5.3
上海	27.21	13.84	1.34	3.67	27.59	11.79	0.68	(1.03)	28.12	13.92	0.74	2.6
江苏	27.98	14.19	1.94	14.01	29.17	11.34	0.97	2.99	29.39	12.00	1.05	2.03
浙江	28.14	14.59	1.40	9.02	29.32	12.36	1.04	4.03	28.93	12.10	1.02	2.85
安徽	26.68	12.97	2.51	18.22	28.89	11.57	1.33	7.61	26.22	11.58	1.48	8.65
福建	25.89	13.39	2.36	17.73	31.78	14.47	1.03	5.63	29.14	15.41	1.12	1.98
江西	25.82	12.90	2.46	17.05	30.05	12.92	1.60	9.44	28.92	12.19	1.39	3.72
山东	27.55	13.67	2.12	11.25	30.05	11.70	1.16	4.85	27.78	12.14	1.17	7.66
河南	26.64	13.06	2.90	18.40	29.57	11.65	1.44	7.33	26.43	9.15	1.30	2.77

续表

地区	1990年				2000年				2010年			
	15—49岁育龄妇女比例（%）	20—34岁育龄妇女比例（%）	总和生育率	自然增长率（‰）	15—49岁育龄妇女比例（%）	20—34岁育龄妇女比例（%）	总和生育率	自然增长率（‰）	15—49岁育龄妇女比例（%）	20—34岁育龄妇女比例（%）	总和生育率	自然增长率（‰）
湖北	26.87	13.78	2.50	14.30	30.38	12.24	1.06	3.82	29.38	12.44	1.34	4.73
湖南	26.51	13.32	2.40	16.70	29.59	11.79	1.27	4.84	29.10	11.82	1.42	4.34
广东	25.92	13.37	2.51	16.50	32.11	16.81	0.94	9.38	27.66	11.25	1.06	0.42
海南	24.09	12.53	2.93	18.60	28.97	13.02	1.54	10.75	28.97	14.10	1.51	10.25
四川	28.67	13.01	1.76	11.45	27.71	11.54	1.23	5.58	27.80	11.91	1.08	5.39
贵州	25.31	11.71	2.96	15.19	27.22	11.71	2.19	12.79	29.62	12.90	1.75	10.56
云南	25.67	12.63	2.59	15.68	28.99	13.33	1.81	11.30	29.21	12.03	1.41	8.63
西藏	24.38	12.37	4.22	16.43	29.85	14.04	1.85	13.95	29.21	12.49	1.05	9.04
陕西	26.97	13.40	2.71	16.96	29.45	11.73	1.13	5.15	30.37	13.78	1.05	6.11
甘肃	27.92	13.80	2.34	14.48	29.32	11.91	1.32	8.16	30.97	14.66	1.28	6.97
青海	27.02	13.34	2.47	16.87	30.13	13.81	1.54	13.26	25.40	9.87	1.37	7.41
宁夏	26.69	13.28	2.61	18.82	30.37	13.93	1.69	12.02	29.29	11.01	1.36	6.03
新疆	26.33	12.74	3.16	18.62	30.72	14.07	1.52	11.47	27.03	9.85	1.53	2.31

资料来源：育龄妇女比例根据《1990年人口普查资料》、《2000年人口普查资料》、《2010年人口普查资料》提供数据计算；自然增长率、总和生育率来自《1991年中国统计年鉴》、《2001年中国统计年鉴》、《2011年中国统计年鉴》。

二　影响人口迁移的三大因素

（一）自然因素

自然条件之所以决定着人口分布，因为气候、地形、土壤、植被、水分、能源、矿产等人类赖以生存的条件影响了人口的生产和再生产以及人口的迁移。从世界各民族的经验看，人口分布具有趋温性、趋海性、趋低性、趋北中纬性、趋水源性等很多相似的规律：全球90%的人口生活在北半球；80%以上的人口生活在20°—60°的中纬地带；海拔200米以下的陆地（占全部陆地面积的1/4）上集中了世界人口的56%；世界人口的1/2居住在距海岸200公里以内的陆地（占全部陆地面积的30%）；温带分布着世界人口的47%，热带为30%，寒温带仅为11%；人口表现出强烈的趋水性，大都集中分布在河流的两岸、湖泊的周围和沙漠的绿洲之上。以上人口分布特性在我国人口分布特点中也能反映出来。

我国的地形呈现西高东低的阶梯状分布，围绕着青藏高原作半圆状向着太平洋分成三级阶梯逐级降低，人口密度与此密切相关。第一阶梯是我国西南的青藏高原，平均海拔在4000米以上，面积达230万平方公里，高原上山脉纵横，山岭间的大大小小的盆地则是人口的聚集地，这里人口分布稀疏，以游牧民族为主。第二阶梯迅速下降到海拔1000—2000米，这里的人口集中分布在一系列海拔在1500米以上的高原和盆地，有内蒙古高原、黄土高原、云贵高原、准噶尔盆地、塔里木盆地、柴达木盆地和四川盆地等，也是中华民族的发源地。第三阶梯是海拔500米以下的丘陵和平原，我国人口绝大多数分布在第三阶梯的平原和丘陵，这里气候温暖、湿润，土地肥沃，农业生产能力强，适合人类生存，所以人口密度大。

我国人口分布发展历史中南北格局的变化与自然环境因素有着直接的关系。黄河中下游平原是中华民族的发源地。在唐代之前，我国农业生产力最高的地区在黄河中下游地区，所以这里形成了数千年来人口聚集的中心，在最高峰时达到占全国人口的近三分之二。但唐宋之后，由于长期的开发和人口的增长，黄河流域的生态条件不断恶化，森林减少，降雨量的减少使许多地区变成半干旱地区，地表植被遭破坏，水土流失加剧，黄土高原的土壤被冲刷进入黄河，大量泥沙在河底的沉积逐渐使黄河变为地上河，河水不断泛滥成灾，下游也经常改道。人口就开始往南寻找更适宜生活的土地。长江流域的冲积平原雨水充沛、土地富饶、物产丰富，且人口压力相比黄河流域小得多，自北宋以来，适合于南方农业生产活动的耕作技术尤其是水稻的种植和栽培技术逐渐成熟起来，促使了中国人口由北向南的长期大迁徙，由黄河中下游平原向南方的长江流域和珠江流域扩散。到宋朝时，我国人口分布的南北格局被彻底改变。长江中下游和江南 6 省的人口比重开始稳步上升，逐步超过黄河中下游地区而成为新的人口聚集中心。在南宋后期和元朝时期，人口分布的这种南北趋势更加明显，长江流域的人口占到全国人口的 60%。到清朝末年的时候，全国的人口分布格局是：1/4 以上的人口生活在长江中上游地区的四川和两湖；将近 1/4 的人口居住在长江下游的江苏、安徽、浙江和江西；另 1/5 的人口生活在华北东部的河南、河北和山东；剩余 1/3 的人口生活在我国其他地区。

直到今天，我国人口分布的现状与自然环境呈现紧密的关系。我国人口集聚基本都发生在地形起伏度比较低的平原、盆地地区，其中华北平原、淮河平原、长江中下游平原、四川盆地以及珠江三角洲地区是中国人口集聚程度最高的地区。与之相对应，人口稀疏地区主要位于高原、沙漠和山地等地区，其中青藏高原和西北的塔克拉玛干沙漠、腾格里沙漠、毛乌素沙漠等干旱地区是中国人口集聚度最低的地区，存在大量的无人区。

中国人口集聚区的空间格局明显受到中国平原、盆地空间分布的影响，而其丘陵、山地的格局也和人口稀疏区的分布一致。我国 43% 的人口集中在海拔 100 米以下的平原低地，其面积仅占全国的 10%；30.5% 的人口集中在 100—500 米的平原和低丘陵，其面积仅占全国的 15%；500—2000 米的丘陵山地面积占全国陆地面积的 42%，而生活的人口仅占 23%；而 2000 米以上的山地和高原面积占 33%，人口比重仅为 3.5%。图 2 - 4 显示我国的人口相对密度随着海拔高度的下降而递增（张善余，2003）。

（二）政治因素

我国人口由黄河中下游平原向四周扩散，特别是向南方的长江流域和珠江流域扩散，其中自然条件的变化是主要原因，但统治者的政权扩张、有组织的移民运动和战争等政治因素也是重要原因之一。在历史上，每当我国北方地区发生一次战乱，就会引起一次较大规模的人口南迁。中国古

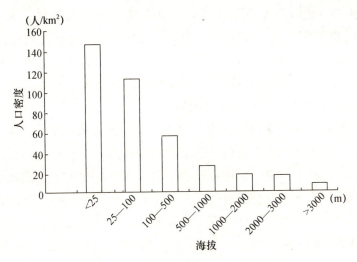

图 2 - 4　我国不同海拔高度人口密度分布

注：以海拔 3000m 以上为 1，转引自张善余《中国人口地理》，科学出版社 2003 年版，第 240 页。

代的人口迁移方向一般可以分为：从黄河流域迁往长江流域，表现为北民南迁，逃避战乱；另外一种是北方的边远地区迁往黄河流域，表现为少数民族政权内迁，从游牧向农耕过渡。

　　我国历史上较重要的由于战乱引起的人口迁移有三次。在中华民族的历史上，黄河故道中、下游地区是古代文明的发祥地，也是古代中国人口分布的重心所在。直至秦、汉之际，此地区的人口在全国总人口的比重大体保持在 80% 左右。东汉时，南匈奴、鲜卑等民族迁入甘、陕、晋、冀等地方，人数多达 50 多万，后因不堪西晋政权的压迫，匈奴贵族起兵灭西晋，晋室南渡中原，百姓四处逃避战乱，形成了中国历史上的第一次人口的大迁移，黄河流域人口比重由 80% 下降至 60%，直至唐中叶的"安史之乱"前，全国人口分布大致稳定在这一局面。①

　　唐朝末年的"安史之乱"帝京被陷，接着就是八年战争，中原人民大量南移，造成了历史上的第二次的人口大迁移。"安史之乱"后，中原地区"人烟断绝，千里萧条"，官方人口统计只剩约 1700 万人，总数不到此一历史事件发生前的三分之一。这次战乱虽仅持续八年（755—763 年），但中原

───────────

　　①　刘利民：《华夏人口的历史迁移》，《中国经贸导刊》1989 年第 15 期。

地区人民南迁并没有因战乱的结束而终止，直至唐末和五代十国时，南迁的中原人民仍相望于道（李传永、李恬，1997）。据著名人口学家胡焕庸（1983）估计，由"安史之乱"引发的人口大迁移从根本上改变了中国人口地理分布的格局，使南方人口第一次超过了北方地区，中国人口地区分布的中心首次由黄河流域移到了长江流域。

北宋末年的"靖康之难"再次导致中国历史上的第三次人口大迁移，南迁持续有一个半世纪。元末明初，明末清初的几次社会大动乱，一次次导致中原地区的人口在全国总人口中的比例下降。尤其是蒙古人、满洲人入主中原之初，迫使中原人民纷纷南逃避难，而先期迁徙到长江中、下游地区的中原移民则部分流往岭南。最终完成了中国人口、经济、文化重心从黄河流域向长江流域的转移，从此中国社会便进入南盛北衰的阶段（刘利民，1989）。

近代的人口迁移多以逃避战乱为主，抗战期间就有几千万人从华北、华中、华东等内地广大城乡向西南西北的迁移（夏明方，2000）。新中国成立以来，我国政府以其强大的号召力发起了若干大规模的人口迁移，使得我国西部、北部，以及边疆地区的人口比重有了明显的增长。1953—1960年是新中国成立以来人口迁移的猛增时期。国家有计划地改变我国的工业布局，把沿海大批科研机构、工业密集工厂内迁至西北、西南边疆省区。为了支援边疆建设，山东、河北等人口稠密地区的农民集体移民边疆开荒垦殖，国家还组织了大量的知识青年支边（陆发玉、陆生发，2003）。如果只考虑户籍迁移人口而不考虑无户籍迁移人口，那么1960年的人口迁移数量是新中国成立以来最高纪录（见图2-5）。

从新中国成立到改革开放之前的人口迁移和国家的迁移政策密切相关，这一时期我国人口迁移主要方式有四种：一是为支援东北、华北、西北、华中、西南等工业基地的建设，和发展江西、福建的工业，国家有组织地从东部沿海各大工业城市抽调大批工人、干部、技术人员和随迁家属支援内地和边疆建设；二是为开垦荒地，建设新的农业基地，动员了大批复员转业军人和城市知识青年到黑龙江、内蒙古、新疆、两广、云南、江西等地安家落户，参加国营农场的建设；三是大量的农村人口从东部人口稠密地区（包括四川盆地）向地广人稀的东北、内蒙古、西北和江西、云南、贵州等地的迁移；四是大批农民被调入城镇、矿山做职工（仇为之，1981）。

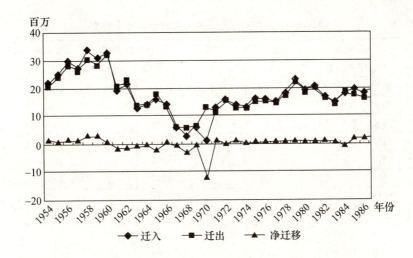

图 2-5 1953—1987 年我国户籍人口迁移的规模

资料来源:《中国人口统计年鉴 (1988)》。

(三) 社会经济因素

随着人类生产、生活方式的进步,交通科技的发展,人类的活动不再过多受到自然条件的束缚,特别是在商业文明发达的社会,社会经济因素越来越成为重要的人口迁移因素。社会经济因素包括经济、卫生、文化、教育等发展水平。

从经济因素方面来说,生产布局的变化和新区开发也常常使人口分布和人口迁移的流量、流向发生变化。大型生产项目的兴起和新区开发能够提供更多的就业岗位和更多事业成功的机遇,因而具有很强的吸引力,导致大批人口流入。例如,美洲大陆的开发就是与欧洲和非洲大批移民的涌入同时进行的。

改革开放以后,我国经济增长突飞猛进,沿海地区的经济发展带动了人口聚集。近 20 年人口分布的变动和我国经济分布、产业分布密切相关。我国人口密度最高的省(市、区)是上海、天津和北京,其次是东部、中部的省份,如江苏、山东、河南、广东和浙江,这些省份的人口密度均超过每平方公里 500 人。我国人口最稀疏的地区是西部省份,如宁夏、云南、黑龙江、甘肃、内蒙古、新疆、青海、西藏。从人口密度和经济密度的排序来看,不同省(市、区)的人口密度和经济密度有着相当大的联系。经济

表 2-4 　　　　　2010 年分省（市、区）的人口密度和经济密度

地区	人口密度 （人/平方公里）		经济（GDP）密度 （万/平方公里）		工业产值密度 （万/平方公里）		服务业产值密度 （万/平方公里）	
	数值	排序	数值	排序	数值	排序	数值	排序
上海	3728	1	27794	1	10583	1	15922	1
北京	1190	2	8560	2	1676	4	6429	2
天津	1150	3	8165	3	3904	2	3752	3
江苏	779	4	4099	4	1908	3	1695	4
广东	658	5	2902	5	1353	5	1306	5
山东	617	6	2520	7	1214	7	923	7
河南	549	7	1348	8	698	8	386	10
浙江	544	8	2769	6	1264	6	1205	6
安徽	407	9	843	14	369	13	286	15
河北	387	10	1097	11	514	11	383	11
重庆	350	11	961	12	448	12	349	12
湖北	311	12	868	13	366	14	329	13
福建	310	13	1236	10	537	10	491	8
湖南	304	14	743	15	292	16	295	14
辽宁	303	15	1279	9	609	9	475	9
江西	267	16	565	18	256	17	187	18
海南	255	17	607	16	113	23	280	16
山西	232	18	598	17	303	15	222	17
贵州	185	19	245	24	81	25	116	24
广西	184	20	383	21	154	20	135	22
陕西	179	21	486	19	219	18	177	19
四川	161	22	344	22	149	21	121	23
吉林	150	23	472	20	214	19	169	20
宁夏	123	24	329	23	125	22	137	21
云南	118	25	186	26	67	26	74	26
黑龙江	82	26	221	25	98	24	82	25
甘肃	56	27	90	28	35	28	34	28
内蒙古	21	28	98	27	47	27	35	27
新疆	14	29	35	29	14	29	11	29
青海	8	30	18	30	8	30	6	30
西藏	2	31	4	31	0	31	2	31
与人口密度的相关系数			0.990		0.981		0.976	

资料来源：根据《中国统计年鉴（2011）》提供数据计算。

（GDP）密度、工业产值密度和服务业产值密度与人口密度的相关系数分别达到了 0.990、0.981 和 0.976。所以，上海、天津、北京和江苏不仅是我国人口密度最大的地区，也是我国经济密度最大的地区，上海的 GDP 密度达到了 27794 万/平方公里，其中工业产值密度和服务业产值的密度分别高达 10583 万/平方公里和 15922 万/平方公里。江苏、山东、河南、广东和浙江的 GDP 密度均超过了 1000 万/平方公里。西部省份的人口密度低，经济密度也很低，甘肃、内蒙古、新疆、青海和西藏的人口密度和经济密度均排在全国的倒数 5 位。

　　笔者还计算了 286 个城市市辖区的经济密度和人口密度的相关系数，也高达 0.74。人口分布和经济产业分布的关系是相辅相成的，经济发展带动就业岗位的供给，从而影响人口分布，而人口的聚集也促进了经济增长。影响人口分布的经济因素在近 30 年才真正表现出来。在改革开放以前，我国的区域经济发展差异并没有这么大。随着沿海地区的经济发展，吸引了越来越多的人口迁往沿海地区，广东省甚至因此取代河南成为我国人口第一大省（常住人口），河南是户籍人口的第一大省。这正是经济因素影响人口分布的结果。下面就来看看省际人口迁移受到经济因素的影响。

　　通过"五普"数据的估算，1995—2000 年，广东省是省外迁入人口最多的省份，共有 1234.8 万人从其他省份迁入广东，除去这一期间 47 万人迁出广东之外，广东省的净迁入人口高达 1187.8 万人。除此之外，上海、浙江、北京的迁入人口均超过 200 万人，新疆、福建、江苏的迁入人口超过 100 万人。通过 2005 年 1% 人口抽样调查的数据估算，2000—2005 年，广东省的迁入人口略有下降，依然超过了千万。同时，迁入浙江、上海、江苏、北京等省市的人口有了大幅度的增长，浙江省的净迁入人口超过了 400 万人，上海、江苏的迁入人口超过 300 万人，北京、福建的迁入人口超过 200 万人。总体来说，1995—2005 年，人口迁入的大省，除了新疆之外，其余均为东南沿海地区，且珠三角一直是我国最主要人口迁入地区，长三角地区 2000 年之后迁入人口才持续增长。

　　四川一直是我国主要的人口迁出省份，1995—2000 年，四川省人口净迁出 408.5 万人，湖南、安徽的迁出人口也超过 300 万人，江西、河南、湖北的迁出人口也超过 200 万人，广西、贵州、重庆的迁出人口也超过 100

万。到2000—2005年，四川省的迁出人口略有下降，但安徽、河南、湖北等省的迁出人口均在增长。总体来说，我国主要的人口迁出省份为中部和西南地区。

人口迁移是人口分布变动的重要组成部分。从1995年到2005年，这十年期间的人口迁移正好反映了我国沿海地区的经济发展和工业化需要大量劳动力，而中部和西南部的省份人多地少，工业化程度不高，第一产业中存在大量剩余劳动力。因此，在最近的20年来，经济因素在改变我国人口分布方面发挥了重要作用。根据2000年第五次全国人口普查资料和2005年1%人口抽样调查资料估算，仅从湖南、四川迁往广东的人口，每五年就有200万人，从安徽迁往长三角地区的人口每五年也超过200万人。改革开放以后，我国实行的是东部沿海地区率先发展的政策，区域差距不断扩大，这是人口迁移的重要原因，这些人口迁移流将使得我国人口的重心向南向东移动。

除了经济发展水平之外，社会文化也是影响人口迁移的重要因素。文化教育因素对人口迁移的影响越来越明显，人们为了自己或子女受到良好的教育，总是从文化水平低、教育设施落后的地区迁往文化教育中心地区。而移入地区也愿意接受具有较高文化素养、有一技之长的人才迁入，这往往导致欠发达地区的人才外流。我国的区域差异是地区间人口迁移的重要原因，这种差异不仅反映在经济收入方面，也反映在医疗、教育、住房、文化娱乐等社会生活服务设施方面和就业、退休、失业保险、劳动保护、社会救济等社会保障方面，以及由于物质文化生活差异所导致的城乡居民在生活方式、价值观念、人文素质和社会心理的差异等方面。发生迁移的先锋者在迁移初期多数是为寻找就业机会，获得更多的经济利益。随后，当迁入地的社会发展水平远高于迁出地时，追求更好的生活方式成为后来者迁移的重要原因。比如，我国新生代农民工与上一代农民工相比，有着截然不同的生活观和就业观，他们从单一的改善生活向追求发展、梦想和体验生活转变；从单纯实现基本劳动权益向追求体面劳动、尊严生活和发展机遇转变，在追求稳定工作的同时，他们会更加注重自身的价值和幸福。城市更优越的社会文化生活成为新生代农民工迁入城市的重要原因。

第三节　人口分布区域格局变化

中国人口分布具有显著的地域差异，东南半壁和西北半壁的人口密度差异悬殊。东南沿海地区，长江、黄河中下游地区地势低平，人口密集；西北半壁地处高原，山脉纵横，人口稀疏，只有盆地具有聚集人口的能力。人口分布是人口发展过程在地理空间中的表现形式。作为一种社会经济现象，人口分布主要受到人们的物质生产方式、生产力发展水平以及生产布局特点的制约，而这一切在任何时候又都离不开一定的自然环境的基础。此外，历史发展的延续性也有不小的影响。下文将阐述具体的人口分布格局及变动。

一　人口分布的疏密变化

人口密度指单位土地面积上的人口数量，通常使用的计量单位有人/平方公里或人/公顷，它是衡量人口分布状况的一个重要指标。通过人口密度这一指标，可以从比较的角度简单而清晰地反映出不同地区人口分布的差异性，对于分析土地的负担情况和人地关系尤为适用。在中国不同地区之间，人口密度相差非常悬殊，这是由各地区人口规模和土地面积的巨大差距造成的。

以省级行政单位来计算人口密度的话，在新中国成立初的 1953 年，上海是我国人口密度最高的地方，人口密度达到每平方公里 1438 人，其他地区的人口密度远低于这个数值。其次，天津、江苏、山东、北京、河南、浙江、重庆、安徽的人口密度也分别达到了每平方公里 409 人、371 人、314 人、299 人、264 人、225 人、224 人和 220 人。北京、天津是我国近代举足轻重的大都市；江苏、浙江和安徽是江南经济发达地区，从古代便人口繁荣；山东、河南是传统的人口大省。人口密度最低的是吉林、云南、宁夏、黑龙江、甘肃、内蒙古、新疆、青海、西藏等边疆地区，其人口密度在每平方公里 60 人及以下。

到改革开放初的 1982 年，上海依然是我国人口密度最高的地区，且不断增长到每平方公里 1883 人，天津、江苏、北京、山东、河南、浙江、安

表 2 −5　　　　　　　　　　　中国分省人口密度

单位：人/平方公里

地区		1953 年	1982 年	1990 年	2000 年	2010 年
密集区	上海	1438	1883	2117	2657	3728
	北京	299	549	644	823	1190
	天津	409	687	778	886	1150
	江苏	371	590	654	725	779
	广东	169	301	353	486	658
	山东	314	475	539	579	617
	河南	264	446	512	554	549
	浙江	225	382	407	459	544
	安徽	220	356	402	429	407
稠密区	河北	178	282	325	359	387
	重庆	224	328	350	375	350
	湖北	149	257	290	324	311
	福建	108	214	248	286	310
	湖南	157	255	286	304	304
	辽宁	141	245	270	290	303
	江西	100	199	226	248	267
	海南	78	167	194	232	255
	山西	92	162	184	211	232
较密区	贵州	85	162	184	200	185
	广西	83	154	179	190	184
	陕西	77	141	160	175	179
	四川	98	150	162	172	161
	吉林	60	120	132	146	150
	宁夏	29	75	90	108	123
	云南	44	83	94	109	118
稀疏区	黑龙江	26	72	77	81	82
	甘肃	25	43	49	56	56
	内蒙古	6	16	18	20	21
	新疆	3	8	9	12	14
	青海	2	5	6	7	8
	西藏	1	2	2	2	2
全国		63	107	121	135	144

　　资料来源：根据《1953 年第一次全国人口普查主要数据公报》、《中国 1982 年人口普查资料》、《中国 1990 年人口普查资料》、《中国 2000 年人口普查资料》和《中国 2010 年人口普查资料》提供数据估算。

徽的人口密度依然很高，且在继续增长，排名变化不大。人口密度最低的地区依然是东北和西北的边疆省份，但人口密度均有所上升。我国省级人口密度的排序几乎不变地保持到 2009 年，只是北京和广东这两个省、市的排位一直在上升。到 2009 年，北京市和广东省的人口密度上升到了每平方公里 1045 人和 542 人。全国的人口密度从 1953 年的每平方公里 63 人，上升到 2009 年的每平方公里 137 人，翻了一番多。

根据 2010 年各省的人口密度，可以将我国分为四类地区。

一是人口密集区。沪、京、津、苏、鲁、豫、粤、浙、皖 6 省 3 市为密集区，每平方公里人口在 400 人以上，土地面积之和为 89.1 万平方公里，仅占全国土地总面积的 9.4%，而人口却占全国总人口的 40.5%，这些省市地势平坦，水热资源较丰富，开发历史悠久，工农业较发达，交通方便，城市数量多，故人口最为稠密。上海一直是我国人口最为密集的城市；北京、天津的人口密度在近年来增长极快；江苏、山东属于沿海平原地形，人口自古比较密集；广东、浙江在改革开放之后接受了大量外来人口，人口密度后来居上。

二是人口稠密区。冀、渝、鄂、湘、辽、闽、赣、琼、晋 9 省市为稠密区，每平方公里人口在 200—400 人，本区土地面积为 147.56 万平方公里，占全国土地总面积的 15.5%，人口占全国总人口的 29.3%，这些省、市大部分处于亚热带、热带丘陵山区，水热资源充沛，开发历史悠久，农业、工业有一定基础。其中，福建、海南在改革开放后，经济快速发展，吸纳了不少迁入人口。

三是人口较密区。黔、桂、陕、川、吉、宁、云 7 省（区）为较密区，每平方公里人口在 100—200 人之间，土地面积为 155.36 万平方公里，占全国土地总面积的 16.3%，人口占全国总人口的 20.8%，这些地区以山地、高原为主，社会经济发展受到一定经济限制，但本区拥有丰富的矿产资源，四川盆地、汉中盆地、泾渭平原农业发达。这些省份的人口密度基本与全国平均水平持平。

四是人口稀疏区。黑、甘、蒙、新、青、藏 6 个省（区）为人口稀少区，每平方公里人口在 100 人以下，地域辽阔，土地面积占全国土地总面积的 59%，人口却只占全国总人口的 8.9%，这些省（区）地处边疆和内陆，多高山、高原和荒漠，自然条件差，开发历史较迟，交通不便，经济基础薄弱。

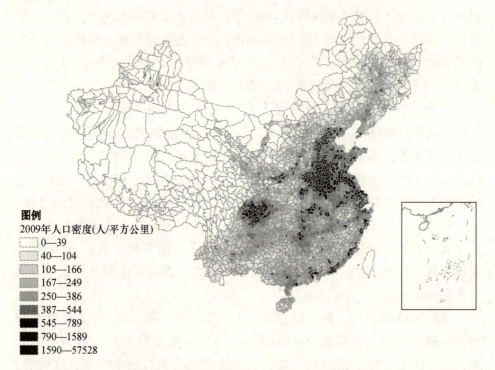

图 2－6　2009 年中国分县人口密度（人／平方公里）

资料来源：2010 年各省（市、区）统计年鉴。

以上资料反映了中国不同省（市、区）人口密度的差异。就各省（区）、各地区内而言，人口密度仍有较大的差别。例如，四川成都平原，每平方公里人口密度在 800 人以上，而川西山区每平方公里却在 100 人以下；新疆的市县之间人口密度最高与最低相差达 2 万多倍，甘肃也达到 1 万多倍；而大部分省份这一差距仅为 100 多倍至几十倍，贵州、江苏、海南、河南、安徽、湖南、江西等省份不过只相差 20 倍左右，这说明它们的人口分布远较新疆、甘肃等省份均衡。

若从分县的人口密度来看，我国目前的人口分布出现明显的沿海、沿江、沿线集聚趋势（刘睿文等，2010），存在五个人口密集带：

一是沿海分布带。改革开放之后，沿海地区的经济快速发展，吸纳大量劳动力迁往沿海地区，这一沿海城市带成为我国人口增长最快的地区，从环渤海湾的大连、天津、烟台、威海、青岛、日照、连云港，到长三角洲地区的上海、杭州、宁波、台州、温州，再到海峡西岸城市群的福州、厦门、泉州，以及珠三角地区的汕头、广州、湛江、深圳、珠海、北海。这是中国经济活力最强、人口最密集的城市带，上海市 2010 年的人口密度高达每平方公里 3728 人，佛山市、汕头市和厦门的人口密度也高达每平方公里 3486 人、3151 人、2245 人。

二是长江流域带。长江流域自古气候温和、雨量充沛、土地肥沃、光热资源充足，工农业发达，人口稠密，再加上改革开放以来，长江流域的城市陆续成为开放城市，是中国经济发展水平较高的地区之一。因此，长江流域成为我国人口密集分布带，西起成渝地区的重庆、成都，经武汉、长沙，至九江、南昌，东至长三角地区的南京、镇江、扬州，直至上海出口，形成了长江沿线人口集聚群。2010 年的"六普"数据显示，南京、成都、武汉的人口密度高达每平方公里 1215 人、1158 人和 1152 人。虽不及沿海地区，也是中国未来经济增长和人口聚集的潜力所在。

三是黄河流域带。黄河流域很早就是中国农业经济开发地区。上游的宁蒙河套平原、中游汾渭盆地以及下游引黄灌区都是主要的农业生产基地之一，黄河中下游的冲击平原是我国的人口聚集带。黄河流域的人口密集带西起西宁、兰州、银川，经榆林、延安、宝鸡、西安、渭南，到中原地区的太原、洛阳、郑州、开封，再到山东的济南。黄河流域的郑州市人口密度高达每平方公里 1159 人，西安、焦作、济南等城市的人口密度高达每平方公里 838 人、870 人和 833 人。黄河流域工业基础薄弱，经济发展落后，未来还有聚集人口的潜力。

四是珠江流域带。改革开放以后，珠江流域下游地区经济发展迅速，外来人口使得这里的常住人口迅速发展壮大，经济发展效应也开始向珠江流域的上游扩展。珠江流域的人口密集带西起昆明，经贵阳、南宁，直达珠三角的肇庆、河源、惠阳、东莞。珠江流域下游的佛山的人口密度高达每平方公里 3486 人，广州、清远、肇庆的人口密度也高达每平方公里 1708 人、2055 人、1593 人。

五是京哈铁路沿线带。东北三省原是人口稀疏之地，后在近代建立起了工业基地，不论是抗战时期迁入东北的人口，还是新中国成立后，从内地北迁的工人和农民，大都分布在铁路沿线的工业城市和地区里。京哈铁路南起北京，经由天津、唐山、秦皇岛、山海关、葫芦岛、锦州、沈阳、四平、长春、哈尔滨等城市，成为人口密集带。沈阳、唐山的人口密度分别为每平方公里 625 人和 562 人，哈尔滨、长春的人口密度分别为每平方公里 373 人和 200 人。

我国目前的人口分布格局是在长期自然、历史、经济的相互作用影响下形成的，不论是沿海和沿江分布，还是沿铁路分布，人口分布的趋势会在自然条件和经济因素的作用下得到加强，在未来较长的一段时间内，沿海、沿江、沿线集聚趋势不会变。

二 人口分布区域格局变化

从地理上来说，我国可以分为华北、华南、华中、华东、东北、西南、西北七大区域，随着经济与社会的发展，我国区划的基本框架发生了多次变更。国家对宏观区域经济格局的划分由沿海和内地的"两分法"到"一、二、三线地区"，后又转变为沿海和内地，后来形成了东、中、西三大地带，直到"十一五"规划中划分为东部、中部、西部、东北四大板块，基本是在二分法、三分法和四分法之间的变化。总体上，考虑到中国的国土面积广阔，地区差异性大，区域划分需要建立相应的多级多类型的体系和框架。目前，我国大陆已经形成四大板块、八大综合经济区的划分方法，即东部、中部、西部、东北四大经济板块。八大综合经济区的划分综合了地理、社会、经济属性，分别是东北综合经济区（辽宁、吉林、黑龙江）、北部沿海综合经济区（北京、天津、河北、山东）、东部沿海综合经济区（上海、江苏、浙江）、南部沿海经济区（福建、广东、海南）、黄河中游综合经济区（陕西、山西、河南、内蒙古）、长江中游综合经济区（湖北、湖南、江西、安徽）、大西南综合经济区（云南、贵州、四川、重庆、广西）和大西北综合经济区（甘肃、青海、宁夏、西藏、新疆）。其中，北部沿海、东部沿海和南部沿海属于东部板块，黄河中游、长江中游属于中部板块，大西南和大西北属于西部板块，东北综合经济区为东北板块。[①]

---

① 国务院发展研究中心发布的《地区协调发展的战略和政策》报告。

旧中国人口分布的主要特点是：人口高度集中于国土的东南半壁，人口分布极不平衡；人口分布主要受制于农业生产条件，体现出中国长期停滞于农业社会的典型特征；社会经济发展缓慢，人口再分布缺乏健康的活力。

新中国成立后，社会经济环境的巨变促使人口分布在长期形成的基础上发生了一系列的变化，可以分为两个阶段：第一阶段是1949—1965年，从四大板块来看，人口表现为从中部、西部向东部和北部地区转移的过程。东部地区的人口比重从1951年的35.64%上升到1962年的36.25%；东北地区的人口比例从1951年的7.29%上升到1961年的8.91%；中部地区的人口比重从1951年的33.35%下降到1965年的32.48%；西部地区人口比例略有波动，整体上是从1951年的23.73%下降到1962年的22.13%。第二阶段是从1965—1980年，从四大板块来看，人口表现为从沿海向内地，从东部向中西部和北部地区转移的过程。东部地区人口比例持续下降，从1962年的36.25%下降到1980年的33.92%；西部地区人口比重持续上升至1980年的23.86%；中部地区人口比例从1965年的32.48%上升到1980年的33.17%；东北地区人口比例从1965年的8.89%上升到1980年的9.06%。

从新中国成立到改革开放前，人口分布受到政策因素的影响，呈现以下特点。

第一，内战结束后，国内经济发展形势转好，人民生活水平得到极大提高，保持了较高的生育水平，使得几乎所有地区的人口急剧增长，特别是中部和东部地区。新中国成立后，全国的社会经济面貌发生了翻天覆地的巨大变化，人们的生活水平得到极大提高，死亡率迅速下降。我国所有地区的人口都呈现出战后补偿性的增长，仅1950年到1960年的10年间，全国人口从5.2亿增长到6.8亿，增长了31%。东部地区的人口增长特别明显，与东部大城市的人口迁入有很大关系。北京和上海在20世纪50年代的人口增长最快，其中，北京的人口规模由1950年的420万增长到1960年的740万，增长了76%，北京市在1951—1954年4年中净迁入人口总计达59.9万人；上海的人口则由1949年的503万人增长到1960年1056万人，增长了一倍多。

第二，在计划经济体制下，我国开始大规模工业基础建设，实行效仿苏联的优先发展重工业的方针，而受国际战局形势的影响，其投资和生产布局对北方和内地有较大的倾斜，大量技术工人和家属迁入西部、北部地区，东部地区人口减少。1960—1969 年，河北省人口仅增长了 5.3%，北京市人口仅增长了 4.78%，上海市人口仅增长了 4.13%，远低于全国平均水平。而相对应地，1950—1959 年，黑龙江人口增长了 62.87%，四川人口增长了 55.77%。1960—1969 年，吉林省人口增长了 47.43%，黑龙江人口增长了 42.94%，辽宁的人口增长了 30.18%。广西的人口增长了 40.39%，新疆的人口增长了 33.96%，宁夏的人口增长了 27.14%，云南的人口增长了 27.02%。西藏自治区于 1965 年成立以后，从内地陆续抽调了一批干部、职工援藏，加上其他性质的移民，共迁入十几万人，西藏的人口增长了 25.78%。青海、湖北和贵州在当时属"三线"地区，有不少内迁工厂和新建的工程项目，人口迁入较多，如贵州省仅 1964—1965 年接受内迁工厂的职工和家属即达 8 万多人，1960—1969 年，贵州的人口增长了 26.58%。

第三，"知识青年"的"上山下乡"运动也是人口由东部沿海地区迁往内地的重要原因。东部沿海省份是"上山下乡"的"知识青年"最主要的来源地，整个"知识青年上山下乡运动"涉及的迁移人数多达 1700 万人。新疆、黑龙江、内蒙古和云南等省份在 1965 年前后和"文化大革命"中安置了大批外省份的"知识青年"，仅黑龙江省安置的"知识青年"就有 40 余万人。

第四，在"开发边疆"政策的指导下，汉族向内蒙古、青海、新疆地区的移民也形成了较大规模。边疆地区的人口增长十分迅速，1950—1959 年，宁夏人口增长 71.24%，青海人口增长 65.93%，新疆人口增长 49.45%，内蒙古人口增长 58.66%。1954—1958 年，边疆省份的迁移增长在人口总量变动中占半数左右，其中青海占 67%，新疆占 56%，黑龙江、内蒙古、宁夏分别占 53%、50% 和 46%，而其他省份该比重都比较低，即使北京亦仅为 30%。由于国家支持边疆建设，大批开荒者迁往这些地区开展建设。

第五，随着我国政府的户口管理制度逐步建立，除了政府政策下的人口迁移，自发的人口迁移受到严格控制。为了维持社会稳定、缓解城市就业压力，特别是在三年自然灾害之后，我国感受到了城市资源供给的巨大压力，开始了限制人口自发迁移的政策。1958 年 1 月，《中华人民共和国户口登记条例》首次以法规形式限制农村人口迁往城镇，规定："公民由农村迁往城市，必须持有城市劳动部门的录用证明，学校的录取证明，或者城市户口登记机关的准予迁入的证明，向常住地户口登记机关申请办理迁出手续。"《条例》出台的主要目的是加强户口管理，限制户口迁移，主要是"制止农村人口盲目流入城市"，同时"适当控制迁往边防地区的户口"。

表 2-6　　　　　　　1951—2010 年八大综合经济区人口比例变动

单位:%

时间	东北	东部			中部		西部		总计
	东北	北部沿海	东部沿海	南部沿海	黄河中游	长江中游	大西南	大西北	总计
1951	7.29	16.08	11.61	7.95	14.33	19.02	20.27	3.45	100
1955	7.83	16.07	11.52	7.92	14.37	18.70	20.08	3.51	100
1960	8.79	15.68	12.07	8.13	14.71	17.94	18.85	3.84	100
1965	9.11	15.54	12.01	8.30	14.61	17.87	18.78	3.78	100
1970	9.04	15.05	11.68	8.27	14.60	18.20	19.19	3.96	100
1975	9.03	14.60	11.23	8.32	14.71	18.33	19.66	4.12	100
1980	9.06	14.37	11.10	8.45	14.72	18.45	19.65	4.21	100
1985	8.95	14.41	10.98	8.66	14.76	18.41	19.59	4.25	100
1990	8.72	14.58	10.83	8.81	14.93	18.47	19.34	4.31	100
1995	8.56	14.37	10.67	9.40	14.90	18.44	19.24	4.42	100
2000	8.39	14.25	10.78	10.15	14.81	18.13	18.96	4.53	100
2005	8.38	14.56	11.03	10.56	14.68	17.51	18.59	4.69	100
2010	8.21	15.03	11.71	11.25	14.38	17.03	17.71	4.68	100

资料来源：1999 年前数据根据《新中国五十年资料汇总》整理，2000—2010 年根据历年《中国统计年鉴》整理。

在改革开放的初期，我国推行农业生产的"包产到户"政策改变了粮食的供给，它像催化剂一样，不仅掀起了整个经济体制改革的浪潮，而且为社会变革提供了最重要的物质基础。这一阶段我国人口的自然增长下降速度很快，自发性的人口迁移逐渐成为人口迁移的主体。农业人口占全部劳动力的比重相应地由 70% 以上下降至不到 50%，农业占 GDP 的比重更由 30% 左右降至 16%，由此从土地上解放出数以亿计的农村剩余劳动力，使之不仅可以，而且也必须在产业和空间两个方面实行就业大转移。国际经验表明，这种大转移正是工业革命促使许多国家人口分布发生急剧变化的基本动因。我国四大区域的人口比例，东部地区由 1980 年的 33.92% 上升到 2010 年的 37.99%，特别是东部沿海地区和南部沿海地区。东北地区、中部地区、西部地区的人口比例均下降，分别由 1980 年的 9.06%、33.17% 和 23.86% 下降到 2010 年的 8.21%、31.42% 和 22.39%。

东南沿海地区对劳动力的需求越来越大，农业生产率的提高释放出来大量农村剩余劳动力。从 1980 年到 2010 年，东部地区的 GDP 份额由 43.65% 上升到了 53.09%，东部地区的人均 GDP 由 577 元上升到了 45798 元。中西部地区的农村劳动力不断涌向珠江三角洲地区寻找工作机会。与此同时，由于劳动报酬的吸引，中西部地区的人才也流往南方沿海地区。从流动人口分布的角度来看这一时期的人口迁移。1990 年第四次全国人口普查的数据显示，广东省的流动人口在全国所占比例进一步上升到了 13.23%。上海、江苏、浙江三省的流动人口也逐渐开始增长，1990 年的流动人口所占比例分别是 5.06%、4.97%、4.01%，三省流动人口的总和已经超过广东。福建也作为沿海开放省份紧随广东开始吸引流动人口，其流动人口所占比例为 4.79%。2000—2010 年，北京市人口增长 44.58%，上海人口增长 40.32%，广东省人口增长 35.47%，天津市人口增长 29.80%，浙江省人口增长 18.51%。

表 2 –7　　　　　　　　　1952—2010 年区域经济发展状况

时间	GDP 份额（%）					人均 GDP（元/人）			
	东北	东部	中部	西部	总计	东北	东部	中部	西部
1952	13.66	41.78	27.85	16.71	100	204	128	92	76
1955	13.85	41.47	27.71	16.97	100	250	165	118	102
1960	18.07	41.21	26.77	13.95	100	486	272	194	145
1965	14.86	40.58	27.17	17.39	100	342	238	176	162
1970	15.06	41.93	27.34	15.67	100	407	293	204	166
1975	15.26	42.06	26.45	16.23	100	497	362	235	200
1980	13.64	43.65	26.00	16.71	100	675	577	351	314
1985	12.44	44.93	26.65	15.98	100	1150	1091	665	554
1990	11.89	45.94	25.62	16.55	100	2216	2180	1246	1136
1995	10.27	51.76	22.86	15.10	100	5735	7184	3277	3052
2000	9.90	53.45	22.54	14.11	100	9198	11844	5333	4681
2005	8.65	55.46	22.65	13.24	100	15935	23701	10869	8789
2010	8.59	53.09	24.69	13.64	100	34225	45798	25751	19963

资料来源：1999 年前数据根据《新中国五十年资料汇总》整理，2000—2010 年根据历年《中国统计年鉴》整理，GDP 按照当年价格计算。

三 人口区域分布趋势展望

人口分布受到自然、政策、经济等多方面的综合影响。自然因素需要在相当长一段时间才能体现出来，政策的、经济的作用能在较短的十年或几十年间发挥较大作用，但都不可能完全摆脱自然条件，资源、环境因素本身就会影响产业的布局。未来我国人口分布将会首先受限于自然条件，依然表现为东密西疏。其次人口分布将受两大因素影响：一是区域间人口转变阶段的差异，主要由生育水平差异导致的自然增长率差异；二是经济产业布局的变动和人口迁移相关政策共同作用下的人口迁移流。

第一，以自然资源环境基础划分的人口限制区、人口疏散（收缩）区、人口稳定区、人口集聚区为4类人口发展功能区，将继续发挥主要的协调人口分布作用。

一些专家以自然资源环境为基础，再统筹考虑国家战略意图，将中国划分为四类人口发展功能区（唐焰等，2008）。一是人口限制区。人口限制区主要是自然环境不适宜人类常年生活和居住的地区，占国土面积的31.71%。主要分布在青藏高原和西北干旱区，以羌塘高原、可可西里、柴达木盆地、三江源地区、喜马拉雅山地区、塔里木盆地和阿拉善高原等地区最为集中。这一类地区原本的人口密度就极低，每平方公里不足1人，由于恶劣的自然条件的限制，未来人口的发展也是受限的。二是人口疏散（收缩）区。人口疏散（收缩）区地处人居环境临界适宜或一般适宜地区，资源环境承载力临界超载或超载，物质积累基础和人文发展水平处于中等以下。约占国土面积的28.10%，集中分布在西北干旱区、藏东南—横断山区、云贵高原、黄土高原和东部山地区。这一地区缺乏人口生存的基本资源和气候条件，基础设施也相对薄弱，不论是人口再生产，还是产业发展都受到限制。三是人口稳定区。人口稳定区地处人居环境适宜地区，资源环境承载力平衡或有余，物质积累基础和人文发展水平处于中等以上。约占国土面积的25.96%，主要包括西北干旱区的天山南北两麓城市带、河西走廊城市带；黄河流域的呼（和浩特）包（头）鄂（尔多斯）城市群、关中城市群、兰州都市圈、西宁都市圈、银川都市圈、太原都市圈；云贵高原的贵阳都市圈、昆明都市圈；以及西藏一江两河的拉萨都市圈等所在地区。这些地区适宜发展中小城市，但人口的大规模集聚会受到资源条件的限制。四是人口集聚区。人口集聚区地处人居环境比较适宜和高度适宜地区，资源环境承载力平衡有余或盈余，物质积累基础和人文发展水平处于中等以上。目前这类地区的面积约占国土总面积的 14.23%；人口 7.11 亿，占全国的 54.36%；每平方公里 522 人。主要包括：东北平原的哈（尔滨）大（庆）齐（齐哈尔）城市群、长（春）吉（林）城市群、辽中南城市群；华北平原的京津冀都市化区中原城市群、山东半岛城市群；长江中下游平原的长三角都市化区、武汉城市群、长株潭城市群、环鄱阳湖城市群；东南沿海的珠三角都市化区、浙闽沿海城市群、北部湾沿岸城市群、海南环岛城市群；以及四川盆地的成渝都市化区等所在地区。这些地区有较好的发展潜力，可以在我国城市化的过程中发展出一系列人口聚集和产业聚集的大都市圈。

第二，我国未来的区域政策和产业规划有利于人口均衡分布。

新中国成立以来，我国的区域发展大致划分为三个阶段。[①] 改革开放前，以注重区域均衡发展为主的历史阶段。改革开放前，我国区域发展政策，基本以分析全球及我国地缘政治关系为基础，以从属于国防安全为目标，以平抑沿海和内地差距为方向，以接近原料地布局为方式，以国家完全计划调拨为手段。改革开放后到 20 世纪 90 年代，开始实行以经济效率为中心，兼顾公平的"倾斜发展"政策（王一鸣，1998），包含向沿海地区倾斜的投资政策、鼓励外资的优惠政策和投资决策下放政策（郭腾云等，2002）。这种倾斜的区域发展政策使我国区域经济空间格局发生了较大变化，东部沿海地区与中西部地区发展不平衡进一步加大，经济集聚趋势明显加强，资本、技术、劳动力向沿海集聚（郭腾云等，2006）。20 世纪 90年代以后，在区域差距进一步加大的形势下，我国对区域发展政策的总体框架和内容进一步调整为：（1）加大对外开放的力度，扩大对外开放的范围。（2）加大中西部地区基础设施与基础产业的建设力度。（3）加强对中西部欠发达地区的扶持力度，并鼓励东部发达省市与西部省区的对口支援。"八五"以来，在确保发展的前提下，削弱地带性差距成为我国区域发展新

---

① 杨荫凯：《政策总揽：我国区域政策发展的回顾与展望》，2005 年，www.dss.gov.cn/Article‐Print.adp? Articld ID =206520。

主题，区域发展政策向兼顾效率与公平方向转变。"九五"计划指出：要更加重视支持内地的发展，实施有利于缓解差距扩大趋势的政策，并逐步加大工作力度，积极朝着缩小差距的方向努力。"十五"计划纲要则更加明确地提出了"实施西部大开发战略，促进地区协调发展"的主张。"十一五"和"十二五"规划纲要进一步指出了实施区域发展总体战略，促进区域协调发展，坚持实施推进西部大开发，振兴东北地区等老工业基地，促进中部地区崛起，鼓励东部地区率先发展的区域发展总体战略。"十二五"规划纲要还提出了加大对革命老区、民族地区、边疆地区和贫困地区的扶持力度。

如果说过去沿海地区的经济发展优势很大部分得力于国家政策上的倾斜的话，那么，国家区域政策的调整必定带动中西部地区的发展。特别是处于产业承接地带的中部地区（如湖南、湖北、江西、安徽等省）可能被纳入新的经济增长带。这些地区吸纳人口的能力将增强。虽然从20世纪90年代起，我国的区域政策一直在朝着区域平衡的方向努力，但我国的经济发展格局还远远达不到区域平衡，国家的区域政策和产业政策也不可能违反社会发展的基本规律，不可能通过抑制沿海地区的发展来达到区域平衡，只能在政策层面上给予相同的发展机遇，适度在国家财政层面进行转移支付。从文化、地理、资源等方面来看，内地和沿海差距还很大。区域政策是种子，却还需要肥沃的土壤。而且，沿海地区在过去一段时间取得经济发展成果，使得它具备了吸引资本、技术、人才的绝对优势，这在短时间内不会改变，直到它接近饱和值，中西部地区才可能凭借成本优势抢夺资本、技术、人才等资源，到那时，传统的以东西向为主的区际联系变得更为复杂，中西部内部的联系日益密切，东部向中西部的产业转移和扩散行为日益增多。

第三，人口再生产力的差异和经济热点带来的人口流动使得人口变动呈现复杂的局面。大都市区和经济增长热点的形成会最终影响人口分布。

在人口流动频繁的地区，人口分布的变化取决于迁移人口的规模，而不是人口的自然增长。从我国分省的人口增长状况来看，人口增长的快慢不取决于人口自然增长率。北京、上海、浙江、广东等地由于有大量人口迁入，尽管自然增长率不高，人口增长率依然很高。宁夏、西藏、新疆等地的自然增长率高，且存在一定规模的人口迁入，其人口增长率也较高。四川、安徽、贵州、湖北、广西、河南等中西部省份存在大规模的人口流出，人口增长率低。因此，人口再生产力的差异和经济热点带来的人口流动使得人口变动呈现复杂的局面。目前，吸引人口流动最重要的因素是经济发展水平，特别是吸纳劳动力产业的兴起。

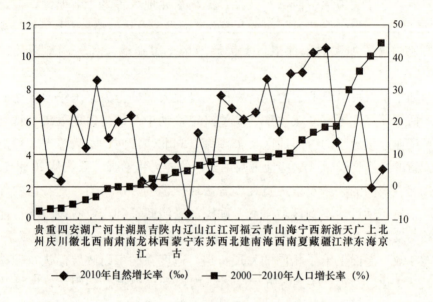

图 2-7 人口增长率和自然增长率

尽管沿海产业有向内地转移的趋势，沿海地区对于人口迁入的吸引力不会马上减弱，但不局限于长三角和珠三角地区，山东、辽宁、天津等北部沿海地区或许会成为下一个经济增长的热点地区，同时，接受沿海辐射的地区最有可能会在中西部率先发展起来。在其他条件相同的情况下，流动人口往往选择离户籍所在地较近的地区。一旦中西部地区出现了经济增长亮点，中西部地区的中心城市能提供和沿海相同的发展机遇，劳动力便会转而向中西部中心城市集聚。中部省份还存在大量农业剩余劳动力，这给中部地区承接产业转移提供了丰富的劳动力。

随着我国工业化和城市化进程的推进，产业分布对人口分布的影响增强，其他影响因素的作用力减弱。我国人口继续向沿海、沿江、沿线地区聚集的长期趋势不会改变。随着产业演进、城镇化发展，大都市区和经济增长热点的形成会最终影响人口分布。逐步形成以东部沿海连绵城市带和中西部城市群为重心的人口分布格局，这将在下一节重点阐述。

第四节 人口分布的区域聚集:三大经济圈

经济全球化背景下城镇体系的开放性增强，国际劳动地域分工发生重大变化，生产要素上呈现管理向大城市、都市区等高层次区域集聚趋势，实体生产环节向大城市外围次中心城市扩散的特征。传统的城镇体系局限于本区域分工协作，相对封闭的特征被打破，城镇之间参与全球产业分工、融入世界城市体系成为各国、各地区城镇体系发展的战略选择。我国的人口分布将出现两个趋势:一是人口从农村、中小城镇向大型城市加速集中的趋势逐渐增强，大型城市实现加快发展并成为这一时期城市化发展的主导;二是人口的集中方式有所变化，在继续快速向城市聚集的同时，出现了向城市周边的郊区、城镇、中小城市等新兴城市化地区聚集的趋势，并形成了以多个大型城市为中心的经济圈。经济圈在本质上是以一个或几个大城市为核心，以中心城市周边有密切社会经济联系的区域为腹地，所组成的具有圈层状组织分工结构的经济区域。

一 三大经济圈的基本状况

改革开放以来，我国人口已经出现了向大都市带聚集的趋势。其中，长江三角洲经济圈、珠江三角洲经济圈、首都经济圈是较为成熟、规模较大的都市经济区。这三大都市圈已成为中国经济发展的重要增长极地区，在带动中国经济发展和应对全球化国际竞争中正发挥着愈益重要的作用，已成为拉动中国经济增长的巨大引擎。在经济聚集的同时，人口规模不断增长，也成为我国人口增长最快的地区。

长三角经济圈包括上海市、江苏省 8 个地级市（南京、苏州、无锡、常州、扬州、镇江、南通、泰州）、浙江省 7 个地级市（杭州、宁波、湖州、嘉兴、绍兴、舟山、台州），共 16 个城市。长三角经济圈的形成起源

于 1992 年由 14 个市经协委①（办）发起、组织，成立长江三角洲十四城市
协作办（委）主任联席会，后又加入了两个城市。2008 年，国务院颁发
《国务院关于进一步推进长江三角洲地区改革开放和经济社会发展的指导意
见》，长三角规划正式上升为国家战略。国务院于 2010 年年底印发了《全
国主体功能区规划》，确立长三角经济圈的定位为：长江流域对外开放的门
户，我国参与经济全球化的主体区域，有全球影响力的先进制造业基地和
现代服务业基地，世界级大城市群，全国科技创新与技术研发基地，全国
经济发展的重要引擎，辐射带动长江流域发展的龙头。

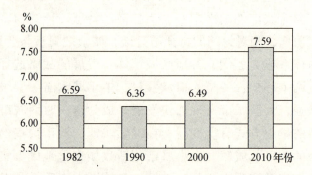

图 2 - 8　长三角地区人口占全国人口的百分比

　　1982 年，长三角地区人口为 6694.33 万人，占全国人口的 6.59%；
1990 年，长三角地区人口为 7266.11 万人，占全国人口的 6.36%，此时，
还没有出现人口聚集趋势。此后，2000 年，长三角地区人口占全国人口的
6.49%，2010 年该百分比上升到了 7.59%。2010 年长三角地区的人口总量
超过 1 亿，长三角地区人口有较快的增长势头，且这种势头仍会在未来持
续发展。在长三角地区内部的城市人口吸引力也是有差别的，上海、苏州、
南京、无锡、杭州、宁波、嘉兴等城市是聚集人口的重要力量，而南通、
泰州等城市反而表现为人口流出。

---

　　① 包括上海、无锡、宁波、舟山、苏州、扬州、杭州、绍兴、南京、南通、常州、湖州、嘉兴、
镇江。

表 2 - 8 　　　　　　　　　　　　长三角地区人口规模和增长情况

地区	人口规模（万人）				年均增长率（%）		
	1982 年	1990 年	2000 年	2010 年	1982—1990 年	1990—2000 年	2000—2010 年
上海	1185.97	1334.19	1640.77	2301.91	1.48	2.02	3.44
南京	449.11	516.81	612.62	800.47	1.77	1.66	2.71
无锡	383.37	429.16	508.66	637.26	1.42	1.66	2.28
常州	299.97	327.97	377.63	459.20	1.12	1.37	1.97
苏州	527.53	564.36	679.22	1046.60	0.85	1.81	4.42
南通	734.31	766.79	751.29	728.28	0.54	-0.2	-0.31
扬州	410.49	433.25	458.86	459.20	0.68	0.56	0.01
镇江	241.11	260.42	284.49	311.34	0.97	0.86	0.91
泰州	462.63	482.23	478.58	461.86	0.52	-0.07	-0.36
杭州	526.05	583.22	687.87	870.04	1.3	1.61	2.38
宁波	474.16	509.09	596.34	760.57	0.89	1.54	2.46
嘉兴	295.88	316.31	358.3	450.17	0.84	1.21	2.31
湖州	228.09	244.99	262.56	289.35	0.9	0.67	0.98
绍兴	385.21	399.71	430.42	491.22	0.46	0.72	1.33
舟山	90.45	97.611	100.15	112.13	0.96	0.25	1.14
合计	6694.33	7266.11	8227.76	10179.60	1.03	1.21	2.15

　　注：1982—2000 年各城市人口数来自盛广耀《城市密集区人口变动研究——以长江三角洲、珠江三角洲和京津唐地区为例》，《经济地理》2007 年第 6 期。2010 年各城市人口数来自"六普"资料。

　　长三角经济圈的人口分布形成了典型的核心—外围模式，呈现出从中心向外围扩张的态势。从人口密度来看（见图 2 - 9），以上海为核心的大都市圈呈现出较为明显的中心外围模式，即以上海市为中心，以江苏南部和浙江北部为外围区域。通常来说，人口的这种空间分布差异在很大程度上取决于区域经济的发展程度，越是发达区域，越能够吸引人口流入，故而人口的总量和密度也都会随之增加。相比之下，从人口密度的角度来看，苏南整体上要比浙江稠密。但是也可以注意到，以杭州为核心的小部分区域在人口密度方面要比苏南更为稠密，几乎接近于上海一些区域的人口密度。

　　珠三角经济圈是我国另一个相对成熟的经济圈，包括广州、深圳、珠

海、佛山、惠州、肇庆、江门、中山、东莞9地市。"珠三角"概念首次正
式提出是在1994年10月8日，中共广东省委在七届三次全会上提出建设珠
江三角洲经济区。现在的珠江三角洲面积为24437平方公里。2009年1月8
日，国务院发布《珠江三角洲地区改革发展规划纲要（2008—2020）》提
出，到2012年，由广州、深圳、佛山、珠海、东莞、中山、惠州、江门、
肇庆9个城市组成的珠江三角洲地区率先全面建成小康社会，人均地区生
产总值达到80000元；到2020年，率先基本实现现代化，人均地区生产总
值达到135000元。国务院于2010年年底印发了《全国主体功能区规划》，
确定珠三角经济圈的定位为：通过粤港澳的经济融合和经济一体化发展，
共同构建有全球影响力的先进制造业基地和现代服务业基地，南方地区对
外开放的门户，我国参与经济全球化的主体区域，全国科技创新与技术研
发基地，全国经济发展的重要引擎，辐射带动华南、中南和西南地区发展
的龙头。

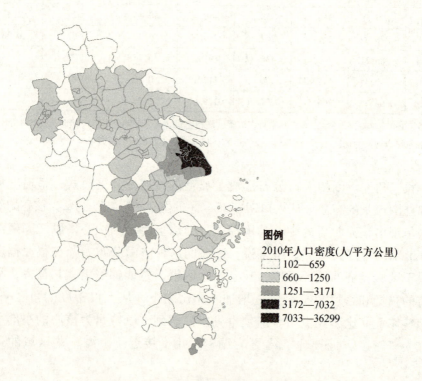

图例

2010年人口密度(人/平方公里)
- 102—659
- 660—1250
- 1251—3171
- 3172—7032
- 7033—36299

图2-9　2010年长三角都市圈人口密度分布

　　改革开放以来，珠江三角洲地区利用国家赋予的优惠政策，以其独特的地理区位、土地和劳动力等优势，与外来资源相结合，走出了一条地方政府主导的外向型发展的工业化道路。珠江三角洲发展的历史就是人口流入的历史，珠三角经济圈是吸引流动人口最早的地区。深圳的人口由 1982 年的 35 万人，增长到 2010 年的超过 1000 万人。1990 年全国第四次人口普查，珠三角地区人口为 2138.75 万人，占全国总人口数的 1.87%。2010 年，珠三角地区人口为 5611.84 万，占全国总人口数 4.19%。20 世纪 90 年代是珠江三角洲人口增长最快的时期，年均增速达到 6.45%。未来该地区的人口仍会进一步增长。

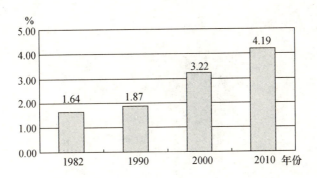

图 2 - 10　珠三角地区人口占全国人口的百分比

表 2 - 9　　　　　　　　　珠三角地区人口规模和增长情况

地区	人口规模（万人）				年均增长率（%）		
	1982 年	1990 年	2000 年	2010 年	1982—1990 年	1990—2000 年	2000—2010 年
广州	519.33	630	994.2	1270.08	2.44	4.51	2.48
深圳	35.19	166.74	700.88	1035.79	21.47	14.91	3.98
珠海	37.41	63.55	123.55	156.02	6.85	6.65	2.36
佛山	242.19	300.28	533.77	719.43	2.72	5.72	3.03
江门	322.62	346.17	395.68	444.89	0.88	1.3	1.18
东莞	115.26	174.17	644.58	822.02	5.3	13.5	2.46
中山	102.22	123.74	236.33	312.09	2.42	6.46	2.82
惠州	173.01	201.19	294.81	459.70	1.9	3.77	4.54
肇庆	120.25	132.91	154.28	391.81	1.26	1.45	9.77
合计	1667.48	2138.75	4078.08	5611.84	3.16	6.45	3.24

资料来源：同表 2 - 8。

　　珠三角经济圈人口密度的分布同样呈现出核心外围的模式。珠江三角洲占据天时、地利、人和的有利条件。在对外开放政策方面,两个经济特区——深圳和珠海都位于珠三角,可谓得"天时"之先;而在地理位置上,珠三角的深圳和珠海又与港澳直接相连,其他城市也与港澳十分接近,这种独特的地理优势直接影响着经济合作的成本。在这种经济布局格局下,人口布局也形成了核心外围的模式,从人口密度来看,以广州、佛山、深圳为核心的是人口密集区,周边的东莞、中山、江门是次级人口密集区。

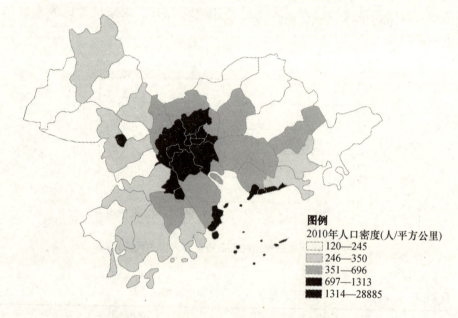

图 2 – 11　2010 年珠三角都市圈人口密度分布

　　随着珠江三角洲和长江三角洲已经从地理上的概念跃升为经济一体化的概念,在中国经济版图上各领风骚。然而,以首都北京为核心的周围城市经济一体化进展却相当缓慢。2004 年 11 月,国家发改委正式启动"京津冀都市圈区域规划"编制。国务院于 2010 年年底印发了《全国主体功能区规划》,确立了环渤海经济圈,包含京津冀、辽中南和山东半岛地区三个经济圈,但其空间组合相对独立,并未构成实质意义的经济区。国家"十二五"规划纲要草案提出,推进京津冀区域经济一体化发展,"打造首都经济圈",这是国家发展规划中首次写进"打造首都经济圈"。但对于首都经济圈的空间范围界定一直存在争议，依据政治、经济、历史、区域协调等因素，主要有"2+5"、"2+7"、"2+8"、"2+11"等方案，目前最被看好的是"1+6+3"方案。"1+6+3"是指北京以及河北省张家口市、承德市、保定市、廊坊市、唐山市、秦皇岛市和天津北部的宝坻区、武清区、蓟县。

2010年年末，首都经济圈人口总量为5608万人，约占全国人口总量的4.2%。对比我国历次人口普查年份的人口总量与分布可见（图2-12），尽管1953—2000年期间首都经济圈人口持续增长，但由于其增长速度与全国人口增长速度基本持平，因而，首都经济圈人口占全国总人口的比重基本保持在3.7%—4.2%。[①] 相比之下，2010年首都经济圈人口占全国总人口的比重明显升高，这表明，过去十年间首都经济圈年均人口增长速度高出全国平均水平，这在很大程度上反映了首都经济圈对人口集聚和吸引力增强的事实。

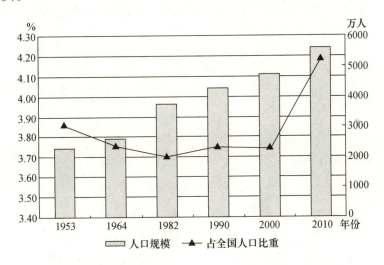

图2-12 历次人口普查时点首都经济圈人口规模和比例变化

与人口总量的持续增长趋势相一致，1953—2010年首都经济圈人口密度增长约1.43倍，截至2010年年末，首都经济圈人口密度为381人/平方公里，约相当于全国人口密度的2.72倍（见图2-13）。对比首都经济圈和

① 其中，1953年首都经济圈人口占全国总人口的比重最高，为3.87%。

全国人口密度的相对变化，不难发现，首都经济圈对人口的集聚力不断增强，近年来其相对增长速度上升更为明显。

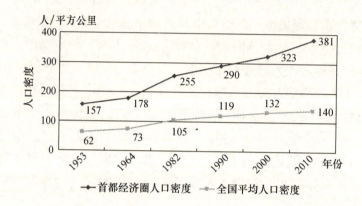

图 2-13　历次人口普查时点全国及首都经济圈人口密度变化

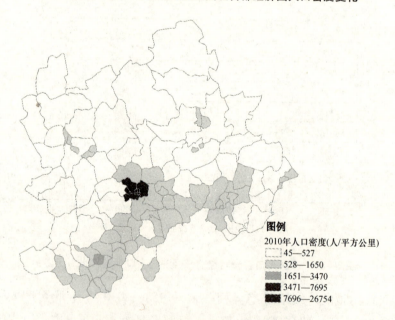

图 2-14　2010 年首都经济圈人口密度

2010 年首都经济圈平均人口密度为 381 人/平方公里。人口密集的区域主要集中于东南部，仍以北京最为密集，其次是保定、廊坊、唐山和秦皇岛。广大的北部、西部和东北部都属于人口相对稀疏的区域。首都经济圈现有人口空间分布的结果是受地理和区域经济的影响，即越是邻海的区域，越具有发展经济的区位优势，故而经济发展得也较快，从而使得人口的增长也更加迅速。首都经济圈的人口分布基本也是以北京为核心向四周逐渐扩散，呈现符合经济圈的核心、外围模式。

二　三大经济圈的聚集效应

三大经济圈的人口聚集跟经济聚集密不可分。改革开放以后，三大经济圈 GDP 占全国的比重持续上升，其地区生产总值已几乎占据全国的半壁江山。除此之外，由于经济开放程度很高，进出口总额、实际利用外商直接投资也占全国的一半以上。

表 2 - 10　　　　　　　　　三大经济圈的人口与经济集聚比较

	面积占全国百分比	人口占全国百分比	GDP 占全国百分比	单位面积 GDP（万元/平方公里）
首都经济圈	1.52%	4.1%	5.4%	1551.30
长三角经济圈	1.13%	8.2%	15%	6226.22
珠三角经济圈	0.7%	2.2%*	8%	5873.42

注：根据 2010 年统计数据计算。* 为 2009 年数据。

在经济聚集度上，相比于长三角和珠三角，首都经济圈处于落后地位。首都经济圈占全国人口的 4.1%，GDP 占全国的 5.4%，相比之下，长三角经济圈人口占全国的 8.2%，GDP 则占到全国的 15%，而珠三角经济圈人口占全国的 2.2%，GDP 则占到全国的 8%。相比之下，长三角经济圈和珠三角经济圈的经济更有效率，经济集聚度更高，两者的城市化率也非常接近。

表 2 - 11　　　　　　　　　国内三大经济圈产业结构比较

单位:%

	第一产业	第二产业	第三产业
首都经济圈*	41.66	24	34.34
长三角经济圈	10.90	48.35	40.74
珠三角经济圈	11.49	48.58	39.93

注：根据 2010 年统计数据计算。* 为 2005 年全国 1% 抽样数据计算。

　　长三角经济圈和珠三角经济圈在产业结构上非常接近，甚至可以说几乎一致。相比之下，首都经济圈的产业结构与长三角经济圈和珠三角经济圈都有着很明显的差异，最突出的是第一产业依然占很大比重，而第二产业比例明显不足。三大经济圈在工业化方面走在全国前面。

　　三大经济圈的人口随经济聚集的过程而聚集，下文就阐述其产业聚集和人口聚集的过程。

　　(一) 长江三角洲的经济聚集和人口聚集

　　从近代开始，长三角地区就是我国的较发达地区，19 世纪以来，上海一度发展成为远东地区有影响力的商贸城市、港口城市。改革开放以后，长三角地区又成为对外开放的前沿阵地。改革开放初年，长三角地区生产总值占全国 GDP 的比重就达到了 14.98%。此后由于珠三角地区经济高于全国其他地区的高速增长，长三角地区的生产总值占全国 GDP 的比重下降到了 1990 年的 13.08%，但之后稳步提高，2005 年达到 18.56%，高于珠三角地区。

　　长三角经济圈产业门类齐全，轻重工业发达，是中国最大的综合性工业区，不仅传统工业在全国占有重要地位，而且以微电子、光纤通信等为代表的高新技术产业也比较突出。最近几年，适应国际产业转移和国内新一轮经济增长的形势变化，长三角经济圈适时将先进制造业作为区域产业发展的重点目标，上海提出要优先发展先进制造业和现代物流业，浙江要建设先进制造业基地，江苏则要打造国际制造业基地。这些战略有效地促进了长三角经济圈的产业结构升级 (陈耀，2005)。

　　经济聚集带来了大量的人口流入。根据历次人口普查和 2005 年 1% 人口抽样调查的原始数据估算，1982 年，长三角地区流动人口占全国流动人口的比重为 8.45%；1990 年，这一比例上升到了 11.7%，2000 年为 12.7%，2005 年的这一比例进一步上升到了 16.6%。2000 年之后，长三角地区流动人口的增长速度超过了珠江三角洲地区。其绝对规模则从 1982 年的 250 万人，增长到 2005 年的 2446 万人。长三角流动人口有较快的增长势头，且这种势头仍会在未来持续发展。因此，经济聚集带来了人口聚集。

　　区域经济运行效率的影响可以用单位 GDP 来表达，即每平方公里土地创造的 GDP。

表 2－12　　　　　　　　　历年长三角地区各地级市的地区生产总值

单位：亿元

年份 地区	1978	1980	1990	2000	2005
上海市	273	312	782	4771	9164
南京市	34	43	177	1074	2411
苏州市	32	41	202	1541	4027
无锡市	25	36	160	1177	2805
常州市	18	23	95	601	1303
镇江市	12	15	65	423	872
南通市	29	36	134	721	1472
扬州市	14	18	89	472	922
泰州市	14	18	84	399	822
杭州市	28	41	190	1383	2943
宁波市	20	30	141	1145	2449
嘉兴市	13	18	81	524	1160
湖州市	9	12	55	325	644
绍兴市	11	17	82	717	1447
舟山市	4	5	25	122	280
台州市	10	14	79	613	1252
合计	546	679	2441	16008	33973
全国	3645	4546	18668	99215	183085
占全国比重（%）	14.98	14.94	13.08	16.13	18.56

注：长三角数据来自《2007 年长江和珠江三角洲及港澳特别行政区统计年鉴》；全国数据来自《中国统计年鉴（2006）》；地区生产总值按当年价格计算。

从长三角都市圈单位面积 GDP 分布中可以看到，上海市辖中心城区、南京市辖区以及杭州市辖区的单位面积 GDP 明显要高于其他地区。总体上看，呈现以上海为核心，向四周扩散的格局，符合经典的核心—外围模式。相比之下，苏南地区整体水平要高于浙北地区。但这两个区域内都呈现出越靠近上海的区域，其单位面积 GDP 水平越高的趋势，即上海对于周边区域的辐射和影响是很明显的。长三角经济圈的经济密度分布图和人口密度分布图有近似之处，且经济的聚集性比人口更强。

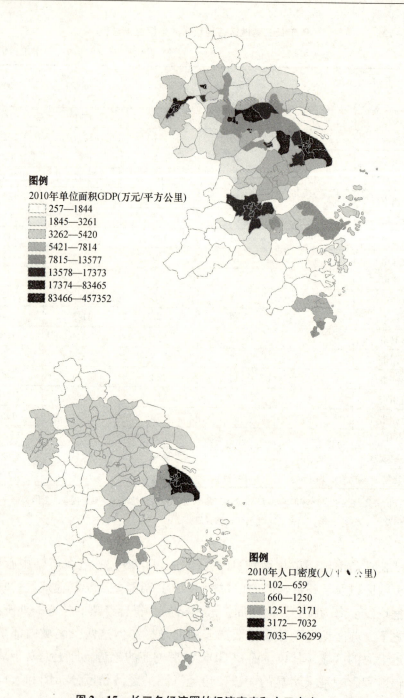

图例

2010年单位面积GDP(万元/平方公里)
- 257—1844
- 1845—3261
- 3262—5420
- 5421—7814
- 7815—13577
- 13578—17373
- 17374—83465
- 83466—457352

图例

2010年人口密度(人/平方公里)
- 102—659
- 660—1250
- 1251—3171
- 3172—7032
- 7033—36299

图2−15　长三角经济圈的经济密度和人口密度

（二）珠江三角洲的经济聚集和人口聚集

珠江三角洲紧邻的香港是国际金融、贸易、航运、信息、旅游中心，澳门则是一个有特色的中小城市，旅游博彩、出口加工、地产建筑、银行保险是其主要支柱产业。

改革开放前，珠三角地区的地区生产总值占全国 GDP 的比重相对较低，在改革开放之初的 1980 年仅为 2.77%。但在改革开放之后，珠三角地区的经济以高于全国平均的速度高速发展，珠三角地区的地区生产总值占全国 GDP 的比重也呈稳定、持续提高趋势：1990 年为 5.26%，2000 年达8.38%，大约每十年增长 3 个百分点，2005 年又增长到了 9.86%。

珠三角经济圈产业主要由加工贸易导引，产品多为劳动密集型产业，已成为全球最大的电子和日用消费品的生产和出口基地之一。为解决本地产业层次不高、结构偏"轻"、外向度偏大，以及由此带来的产业根植性不强等问题，珠三角经济圈大力改善当地投资环境，加大企业研发投入，并提出适度重型化的工业化战略。这种调整收到明显成效，以电子信息为代表的高新技术产业和石油化工、钢铁、电器机械及专用设备等重化工产业正在形成新的产业支柱，重工业比重已升至 573%（陈耀，2005）。珠江三角洲的这种产业结构使得其吸纳人口的能力很强，人口的增长是珠江三角洲吸引劳动力，特别是吸引人才的表现。

表 2-13　　　　　　　历年珠三角地区各地级市的地区生产总值

单位：亿元

年份 地区	1978	1980	1990	2000	2005
广州市	43	58	320	2493	5154
深圳市	—	3	172	2187	4951
珠海市	—	3	41	330	635
佛山市	13	17	137	1050	2383
江门市	14	19	101	505	805
东莞市	6	7	80	820	2182
中山市	6	7	51	345	880
惠州市	6	7	46	420	771
肇庆市	4	5	33	164	300
总计	92	126	981	8314	18061

续表

年份 地区	1978	1980	1990	2000	2005
全国	3645	4546	18668	99214	183085
占全国比重（%）	2.52	2.77	5.26	8.38	9.86

注：珠三角数据来自《2007 年长江和珠江三角洲及港澳特别行政区统计年鉴》；全国数据来自《中国统计年鉴（2006）》；地区生产总值按当年价格计算。

从经济密度分布图来看，珠三角都市圈单位面积 GDP 的分布以广州和深圳为核心逐渐向外围递减，广州和深圳成为珠三角的核心区域，它们提供的单位面积 GDP 远比其他区县高。类似地，这种中心外围模式也充分表明，以广州和深圳为核心的区域对于周边其他区域的辐射和影响也表现得非常充分。

从图 2-16 可知，经济密度分布图和人口密度分布图有近似之处，经济聚集对人口聚集存在一定的影响力。珠江三角洲发展的历史就是流动人口增长的历史。根据历次人口普查和 2005 年 1% 人口抽样调查的原始数据估算，1990 年第四次全国人口普查，珠三角地区流动人口占全国总流动人口数的 11.5%，2000 年的这一比例上升到了 18.4%，20 世纪 90 年代是珠江三角洲流动人口增长最快的时期。2005 年，珠三角流动人口占全国流动人口比重为 19.74%，超过 2900 万人。未来该地区的流动人口仍会进一步增长。

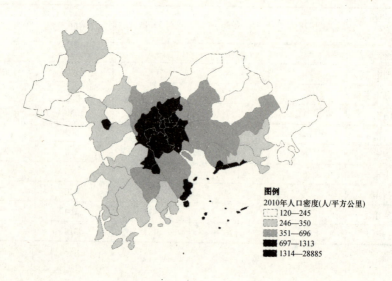

图例
2010年人口密度(人/平方公里)
120—245
246—350
351—696
697—1313
1314—28885

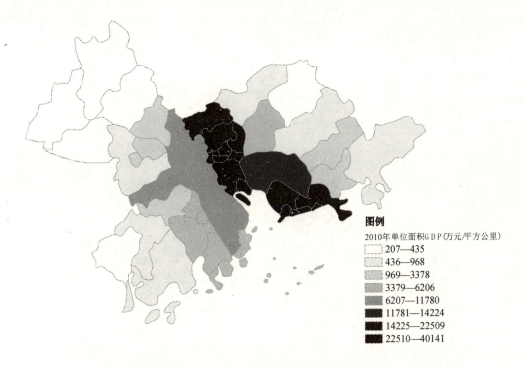

图例

2010年单位面积GDP(万元/平方公里)

- [ ] 207—435
- [ ] 436—968
- [ ] 969—3378
- [ ] 3379—6206
- [ ] 6207—11780
- [ ] 11781—14224
- [ ] 14225—22509
- [ ] 22510—40141

图2-16 珠三角经济圈的人口密度和经济密度

注：珠三角经济圈内并没有各城市的分区统计数据，计算时采用的是市辖区平均的方式。

（三）首都经济圈的经济聚集和人口聚集

首都经济圈内部人口空间分布不均。整体来看，首都经济圈内以燕山山脉、太行山山脉为界，西北部人口分布稀疏、东南部人口稠密；社会经济发展水平较高的城市地区，人口密度较高，相比之下，在经济发展相对落后的山区，人口密度明显较低。

经济密度的分布也是如此。单位面积GDP这一指标在首都经济圈各个区县内有着非常悬殊的差异。以北京内城区为核心的区域，其单位面积GDP要远远高出周围的其他县市。此外，保定和唐山等市辖区的单位面积GDP也稍高一些。而广大的北部和西北部地区，都是属于单位面积GDP较低的区域。

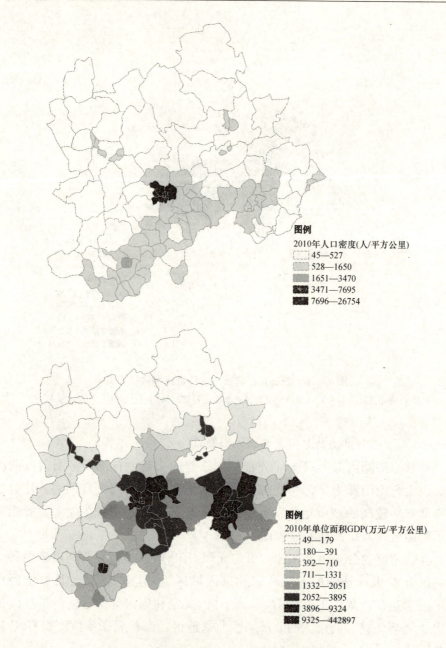

图例
2010年人口密度(人/平方公里)
45—527
528—1650
1651—3470
3471—7695
7696—26754

图例
2010年单位面积GDP(万元/平方公里)
49—179
180—391
392—710
711—1331
1332—2051
2052—3895
3896—9324
9325—442897

图 2-17　首都经济圈的人口密度和经济密度

下面我们利用区域经济—人口分布协调偏离度指数来评价人口—经济分布的一致性。

HD 指数的构成以 $G_i(i=1, 2, \cdots, n)$ 表示某国家 n 个一级行政区的国内生产总值，P_i 表示该国 n 个一级行政区的对应人口。

该国国内生产总值和人口可记作：$G = \sum G_i, P = \sum_{k=0}^{n} P_i$。

该国某区域地区生产总值和人口占全国的比重分别为：$g_i = G_i/G$，$p_i = P_i/P$。g_i、p_i 的比值可作为某个国家区域经济规模和人口规模协调程度的简单度量指标，记该指标为 GPR_i，即：$GPR_i = g_i/p_i$。

$GPR_i > 1$ 表明 i 区经济集聚度高于人口集聚度，$GPR_i < 1$ 表明 i 区经济集聚度低于人口集聚度。GPR_i 越偏离 1，表明从一国范围内看，该区域经济—人口分布协调度越差。

我们计算了三大经济圈各个地区的区域经济—人口分布协调偏离度相关指标，GPR 值最大的地区是首都经济圈的北京，达到 2.12，表明北京市在首都经济圈中具有比人口聚集度更高的经济聚集度。同样地，GPR 数值最低的是首都经济圈的保定，人口占 19.94%，生产总值却仅占 2.8%。这表明首都经济圈的经济—人口分布十分不协调。长三角经济圈的经济—人口分布较为一致，所有城市的 GPR 均在 0.65—1.36 之间。珠三角经济圈的深圳经济聚集性高于人口集聚性，而肇庆人口聚集性高于经济聚集性。经济聚集性反映了一个地区吸纳人口的潜力，整体来说，三大经济圈的中心城市，如北京、上海、无锡、苏州、广州、深圳均具有较强的人口吸引潜力。

人口分布是在一定的历史背景、自然背景和社会背景下经过一定的历史时期形成的。影响人口分布的因素有自然、政治、经济、社会等多方面。各个影响因素的作用力有层次之分。从历史过程来看，自然因素是影响人口分布长期趋势的最重要变量，虽然在人类科技发展进步的过程中，这一因素的影响力有逐渐减弱的趋势，但始终不能被其他因素所取代。沧海桑田、物转星移，其间种种自然和人为的人口迁徙并没有撼动"胡焕庸线"确定的人口分布格局。人类进入封建社会后，战争、饥荒、瘟疫、自然资源的抢夺和统治政权的更替都可能改变人口的分布，这些因素的作用力可能

表 2 –14　　　　　　　　　区域经济—人口分布协调偏离度

地区	首都经济圈			地区	长三角经济圈			地区	珠三角经济圈		
	人口（%）	GRP（%）	GPR		人口（%）	GRP（%）	GPR		人口（%）	GRP（%）	GPR
北京	34.94	74.13	2.12	上海	22.62	25.01	1.11	广州	22.63	28.35	1.25
承德	6.19	1.11	0.18	南京	7.86	7.43	0.94	深圳	18.46	25.44	1.38
张家口	7.74	1.8	0.23	无锡	6.26	8.54	1.36	珠海	2.78	3.22	1.16
秦皇岛	5.32	2.72	0.51	常州	4.51	4.41	0.98	佛山	12.82	15.12	1.18
唐山	13.5	11.16	0.83	苏州	10.28	13.59	1.32	江门	7.93	4.15	0.52
廊坊	7.77	1.65	0.21	南通	7.15	5.07	0.71	东莞	14.65	11.36	0.78
保定	19.94	2.8	0.14	扬州	4.51	3.27	0.73	中山	5.56	4.88	0.88
武清	1.69	1.4	0.83	镇江	3.06	2.90	0.95	惠州	8.19	4.63	0.56
宝坻	1.42	1.25	0.88	泰州	4.54	2.97	0.65	肇庆	6.98	2.85	0.41
蓟县	1.48	1.98	1.34	杭州	8.55	8.81	1.03				
				宁波	7.47	7.60	1.02				
				嘉兴	4.42	3.40	0.77				
				湖州	2.84	1.93	0.68				
				绍兴	4.83	4.13	0.85				
				舟山	1.10	0.94	0.85				
总计	100	100		总计	100	100		总计	100	100	

注：GRP 表示地区生产总值。

持续几十年、上百年的时间。进入现代社会之后，经济因素对人口分布的影响作用逐渐加大，人类由农业社会进入工业社会后，寻找就业机会的需求使得人口分布由以农村为中心转向以城市为中心，城市和城市带的发育也遵循着工业布局的需要，现代的人口聚集地区多由经济因素产生。未来我国人口分布将会首先受限于自然条件的限制，依然表现为东密西疏，其次人口分布将受两大因素影响：一是区域间人口转变阶段的差异，主要由生育水平差异导致的自然增长率差异；二是经济产业布局的变动和人口迁移相关政策共同作用下的人口迁移流。人口再生产力的差异和经济热点带来的人口流动使得人口变动呈现复杂的局面。大都市区和经济增长热点的形成会最终影响人口分布。随着产业演进、城镇化发展，逐步形成以东部大经济圈和中西部城市群为重心的人口分布格局。

参考文献

1. 陈耀：《京津冀经济圈与长三角、珠三角比较分析》，《前线》2005年第 11 期。

2. 仇为之：《对建国以来人口迁移的初步研究》，《人口与经济》1981年第 4 期。

3. 封志明、李鹏：《20 世纪人口地理学研究进展》，《地理科学进展》2011 年第 2 期。

4. 封志明、张丹、杨艳昭：《中国分县地形起伏度及其与人口分布和经济发展的相关性》，《吉林大学社会科学学报》2011 年第 1 期。

5. 葛美玲、封志明：《基于 GIS 的我国人口集聚地和铁路建设研究》，《中国铁路》2009 年第 3 期。

6. 葛美玲、封志明：《基于 GIS 的中国 2000 年人口之分布格局研究——兼与胡焕庸 1935 年之研究对比》，《人口研究》2008 年第 1 期。

7. 葛美玲、封志明：《中国人口分布的密度分级与重心曲线特征分析》，《地理学报》2009 年第 2 期。

8. 郭腾云、陆大道、甘国辉：《近 20 年来我国对外开放政策对区域发展的作用区域对比研究》，《地理研究》2002 年第 4 期。

9. 郭腾云、徐勇、张同升：《我国区域政策与区域经济空间分布变化的计量分析》，《地域研究与开发》2006 年第 4 期。

10. 国家发展与改革委员会政策总揽：我国区域政策发展的回顾与展望。

11. 国务院发展研究中心发布的《地区协调发展的战略和政策》报告。

12. 胡焕庸、张善余：《中国人口地理》（上册），华东师范大学出版社1983 年版，第 325—330 页。

13. 胡焕庸：《论中国人口之分布》，《地理学报》1935 年第 3 卷第 2 期。

14. 李传永、李恬：《中国历史上的人口迁移》，《四川师范学院学报》（哲学社会科学版）1997 年第 5 期。

15. 李辉、于钦凯：《中国人口转变研究综述》，《人口学刊》2005 年第 4 期。

16. 刘利民：《华夏人口的历史迁移》，《中国经贸导刊》1989 年第 15 期。

17. 刘睿文、封志明、杨艳昭、游珍：《基于人口集聚度的中国人口集疏格局》，《地理科学进展》2010 年第 10 期。

18. 刘睿文、封志明、游珍：《中国人口集疏格局与形成机制研究》，《中国人口·资源与环境》2010 年第 3 期。

19. 陆发玉、陆生发：《建国后我国人口迁移历程初探》，《世纪桥》2003 年第 3 期。

20. 盛广耀：《城市密集区人口变动研究——以长江三角洲、珠江三角洲和京津唐地区为例》，《经济地理》2007 年 11 月。

21. 唐焰、封志明、杨艳昭：《基于栅格尺度的中国人居环境气候适宜性评价》，《资源科学》2008 年 5 月。

22. 王一鸣：《中国区域经济政策研究》，中国计划出版社 1998 年版。

23. 王铮、张丕远：《历史气候变化对中国社会发展的影响：兼论人地关系》，地理学报 1996 年第 4 期。

24. 王铮、张丕远：《中国自然灾害的空间分布特征》，《地理学报》1995 年第 3 期。

25. 吴静、王铮：《2000 年来中国人口地理演变的 Agent 模拟分析》，《地理学报》2008 年第 2 期。

26. 夏明方：《抗战时期中国的灾荒与人口迁移》，《抗日战争研究》2000 年第 2 期。

27. 张善余：《中国人口地理》，科学出版社 2003 年版，第 240 页。

第三章　地区差距现状与变化

经济发展过程中，由于自然条件差异和外来冲击的影响范围不同，地区间发展水平不可能齐头并进。本质上说，地区差距问题是收入分配格局在空间上的表现，故而是经济学的一个基本问题。地区经济差距决定了不同人民能够享有的经济产出成果的平等水平，同时也一定程度上影响着经济效率和生态效益的发挥。中国也是一个地区发展先天条件迥异的国家，在先天因素和后天政策的共同作用下，地区差距总体上一直呈不断扩大的态势，特别是 20 世纪 90 年代至 21 世纪初，这种趋势最为显著。2005 年以前，对地区差距的测算已经比较丰富，但随着国家区域协调发展政策作用的显现，地区差距问题有所缓和，对这一问题的探索有所减弱。特别是近些年来，已经鲜有文献对地区差距总体状况、发展趋势做出全面的统计描述。为弥补这些不足，本章尝试对改革开放以来地区差距发展历程，特别是近年来地区差距的新趋势进行全面的考察。需要特别指出的是，我们所说的地区差距实际指的是地区经济差距，包括地区发展水平的差距、地区收入的差距和地区消费的差距。这三个差距之间存在着紧密的关系，但涵盖的内容和反映的问题不尽相同。因此，我们将三个差距与收入分配相联系，找出影响三者大小、变动的原因，从而为地区差距的分析赋予更明确的政策指向。需要说明的一点是，本章的数据全部来自各年《中国统计年鉴》和《新中国 60 年统计资料汇编》。

第一节　经济发展水平的地区差距

地区差距的描述从空间上也可划分为城乡差距和区域差距两个维度。对地区差距的区域维度测算指标，这里使用常用地区差距指标，包括基尼系数、泰尔指数和对数方差等几个指标（具体公式参见附录），来反映地区差距的变化。另外，对地区差距的城乡维度的度量，我们使用最简单的城乡指数之比来表示。

地区经济发展水平差距是地区经济差距的最综合的表现，经济发展水平通常使用人均 GDP 来反映，对区域而言就是人均 GRP（人均地区产出的简称）。人均 GRP 的变动中既包含了真实物质产量的增加，又有价格调整的影响。尽管实际产出的地区差异是我们比较关心的问题，但由于市场需求变化以及资源禀赋的差距，各地区产出的当前价也能够反映出其劳务和产出的供需状况。因此，在计算经济发展水平的地区差距时，我们使用了不变价（以 1978 年为基期）和当年价的人均 GRP，计算各年的地区差距指数。

一　城乡发展差距高位运行，城镇化动力仍然充足

城乡发展水平差异是中国快速城镇化过程中产生的一个重要问题，综合反映了我国城乡二元结构的严重程度。现有统计系统以行政区为统计单元，由于城镇空间实体范围与行政区划并不完全重合，因此没有以城镇范围为对象的统计指标。但从理论上说，城镇的经济活动基本属于非农业领域，而农村的经济活动基本属于农业生产领域，而且由于非农业的规模经济特点，使其向城镇集中的趋势越来越明显。因此，我们可以将非农业和农业近似地代表城镇和农村的经济产出。同理，与农业和非农业产出相对应的是农业就业人员和非农业人员数量。因此，我们用农业与非农业劳动生产率之比（以下简称生产率比）来表示城乡发展水平的差距。而且，我们对两个劳动生产率进行了定基价格指数平减，获得了当年价和不变价的劳动生产率之比指数（如图 3 - 1 所示）。

由图 3 - 1 可见，无论是不变价还是当年价的生产率比，其变动均呈先扩大再缩小的趋势：1978—2003 年不断扩大，2003—2010 年在逐步缩小，转折点出现在 2003 年下半年。图 3 - 1 还显示，当年价格的生产率比要高于不变价格的生产率比，而且二者之间的差距在逐步扩大。通过简单推算可知，两个生产率比差距扩大实际是因为农业产品价格与非农业产品价格之间价格之比扩大使然，这正反映了农业与非农业劳动生产率增长速度的差距：由于农业技术进步较慢、劳动生产率增长率较低，导致其需求弹性也较低，从而推动价格不断上涨。还有一个有趣的现象是，城乡生产率比的转折是在极短的时间内出现的，我们称其为"突进式转折"，这种现象背后的原因还有待深入研究。

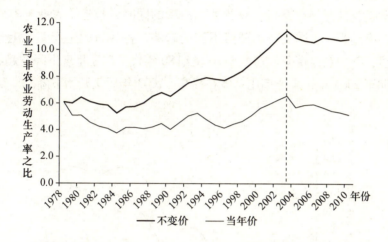

图 3 - 1　1978—2010 年农业与非农业劳动生产率之比变化趋势

我们还对三大地带间的生产率比进行了测算，结果显示在图 3 - 2 中，上、下两图分别显示了不变价与当年价的生产率比指数。上图显示，三个区域的生产率比同全国的变动趋势一致，都呈现不断提高的状态。但具体来看，东部地区生产率之比经历了改革开放初期至 20 世纪 80 年代中期的下降过程，随后又迅速提高，提高速度高于中西部地区，近年来生产率比又有所趋同。为什么东部地区生产率比波动会高于中西部地区呢？我们认为，由于农业技术进步速度比较慢，而且地区间的差异不大，因此可以假定农业技术水平不变，故这种波动与制造业技术进步有密切关系。非农业中对劳动生产率影响最大的是制造业，制造业技术进步速度决定了生产率增长的速度，改革开放初期，东部地区制造业技术与其他区域相比并无明显优势，但这个时期由于农业领域的率先改革，大幅提高了农业的生产效率，使非农业生产效率相对水平反而有所下降，而且由于东部地区良好的农业条件，其生产效率比下降得更快。20 世纪 80 年代中期至 21 世纪初，东部地区沿海的区位优势和先行先试的制度优势使其能够率先利用国内外先进的技术，制造业的劳动生产率得以迅速提高。2003 年前后，东部地区的生产率比似乎进入了一个"平台期"。这可能与东部地区和发达国家技术差距缩小有关，因为技术差距的缩小使得东部地区技术革新成本提高，因而劳动生产率的提高变得更加困难。此外，随着农业现代化步伐的加快，农业集约化经营迅速铺开，在提高农业劳动生产率的同时，拉近了农业与非农业之间的生产率差距。下图反映了截然不同的趋势，各区域的生产率比上升趋势并不明显，其中在改革开放初期至20世纪80年代中期还呈现下降的趋势，80年代后期至2003年，生产率比总体在提高，2003年后又开始下降。

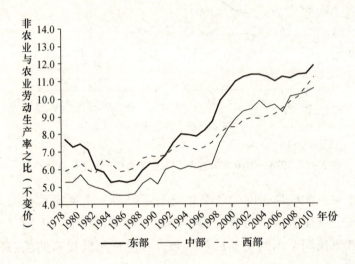

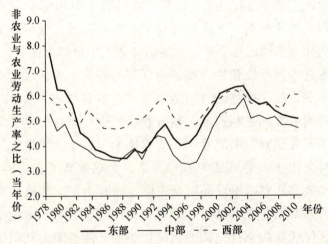

图 3 - 2　非农业与农业劳动生产率之比变动

二 区域发展格局出现转变,近年来差距迅速缩小

以三大地带划分的区域内部发展水平具有很强的同质性,地带间差距也是地区差距的重要组成方面(如图3-3所示)。图中粗实线显示了三个区域的1978年不变价计算的人均GRP变异系数,该系数呈现倒"U"形的走势。1978—2000年,变异系数迅速提高,2000—2005年,该系数经历了一个较为稳定的变化阶段,2005年以后开始有所下降。此外,我们还计算了中西部地区人均GRP与东部地区比值的变化情况,以反映中西部地区与东部地区发展水平的相对差距。可以看到,这种差距呈现"U"形变动状态,大致在2005年前后,中西部地区与东部地区之间的差距降到最低点,随后开始缓慢上升。

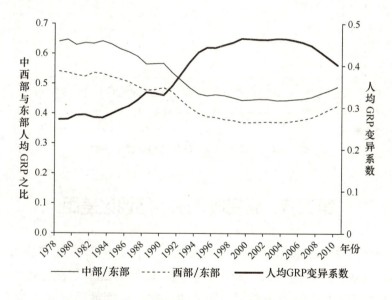

图3-3 三大地带间的经济差异的变化

中国31个省级行政区是地区发展差距的最基本空间单元,通过省际维度的观察,可以对我国地区发展差距有更全面的反映。图3-4描绘了省际的经济发展差距指数的变动情况。可以看到,基尼系数和对数方差均呈现出一种反"N"形的变动过程,1978—1990年,地区差距指数在不断下降,特别是改革开放初期下降速度较快。1983年之后,地区差距变化进入了一

个稳定时期，一直到 1990 年，地区差距指数维持在较低的水平。1990 年后，地区差距开始迅速提升，此趋势持续到 2005 年左右。2005 年之后，地区差距指数开始迅速缩小，短时间就出现了较大幅度的下降，2010 年基尼系数甚至低于 1990 年。由此可见，以 1978 年不变价人均 GRP 衡量的地区差距指数变动在 2005 年前后呈现出显著的缩小趋势，这可能意味着中国经济发展格局跨越了由不平衡扩大到逐步平衡的"拐点"。

图 3－4　不变价人均 GRP 的地区差距指数

第二节　居民收入水平的地区差距

人均产出水平能够衡量整体的经济发展水平，但却不能准确反映人们的真实福利状况。这是因为，产出要经过功能性分配、初次分配和二次分配才能转化为居民的可支配收入，因此决定收入差距的因素除人均产出外，还受到经济结构、税收负担以及政府公共服务力度等的影响。这里我们借助于居民人均收入来计算人们"切身感受到的"地区差距。

一　城乡收入水平落差较大，低收入地区位置"固化"

改革开放以来，城镇化进入快速推进的轨道，与此同时城乡二元结构问题也日益凸显，最为显著的表现是城乡收入差距持续扩大。而且很多研究表明，城乡收入差距是居民收入总差距最重要的组成部分，因此该问题一直是学者们关注的热点问题。在此，我们对城乡收入比进行再测算，以观察城乡收入差距的变化历程和最新表现（如图 3 - 5 所示）。由图可见，1985 年以来，城乡收入差距（用收入比来表示）呈现迅速扩大的趋势，2003 年后城乡收入比扩大的幅度开始减慢，进入缓慢提高阶段，2009 年城乡收入比最高达到 3.33，2010 年略有下降，达到 3.23。

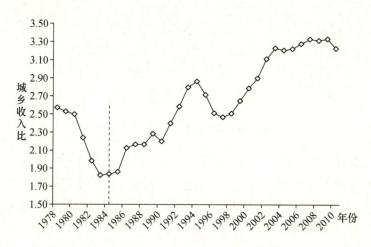

图 3 - 5　1978 年以来的城乡收入比变化

　　三个区域城乡收入比都是呈现先缩小后扩大的趋势，如图 3 - 6 所示。改革开放初期，三个地区城乡收入比有所缩小，这可能与中国的经济改革率先从农村开始，农业生产率提高较快有关。20 世纪 80 年代中期至今，城乡收入比除在 20 世纪 90 年代初有所波动外，总体呈扩大态势。从不同区域的城乡收入差距来看，东部地区城乡收入比最低，中部地区次之，并与东部地区非常接近，西部地区的城乡收入比最高，而且与东中部的差距呈不断扩大的趋势。为什么西部地区的城乡收入差距更高，而且扩大的速度更快呢？这可能与西部地区重化工业为主的产业结构有关。偏重的产业结构特征就是就业弹性较低，这就意味着产业扩张对就业带动作用有限，劳动密集型产业和服务业发育不足，而重化工业的扩张主要聚集在城镇中，虽然能够带动城镇居民的收入，但对农村居民收入作用有限。

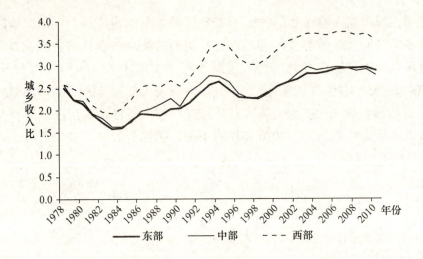

图3-6 三大地带城乡收入比变化

分省来看，城乡收入差距较大的省份主要集中在中西部地区。表3-1中给出了若干个年份城乡收入比排名前十位的行政区域名单及其收入比值。可以看到，排位前十位是省区市名单变动不大，西南地区的西藏、贵州、云南和广西，西北地区的新疆、甘肃、陕西、青海，中部地区的山西出现频率较多。从首位省区的变动来看，1978年、1980年、1990年、2000年和2010年收入比最高的省份和指标值分别为甘肃4.04、陕西2.86、贵州3.22、西藏5.58和贵州4.07。

表3-1 主要年份城乡收入比排位前十的省份

排序		1	2	3	4	5	6	7	8	9	10
1978年	省份	甘肃	山东	西藏	安徽	宁夏	山西	湖北	河南	福建	新疆
	收入比	4.04	3.42	3.23	3.02	2.99	2.97	2.94	2.78	2.69	2.68
1980年	省份	陕西	云南	宁夏	甘肃	广西	福建	重庆	西藏	山西	湖北
	收入比	2.86	2.85	2.65	2.63	2.62	2.62	2.52	2.49	2.44	2.43
1985年	省份	西藏	甘肃	重庆	贵州	宁夏	广西	云南	四川	陕西	青海
	收入比	2.79	2.51	2.5	2.37	2.29	2.26	2.22	2.21	2.2	2.19
1990年	省份	贵州	重庆	云南	甘肃	四川	西藏	陕西	安徽	宁夏	湖南
	收入比	3.22	2.88	2.8	2.78	2.67	2.59	2.58	2.51	2.46	2.4

续表

排序		1	2	3	4	5	6	7	8	9	10
1995 年	省份	云南	西藏	新疆	贵州	甘肃	四川	重庆	陕西	宁夏	广西
	收入比	4.04	3.72	3.66	3.62	3.58	3.46	3.44	3.44	3.39	3.31
2000 年	省份	西藏	云南	贵州	陕西	新疆	青海	甘肃	重庆	广西	四川
	收入比	5.58	4.28	3.73	3.55	3.49	3.47	3.44	3.32	3.13	3.1
2005 年	省份	西藏	云南	贵州	甘肃	陕西	青海	广西	重庆	宁夏	新疆
	收入比	4.54	4.54	4.34	4.08	4.03	3.75	3.72	3.65	3.23	3.22
2010 年	省份	贵州	云南	甘肃	陕西	广西	西藏	青海	重庆	山西	宁夏
	收入比	4.07	4.06	3.85	3.82	3.76	3.62	3.59	3.32	3.3	3.28

为了能够更全面地反映各省区城乡收入比在全国排位的变动规律，我们绘制了 1978—1985 年和 1985—2010 年两个阶段中期初与期末城乡收入比变动的散点图。图 3 - 7 上是 1978—1985 年间省际城乡收入比排位变化，可以看到期初排位高的地区在期末排位高的可能性并不大，说明省际位次变动比较大；图 3 - 7 下显示了 1985—2010 年间的排位变化，图中的点分布非

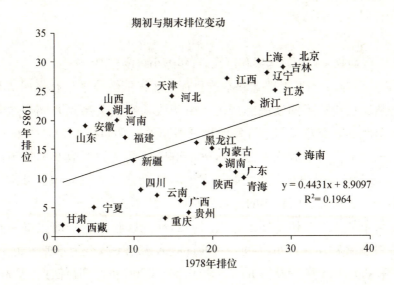

期初与期末排位变动

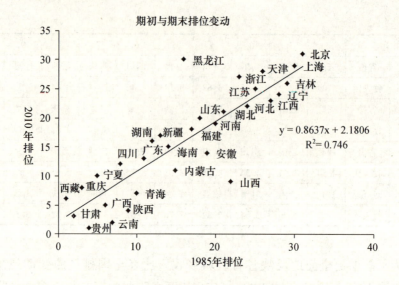

图 3 – 7　各省区城乡收入比排位变化

常紧密，聚集在拟合曲线周围，这表明期初排位高的省，期末排位继续领先，而排位较低的省，期末排位未有显著提升，这显示出各省城乡二元结构模式有固定化的态势。

二　区域收入差距鸿沟累积巨大，近年缩小幅度有限

"以人为本"的发展理念基本的目标是居民能够公平享有发展成果的权利，当然这也包括不同区域的居民，由于收入直接关系到其切身福利，因而收入差距的研究意义与经济发展水平差距的意义同样重大。如图 3 – 8 中显示了三大地带间的收入差距，1978—2007 年间变异系数基本呈不断上升趋势，2007 年以后开始下降。如果我们将东部地区的收入作为基准，中部与西部收入占东部地区收入的比重就反映了相对差距水平。改革开放之初，中西部与东部收入比比较接近，之后中西部地区收入占东部比重一直在下降，特别是在 1978—1995 年间，中西部收入占比下降较为迅速，由 1978 年的 0.9 和 0.8 下降到 1995 年的 0.6 和 0.54，2006 年降到最低点，2007 年后收入占比缓慢回升，但幅度很小。收入差距分析的一个重要的意义是能够解释地区间人口的流动，20 世纪 90 年代以来大规模的跨区域人口迁移正是

由收入差距诱导，但尽管人口不断从内陆地区流向东部沿海地区，但我们并未观察到收入差距的显著缩小，对此问题的解释可参见本书的其他章节。

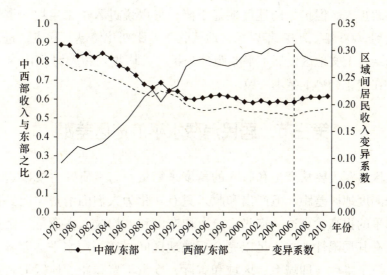

图3-8　三大地带间的收入差距变化

图3-9给出了居民收入差距基尼系数（Gini）、泰尔指数（Theil）和对数方差（Varlogs）的变动，可以看到，三指数趋势完全一致。从发展趋势

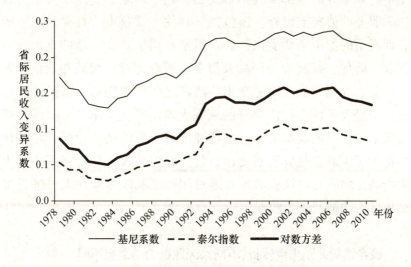

图3-9　省际居民收入变异系数的变动

来看，改革开放初期至 1983 年，三指数有所下降。20 世纪 80 年代中期至
90 年代中期，地区收入差距出现了迅速扩大的态势。1995 年以后，差距指
数虽继续扩大，但扩大的速度明显下降，可以说进入了稳定期，该过程一
直持续到 2006 年。2007 年以后，地区收入差距变化跨越了拐点，进入下行
阶段。结合上文地区发展水平差距的分析，人均收入和人均 GRP 的省际差
异指数在变化趋势上基本一致。

第三节　居民消费水平的地区差距

　　地区差距主要从产出和收入的角度来衡量，已有研究主要以这个基础
变量来测度地区差距。但产出和收入只有转化为人们的消费才能真正实现
福利水平的提高。从这一点来看，人均产出和人均收入在衡量地区差距方
面也具有其局限性，并不足以完全反映地区间真实福利水平的差异。本部
分将从三个维度，即城乡、区域和省际，度量消费差距。地区消费差距的
衡量基本变量是人均消费支出，该指数的测算有两种口径的统计数据可以
利用：一是国民经济核算支出法给出了居民消费支出的数据；二是城乡住
户调查中对家庭人均消费性支出数据的统计。前者指常住住户在一定时期
内对于货物和服务的全部最终消费支出，其中，除了直接以货币形式购买
的货物和服务的消费支出外，还包括以其他方式获得的货物和服务的消费
支出，即所谓的虚拟消费支出；后者指家庭用于日常生活的支出，包括食
品、衣着、居住、家庭设备用品及服务、医疗保健、交通和通信、教育文
化娱乐服务、其他商品和服务支出。两者之间的差别是，国民经济核算法
中的支出口径大于城乡住户调查的家庭人均消费性支出口径，因为核算法
口径还包括了居民的虚拟支出。在描述区域总体消费差距时，经济核算数
据直接提供了区域总最终消费支出，将其除以总人口就得到了地区人均消
费支出指数，城乡入户调查数据可通过用城镇和农村常住人口进行加权求
和得到地区人均消费支出数据。

一　城乡消费差距出现转折，不同来源数据的结果也不同
　　改革开放以来是中国历史上城镇化推进速度最快的时期，在产业和要

素向城镇集聚的过程中，财富创造也在向城镇集聚，因而城镇的消费能力也大为提高，服务业的崛起一定程度上就反映了城镇消费能力的增强。这里我们将从全国、区域和省际三个层面反映城乡人均消费支出差距，比较中使用了国民经济核算数据（简称核算数据）得到的人均消费支出以及城乡住户调查（简称入户调查）的城乡居民家庭人均消费性支出两套数据。

首先，我们考察全国城乡消费差距变化。改革开放以来，中国城乡居民消费性支出差异大致呈反"N"形变化，如图 3-10 所示。改革开放之初，城乡居民消费支出之比就已经较高。1978 年，城镇居民人均消费性支出与农村居民人均生活消费性支出之比（以下简称城乡消费比）为2.68∶1。1978—1986 年，城乡消费差距有所缩小，1986 年城乡消费比降至 2.04。城乡消费比下降可能的原因是，改革开放初期，经济体制改革率先由农村开始，农业劳动生产率和农产品价格快速提高，大大提高了农民收入，城乡消费差距逐年缩小。然而，1984 年以后，产品市场改革向城镇推进，城镇工业生产潜力得到极大的释放，居民的收入开始快速增长，城乡消费差距又开始快速扩大。根据城乡入户调查数据，1984—2003 年，城乡消费比呈总体扩大趋势，由 1984 年的 2.04 提高到 2003 年的 3.35。统计核算数据显示，城乡收入比在 1984—1995 年间上升，而在 1995—2003 年间又处于起伏波动状况。2003 年以后，入户调查和统计核算的城乡消费比均显现出不断下降的态势。

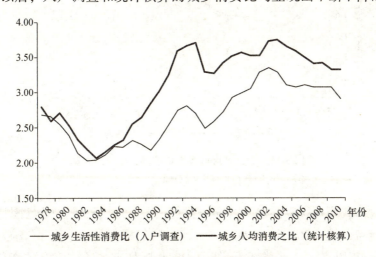

图 3-10 全国城乡消费支出之比变化

资料来源：根据《中国统计年鉴》（历年）中数据计算。

　　其次，从三大区域的城乡消费差距来看，各区域的城乡消费支出之比呈现出与全国相类似的变化。由于 1978—1979 年的城乡人户调查各省居民家庭人均消费支出数据缺失较为严重，故我们将 1980 年作为考察的起始年份。由图 3-11 可见，1980—1984 年，三大区域城乡消费差距经历了明显的下降过程；1980—2003 年，三大区域城乡消费差距总体上升，2003 年后，差距又开始缩小。对比三大区域之间的城乡消费差距，西部地区城乡发展差距比东部和中部地区更大。1980—2010 年，西部地区城乡消费支出比显著高于东部和中部地区，而东、中部的消费差距则相差不大。这种现象可能的解释是，西部地区在"三线"建设时期承接了众多重化工业企业，而且在丰富资源诱导下，原料加工工业发展较快，因此西部地区产业资本密集度较高，而创造就业岗位偏少，城镇聚集人口能力有限，无法吸纳区内农业剩余劳动力，因而聚积了较高的城乡收入"势差"。因此，地带内部的城乡差距更应得到关注，缩小区域内部城乡之间的差距是实现区域协调发展的先决条件。

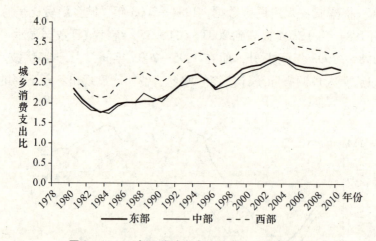

图 3-11　三大区域城乡人均消费支出比的变动

资料来源：根据《中国统计年鉴》（历年）中数据计算。

　　最后，我们观察省际城乡消费差距变化。三大区域空间范围比较大，可能会掩盖区域内部的城乡差距。为此，我们根据城乡住户调查数据，计算了 1980 年以来，31 个省级行政区的城乡消费比在不同年份的变化情况，如表 3-2 所示。2010 年，城乡消费差距最大的为重庆市，城乡消费支出比

表 3 – 2　　　　　　　　　各省主要年份城乡家庭人均消费之比

年份 地区	1980	1985	1990	1995	2000	2005	2010	1980—2010	2000—2010
全国	2.54	2.12	2.19	2.70	2.99	3.11	3.07	0.53	0.08
北京	1.91	1.81	1.68	2.15	2.48	2.49	2.15	0.24	-0.33
天津	2.28	1.81	1.97	2.62	3.07	3.18	3.35	1.07	0.28
河北	2.57	2.03	2.63	2.86	3.19	3.09	2.68	0.11	-0.51
山西	2.65	1.96	2.15	2.85	3.43	3.38	2.67	0.02	-0.76
内蒙古	2.24	2.04	2.00	2.10	2.43	2.83	3.14	0.9	0.71
辽宁	1.87	1.54	2.10	2.12	2.48	2.63	2.96	1.09	0.48
吉林	1.43	1.52	1.67	1.74	2.59	2.95	2.82	1.39	0.23
黑龙江	2.17	2.12	1.79	1.88	2.48	2.43	2.43	0.26	-0.05
上海	1.71	1.28	1.53	1.73	2.14	1.89	2.27	0.56	0.13
江苏	2.23	1.73	1.70	1.95	2.28	2.42	2.19	-0.04	-0.09
浙江	2.23	1.68	1.70	2.21	2.17	2.26	2.00	-0.23	-0.17
安徽	2.43	1.95	2.30	2.95	3.20	2.90	2.87	0.44	-0.33
福建	2.49	1.85	2.02	2.15	2.34	2.67	2.68	0.19	0.34
江西	2.45	1.72	1.70	2.16	2.21	2.46	2.71	0.26	0.5
山东	2.40	2.07	2.25	2.45	2.84	2.73	2.73	0.33	-0.11
河南	2.47	2.14	2.44	2.88	2.91	3.19	2.94	0.47	0.03
湖北	2.42	1.93	2.01	2.76	2.99	2.77	2.80	0.38	-0.19
湖南	2.05	1.77	1.98	2.84	2.69	2.72	2.74	0.69	0.05
广东	2.12	2.29	2.13	2.77	3.03	3.19	3.35	1.23	0.32
广西	2.74	2.47	2.49	3.38	3.26	2.99	3.33	0.59	0.07
海南	1.80	2.37	2.25	3.48	2.75	3.01	3.17	1.37	0.42
重庆	3.03	2.58	3.02	3.69	3.99	4.03	3.68	0.65	-0.31
四川	2.28	2.46	2.52	3.14	3.27	3.03	3.11	0.83	-0.16
贵州	2.40	2.43	2.88	3.49	3.90	3.97	3.53	1.13	-0.37
云南	3.10	2.63	2.62	3.51	4.08	3.91	3.26	0.16	-0.82
西藏	3.98	3.38	3.87	4.36	4.97	5.00	3.63	-0.35	-1.34
陕西	2.67	2.51	2.34	3.11	3.42	3.51	3.12	0.45	-0.3
甘肃	3.18	3.06	3.04	2.86	3.81	3.59	3.36	0.18	-0.45
青海	3.81	2.47	2.35	3.14	3.44	3.16	2.55	-1.26	-0.89
宁夏	2.98	2.44	2.49	2.70	2.96	3.06	2.82	-0.16	-0.14
新疆	2.75	2.28	2.19	3.38	3.58	3.23	2.95	0.2	-0.63

资料来源：根据《中国统计年鉴》（历年）中数据计算。

达到 3.68，其次为西藏，收入比为 3.63；城乡消费差距最小的省份为浙江，消费支出比为 2.00。总体来看，东部沿海地区省份的城乡消费差距小于中西部内陆地区，这反映发达地区城乡二元结构程度低于欠发达地区。城乡消费差距也反映出人口城乡迁移的壁垒高低，差距越大意味着迁移壁垒越强。如果人口能够在城乡自由流动，那么收入高的地区聚集人口规模也越大，最终区域之间收入与消费差距应该缩小到较低且相近的水平。从城乡消费差距变化来看，1980—2010 年，各省区城乡收入比以扩大为主，其中仅有江苏、浙江、西藏、青海、宁夏五个省区差距缩小。近些年来，城乡消费差距缩小的趋势增强，2000—2010 年，城乡消费支出比下降的省区达到 19 个。其中，西部地区消费差距缩小更为明显，支出比下降的省份达到 10 个。中部地区城乡消费扩大的趋势也得到遏制，山西、安徽、湖北消费差距下降，河南、湖南、江西消费差距扩大幅度也比前一阶段缩小。

二　地区间消费收敛态势明显，区域内部呈现出趋同态势

上文对城乡消费差距在区域和省域层面上的表现进行了观察，如果将区域作为一个整体，不考虑城乡差异，则区域之间的消费水平也存在很大差异。而且，以往研究发现，三大区域间的差距对全国整体的地区差距贡献最大（魏后凯，1996）。这里我们试图从三大区域的空间维度，对人均消费支出的差距变化进行考察。首先，根据城乡入户调查数据，我们用城乡人口比重加权得到居民人均消费水平的数据，并以全国人均消费水平为 1，计算得到三大区域人均相对消费水平，如图 3 - 12 左所示。1980—2010 年，东部地区相对人均消费水平呈现倒 "U" 形的变化，1980—2003 年不断提高，2003—2006 年基本稳定，2006 年以后开始逐步下降。图 3 - 12 右显示了根据国民经济统计核算得到的三大区域的人均相对消费支出变动情况，可以看到与入户调查数据计算结果相似，东部地区相对消费支出呈先增大再缩小的趋势，而中西部地区相对消费支出水平比较接近，而且总体呈下降趋势，2005 年以后有所提高。

根据国民经济统计核算中对最终消费支出的统计，能够得到 31 个省级行政区人均最终消费的指标，我们基于此计算了泰尔指数，并按照三大区域进行了分解，结果如表 3 - 3 所示。可以看到，三大区域内部差距高于组

间差异，但组间差的变动对泰尔指数变动的贡献却远远高于组内差距。这说明，中国地区消费差距的扩大主要源于三大区域之间差距拉大。从变化趋势上看，组内差与组间差之比基本处于不断下降趋势，1978 年二者之比为 5.2，而到 1995 年该比例下降到 1.17，之后该比例处于波动状态，比值稳定在 1.2 左右。

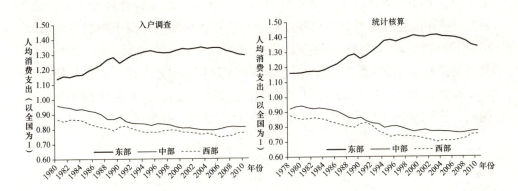

图 3-12   三大区域人均消费相对值变动

资料来源：根据《中国统计年鉴》（历年）和《新中国 60 年统计资料汇编》中数据计算。

表 3-3 三大区域消费差距的分解

年份	1978	1980	1985	1990	1995	2000	2005	2010
东部	0.0779	0.0480	0.0607	0.0593	0.0684	0.0788	0.0786	0.0624
中部	0.0322	0.0107	0.0174	0.0205	0.0172	0.0117	0.0072	0.0065
西部	0.0148	0.0664	0.0215	0.0127	0.0120	0.0108	0.0116	0.0238
组内差	0.0554	0.0252	0.0446	0.0456	0.0580	0.0665	0.0660	0.0509
组间差	0.0107	0.0197	0.0152	0.0239	0.0494	0.0542	0.0555	0.0398
组内差/组间差	5.1679	1.2845	2.9368	1.9071	1.1751	1.2273	1.1904	1.2781

资料来源：根据《新中国 60 年统计资料汇编》数据计算。

从空间和人口规模来看，东、中、西三大区域本身就不亚于诸多世界大国。三大区域内部资源禀赋、经济基础、人文社会环境差异巨大，子区域发展水平也差异巨大。因此，对三大区域内部消费差距的考察也具有重要意义。根据 31 个省级行政区人均最终消费，我们计算了三大区域内部消费差距指数，如图 3 - 13 所示。从泰尔指数变动来看，东部地区内部差距远远大于中部和西部，东部地区省际消费差距呈现先下降后上升再下降的趋势。1978—1990 年，东部地区消费差距呈波动下降态势，1990—2005 年，消费差距在不断扩大，2005 年以后，差距又开始缩小。中部和西部地区消费差距呈下降趋势，说明中部和西部内部发展水平趋同程度高于东部地区。两区域差距的绝对水平总体比较接近，改革开放初期西部高于中部，20 世纪 80 年代末期至 21 世纪初，两区域差距又非常接近，2000 年后，西部地区差距又开始扩大。基尼系数的变动过程和泰尔指数基本一致。综上，东部地区内部发展分异的程度要大大高于中西部地区，近年来的快速收敛可能是带动全国消费差距缩小的主要推动力，而中西部地区呈现内部俱乐部收敛的态势。

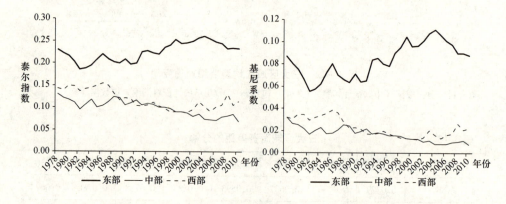

图 3 - 13　三大区域内部人均消费支出的地区差距指数变动

资料来源：根据《新中国 60 年统计资料汇编》数据计算。

　　图 3 - 14 描绘了 1978 年以来，各省市区人均消费支出相对水平的变化（以全国人均消费支出为 1），每一个点都代表某地区某年的相对人均消费支出水平。可以看到，改革开放初期，点的分散程度有所减小，20 世纪 80 年代中期至 2000 年前后，分散程度呈现出扩大态势，2000 年以后分散程度又不断缩小。散点的最上部三行点阵分别显示了上海、北京和天津的相对人均消费支出值，三市的指标值超出其他地区，对消费差距变动起到了显著带动作用。

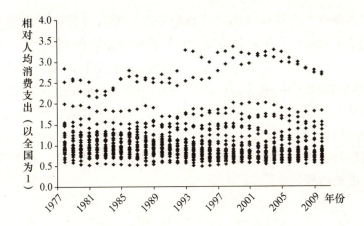

图 3 – 14　各省市区相对人均消费支出相对值变动

资料来源：根据《新中国 60 年统计资料汇编》数据计算。

为对地区消费差距有更全面的把握，我们还计算了基尼系数、泰尔指数和对数方差三个地区差距指标，如图 3 – 15 所示。城乡入户调查和统计核算两套数据都显示，地区消费差距呈现倒 "U" 形的变化趋势，改革开放初期至 2000 年前后，地区消费差距总体呈不断扩大的趋势，2000 年以后不断缩小。根据现有研究成果①，与地区经济差距发展趋势一样，消费差距近年来也呈现逐步缩小的趋势。而且，地区消费差距出现拐点的时间要早于经济发展差距，这可能是因为国家的区域政策能够更直接地转换为区域的消费支出，从而带动欠发达地区消费支出的提高，故而率先缩小了消费与发达地区的差距。

由于中国已经进入工业化发展的后期，要素回报率趋同趋势显著，未来不大可能再出现要素在东部沿海大规模集聚的现象，故地区经济差距缩小将是稳定、持续的趋势，在产出和收入差距缩小的诱导下，消费差距也将不断地缩小。图 3 – 15 中还可看到，统计核算数据得到的地区消费差距指数要高于入户调查的指数，这可能是因为东部地区政府以福利转移给消费者的收入高于中西部地区，对消费差距产生了放大的效果。此外，随着

---

　　① 魏后凯、蔡翼飞（2009），洪兴建（2010）等通过计算地区差距指数后认为，2003 年后中国的地区差距开始缩小。

收入水平的提高，富裕地区的家庭自服务的类型有多样化的趋势，更大幅度地提高了消费价值，因此使得统计核算的消费差距偏大。

综上，地区消费差距在经历了20世纪90年代至21世纪初的扩大后，近年来开始出现缩小的趋势。这从另一方面印证了中国经济发展格局走向拐点的趋势。未来，随着产业继续由沿海地区向内陆地区转移，以及人口向东部沿海地区的迁移，地区经济差距将进一步缩小。在此背景下，国家可通过财政转移支付手段，提高落后地区的消费支出水平，更快实现区域间生活水准的均等化。

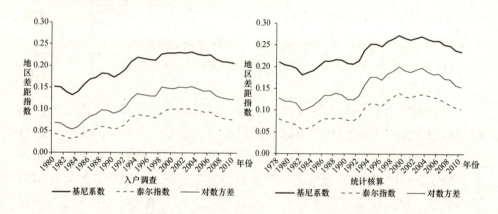

图3-15　省际地区消费差距指数变动

资料来源：根据《中国统计年鉴》（历年）和《新中国60年统计资料汇编》中数据计算。

借鉴增长理论中收敛的思想和研究方法，我们利用统计核算数据，绘制了各时间段初始年份人均消费相对支出与阶段变动量之间关系的散点图（如图3-16所示），其中横轴为初始年份的人均消费相对支出，纵轴为时间段内的变动量，由此可以观察地区消费的收敛与发散状况。首先，图3-16左上显示了1978年和1978—2010年的人均消费相对支出及其变动情况，可以看到斜率为负，这说明初始消费支出高的省份，在整个时间段内相对支出水平有所下降。图3-16右上显示1978—1985年的初始消费水平与消费水平变动负相关，这显示出地区消费有收敛趋势。同理，可以发现，1985—2000年，地区消费出现了发散趋势，2000—2010年地区消费显示了快速收敛的态势。

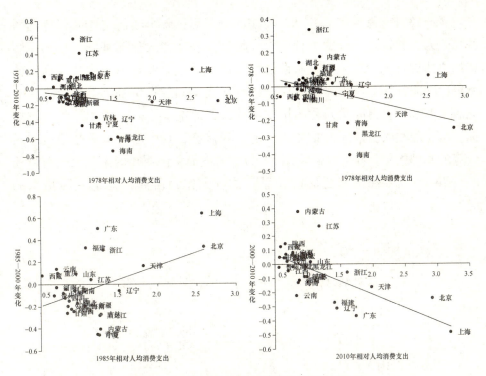

图 3 - 16　各时段省际人均消费支出的敛散性

资料来源：根据《新中国 60 年统计资料汇编》数据计算。

第四节　地区差距测算评价与分析

　　经济发展差距、收入差距和消费差距是描述地区经济差距的三个不同纬度的变量，三个差距之间也存在着紧密关联。经济发展差距、收入差距和消费差距分别由人均 GRP、人均收入和人均消费三个基本变量描述，因此要理解三者之间的关联必须从 GRP、收入和消费三者之间的关联入手。

一　收入分配格局中的人均 GRP、人均收入和人均消费差距关系

　　总的来说，GRP、居民收入和消费是国民收入分配格局中的三个不同环节的结果。GRP 是某地区当年生产的财富的总和，收入初次分配从 GRP 开始，参与生产过程的劳动要素和资本要素从 GRP 中获得补偿，生产活动

参与者向政府交税并获得补贴。经初次分配后，各个经济主体获得分配后的总收入，并进入再分配过程。收入再分配是在初次分配基础上以经常转移的方式进行进一步分配，所谓的经常转移是指企业与个人向政府缴纳的所得税、向社保部门支付的社保金以及居民得到的社保补助等。收入再分配后，各部门获得的收入称为可支配收入，即本章收入差距测算的基础指标。可支配收入会被经济主体用于消费和储蓄，其中居民消费是消费差距计算的基础指标。我们绘制了图3-17，试图简单说明在国民收入分配格局中，GRP、收入和消费之间的关系，并以此作为研究三变量差距指数的起点。

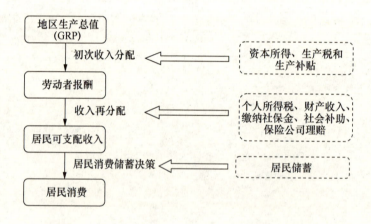

图3-17　三个基本变量在国民收入分配格局中的位置

结合图3-17，我们可以分析人均GRP、人均收入和人均消费三者之间的关系，更为重要的是能够找到影响三者高低背后的因素，从而为收入分配政策的制定提供依据。首先，人均GRP与人均收入之间受到资本所得、生产税、财产收益及社保缴费的影响。鉴于生产税税率、财产收益（利息、红利、租金）以及社保缴费率比重比较小，对地区差异影响不大，因此两个差距的大小主要受到资本在产出分配比重高低的影响。一般来说，资本的稀缺性以及其承载的技术使其在与劳动要素产出分配的博弈中往往占据主导地位，因而在收入分配中的作用也更为关键。从概念上说，地区差距可以看作是指标值在地区间分布的离散程度，这种离散程度最基本的衡量方法就是方差，在度量地区差距的种种指标中，方差是这些指标设定最基本的思想。人均 GRP 是一个加总变量，它等于人均资本报酬和人均劳动报酬两个之和。根据方差可加性原则，如果两个变量变动方向相同，则其中一个变量的方差必然小于两个变量之和的方差。由此可知，人均资本报酬差异变动如果与人均 GRP 相同，那么后者的差异就会小于前者，因为人均资本收益差距分担了人均 GRP 的差距，反之，如果二者变动方向相同，则人均劳动报酬差异超过人均 GRP 差异。图 3－18 显示 2010 年地区间人均GRP 与人均资本收益呈现出高度正相关关系，因此我们可以预计人均 GRP地区差距高于人均收入的差距。

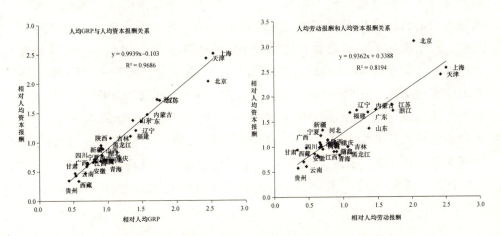

图 3－18　2010 年人均 GRP 与人均资本报酬之间的关系

其次，在不考虑区域间消费率差异的情况下，收入高的地区意味着消费支出额也比较大；反之，则消费支出规模越小。但是，由于区域间产业结构和居民消费习惯的差异，各地区消费支出占收入的比重，即消费率也存在着较大差距。因此，收入差距与消费差距之间也存在着一定的差异，我们将这种差异简单地用收入差距和消费差距之比来表示（以下简称为收入—消费差距比）。收入—消费差距比大于 1，表示收入差距大于消费差距；小于 1 则表示收入差距小于消费差距。收入—消费差距比偏离 1 状况的存在可能有以下几方面的原因：第一，居民消费模式不同，而消费模式与经济发展水平有密切关系，根据凯恩斯边际消费倾向递减理论，收入水平越高的地区，消费占比就越低。鉴于中国各地区间收入差距差异巨大，消费倾向不同也是在所难免的。第二，经济结构不同，以资本密集型产业为主导的地区，产出中用于资本积累的比重更高，相应地储蓄率也更高，因而消费占比就比较低。第三，国家政策支持力度不同，自 20 世纪 90 年代以来，国家实施了西部倾斜的政策，大量基本建设投资和公共服务资金投向中西部地区，这些资金中有一部分能够直接补贴居民消费或收入，从而使得各地区在收入和消费的分配上出现差异。因此，各区域的消费差距和收入差距可能不尽相同，这里对消费差距和收入差距的关系进行一些探讨。

消费支出占收入的比重可以反映居民的消费倾向，收入中未消费掉的部分会转化为储蓄或者资产增加。图 3 – 19 中给出了全国和三大地带居民家庭人均消费性支出和可支配收入之比的变动情况。可以看到，总体来看消费占比呈现出下降的趋势，这反映出随着收入水平的提高，居民储蓄意愿增加，从而呈现边际消费递减的规律。具体来看，1978—1985 年，消费占比有所提高，1985—1989 年，消费占比又开始提高，1990—2011 年，消费占比持续下降。从不同区域消费占比来看，1978—1992 年间，三大地带的消费占比非常接近，1992 年之后，西部地区的消费占比开始与东部和中部拉开距离，此距离维持在 5 个百分点左右。东部地区的消费占比与中部地区非常接近。如果结合上文对收入差距变化的分析，20 世纪 90

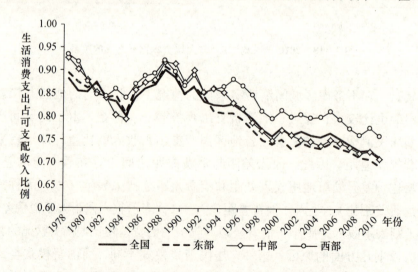

图 3 – 19　消费支出占可支配收入比重的变动

年代初开始，区域经济发展差距开始迅速扩大，西部地区很多省份由原来的经济相对发达沦为落后地区。因此，消费占比的扩大是与经济发展差距扩大紧密相连的。从消费占比的绝对水平来看，消费占比是与经济发展水平相关的，经济发展水平越高的地区，消费倾向越低，这恰好从空间上反映出消费边际倾向下降的趋势。消费占比的不同可能导致地区间消费差距和收入差距存在不一致。具体而言，收入水平高的地区，消费占比较低，反之则较高，消费水平得到了一定程度的折中，因此理论上说消费差距应略低于收入差距。

二　人均 GRP 差距高于收入与消费差距，经济越发达地区相对比越小

我们比较了主要年份人均 GRP、人均收入和人均消费（简称三变量）在主要年份的基尼系数比较，如表 3 - 4 所示。可以看到，无论是不变价还是当年价，人均 GRP 的基尼系数最高，人均收入和人均消费的基尼系数值比较接近，二者呈交替上升态势，2000 年以前，消费基尼系数差距较高，2000 年以后人均收入的基尼系数更大。

表 3 - 4　　　　省际人均 GRP、人均收入和人均消费基尼系数值比较

	年份 变量名称	1978	1990	2000	2010
不变价	人均收入	0.172	0.145	0.195	0.215
	人均消费	0.173	0.164	0.198	0.203
	人均 GRP	0.345	0.320	0.347	0.310
当年价	人均收入	—	0.171	0.232	0.215
	人均消费	—	0.174	0.229	0.207
	人均 GRP	—	0.261	0.317	0.262

城乡差距的形成和要素的非均衡流动与产业集聚现象产生紧密相关。综观发达国家，城乡之间的差别较小，而欠发达国家往往存在着较为严重的二元结构现象。我们计算了省际经济发展水平（用人均 GRP 表示）与城乡消费和收入比的关系，如图 3 - 20 所示。总体上看，城乡消费与收入比同经济发展水平之间呈现出显著的负相关关系，经济发展水平越高的地方

城乡差距越小，中西部欠发达地区城乡差距显然更大。从两个比例与人均 GRP 之间关系的紧密程度来看，城乡收入差距和经济发展水平之间的关系更加紧密，相关系数达到 0.26，高于消费比与人均 GRP 之间的相关系数。这可能意味着，经济发展水平会更直接影响城乡收入差距，而由收入差距转化为消费差距受到储蓄行为和发展方式的影响，因而对消费差距的影响相对较弱。我们还从省际层面比较了城乡消费和收入比（如图 3 - 20 所示）。总体上，城乡收入差距大于消费差距。2010 年，城乡收入差距大于消费差距的省份有 18 个，超过省区总数的一半，消费差距更高的地区有 13 个，其中仅有天津和广东属于东部地区，其余主要分布在东北和中部地区。

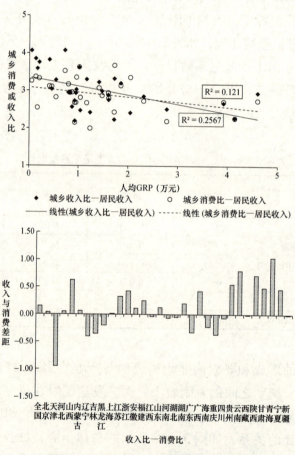

图 3 - 20　城乡收入比与消费比的比较

三 人均 GRP 收敛先于收入和消费,收入分配调节福利差距功能不足

价格变动对产出、收入和消费有着重要的影响,这是因为各地区资源禀赋不同,产品或消费品的相对价格是不同的。通过价格指数将三个指标进行平减后得到的结果对地区差距影响也比较大。首先,我们计算了不变价的劳动生产率和人均 GRP 地区差距变动情况,如图 3 – 21 所示。可以看到,人均劳动生产率的变异系数先快后慢,1998 年以前,不变价人均 GRP 的基尼系数要高于劳动生产率,1998 年以后,后者的地区差距超过了前者。从两个地区差距的变化趋势来看,劳动生产率地区差距转折出现的时间要早于人均 GRP。人均 GRP 地区差距 2005 年后出现了转折,而劳动生产率转折出现时间比较早,在 2001 年以后出现转折。劳动生产率与人均 GRP 之间关系是前者乘以总人口的就业率得到后者,因此这种变化的差别受到地区间就业率差别的影响。假定劳动生产率和就业率不相关,则人均 GRP 的方差等于劳动生产率的方差与人均 GRP 方差的乘积。因此,劳动生产率差距对人均 GRP 差距的影响取决于就业率的地区差距。如果各地区的就业率相同,则人均 GRP 和劳动生产率方差波动趋势应该相同。但由图 3 – 21 右图可以看到,省际就业率基尼系数从 1997 年以来一直呈上升趋势,因此人均 GRP 差距缩小时间晚于劳动生产率正是因为就业率差距处于不断扩大之中,从而延迟了人均 GRP 差距的缩小。

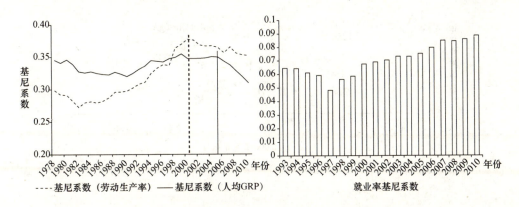

----基尼系数(劳动生产率) ——基尼系数(人均GRP) 就业率基尼系数

图 3 –21 不变价人均 GRP、劳动生产率与就业率的地区差异

从就业率变动影响来看，经济结构、产业集聚有着密切关系，劳动密集型产业发展较好的地区就业率往往比较高，而改革开放以来，东部地区经济增长主要贡献恰恰由劳动密集型产业带动，因而东部地区就业率显著高于内陆地区。图 3 – 22 中分别描绘了就业率的趋同关系，横轴显示了2000 年的就业率，纵轴显示了 2000—2010 年就业率的变动。上图趋势线为正表明，2000 年就业率高的地区，在 2000—2010 年间就业率增长幅度也更大。由于农业具有就业蓄水池作用，不能说明产业扩张创造的劳动就业岗位，使用非农就业占总人口比例更能描述发展带来的就业环境的改善，图3 – 22 给出了非农就业率。可以看到，拟合曲线拟合度大大高于总劳动就业率。这种变动说明地区间就业结构特征呈现明显的"路径依赖"，即以劳动密集型产业结构为主的地区产业结构继续朝着劳动密集度更高方向演进，而以资本或资源密集型产业为主的地区，特别是一些中西部省区带动就业增长的能力弱化。对于中西部地区而言，这种发展模式并不是理想的，如果不予以调整，就会出现"没有发展的增长"这样的问题。

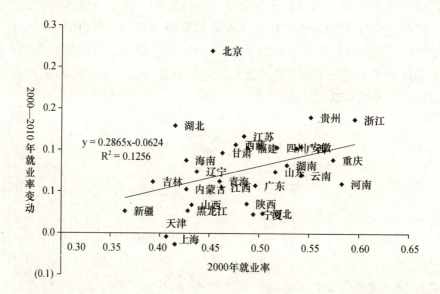

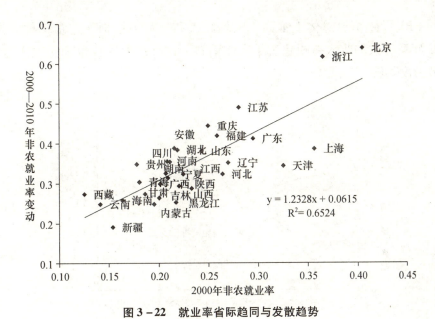

图 3 - 22　就业率省际趋同与发散趋势

　　人均 GRP、人均收入和人均消费的比较能够反映收入分配格局的影响，图 3 - 23 反映了三者变动的数量关系和变动趋势。三变量中，人均 GRP 的地区差距高于其他两个变量的地区差距。这表明，通过收入分配的调节，地区收入差距得到了一定程度的缩小。但是，变量间的差距值呈趋同态势，特别是人均 GRP 差距和人均收入之间的差距。这可能预示收入分配的调节功能在弱化。从发展趋势来看，人均 GRP 在 2003 年开始收敛，而人均收入在 2007 年以后才开始收敛，后者变量收敛的时间明显晚于第一个变量。这也进一步印证了初次分配和再分配调节能力不足，使其未能充分发挥缩小居民生活水准差距的作用。如果将人均 GRP 的收敛看作是经济发展内在动力的转变，那么人均收入和消费收敛则更多地体现了旨在实现共同富裕的民生政策调节结果。

　　由于价格对变量地区差距变化的影响很大，因此我们比较了提出价格因素后的三变量地区差距的关系。由图 3 - 24 可见，1978—2010 年间，人均 GRP 在 2005 年以后开始快速下降，而人均收入和人均消费均未出现明显的下降，只是 2000 年以后，二者变化趋于稳定。这说明，居民实际的生活水准间的差距并未如经济发展差距一样出现缩小的趋势。三者比较来看，人均 GRP 差距指数总体上最高，人均收入和人均消费地区差距交替领先，2001 年后，人均收入差距超过了人均消费。这种现象同样也表明收入差距调节力度不够。

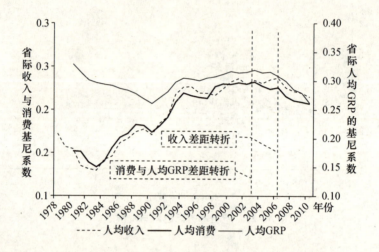

图 3－23　当年价计算的三变量地区差距指数变化

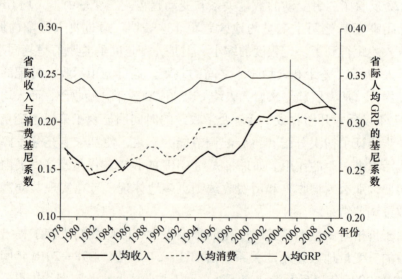

图 3－24　不变价计算的三变量地区差距指数变化

　　以上结果反映出，虽然经济内生力量开始改变经济发展格局，突出表现为，随着近些年来东部沿海产业大规模向内陆地区转移，2003 年后地区经济水平差距开始缩小。然而，居民收入或者生活水平的地区差距却未能相应地缩小。这表明国家区域政策可能过多地偏重于区域产出平衡，而对调节地区间收入平衡的力度不够。

参考文献

　　1. 白重恩、钱震杰：《谁挤占了居民的收入——中国国民收入分配格局分析》，《中国社会科学》2009 年第 5 期。

　　2. 蔡翼飞、张车伟：《中国地区差距的新视角——人口与产业分布不匹配研究》，《中国工业经济》2012 年第 5 期。

　　3. 洪兴建：《中国地区差距、极化与流动性》，《经济研究》2010 年第 12 期。

　　4. 魏后凯：《中国地区间居民收入差异及其分解》，《经济研究》1996 年第 11 期。

　　5. 魏后凯、蔡翼飞：《西部大开发的成效与展望》，《中国发展观察》2009 年第 10 期。

　　6. 许宪春：《中国资金流量分析》，《金融研究》2002 年第 9 期。

　　7. 张车伟、蔡翼飞：《我国地区差距新变化：基于人口经济匹配视角的解释》，《人口与劳动绿皮书 2012》，社会科学文献出版社 2012 年版。

附　录

　　1. 差距泰尔指数公式

$$T = \sum_{i=1}^{n} \left(\frac{y_i}{y}\right) \ln\left(\frac{y_i}{y} \Big/ \frac{m_i}{m}\right)$$

　　其中，T 为 i 区域的泰尔指数；$i = 1, 2, \cdots, n$ 分别表示不同区域；y_i 为 i 区域的收入（数值上等于人口数乘以人口所对应区域的平均收入水平）；y 为总收入（数值上等于所有区域收入总和）；m_i 为 i 区域的人口数量；m 为所有区域总人口数量。计算得到的泰尔指数越大，则区域间收入差距越大；泰尔指数为 0，则表示不存在收入差距。

计算三大地带居民间收入差距泰尔指数公式：

$$T_{dzx} = \sum_{i=1}^{2} \left(\frac{y_i}{y_{dzx}} \right) \ln \left(\frac{y_i}{y_{dzx}} \middle/ \frac{m_i}{m_{dzx}} \right)$$

其中，$i = 1$，2，3 分别表示东部（$i = 1$）、中部（$i = 2$）和西部（$i = 3$）三大地带；T_{dzx} 为东、中、西三大地带居民间收入差距泰尔指数；y_i 为东部（$i = 1$）、中部（$i = 2$）和西部（$i = 3$）三大地带各自居民的总收入（数值上等于三大地带各自包括的省级区域收入加总求和[①]）；y 为三大地带居民总收入求和（数值上等于东中西三大地带收入加总求和或全国居民总收入）；m_i 为东部（$i = 1$）、中部（$i = 2$）和西部（$i = 3$）三大地带各自的人口数量（包括城镇人口和农村人口）；m 为三大地带总人口数（数值上等于东中西三大地带人口总和）。计算得到的泰尔指数（T_{dzx}）越大，三大地带居民间收入差距越大。

2. 基尼系数计算公式

基尼系数（Gini）是考察地区差距的基本指标，指数表达的含义非常直观，能与经济现实比较顺畅地对接，故而使用最为频繁。其计算公式为：

$$G = \frac{2}{n} \sum_{i=1}^{n} i y_i - \frac{n+1}{n}$$

式中，G 为空间基尼系数；n 为空间中子区域的数量。其他指标解释与泰尔指数相同。

3. 对数方差计算公式

国外研究收入差距时，对数方差是经常用到的一个指数。该指数简单易用，而且与洛伦兹标准向一致。然而，中国学者在测算地区差距时对该指数的使用并不常见。本章将对数方差作为测算地区差距的一个基本指数，以更全面地考察地区差距的变化：

对数方差的公式为：

$$V_L(y) = \frac{1}{n} \sum_{i=1}^{n} (\ln y_i - \mu_{\ln y})^2$$

式中，$\mu_{\ln y}$ 表示地区差距基础指标对数的平均值。

---

① 此处加总求和的内容包括城镇居民可支配收入和农村居民纯收入。

第四章　流动人口格局及变化

在研究中国农业剩余劳动力的相关文献中，大多学者都认为，农业剩余劳动力的存在以及城乡之间存在的收入差距是诱使农业剩余劳动力转移和流动的最关键因素，其中前者被视为主要的"推力"因素，后者被视为主要的"拉力"因素（孙晓明等，2005）。尤其是改革开放以后，扩大了的城乡收入差距为农村劳动力转移提供了追加的动力（蔡昉、王德文，2003），此时城市经济发展迅速，而同时农村存在大量剩余劳动力，随着城乡收入差距进一步拉大，这种拉—推力迅速形成合力，改变了城乡劳动力市场供求关系，使得农村劳动力市场上的农业剩余劳动力迅速流入城市劳动力市场。为了准确反映农业劳动力的流动格局及变化，本章首先对流动人口规模与政策进行分析，接着分析了流动人口的结构变化；在此基础上，分别从流入地和流出地的角度分析流动人口的格局及变化，最后，通过构建省内流动拉力和省际流动拉力两个指标分析流动人口的驱动力变化，进一步阐明未来流动人口格局。

第一节　流动人口规模与政策

新中国成立以来，国家经济体制经历了从计划经济向市场经济的转变。总体来看，中国的人口流动（主要是农业劳动力向农业部门以外流动）也同样经历了这样的转变：计划经济时期，劳动力资源依靠行政安排配置，而不是通过市场配置，人口流动被限制，大量农业剩余劳动力被束缚在农村有限的土地上，1978 年国内生产总值中农业所占份额为 28.1%，但农业劳动力在全社会劳动力中所占的比重仍高达 70.3%。

这之后，1978 年改革开放以来，伴随着工业化和城镇化进程的加速，经济增长和产业集聚对非农劳动力的需求大量增加，同时由于农村土地制度改革，生产率大幅提高，解放出了大量剩余劳动力，劳动力市场率先在农村发育。在工业对劳动力需求增加的拉力和农业劳动力过剩的推力下，开始了劳动力和人口的大规模迁移的过程。在这个过程中，首先吸纳了大量农业剩余劳动力的是农村非农产业，尤其是迅速发展的乡镇企业。到20世纪90年代，随着城市中各种限制人口流动的政策、制度逐步被放松、取消，再加上城乡收入差距对农业剩余劳动力的"拉力"作用，农业剩余劳动力开始大量进入城市劳动力市场。

流动人口本质上是市场力量下劳动力资源的重新配置，没有人口的大规模流动，就没有中国改革和发展的"奇迹"。可以说，了解人口流动是理解中国"奇迹"的一把钥匙。本节将对流动人口考察的起点设定在新中国成立之初，试图从更宽阔的视野回顾人口流动的历程，同时将改革开放确立为分界点，将这一历程划分为两个阶段分别予以考察。

一　改革开放以前的流动人口情况

改革开放前，计划经济从根本上排斥市场，此时，行政安排和计划调节决定人口迁移和劳动力资源配置。因此，严格地说，并没有任何形式的劳动力市场。有据可查的人口流动数据可追溯到1954年，之后历次人口普查和抽样调查提供了持续的流动人口数据序列。据此，有学者将1954—1980年人口流动划分为三个阶段（如图4-1所示）[1]。

（一）起伏波动阶段（1954—1960年）

新中国成立之初，城市经济处于恢复时期，无法为农业剩余劳动力提供就业岗位。另外，农村普遍进行了土地改革，无地和少地的农民分得了土地，使得当时农业剩余劳动力的转移行为还不是很普遍。当时已经有了跟迁移相关的一些政策，如1951年公安部颁布了《城市户口管理暂行条例》，规定了外地进城的人口需要到当地公安局登记等。

随着第一个五年计划的实施和一批重大项目纷纷上马，国民经济得以恢复，工业化和城市化开始起步，流动人口规模呈现不断上升势头。当时，全国经济建设的重点地区是内地，国家有计划地将沿海大批科研机构、工

---

① 陆发玉、陆生发：《建国后我国人口迁移里程初探》，《世纪桥》2003年第3期。

业密集工厂内迁至西北、西南边疆省区，大批新建企业也设在安全区域，苏联援助的 156 个项目就有一半安排在东北。另外，国家投资新建和扩建了部分城市，其中包括新建城市 6 个，大规模扩建城市 20 个，一般性扩建城市 82 个。这些项目和建设都派生出了大量岗位，大批农民被征调进城镇、矿山当工人，职工家属也应需要而随迁。1958 年，开始了"大跃进"和"大炼钢铁"运动，各地有 2000 万农民涌进城市当上了炼钢工人，此外，水利建设、国防工业建设都带来大规模的人口迁移。1958 年的迁移人口总量较上年增加了 17.3%，到 1960 年人口迁移总量达到 6515 万人。如果只考虑户籍迁移人口而不考虑无户籍迁移人口，这一时期是 1949 年以来流动人口数量的最高纪录。当然，此时的迁移除一部分通过政府部门办理户口到城市就业外，大部分都是在政府严格政策限制下自发实现的，如 1955 年国务院颁布了《关于建立经常户口登记制度》，这时的迁移流动虽是自发实现的，但这种自发的流动带有较大的盲目性，因此，也并没有严格意义上的劳动力市场。

（二）回流阶段（1960—1970 年）

第二个阶段是三年自然灾害和生产破坏时期。1959 年我国遭遇了三年自然灾害，再加上国际环境恶化影响了国民经济发展运行，生产大幅度滑坡。政府无法保障城镇人口的粮食供应，许多工厂无法正常运转，在此背景下，国家相关部门多次要求制止这种人口迁移，并且鼓励城市青年到农村从事农业生产。同时，1958 年 1 月 9 日全国人民代表大会常务委员会通过的《中华人民共和国户口登记条例》规定的户籍制度以及与此配套的粮油供应制度、劳动制度、教育制度等相关制度，堵住了农业剩余劳动力向城市转移的正常渠道，造成了农村人口和农业劳动力的城乡分割。至此，抑制城乡人口流动的壁垒开始形成：户籍制度区分了"农业"和"非农业"两种户口性质，并建立了偏向城市居民的就业和相关福利制度，农民和城市居民成为两种不同的经济和社会身份，农民很难成为城市居民，形成城乡分割；同时，农业户籍人口不能向城市迁移，农村和城市截然分开，形成地域分割。城乡分割和地域分割交织在一起，不仅把人口分隔在农村和城市两个空间，也把就业等限制在登记居住地。造成的结果是：1962 年我国的迁移人口总量为 4436 万人，1963 年已降至 2695 万人。1962 年全国的职工总数为 4321 万人，只相当于 1960 年的 72.4%，净减少 1648 万人。1967—1969 年，迁移人口降为 500 万—600 万人，是新中国成立以来的最低点。

（三）稳定阶段（1970—1980 年）

这一时期，农业剩余劳动力向城市流动进入控制萎缩阶段。从 20 世纪 50 年代中期城镇知识青年上山下乡开始到 1966 年，共有一百多万城镇劳动力转移到农业，之后，"文革"时期，城市知识青年向农村和农业又转移了 1647 万人，人多地少的局面更加严重。为了生计，农业剩余劳动力开始通过社队企业寻求新的转移道路，这形成了历史上独特的逆向流动模式，即工人务农、农民做工。许多农村相继出现了各种社队工业，吸纳了大量农业剩余劳动力。这为日后农村劳动力市场的发育奠定了基础。这个阶段中，除 1970 年外，其余年份流动人口的规模变化很小，最低的年份总量只有 27 万人，最高时达 164 万人。这一时期农业剩余劳动力转移的总体特征是国家行政安排转移，劳动力自主转移的意识不强，不符合工业化进程中剩余劳动力转移的客观规律，更谈不上通过劳动力市场对农业剩余劳动力进行调节了。

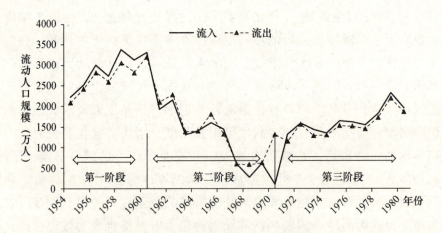

图 4-1　1954—1980 年人口流动情况

资料来源：根据《中国人口统计年鉴（1988）》数据绘制。

总体来看，改革前，中国农业剩余劳动力没有发生刘易斯、拉尼斯-费景汉转移，这是和中国传统经济发展战略相关的。计划经济体制下，中国传统经济是围绕重工业优先发展战略形成的。重工业优先发展战略以及相应形成的传统体制，对于城乡间和区域间人口和劳动力的迁移形成了两重障碍（蔡昉等，2001）：第一，以重工业为主的工业增长所创造的就业机会较少，吸纳农业剩余劳动力的能力弱；第二，计划配置劳动力的体制为劳动力在产业间和区域间的转移设置了牢固的樊篱。而且，改革前的中国各种生产资源极度匮乏，必须通过计划分配机制把包括劳动力在内的各种生产资源按照产业发展的优先序配置，如20世纪50年代初期，为保证重工业优先发展战略的顺利实施，国家通过压低农产品价格降低重工业发展成本，制定了农产品定量供应的政策，造成了农产品价格的扭曲，并进一步导致农产品供给和需求间的不平衡和50年代后期的粮食短缺，中国粮食供求情况也直接导致了政府关于农民向城市迁移或流入城市政策的变化，这种政策制度的变化包括转向当时的户籍制度及配套的城市就业和福利制度，又进一步确立了城乡人口和劳动力分隔的体制，结构上维系了典型的城乡二元结构。

二　改革开放至今流动人口规模情况

（一）劳动力市场变化

改革开放开创了中国经济发展的新纪元，严格的城乡迁移制度开始逐渐松动。积蓄的人口势能逐步释放。此时，市场机制逐步成为配置劳动力资源的主要手段，劳动力市场逐步发育，在劳动力资源配置中发挥越来越大的作用，农业剩余劳动力转移也开始从国家行政安排转移逐步向市场性转移过渡，并形成了体制内劳动力市场和体制外劳动力市场。体制内劳动力市场是指一系列国家经济管理体制、制度控制劳动力配置和劳动力的价格，仍带有明显的传统体制的色彩，农业劳动力很少能进入该市场；而体制外劳动力市场指其运行完全市场化，劳动力流向和价格由市场供需决定，是农业劳动力向农外流动的主要就业市场。劳动力市场发育和体制内外劳动力市场分割如图4-2所示①。

---

　　①　赖德胜（1996）定义了改革前的农村劳动力市场和城市劳动力市场。但严格地说，改革前，只有劳动力资源配置的城乡分割，而没有任何形式的劳动力市场分割，在中国，只是在1978年以后，才有劳动力市场的形成和发育，才产生了劳动力市场分割问题（余永跃，2006）。

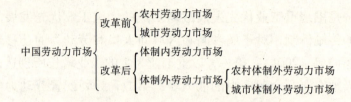

图 4 - 2　制度变迁形成的劳动力市场变迁

资料来源：参照赖德胜《论劳动力市场的制度性分割》，《经济科学》1996 年第 6 期。

（二）流动人口规模变化

总体上看，从 1978 年至 2010 年的 30 多年间，我国流动人口呈现出不断增加的趋势。根据各次人口普查和 1% 人口抽样调查资料，我们绘制了反映流动人口规模情况（如图 4 - 3 所示）。根据 1978—2010 年间流动人口变化的快慢，我们大致可将流动人口变化过程划分为两个阶段：第一个阶段为 1982—2000 年，流动人口快速增长阶段，由最初的 657 万提高到 2000 年的 1.44 亿，年均增长 18.7%；第二个阶段为 2000 年至今，流动人口稳定增长阶段，较前一阶段，总规模虽然仍在提高，但其增长速度明显下降，年均增长率降为 1.68%。

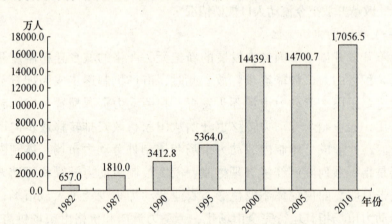

图 4 - 3　1982—2010 年中国流动人口规模情况

资料来源：1982 年和 1987 年数据来自段成荣等（2008）。1990 年第四次全国人口普查、1995 年全国 1% 人口抽样调查、2000 年第五次全国人口普查、2005 年全国 1% 人口抽样调查数据。

注：2000 年、2010 年的流动人口是指户口登记地在外乡、镇和街道的人口，但不包括本市区其他乡、镇和街道的人口。1990 年流动人口是指 1985 年 7 月 1 日后按现住地统计的常住地在外乡、镇和街道的居民。

　　由于我国巨大的城乡收入和公共服务差距，以及农村剩余劳动力资源充裕，外出农民工一直以来都是流动人口的主体。根据 2005 年 1% 人口抽样调查，流动人口规模为 1.47 亿，农民工规模为 1.26 亿；2010 年第六次人口普查数据显示，2.6 亿迁移人口（户口在外乡、镇和街道的人口）中农民工规模达到 1.58 亿。因此，近年来农民工规模在流动人口总量中所占比重应该一直在 80% 以上。因此，考察外出农民工规模与特点，对我们了解整体流动人口行为有重要意义，也将是我们分析流动人口特征的一个重要方面。

　　现有的统计数据还可以使我们能够推算出城乡之间每年的人口流动规模情况。各年《中国人口与就业统计年鉴》中对市、镇和县三个行政层级分年龄的人口数进行了统计，由此可推算出每年新增农村流向城镇人口的数量，具体计算方法如下：首先，考虑相邻年份某年龄段人口变化情况，如果 t 年年底 i 岁的人口数量为 p_t^i，若不考虑人口死亡和净迁移，当年年末人口数量将与次年年末 $i+1$ 岁人口规模相等，即存在下列年度人口数量变化等式 $p_t^i = p_{t+1}^{i+1}$。但若考虑到每个年龄段在一年中都会有一部分死亡人口，那么就必须在相邻年份人口变化等式中加入死亡人口（d_{t+1}^{i+1}）和迁移人口（m_{t+1}^{i+1}）的数量，即 $p_t^i - m_{t+1}^{i+1} - d_{t+1}^{i+1} = p_{t+1}^{i+1}$。其次，根据人口数量年度变化等式，可得各年龄人口净迁移规模公式 $m_{t+1}^{i+1} = p_t^i - d_{t+1}^{i+1} - p_{t+1}^{i+1}$，再将各年龄段迁移人口加总就可得到净迁移人口总规模公式 $M = \sum_i m_{t+1}^{i+1}$。此外，年度死亡人口需要根据《中国统计年鉴》中所提供的 1990—2010 年的农村常住人口数据，求得各年龄段农村人口数量，将其乘以该年龄人口死亡率得到。最后，根据净迁移人口总规模公式，将各个变量值代入，可推算出每年从农村流向城市的新增人口规模（如图 4-4 所示）。

　　从中可以看到，1990—2010 年，每年新增从农村迁入城市的流动人口规模呈现出"阶梯"状变化趋势。1991—1995 年，迁移人口处于低位徘徊期，年均规模在 450 万左右；1996 年后，流入城镇的农村人口每年都有 1500 万左右，近 5 年来流入城镇的农村人口有波动上升的趋势，年均达到 1850 万上下。测算结果解释了近些年我国城镇化加速推进的现象。正是农村人口的大规模进城，有效地带动了城镇化率的提高，1990—2010 年间，城镇化率每年递增 1.2 个百分点，而 2000—2010 年间，城镇化率每年提高

1.4 个百分点。据此，中国农业剩余劳动力转移经历了"离土不离乡"的乡镇企业吸纳阶段和"离土又离乡"的"民工潮"阶段。

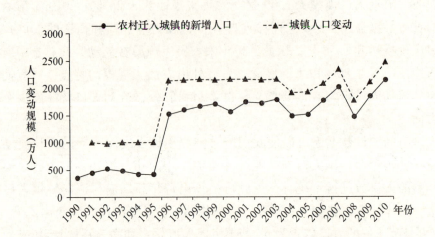

图 4 - 4　1991—2010 年农村流入城市的新增人口规模计算

资料来源：农村与城镇人口变动数据根据《中国统计年鉴（2011）》中数据计算，农村迁入城镇的新增人口数据根据《中国人口统计年鉴》（1991—2011）和《中国人口与就业统计年鉴》（2007—2010）中数据计算。

注：农村人口和城镇人口变动计算是用当年常住人口规模减去上年规模得到。

1. "离土不离乡"的乡镇企业吸纳阶段（20 世纪 80 年代）

这一阶段是改革开放以来，中国农业剩余劳动力转移经历的第一个高潮阶段。农村从事非农产业的劳动力平均每年以 15% 的速度递增，年均转移规模达 860 多万人，其中 1984 年和 1985 年两年，农村新增非农就业劳动者均超过 1000 万人，分别达到 1238 万人和 2430 万人。"离土不离乡"的农业剩余劳动力转移模式是中国经济发展实践中走出的一条新路，这条路突破了西方发展经济学农业剩余劳动力向城市工业转移的二元结构模式，尤其是乡镇企业在 1984—1988 年的异军突起，成为农业剩余劳动力转移的主要"吸收器"。1978 年至 1983 年乡镇企业从业人数平均在 3000 万人左右（见表 4 - 1），吸纳农业剩余劳动力比较稳定。1984 年 3 月，党中央、国务院发布 4 号文件，确立了乡镇企业在国民经济中的重要地位，据此，乡镇企业在政策、舆论、税收等方面获得大力支持，其发展进入了黄金时期，成为当时农业剩余劳动力向农外转移就业的主要途径,1984 年乡镇企业从业人数迅速增加,比 1983 年增加了 60.99%。在中国城市存在大量隐性失业、国有企业吸收就业能力很弱的情况下,在农村发展乡镇企业吸收农业剩余劳动力,既提高了劳动力资源配置效率,又促进了中国农村经济的发展。从 1984 年到 1988 年,乡镇企业的从业人员从 5208 万人,增加到 9545 万人,增长了 83.28%(见表 4-1),占乡村从业人数比重由 14.48% 增长到 23.82%。由此带来的总产值从 1245.4 亿元增加到 4428 亿元,增长 2.6 倍,年均增长 37.3%。这个时期流动到乡镇企业的农村劳动力主要是本县或本省的农村劳动力,但省外流入的农村劳动力人数逐渐增多,再加上这之后经济改革的中心逐渐由农村转向城市,城市第三产业开始逐步允许农村劳动力进入,为农业剩余劳动力的流动创造了新的空间,农业剩余劳动力的跨省流动开始逐步展开。

表 4-1　　　　各年中国乡镇企业从业人员及占乡村从业人员的比重

年份	乡村从业人数(万人)	乡镇企业从业人数(万人)	乡镇企业从业人数占乡村从业人数比重(%)
1978	30638	2827	9.23
1979	31025	2909	9.38
1980	31836	3000	9.42
1981	32672	2970	9.09
1982	33867	3113	9.19
1983	34690	3235	9.33
1984	35968	5208	14.48
1985	37065	6979	18.83
1986	37990	7937	20.89
1987	39000	8805	22.58
1988	40067	9545	23.82
1989	40939	9367	22.88
1990	47708	9265	19.42
1991	48026	9609	20.01

资料来源:国家统计局人口和社会科技统计司《中国劳动统计年鉴(2003)》,中国统计出版社。

由于 1988 年出现了通货膨胀和经济过热，国家对乡镇企业的建设和改革重点放到了治理整顿上来，并提出"乡镇企业要根据国家的宏观要求和市场需要，在治理整顿期间适当降低发展速度"。从 1989 年开始，乡镇企业开始"调整、整顿、改造和提高"，发展速度开始减缓，从业人员 1989 年和 1990 年连续两年减少。乡镇企业的发展由此进入低潮，很多乡镇企业职工又回到土地中去。

2. "离土又离乡"的"民工潮"阶段（20 世纪 90 年代以后）

1992 年春，在邓小平南方谈话的推动下，政府对农村劳动力的流动政策也逐渐发生变化，其政策的基本点是：承认流动、接受流动、鼓励流动；流动的方式上反对无序失控的流动，要求多部门携手，采取多方面措施，加以引导、调控；流动的方向上，提倡就地就近流动和向小城镇流动。1993 年十四届三中全会《中共中央关于建立社会主义市场经济体制若干问题的决定》提出，要鼓励和引导农村剩余劳动力逐步向非农产业转移和在地区间有序流动。同年 12 月，国家劳动部《关于建立社会主义市场经济体制时期劳动体制改革总体设想》则提出，"培育和发展劳动力市场的目标模式，是建立竞争公平、运行有序、调控有力、服务完善的现代劳动力市场。竞争公平，要打破统包统配的就业政策，破除妨碍劳动力在不同所有制之间流动的身份界限，劳动者自主择业、自主流动，企业自主用人，劳动力供求主体之间通过公平竞争、双向选择确立劳动关系。从长远发展来看，建立公平竞争的劳动力市场，还要逐步打破城乡之间、地区之间劳动力流动的界限"。要建立农村就业服务网络，合理调节城乡劳动力流动，逐步实现城乡劳动力流动的有序化，提出要在"九五"时期基本取消统包统配，进一步打破城乡界限，取消职工身份界限，倡导公平竞争，争取在 20 世纪末基本形成现代劳动力市场体系。在此背景下，1993 年起，劳动部开始实施"农村劳动力跨地区流动有序化工程"，主要目标是使主要输入、输出地区间的农村劳动力流动就业实现"有序化"，包括"输出有组织，输入有管理，流动有服务，调控有手段，应急有措施"等具体目标。正式提出建立针对农村劳动力流动就业的用工管理、监察、权益保障、管理服务基本制度，发展各种服务组织，完善信息网络和监测手段，强化区域协作和部门配合。1994 年，劳动部颁布《农村劳动力跨省流动就业暂行规定》，这是国家关于农村劳动力跨地区流动就业的第一个规范化文件，开始实施以就业证卡管理为中心的农村劳动力跨地区流动就业制度。1995 年，中共中央办公厅颁发《关于加强流动人口管理工作的意见》，决定实行统一的流动人口就业证和暂住证制度，以提高流动的组织化、有序化程度。十五届三中全会通过的《中共中央关于农业和农村工作若干重大问题的决定》，再次明确了农村劳动力流动就业的政策思路，即立足农村，向生产的深度和广度进军，发展二、三产业，建设小城镇。开拓农村广阔的就业门路，同时适应城镇和发达地区的客观需要，引导农村劳动力合理有序流动。①

以上这些相关政策制度，反映了当时对农业劳动力进城就业的承认接受及相关管理措施，这些政策制度都直接或间接地促进了农业剩余劳动力向城市流动。同时，中国自 20 世纪 80 年代末以来的治理整顿影响农民在乡镇企业的就业，而且农业收入甚微，农民有着去城市谋求职业、向城市流动的内在要求，增大了外出可能性。另外，市场经济本身的竞争机制使许多粗放型经营的乡镇企业被淘汰，市场经济本身的资源配置功能又使各种资源自然地向城市和发达地区流动和集中，加上城市第三产业发展创造的就业机会增多，城乡高收入差异形成吸引农民进城的巨大拉力，这些都进一步促进农业剩余劳动力向城市流动。因此，越来越多的农业剩余劳动力涌入发达地区引发了大规模的劳动力跨区域流动。大量跨地区流动就业的农民工每年季节性往返，形成了中国特有的"民工潮"现象。而且伴随着城乡分割体制开始松动，劳动就业的市场化程度逐步提高，劳动力的流动性不断增强。与此同时，城市劳动力就业制度改革改变了过去高度集中、统包统配、能进不能出的固定工制度，使企业获得招工、用工、工资分配等方面的自主权，政府对农业剩余劳动力向城市流动也由过去的严格控制转变为允许流动。这些原因，客观上使得越来越多的农业剩余劳动力外出，进入城市地区寻求就业机会，成为农民工。

据对全国不同地区 28 个县市调查，1992—1996 年 14 个低收入县市外出劳动力增长一倍多，出省的增长两倍多，以东部地区为主的 14 个收入略

---

① 此处有关农民流动的政策制度主要摘自农村劳动力流动课题组《中国农村劳动力流动的回顾与展望》，人民网经济频道，2006 年 3 月 15 日 http：//finance. People. com. cn/GB/43429/43544 \ 59613/4204322. html。

高和高收入县市流入劳动力则增长三倍多。其中，1993 年全国外出农村劳动力达到 6200 万人，比 1989 年翻了一番多。进入新世纪，农民外出务工数量在积极的政策引导下更是快速增加。据国务院政研室课题组 2006 年估计，2000—2005 年，全国农村外出务工劳动力数量每年增加 600 万—800 万。2011 年国家统计局农民工监测报告显示，2008 年农民工数量为 1.4 亿，2011 年达到了 1.58 亿，年均增加 607.3 万人。2000 年后，是农民工外出务工运动历史上规模最大的一个时期，而且绝大部分都以城镇为流入地。

2004 年以来，一些地区相继出现了"民工潮"和"民工荒"并存的现象。这反映了我国农业剩余劳动力转移就业的新情况和新特点，与我国市场经济的发展和完善紧密相关。国家劳动和社会保障部专门成立了民工短缺调查课题组，对珠三角、长三角、闽东南、浙东南等主要的劳动力输入地区和湖南、四川、江西、安徽等主要的劳动力输出大省进行了重点调查，结果显示：企业缺工主要发生在珠三角、闽东南、浙东南等加工制造业聚集地区；需求缺口大，严重短缺的是 18—25 岁的年轻女工和有一定技能的熟练工；缺工严重的主要是从事"三来一补"的劳动密集型企业；主要集中在产品竞争激烈的制鞋、玩具制造、电子装配、服装等加工行业。而这些行业正是我国农业剩余劳动力流动进入的主要行业，这意味着我国农业剩余劳动力转移进入了"民工潮"和"民工荒"并存的新的阶段，面临新的压力和困难。仔细分析，不难发现出现这种局面的原因：近些年，国家支持农业，工业"反哺"农业，农民收入的增长使大量外流农业剩余劳动力复归农业，体现了农业收入政策的市场效应，这种效应使农业剩余劳动力对打工预期收益提高；另外一个原因是，市场经济不断完善，农业剩余劳动力市场配置的作用逐渐加强，尤其是优胜劣汰的竞争规则，对农业剩余劳动力的转移提出了更高的要求。事实上，"民工荒"反映的是"技工荒"，没有一技之长已很难顺利就业。这与市场化初期相比大不相同，想单纯靠体力就业的劳动力已很难适应这种市场变化。

农业剩余劳动力向城市转移，也为国家农村经济发展和城市建设做出了巨大贡献。农民工的打工收入已成为中国农村脱贫致富的重要手段。2000 年至 2002 年农民收入的增量中，有 47.8% 来自外出打工收入。2003 年农村外出务工劳动力月平均收入约 690 元，比上年提高了 7.8%。2006 年上半年，农民外出务工的收入增幅较大，达 20.1%，比上年同期提高 3.5 个百分点，而且外出务工收入占整个农民的人均现金收入增加额的一半。[①] 另外，农民工群体每年带回家的数以千亿计的现金，成为购买农业生产资料和改善生活条件的重要来源。全国总工会的一项调查显示，1997 年农民工平均每人为家庭寄钱 2000 元，北京、上海等大城市的邮寄汇款约有 60%—70% 来自农民工。2004 年，中国进入城市打工的劳动力快速增长，他们寄回家中的汇款，成为中国农村地区最大的收入来源。估计约有 9800 万在外打工的农村居民，2003 年寄回或带回家中的收入总金额达 3700 亿元人民币，高于国家当年财政农业投入。[②] 这笔钱对农村来说，是目前任何投资都不能比拟和代替的。他们又把信息和经验带回家乡，外出务工也使农民增长了非农产业生产经营的本领，转变了生活方式和思想观念。中国进城农民工就业也有很多方面表现出了与市场的不相适应：由于受教育程度普遍很低，缺乏相应技能，他们从事的行业范围较为狭窄，主要集中在建筑业、批发零售业、餐饮业、社会服务业和制造业；他们社会地位低、收入低、劳动时间长，而且工作不稳定；在城市劳动力市场就业以及在城市生活经常受到歧视等。

（三）评价

总体来看，改革确立的对外开放、对内搞活的方针为中国农业剩余劳动力大规模向非农产业和城市转移创造了有利条件。从农村来看，农业生产责任制的实施、农村紧张的人地关系、农产品购销制度的改革和农业生产持续稳定的增长为农民流出提供了动力和可能（辜胜阻等，2000）；从城市来看，城市的开放、非农业发展模式及其结构的调整以及城市第三产业的发展也为城市吸纳农业剩余劳动力提供了空间，而城市与农村之间的发展差距则使人口流动的势能进一步加大。改革开放 30 多年来，通过发展乡镇企业和进城务工已经转移了超过 2 亿农业剩余劳动力，仅"十一五"的头三年（2006—2008 年）转移了农业剩余劳动力 3316 万人，完成"十一五"预定目标 4500 万人的 74%。他们对输出地经济社会发展起到了积极的作用，包括促进地方经济发展、推动农村社会化服务体系发展和农村社会

---

① 国家统计局新闻发言人郑京平在 2006 年 7 月 18 日国新办举行的新闻发布会上的发言。

② 2003 年当年财政农业投入为 1754.5 亿元《中国农村统计年鉴（2004）》。

事业发展等；同时，他们也对输入地经济社会发展起到了促进作用，包括推动输入地市场经济尤其是非国有经济的发展、繁荣了当地市场等；在此过程中，农民工也对国家宏观经济产生了深远的影响，如冲击了城市的计划福利体制，促进了城乡劳动力市场的发育和完善，农业剩余劳动力为流入城市补充了城市劳动力的"不足"，他们拾遗补阙，为城市居民生活的方便、舒适做出了很大贡献。另外，农业剩余劳动力进城更重要的意义在于降低了城市劳动力成本，提高了城市劳动生产率，也增加了城市职工的流动性，改变了城市企业原有用工制度，促进了劳动力资源的合理配置和有效利用。同时，农业剩余劳动力流动也加速了产业结构调整等。但是，这个过程也暴露了管理体制上的许多弊病，如户籍制度造成的城乡隔离，虽然流动限制越来越少，但普通农民工获得城市户口仍然"难于上青天"，这也束缚了劳动力资源的合理配置；另外，这个过程中的弊病还有：地方政府控制式管理，不适合市场经济体制和人口大量流动的现实，等等。

我们可以看到，改革开放后农业劳动力的流动与改革开放前相比，有很大不同：首先，最基本的差别是改革开放后流入城市的农业剩余劳动力绝大部分都没有城镇户口，而且可能永远也无法得到城镇户口，因此他们也没有与户口制度相伴的各种补贴和社会保障；其次，改革开放后的流动人口在进城的方式上与改革开放前有很大的不同：其完全可以依照市场和自身条件决定如何进城务工以及何时进城务工。不过，改革前旧的户口制度等相关制度仍在很大程度上影响着改革后流动人口的进城务工决策，这主要因为城镇社会福利与户口制度的紧密结合，形成城市人与农村人两个截然不同的社会群体的阶层性分割，使制度之外的流动人口在城市中的生活工作比较艰难，产生了严重的社会问题。

第二节　流动人口结构变化

前文对流动人口及农民工规模的变化进行了分析，本节我们将对流动人口结构变化展开论述。流动人口结构在很大程度上决定着流动人口未来规模的变化及其行为特征，如果流动人口规模是对流动人口进行量的描述，则结构分析就是对其质的考察。本节所涉及的结构是指流动人口中具有不同种属性的人口数量上的比例关系，包括年龄结构、学历结构、性别结构、就业结构、空间结构等方面。因此，我们对流动人口结构的考察又进一步分为两个部分，一是对流动人口总体上的结构特征的分析，二是对外出农民工结构特征上的分析。

一 年龄与性别结构

（一）流动人口总体

人口年龄结构是指一定时点、一定地区各年龄组人口在全体人口中所占百分比。人口年龄结构既是过去几十年，甚至上百年自然增长和人口流动综合作用的结果，又是今后人口再生产变动的基础和起点。年龄结构不断会对劳动力的供给结构和规模产生直接的影响，也会通过影响人口的储蓄、消费和投资等方面对经济和社会发展产生影响。

1982 年以来进行的五次人口普查和抽样调查资料中对分年龄人口情况进行了统计。为便于观察人口分年龄变化情况，我们将调查数据中 0—90 岁每隔 5 岁合并为一个年龄段，共有 14 个年龄段，每个年龄段又分别给出了男女比例的情况。我们将计算结果绘制成金字塔图（如图 4 - 5 所示）。通过人口金字塔图的绘制还为我们提供了关于人口性别比例的信息。

首先看 1982 年流动人口年龄结构情况，当时正处于改革开放初期，户籍制度尚未完全放开，经济活力还没有完全释放出来，产业增长创造的就业岗位也不多，故人口总体流动性还比较低，从该年份的人口金字塔图中我们可以看到女性流动人口比重明显高于男性，而且 0—34 岁各年龄段流动人口比重相差不大。这说明当时人口流动原因中外出务工人员可能并不普遍，而且举家流动的比例更大；女性比例更高可能是因为当时的流动人口流出原因主要是婚姻嫁娶，按照传统一般是女方迁入男方家中。

到 1987 年，改革开放使得经济制度发生很大变化，工业化与城镇化开始加速，这一时期乡镇企业得到了快速发展，创造了大量就业岗位，从该年度的人口金字塔图中可以看到，15—34 岁的男女流动比例分别比 1982 年高 5.4 和 6.1 个百分点。这种情况反映出 80 年代中后期，我国工业化开始加速，特别是新中国成立后我国一直实行重工业优先发展的战略，轻工业被压制，这一时期由于引入市场机制，轻工业得到了补偿性的发展，而轻工

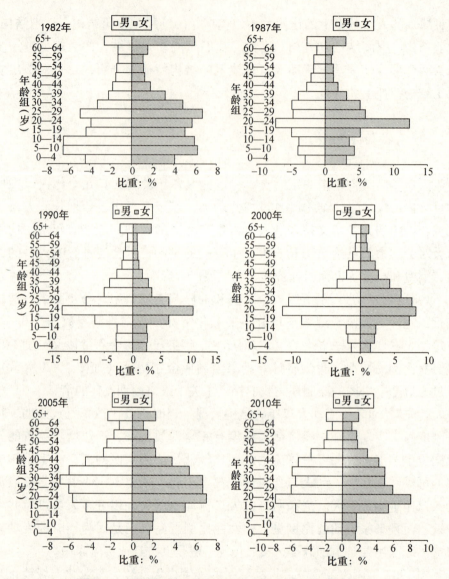

图 4 – 5 2000 年和 2005 年迁移人口分年龄、分性别情况

资料来源：根据段成荣等（2008）、2000 年第五次和 2010 年第六次全国人口普查资料，以及 2005 年 1% 人口抽样调查资料计算。

业中劳动密集型的食品、纺织产业对年轻女性劳动力需求较大，例如，当时广东省轻工业发展吸引了大量"外来妹"进城打工。

1990 年流动人口结构继续年轻化，15—34 岁流动人口比重达到 59%，而且年轻男性流动人口超过女性 5.8 个百分点，全年龄段上男性高于女性 11.1 个百分点。造成这种状况的原因是经历过轻工业的补偿性发展，我国工业化进程又驶入正轨，重化工业迅速发展，而重化工业的行业特点更适合男性劳动力就业，例如机械、能源、交通、装备制造等。2000 年的人口金字塔图反映出流动人口年轻化的趋势更加明显，15—34 岁的年轻劳动力比重达到 64.6%，说明这个阶段我国经济的高速增长对劳动力的需求进一步加大。从性别比例上看，全年龄段和 1—34 岁的男性流动人口分别高出女性 4.6 和 7.1 个百分点，这再次表明由于产业结构重化和高加工度化深入，对男性劳动力的需求高于女性。

2005 年人口金字塔图显然要比 2000 年的更窄。具体来看，2000 年 15—19 岁、20—24 岁和 25—29 岁三个年龄段上的流动人口比重高于其他年龄段上的人口比重，分别为 15.7%、17.5%、18%；而到 2005 年三年龄段人口比重下降为 9.4%、12.7%、12.7%，人口比重最高的年龄段变为 30—34 岁。2000 年和 2005 年平均年龄为 26.1 岁和 28.6 岁。从性别结构上看，全年龄段男女比例虽然男性比重仍较大，但二者仅相差 1.1 个百分点，15—34 岁的男女比例相差 2.5 个百分点。说明随着服务业的发展，例如餐饮娱乐住宿、文化教育、批发零售、家庭服务等行业对女性劳动力的需求加大，使得男女流动人口比例趋同。

2010 年迁移人口的金字塔图进一步收窄，就是说流动人口在各年龄段上的分布更加均匀，但 20—24 岁年龄组变动除外。2010 年流动人口中，低年龄组人口比重进一步缩小，0—14 岁人口比重占 10.7%，较 2005 年下降近 2 个百分点。青年劳动力大幅提升，20—24 岁年龄组人口比重达到 15.9%，较 2005 年提高 3.1 个百分点，15—34 岁的流动人口比重达到 49.0%，较前一期提高 0.6 个百分点。2010 年人口年龄金字塔图说明，整体上看，流动人口分布格局更加均匀，与 2000 年主要分布在青年劳动力的状况相比，有较大变化。但值得注意的是，青壮年劳动力的分布更加集中，20—24 岁人口比重有大幅提升，这可能是因为农村青年劳动力越来越倾向于进入城镇生活，同时早期农民工群体的子女开始进入劳动力市场，这部分人群已经完全脱离了农村，但其身份仍然为摆脱农民工的身份。

（二）外出农民工

从外出农民工的年龄结构现状来看，青壮年劳动力仍是主流。2011 年，

16—20 岁的农民工占全部农民工总量的 6.3%，21—30 岁占 32.7%，31—40 岁占 22.7%，40—50 岁占 24%。从发展趋势来看，近年来，农民工的平均年龄有所上升，据农业部调查，目前我国外出就业劳动力平均年龄为 31 岁左右，2004 年到 2006 年，平均增了长 1.5 岁。另据农民工监测报告显示，农民工的平均年龄由 2001 年的 27.8 岁提高到 2010 年的 31 岁。表 4 – 2 表明了 2001 年至 2011 年农民工年龄结构状况，可以看到，30 岁以上的农民工所占比重不断提升，分别比 2001 年提高了 11.8 个百分点。

表 4 – 2　　　　　　　　　　**外出劳动力平均年龄及年龄结构**　　　　　　　单位：%

年份	2001	2002	2003	2004	2010	2011
平均年龄	27.8	28.3	28.2	28.6	31	—
16—20	22.2	20.2	19.5	18.3	6.5	6.3
21—25	26.8	26.1	27.8	27.1	35.9	32.7
26—30	16.1	15.9	15.6	15.9	23.5	22.7
31—40	22.2	24.0	23	23.2		
40—50	12.7	13.8	14	15.5	21.2	24.0

资料来源：2001—2004 年数据来自盛来运（2008 年），2010 年和 2011 年数据来自《农民工监测调查报告》（2010 年和 2011 年）。

二　受教育结构

（一）流动人口总体

人力资本积累是经济内生性增长的源泉，流动者的人力资本水平又决定着其就业机会的大小以及收入水平的高低。根据发展经济学理论，教育是人力资本获取最重要的手段，而劳动者文化素质从某种程度上将是其所具有的人力资本水平。因此，考察我国流动人口素质结构对深入理解流动人口与我国整体经济发展、区域收入差异关系，以及对理解流动人口行为方式都有重要的指导意义。

30 多年来，我国流动人口的受教育水平迅速提高，呈现出明显的知识化水平不断提高的特点。1982 年，流动人口主要以小学学历为主（比例达到 39.30%），初中学历的比例只有 22.69%。而文盲的比例却高达 28.56%。接受过高中或高等教育者极少，分别只占 8.41% 和 1.04%。1987

年，流动人口的学历构成以小学为主的特点仍未改变。但一个突出的变化是，文盲的比例大幅度下降，初中和高中的比例都有明显上升。全国流动人口的平均受教育年限从 1982 年的 5.58 年增加到 2005 年的 8.89 年，即从 1982 年的平均不足小学毕业水平上升到 2005 年的接近初中毕业水平，平均受教育年限增加了 3.50 年。[1]

根据第四、五、六次人口普查资料，我们计算了流动人口受教育情况，如表 4-3 所示。流动人口受教育结构中，低学历人口所占比例在不断缩小，高学历的人口比重在提升，特别是大学及以上学历者在 2000—2010 年间所占比例迅速提高。2000 年的流动人口中有 1.20% 拥有大学本科学历，甚至还有 0.07% 拥有研究生学历。2005 年，大专以上比重有所提高，其中 2.21% 拥有大学本科学历，0.12% 拥有研究生学历。2010 年，流动人口的教育程度较 2005 年有了较大幅度提高，高中以上学历比重达到 24.67%，较 2005 年提高 7.4 个百分点，大专以上的比例达到 22.26%，是 2005 年的 3 倍。

表 4-3　　　　　　1982 年至 2005 年 6 周岁以上流动人口受教育程度　　　　　单位:%

年份 受教育程度		1982	1987	1990	2000	2005	2010
文盲		28.56	16.10	12.54	4.76	4.81	2.28
小学		39.3	35.23	32.53	26.26	23.33	16.50
初中		22.69	33.95	41.35	45.43	47.41	34.29
高中		8.41	12.73	11.58	18.80	17.21	24.67
大专及以上	合计	1.04	1.99	2	4.75	7.24	22.26
	专科				3.47	4.91	12.17
	本科				1.20	2.21	9.27
	研究生				0.07	0.12	0.81
合计		100	100	100	100	100	100
平均受教育年限（年）		5.58	7.01	7.38	8.66	8.89	10.62
全国平均受教育年限（年）		5.5	5.86	6.26	7.62	8.3	8.85

资料来源：1982 年、1987 年和 1990 年数据来自段成荣等（2008），2009 年、2000 年和 2005 年数据来自 2000 年全国人口普查资料和 2005 年 1% 人口抽样调查资料。

---

[1] 苏扬、肖周燕、尹德挺：《中国流动人口管理报告》，企业出版社 2010 年版。

历年流动人口的平均受教育年限都高于全国人口的平均水平，这也反映出流动人口并非人们经常想当然地认为的"低素质"的群体。一方面，随着我国教育事业的发展，特别是九年义务教育的普及，我国人口的平均受教育水平不断提高。流动人口的受教育水平也在不断提高，且提高速度快于全国水平。另一方面，随着国家产业结构升级加快，资本和技术密集型产业对高素质和高技能劳动力的需求越来越大，客观上激励普通劳动者加强自身人力资本培育，也刺激了高技能劳动力的流动。流动的劳动力素质提高意味着要素资源得到更好的配置，是经济效率提高的表现，也意味着经济活力的释放。

（二）外出农民工

外出农民工的受教育水平显著低于流动人口整体水平，平均受教育年限低于全国的平均水平。根据人力资源与社会保障部对外出农民工的调查，2004 年，在农民工流动就业人群中，文盲占 2%，小学文化程度占 16%，初中文化程度占 65%，高中文化程度占 12%，中专及以上文化程度占 5%。2011 年农民工监测调查报告显示，在外出农民工中，文盲占 0.9%，小学文化程度占 10.7%，初中文化程度占 59.8%，高中文化程度占 14.5%，中专及以上文化程度占 18.5%。可见，较之前几年状况，外出农民工受教育水平并未出现显著提升，故该群体总体素质提高并不快。

农民工总体素质不高还体现在技能培训落后方面。2011 年，接受过农业技术培训的农民工占 10.5%，接受过非农职业技能培训的占 26.2%，既没有参加农业技术培训也没有参加非农职业技能培训的农民工占 68.8%。而且，文化程度越低接受过技能培训的比例也越低。《2009 年农民工监测报告》显示，文盲半文盲农民工中接受过技能培训的占 26.3%，小学文化程度的农民工接受过技能培训的占 35.5%，初中文化程度的农民工接受过培训的占 48%，高中和中专以上文化程度的农民工接受过技能培训的比例分别为 54.8% 和 62.5%。

三　就业结构

（一）流动人口总体

劳动者的收入和社会福利通常与其从事的职业紧密相关。从事正规就

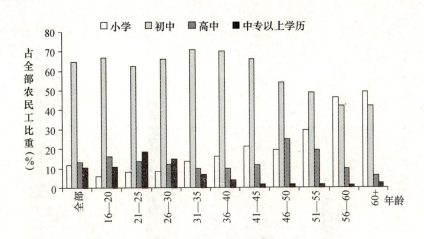

图 4-6　2009 年外出农民工各年龄组受教育情况

资料来源：根据《2009 年农民工监测调查报告》数据绘制。

业的劳动者通常有较高且稳定的收入，也能享受较好的福利保障，而层次较低就业者则缺乏社会保障，收入不高且不稳定。因此，分析流动人口就业结构是我们了解其生存状态、收入水平的一个重要手段。

根据第四、五、六次人口普查对流动人口的就业情况进行的统计，我们计算了 1990 年、2000 年和 2010 年流动人口从事六种不同职业的结构（如图 4-7 所示）。从 2010 年就业分布来看，从事生产、运输设备操作的人员比重超过 40%，成为吸纳流动人口最多的领域；商业、服务业人员占流动人口的比重达到 31.3%；其后依次是农、林、牧、渔、水利业生产人员、专业技术人员、办事人员和单位负责人。数据显示，流动人口技能型和管理型就业比重很低，主要还是以从事一线生产、服务的人员为主。

从发展趋势上看，商业和服务人员就业比重提高最快，2010 年较 1990 年和 2000 年分别提高 16.3 个和 9.0 个百分点。该领域就业比重大幅提升表明，服务业正在成为继制造业后吸纳流动人口最多的就业领域，这与产业结构服务化趋势密切相关，而随着经济进入工业化后期发展阶段，服务业比重将进一步提升，该行业吸纳就业的比重会进一步提高，并成为外来人口就业的主要部门。

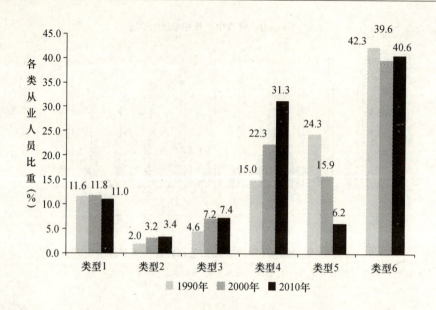

图4-7 三次人口普查资料流动人口就业情况

注：类型1，专业技术人员；类型2，国家机关、党群组织、企业、事业单位负责人；类型3，办事人员和有关人员；类型4，商业、服务业人员；类型5，农、林、牧、渔、水利业生产人员；类型6，生产、运输设备操作人员及有关人员。

（二）外出农民工

根据2011年农民工监测报告数据，外出农民工以从事制造业、建筑业和服务业为主，但比重稳中略降；从事建筑业的就业比重有较大幅度的上升。近年来，城市化建设和房地产开发加速，使得建筑业发展如火如荼，而建筑业部门所需劳动力不需要很高的技能水平，而且劳动密集型特征显著，因此其扩张带动了农民工向该部门集聚。农民工在其他几个部门的就业比重基本未发生变化，可见农民工就业行业分布比流动人口有更强的"刚性"，甚至可以称之为"低水平的均衡"。根据前文分析，农民工的教育水平较低，受培训机会较少，这就使得这部分人群很难有机会提升自身的人力资本，因而往往被锁定在较低端或者初始外出从事的就业岗位上。因此，这一方面显示出这部分人群人力资本水平不高的现实，另一方面也说明中国有很大的空间提高劳动生产率，面对跨越刘易斯转折、劳动力出现相对不足的局面，完全可通过对劳动力再教育延续人口红利。

表4-4	农民工就业的行业分布情况				单位:%
年份	制造业	建筑业	住宿餐饮业和批发零售业	交通运输仓储邮政业	其他行业
2011	36	17.7	15.4	6.6	12.2
2010	36.7	16.1	16	6.9	12.7
2009	36.1	15.2	16	6.8	12.7
2008	37.2	13.8	14.5	6.4	12.2

资料来源：课题组根据《农民工监测报告》（2009、2011）整理。

第三节　流动人口的基本格局与变化

研究和分析流动人口的流动格局及其变化有着十分重要的意义，可以为国家各项政策的制定，尤其是关涉到流动人口利益的如教育、医疗等方面的政策提供科学制定依据；同时，也可以为国家下一阶段经济建设提供人力资源基础数据，以及国家人口政策提供决策依据。

一　相关概念及数据来源

本节拟对中国的省级人口流动情况进行分析，找出人口流动规律，探讨未来的中国人口流动趋势。其中用来反映省级人口流动格局的指标主要是：净流入人口数、常住人口中流动人数和户籍人口中流动人数等，其中净流入人口数主要是考察省级人口流入流出的差值；常住人口中流动人数是指站在流入地角度考察人口流动状况；户籍人口中流动人数是指从流出地角度考察人口流动状况。

（一）净流入人口数

净流入人口数用以表示某一地区①与其他地区流动人口的交互流动状况，用 JLRS 表示。该指标的理论计算上，其值等于其他地区流入人口数（用 WSLR 来表示）减去本地区户籍人口流出数（用 HJLC 来表示），如果为正值，则表示其他地区流入人口数大于本地区流出数，本地区为净流入地区；

---

① 同各省（自治区、直辖市）。

反之，如果为负值，则表示其他地区流入人口数小于本地区流出数，本地区为净流出地区。

由于无法直接获得 *WSLR* 和 *HJLC*，因此该指标的实际计算采用常住人口数和户籍人口数之差得到。

根据本地区常住人口数（用 *CZRS* 表示）的人员构成包括三部分：本地区户籍人口中未流动数（用 *HJWL* 表示）、本地区户籍人口中本地区流动数（用 *HJBL* 表示）和其他地区流入人口数（*WSLR*）；而本地区户籍人口数（用 *HJRS* 表示）的人员构成包括三部分：本地区户籍人口中未流动数（*HJWL*）、本地区户籍人口中本地区流动数（*HJBL*）和本地区户籍人口流出数（*HJLC*）。写成公式，则有：

$$CZRS = HJWL + HJBL + WSLR$$

$$HJRS = HJWL + HJBL + HJLC$$

两式相减，得到：

$$CZRS - HJRS = WSLR - HJLC$$

进一步：

$$JLRS = WSLR - HJLC = CZRS - HJRS$$

即本地区净流入人口数等于本地区常住人口数减去本地区户籍人口数。其中各地区常住人口数可从历年《中国统计年鉴》获得；各地区户籍人口数可从历年《中国人口统计年鉴》获得。

因此，通过以上分析，我们可以获得各地区净流入人口数。

（二）常住人口中流动人数

本章用常住人口中流动人数来反映站在流入地视角观察的流动人口状况。常住人口中流动人数用以表示本地区常住人口中的流动人口状况，用 *CZLD* 表示。该指标的理论计算上，其值等于本地区户籍人口中本地区流动数（*HJBL*）加上其他地区流入人口数（*WSLR*），也等于本地区常住人口数（*CZRS*）减去本地区户籍人口中未流动数（*HJWL*）。一般来说，每个地区常住人口中都存在流动人口，而且该指标值越大，说明该地区对流动人口吸引力越强；反之，该指标值越小，说明该地区对流动人口吸引力越弱。就我国流动人口状况而言，靠近沿海发达地区的省份该指标值相比较大，西部地区省份该指标值相比较小。

根据国家统计局《人口变动情况抽样调查制度》[1]，"为了准确、及时地掌握全国和各地区人口变动以及人口计划执行情况，准确地反映城乡劳动力资源、就业和失业人口的总量和结构情况，为国家和省级人民政府制订国民经济和社会发展计划，掌握人口增长情况提供可靠的人口数据，及时为政府准确判断就业形势，制定和调整就业政策，改进宏观调控提供依据"，每年在常住人口中抽样调查人口变动情况。调查过程中把所调查人口分成四款人：①常住本乡、镇、街道，户口在本乡、镇、街道人口：常住地在本乡、镇、街道，常住户口登记地在本乡、镇、街道的人，也包括临时外出不满半年的人，以及在国外工作或学习不满半年的人；②常住本乡、镇、街道，户口在外乡、镇、街道人口：住本乡、镇、街道半年以上，户口在外乡、镇、街道的人；③常住本乡、镇、街道不满半年，户口在外乡、镇、街道，离开户口登记地半年以上的人口：在本户居住尽管不满半年，但常住户口在外乡、镇、街道且已经离开半年以上的人；④住本乡、镇、街道，户口待定：手持户口、复员证、劳改释放证和出生证等没有办理常住户口登记的人，以及在任何地方都没有常住户口的人。

本地区常住人口中流动人数（$CZLD$）实际计算中，主要采用将调查中的第②和③款人相加获得[2]。具体计算为：

首先，将历年第②和③款人相加获得各地区抽样流动人口数；其次，用抽样流动人口数除以各地区抽样人口数计算出各地区抽样流动比例；最后，再用各地区常住人口数（$CZRS$）乘以各地区抽样流动比例得到 $CZLD$。其中，第②和③款人人数和各地区抽样人口数可从历年《中国统计年鉴》直接获得（其中《中国统计年鉴（2002）》未统计 2001 年第②和③款人人数，无法计算 2001 年的 $CZLD$）。

（三）户籍人口中流动人数

本章用户籍人口中流动人数来反映站在流出地视角观察的流动人口状

---

[1]　国家统计局《人口变动情况抽样调查制度》（2009 年统计公报）第十款第（六）中的"R4. 户口登记状况"。

[2]　本地区常住人口中流动人数还应包括"常住本乡、镇、街道不满半年，户口在外乡、镇、街道，离开户口登记地半年以内的人口"，由于缺乏这部分数据，可能会导致本章计算得到的本指标数值偏低，有的省份甚至可能会出现较大偏差。

况。户籍人口中流动人数是用以表示本地区户籍人口中的流动人口状况，用 $HJLD$ 表示。其等于本地区户籍人口中本地区流动数（$HJBL$）加上本地区户籍人口流出数（$HJLC$），即：

$$HJLD = HJBL + HJLC$$

由于：

$$HJRS = HJWL + HJBL + HJLC$$

因此，

$$HJLD = HJRS - HJWL$$

根据：

$$CZRS = HJWL + HJBL + WSLR$$

可知：

$$HJWL = CZRS - (HJBL + WSLR) = CZRS - CZLD$$

则：

$$\begin{aligned} HJLD &= HJRS - HJWL \\ &= HJRS - (CZRS - CZLD) \\ &= -(CZRS - HJRS) + CZLD \\ &= -JLRS + CZLD \end{aligned}$$

即本地区户籍人口中流动人数（$HJLD$）等于本地区常住人口中流动人数（$CZLD$）减去本地区净流入人口数（$JLRS$）。其中本地区净流入人口数（$JLRS$）和本地区常住人口中流动人数（$CZLD$）均可从前述计算获得。

（四）对可获得数据资料的简要说明

自中国人口流动的历史可知，改革开放前，中国劳动力资源依靠行政安排配置，而不是通过市场配置，人口流动被限制。而市场意义上的人口流动主要是改革开放以后，劳动力市场在农村开始发育，并不断扩张和发展，乡镇企业首先大规模吸收农业剩余劳动力。而随着 20 世纪 90 年代以后各城市限制人口流动的政策、制度逐步被取消、放松，省际人口交互流动开始多了起来。因此，研究和分析中国改革开放以后，尤其是 1990 年以后的人口流动情况更有意义。

受限于资料缺乏，同时由于重庆自 1997 年开始有相关人口数据，为增加可比性，本章对各地区净流入人口数、常住人口中流动人数和户籍人口中流动人数的计算分析时段均为 1997—2010 年（2001 年没有相应资料，无法计算相应指标）。由于原始计算数据有不同的来源，可能存在统计口径不一致的情况，再加上现有数据可能存在的统计质量问题，使得到的有关流动人口数据可能有偏差。这使本章分析过程中存在一些问题和不足，比如：将各地区净流入人口数求和，可以得到全国净流入人口数，我们发现自 1990 年开始到 2005 年，这个指标一直为正且年平均为 1699.06 万人，之后 2006 年到 2010 年一直为负且年平均为 1059.38 万人，这与实际情况不符；计算出的户籍人口中流动人数有很多地区的个别或一些年份出现负值，这主要是因为在计算"本地区常住人口中流动人数"（*CZLD*）过程中没有包括"常住本乡、镇、街道不满半年，户口在外乡、镇、街道，离开户口登记地半年以内"这部分人口，导致 *CZLD* 偏低，甚至出现本地区净流入人口数（*JLRS*）大于本地区常住人口中流动人数（*CZLD*）的情况。当然，数据本身的质量问题也可能影响了这个指标的计算。

二　各地区净流入人口数

（一）人口流动规模加大

总体上看，1990 年以前各地区净流入和净流出（数值带"－"）数量都比较小，进入 1990 年以后，这种净流入和净流出态势都在加强，尤其是进入 2000 年后，省际交互流动剧增，很多地区净流入和净流出人口数都成倍放大，这跟省际经济发展水平及速度不同有极大关系，有些省份经济发展基础好，加上各项政策适宜，经济发展速度很快；而有些省份经济发展基础差，同时加上自然条件等对经济发展的限制，经济发展速度较慢，这样省际差距越拉越大，人口也越来越从经济弱省流向经济强省。预计未来五到十年各地区的净流入和净流出会继续放大，尤其是随着国家城镇化建设的推进，经济发展强势的地区会吸收更多的流动人口，净流入人口数量随之加大，而经济发展弱势的地区会有更多的人口流出，净流出人口数量会加大。

分地区看，平均净流入人口数为正的地区（下称净流入地，本处数据为 1997—2010 年，说明见表 4－5 的注释）主要有广东、上海、北京、江苏、浙江和云南等，这些地区对流动人口的吸引力较强，可能的解释是：

表4-5　　　　1997—2010年各地区年均净流入（出）人口数和增加数　　单位：万人

序号	地区	年均净流入人口数	年均净流入增加数	序号	地区	年均净流出人口数	年均净流出增加数
1	广东	693.10	144.09	1	河南	476.87	103.61
2	上海	384.06	56.77	2	安徽	251.47	68.68
3	北京	333.86	42.45	3	四川	197.86	86.52
4	江苏	254.30	15.37	4	湖南	189.90	39.99
5	浙江	231.24	52.46	5	重庆	175.85	32.15
6	云南	156.50	-6.23	6	湖北	151.49	35.33
7	天津	119.07	19.72	7	广西	136.53	59.50
8	福建	115.00	8.84	8	贵州	71.66	63.43
9	黑龙江	62.12	-10.30	9	江西	58.80	27.75
10	辽宁	60.31	4.78	10	河北	41.26	9.96
11	吉林	39.30	-0.49	11	甘肃	6.29	14.77
12	山西	39.04	3.68	12	宁夏	1.75	1.04
13	新疆	37.86	0.38				
14	青海	32.56	-1.29				
15	内蒙古	24.04	-1.54				
16	陕西	19.10	-17.57				
17	山东	11.47	5.21				
18	西藏	10.08	0.08				
19	海南	8.61	-3.65				

注：①由于重庆自1997年开始有相关人口数据，为增加可比性，此处计算时段为1997—2010年（下同）；②年均净流入（出）人口数为1997—2010年13年（2001年除外）年净流入（出）数的简单算术平均值；③年均净流入（出）增加数为2010年指标值和1997年指标值之差除以13年得到；④理论上，净流入人口减去净流出人口应等于出国人口数，而由于各种原因，本计算数据可能与现实数据有偏差，但不影响本研究的结论；⑤"-"代表流入减少数；⑥本表人口数中不包括香港、澳门特别行政区和台湾地区的人口数据，也不包括中国人民解放军现役军人数。

这些地区能给流入人口提供更多的就业机会或者能增加流入人口的收入，导致流动人口更愿意流入这些地区。在这些地区中，广东年平均净流入人口数最多，达到693.1万人，其次年均净流入人口数在100万人以上的还有上海384.06万人、北京333.86万人、江苏254.30万人、浙江231.24万人、云南156.50万人、天津119.07万人和福建115.00万人，以上这些地区对流动人口的吸引力（拉力）最强；平均净流入人口数为负（净流出）的地区（下称净流出地）主要有河南、安徽、四川、湖南、重庆、湖北、广西等，这些地区为人口流出地区，当地的城镇或二、三产业相对欠发达，给流动人口提供的就业机会较少或者增加流动人口收入的可能性相对较小，而这些地区又是传统农业大省，农业剩余劳动力较多，流出人口相对较多。其中河南年平均净流出人口数最多，达到476.87万人，其次依次是安徽251.47万人、四川197.86万人、湖南189.90万人、重庆175.85万人、湖北151.49万人和广西136.53万人。

（二）人口净流入地流动情况出现分化

观察所有净流入地净流入人口数，可以发现，有十二个净流入地自1997年开始到2010年年均净流入增加数为正（某些省个别年份增加数有负值），其中，广东年均流入人口增加数为144.09万人，上海、浙江、北京、天津、江苏的年均流入人口增加数分别为56.77万人、52.46万人、42.45万人、19.72万人、15.37万人，这些地区除个别年份净流入人口数减少外，总体趋势为净流入人口数持续增加；福建、山东、辽宁、山西、新疆和西藏的年均净流入人口增加数相对较小，除山东净流入人口数年际间变动较大、波动性较强外，其他地区净流入人口数总体上相对稳定。陕西、黑龙江、云南、海南、内蒙古、青海和吉林七个净流入地则年均流入增加数为负（某些省个别年份增加数有正值），除吉林净流入人口数波动性较强外，其他六个地区则出现较明显的人口净流入先增加后减少的趋势，即呈倒"V"字形，拐点均在1999—2004年间，说明这六个地区对流动人口具有一定的吸引力，但自1999—2004年间开始，这种吸引力逐渐减弱。这七省中，陕西省年均流入人口减少数最多，为17.57万人。长此以往，这些人口净流入增加数为负的地区可能成为人口净流出地区。事实上，陕西自2006年、黑龙江自2009年、海南自2007年均已成为人口净流出地区。

（三）人口净流出地流出规模加大

所有净流出地的年均流出增加数均为正，这表明这些地区人口不但一直净流出，并且流出的数量基本在逐年增加，除极个别省份个别年份净流入人口数增加外，总体趋势为净流出人口数持续增加。这些省份中，河南年均流出人口增加数最多，为103.61万人，其次依次是四川（86.52万人）、安徽（68.68万人）、贵州（63.43万人）、广西（59.5万人）、湖南（39.99万人）、湖北（35.33万人）、重庆（32.15万人）、江西（27.75万人）、甘肃（14.77万人）、河北（9.96万人）和宁夏（1.04万人）。事实上，除河南一直以来人口持续流出外，江西在2000年以前，河北、重庆在2001年以前，安徽在2002年以前，广西在2003年以前，湖南、湖北、四川、贵州、甘肃在2005年以前人口基本为净流入，而在这些年份之后人口则流出迅速，并从人口净流入状态完全转为人口净流出状态。宁夏净流入（流出）人口数波动性较强，但数量均较小。

三　各地区常住人口中流动人数——流入地视角观察

（一）大部分地区人口流动规模持续增加

全国常住人口中流动人数呈现较明显的增加趋势。1997—2010年（2001年没有数据，除外）年均流动规模为11152.64万人，年均增加844.06万人。广东常住人口中流动人口规模最大，年均流动人口数最多，达1903.77万人，很多年份都在2000万人以上；其他年均流动人口数超过400万人的地区依次为江苏（787.12万人）、浙江（758.45万人）、山东（613.34万人）、福建（585.10万人）、北京（511.84万人）、上海（466.59万人）、四川（443.66万人）、辽宁（439.48万人）；而西藏等地区流动人口规模较小，大部分年份都在100万人以下，其中，西藏年均流动人口数最少，为6.25万人，很多年份流动人口甚至不足1万人；其他依次为青海（39.55万人）、宁夏（44.44万人）、海南（69.62万人）、甘肃（77.88万人）（见表4-6）。

从年均增加数来看，广东为年均增加数在200万以上的地区，达到202.18万人，年均增加数在20万人以上的地区有：浙江（97.29万人）、上海（70.38万人）、江苏（70.10万人）、北京（53.34万人）、福建（37.49万人）、四川（28.90万人）、天津（22.78万人）、广西（20.98万人）和内蒙古（20.35万人）；其他地区年均增加数除江西为负值外，均为正值，这表明：这些地区常住人口中流动人数为总体增加趋势（个别年份可能有减少的现象），人口流动性在增强；而江西流动人口年均增加数为负值，表明江西常住人口中流动人数为总体减少趋势，人口流动性在减弱。

（二）流动人口流动目标地比较集中，较多地区人口流动性出现下降趋势

为了更加清楚、有效地反映常住人口中的流动情况，我们计算各地区常住人口流动率和平均流动率（计算方法见表4-6注④）。据此，1997—2010年全国常住人口平均流动率为8.71%。如果把常住人口平均流动率高于全国水平的地区约定为常住人口流动性强的地区，低于全国水平的地区约定为常住人口流动性弱的地区，则有如下结论：

1. 流动人口流动目标地比较集中

根据常住人口平均流动率，常住人口流动性强的地区包括北京（33.89%）、上海（26.75%）、广东（22.33%）、福建（16.77%）、浙江（15.73%）、天津（14.65%）、内蒙古（12.50%）、江苏（10.55%）、辽宁（10.37%）九个地区。这九个地区1997—2010年常住人口中年平均流动人数为5906.87万人，占总流动人数的52.96%，流动人口流动目标地比较集中；北京的常住人口流动性最强，为33.89%，也就是说在北京常住人口中，平均每100人中就有约33.89人为流动人口；人口流动性弱的地区包括海南、黑龙江、山西、新疆、宁夏、青海、湖北、山东、吉林、江西、重庆、陕西、云南、河北、安徽、四川、贵州、湖南、广西、河南、甘肃、西藏22个地区。这些地区中，西藏的人口流动性最弱，常住人口平均流动率只有2.28%，也就是说在西藏常住人口中，平均每100人中只有约2.28人为流动人口。

2. 较多地区人口流动性出现下降趋势

根据各地区常住人口流动率（由于其计算比较简单，计算结果在此不列出），北京的常住人口流动率基本处于持续增加状态，常住人口的流动性在逐年增强，流动人口的增长率快于常住人口增长率；其他地区常住人口流动率均处于较强的上下波动状态，流动人口的增长率有时快于常住人口增长率，有时慢于常住人口增长率，其中甘肃、广东、宁夏、新疆、上海、河南、天津、青海、广西、浙江十个地区的这种状况尤为显著；大部分地区2010年常住人口流动率处于1997—2010年期间最高水平，这说明各地区常住人口的流动性在增强，并达到较强水平。其中，北京的常住人口流动

率最高为 33.89%，其次为上海（26.75%）、广东（22.33%）、天津（14.65%）、浙江（15.73%）、福建（16.77%）等，这些地区为主要目标流入地，常住人口中的流动人口比例最高，人口流动性最强。

表4-6　1997—2010年各地区常住人口中年均流动人口数、增加数（万人）
和平均流动率　　　　　　　　　　　　单位：%

序号	地区	年均流动人口数	年均增加数	常住人口平均流动率	序号	地区	年均流动人口数	年均增加数	常住人口平均流动率
1	广东	1903.77	202.18	22.33	17	江西	271.11	-0.21	6.32
2	江苏	787.12	70.10	10.55	18	山西	260.27	10.12	7.82
3	浙江	758.45	97.29	15.73	19	云南	235.41	16.88	5.37
4	山东	613.34	12.72	6.68	20	广西	206.79	20.98	4.35
5	福建	585.10	37.49	16.77	21	陕西	200.29	14.22	5.43
6	北京	511.84	53.34	33.89	22	贵州	191.34	13.49	5.11
7	上海	466.59	70.38	26.75	23	重庆	181.10	12.12	6.09
8	四川	443.66	28.90	5.29	24	吉林	177.62	4.32	6.58
9	辽宁	439.48	15.28	10.37	25	天津	155.99	22.78	14.65
10	湖北	393.21	18.65	6.73	26	新疆	152.11	16.99	7.75
11	河北	364.53	16.03	5.35	27	甘肃	77.88	7.37	3.02
12	河南	361.45	17.88	3.82	28	海南	69.62	6.27	8.56
13	安徽	329.11	9.49	5.31	29	宁夏	44.44	5.77	7.61
14	湖南	317.48	12.11	4.89	30	青海	39.55	4.79	7.40
15	黑龙江	309.22	4.29	8.12	31	西藏	6.25	1.69	2.28
16	内蒙古	298.53	20.35	12.50		全国合计	11152.64	844.06	8.71

注：①本表年均流动人口数系1997年至2010年各地区常住人口中流动人数的简单算术平均数（2001年除外）；②年均流动人口增加数为2010年指标和1997年指标值之差除以13年得到；③本表人口数中不包括香港、澳门特别行政区和台湾地区的人口数据，也不包括中国人民解放军现役军人数；④常住人口流动率是用流动人口数除以常住人口数得到的比例，而常住人口平均流动率则是用各地区年均流动人口数除以年均常住人口数（不考虑2001年）得到，本章用以反映各地区常住人口的流动性强弱，用百分数形式表示；⑤"-"代表减少。

四 户籍人口中流动人数——流出地视角观察

(一) 人口流动规模逐年增大，年均增加数较低

全国①户籍人口 1997 年至 2010 年的 13 年 (2001 年没有数据，除外) 年均流动规模为 10740.48 万人，年均增加 1064.38 万人。广东户籍人口中流动人口规模最大，年均流动人口数最多，达 1111.37 万人；其他年均流动人口数超过 400 万人的地区依次为河南 (899.33 万人)、四川 (700.62 万人)、安徽 (629.82 万人)、山东 (602.35 万人)、湖北 (558.46 万人)、湖南 (544.35 万人)、江苏 (534.85 万人)、浙江 (516.81 万人)、福建 (470.43 万人) 和河北 (409.12 万人)；而宁夏户籍人口中流动人口规模最小②，年均流动人口数最少，只有 46.52 万人，年均流动人口数较少的地区还有天津 (61.54 万人)、海南 (64.92 万人) 和甘肃 (97.66 万人) (见表 4-7)。

从户籍人口中流动人口年均增加数来看，所有地区的年均增加数都较低。其中河南的年均增加数最高，为 121.49 万人，年均增加数在 50 万人以上的地区还有，四川 (115.43 万人)、广西 (80.48 万人)、安徽 (78.17 万人)、贵州 (74.97 万人)、广东 (58.08 万人)、江苏 (54.73 万人)、湖北 (53.99 万人)、湖南 (52.10 万人)；年均增加数低于 50 万人，高于 20 万人的地区有浙江 (44.83 万人)、重庆 (44.27 万人)、陕西 (31.8 万人)、福建 (28.66 万人)、江西 (27.55 万人)、河北 (26.00 万人)、云南 (23.10 万人)、甘肃 (22.13 万人)、内蒙古 (21.89 万人)，以上这些地区户籍人口中流动人口数相对较高，户籍人口流动性较强。

(二) 户籍人口流动地区比较集中，流动性出现较强的波动状态

通过各地区户籍人口流动率和平均流动率 (计算方法见表 4-7 注⑤)，我们看到 1997—2010 年全国户籍人口平均流动率为 8.48%。同样，我们把户籍人口平均流动率高于全国水平的地区约定为户籍人口流动性强的地区，低于全国水平的地区约定为户籍人口流动性弱的地区，则有以下结论：

---

① 可能由于数据本身质量问题，计算出的西藏和青海大部分年份户籍人口中流动人数为负值，本章关于户籍人口中流动人口的讨论不包含这两个地区，因此，此处全国数据中未含这两个地区数据。

② 如果不出现负值的问题，西藏户籍人口流动规模可能是最小的，青海也可能小于宁夏。

表 4 −7　　　　　　　1997—2010 年各地区户籍人口中年均流动人口数、
增加数（万人）和平均流动率（%）

序号	地区	年均流动人口数	年均增加数	户籍人口平均流动率	序号	地区	年均流动人口数	年均增加数	户籍人口平均流动率
1	广东	1111.37	58.08	14.25	16	江西	340.84	27.55	7.83
2	河南	899.33	121.49	9.03	17	内蒙古	280.13	21.89	11.84
3	四川	700.62	115.43	8.13	18	黑龙江	263.77	14.58	7.03
4	安徽	629.82	78.17	9.73	19	山西	222.27	6.44	6.76
5	山东	602.35	7.50	6.57	20	陕西	193.33	31.80	5.26
6	湖北	558.46	53.99	9.30	21	北京	171.93	10.89	14.69
7	湖南	544.35	52.10	8.12	22	吉林	139.58	4.81	5.24
8	江苏	534.85	54.73	7.42	23	云南	125.19	23.10	2.94
9	浙江	516.81	44.83	11.28	24	上海	116.35	13.60	8.59
10	福建	470.43	28.66	13.94	25	新疆	115.59	16.61	6.00
11	河北	409.12	26.00	5.96	26	甘肃	97.66	22.13	3.76
12	贵州	387.37	74.97	9.83	27	海南	64.92	9.92	8.05
13	广西	384.18	80.48	7.84	28	天津	61.54	3.06	6.57
14	辽宁	378.27	10.51	9.06	29	宁夏	46.52	6.82	7.95
15	重庆	373.55	44.27	11.82		全国	10740.48	1064.38	8.48

注：①本表年均流动人口数系 1997 年至 2010 年各地区户籍人口中流动人数的简单算术平均数（2001 年除外）；②由于数据本身质量问题，计算出的西藏和青海大部分年份户籍人口中流动人数为负值，本表不包含这两个地区的数据，全国数据中也未含这两个地区数据。同时，由于天津、上海、贵州、云南和甘肃个别年份也存在户籍人口中流动人数为负值的情况，本表的数值系剔除负值后的计算结果，但这种处理不影响本研究基本结论；③年均流动人口增加数为 2010 年指标值和 1997 年指标值之差除以 11 年得到；④本表人口数中不包括中国香港、澳门特别行政区和台湾地区的人口数据，也不包括中国人民解放军现役军人数；⑤户籍人口流动率是用流动人口数除以户籍人口数得到的比例，而户籍人口平均流动率则是用各地区年均流动人口数除以年均户籍人口数（不考虑 2001 年）得到，本章用以反映各地区户籍人口的流动性强弱，用百分数形式表示。

1. 户籍人口流动地区比较集中

根据户籍人口平均流动率，户籍人口流动性强的地区包括北京（14.69%）、广东（14.25%）、福建（13.94%）、内蒙古（11.84%）、重庆（11.82%）、浙江（11.28%）、贵州（9.83%）、安徽（9.73%）、湖北

（9.30%）、辽宁（9.06%）、河南（9.03%）、上海（8.59%）12 个地区。这些地区中，北京的户籍人口流动性最强，在北京户籍人口中，平均每 100 人中有约 14.69 人为流动人口；人口流动性弱的地区包括四川、湖南、海南、宁夏、广西、江西、江苏、黑龙江、山西、天津、山东、新疆、河北、陕西、吉林、甘肃、云南 17 个地区。这些地区中，云南的户籍人口流动性最弱①。

2. 大部分地区户籍人口流动性为较强的波动状态

根据各地区户籍人口流动率（由于其计算比较简单，计算结果在此不列出），大部分地区均处于较强的上下波动状态，流动人口的增长率有时快于常住人口增长率，有时慢于常住人口增长率，其中甘肃、云南、广西、上海、四川、天津、重庆和贵州八个地区的这种状况尤为显著。另外，很多地区 2010 年户籍人口流动率处于 1997—2010 年期间最高水平，这说明各地区户籍人口的流动性在增强，并达到较强水平，其中贵州的户籍人口流动率最高为 23.27%，其他为重庆（21.17%）、广西（20.72%）、四川（18.34%）、安徽（18.2%）、福建（17.89%）、浙江（17.54%）、内蒙古（17.38%）、海南（17.26%）、河南（17.12%）等，这些地区为主要户籍人口流出地，户籍人口流动比例最高，流动性最强。

五　未来人口流动格局分析

未来，中国劳动力市场会更加开放，区域协调能力更强，劳动力流动更加方便，进一步向一体化方向发展，这个过程中，随着中国工业化、城镇化加快发展，大量农民工在城乡之间流动就业的现象在中国将继续存在很长一段时间。尤其是中国农村目前还有较大数量剩余劳动力，这一群体大部分还将以农民工形式转移出来。但随着农村非农产业的发展对农业剩余劳动力的就地转移作用，城镇化进程对农业剩余劳动力的异地吸纳作用，农业剩余劳动力数量会趋于减少，农业边际生产力逐步提高，最终实现中国劳动力市场的一体化。

（一）劳动力市场一体化程度不断提高

近年来，伴随着经济发展，中国劳动力市场的总体态势向好的方向发

---

① 同上文一样，如果不出现负值的问题，西藏户籍人口流动性可能是最弱的。

展，市场机制在劳动力资源配置过程中发挥的作用越来越明显，尤其是城乡之间和区域之间的劳动力市场一体化程度在逐渐提高。这是反映劳动力市场发育的一个重要标志，其包含着这样几层含义：首先，对于一个处于经济体制转轨的国家而言，不同所有制的经济部门之间劳动力流动的增加，有利于打破劳动力市场上的所有制分割。不同所有制部门间的一体化，既能够体现经济转轨的特征，也是劳动力市场一体化中最具约束性的环节；其次，城乡间劳动力市场的统筹发展是打破二元分割的社会经济体制的最有效手段；最后，区域间劳动力市场的一体化则体现了经济的发展和市场经济体制的成熟。

通过不断的深化改革，劳动力市场一体化程度在不断提高，城乡关系的不断改变是其中最为显著的特征。劳动力的流动是实现劳动力市场一体化的最有效的方式，而农民工在城市劳动力市场上的突出作用是城乡劳动力市场正在统筹发展的最好证明。同时，劳动力跨地区的流动也有效地促进了区域间劳动力市场的一体化程度不断提高。根据对单位就业的制造业工资水平的变动和区域间农民工工资水平的变动趋势分析，工资在区域间都呈现出收敛的趋势。这表明区域间劳动力市场一体化的程度在不断提高。劳动力市场一体化程度的提高不仅促进了劳动力市场的进一步发育，也有利于提高资源配置的效率，转变经济增长的方式，从而增强经济增长的持续性。

但中国劳动力市场的一体化依然任重而道远。最新的研究成果表明，从20世纪90年代至今，中国城乡收入差距和地区收入差距没有缩小，反而有所扩大。这表明，依然存在着比较严重的劳动力市场城乡分割和地区分割。建立统一的劳动力市场是完善社会主义市场经济体制和运行机制、构建和谐社会的一个重要任务，也是对理论和政策研究工作者的急切呼唤。

（二）劳动力市场环境日益改善，劳动力市场规制更加规范

劳动力市场发育还体现于对劳动力市场的规制日益成熟和规范，大大改善了劳动力市场环境，表现在以下两个方面：首先，劳动力市场规制的措施和手段日益丰富。近年来，有关劳动力市场规制的法律、法规、条例和政策相继出台，使劳动力市场的管理有法可依。对部分法规的修改不仅适应了形势的变化，也更加符合市场经济体制的要求。《劳动法》、《最低工

资条例》、《劳动合同法》、《就业促进法》等法律法规在管理劳动力市场中的作用日益突出。其次，政府综合运用各种调控手段的能力也有所加强。例如，在劳动力市场形势严峻、失业比较严重的时期，综合运用积极的就业政策，起到突出的效果；城市劳动力市场上拖欠农民工工资的行为比较严重的时期，对企业行为的规范管理有效地制止了这种不良现象的发生。这些调控手段的运用表明中国对劳动力市场的管理正在走向成熟。

（三）农业剩余劳动力流动将会继续

1. 城乡收入差距扩大趋势尚未得到遏制

理论上解释农业剩余劳动力向城市流动的主要原因是城市"拉力"因素和农村"推力"因素互相作用的结果，即农村存在的大量农业剩余劳动力在城乡收入差距，也就是经济利益驱动下流入城市。虽然城乡人均收入增长较快，但收入差距扩大的趋势并未得到根本遏制。虽然"十一五"时期城乡居民人均收入的增长速度差比"十五"时期缩小了，但这未能改变城乡收入差距继续扩大的趋势。

2. 农业剩余劳动力作用增强

近年来中国劳动力市场上的一个突出的特点就是农村转移劳动力在城镇劳动力市场上发挥了越来越重要的作用。由于农业剩余劳动力向城市的转移，农民工已经成为城市劳动力市场的重要组成部分。自从中国正式加入 WTO 以后，具有国际竞争优势的劳动密集型产业有了进一步的发展，也更加剧了非农部门对农业剩余劳动力的需求。2006 年，农民工占城镇从业人员的比例已经达到 46.7%。同时，农村劳动力流动不仅是跨城乡的，也是跨地域的，他们的流动对于促进城乡和地区之间劳动力市场的一体化具有重要作用。

城镇劳动供给的另一个来源是农业剩余劳动力的继续转移。"十一五"时期，我国每年转移的农村劳动力超过 1000 万，如果保持这一趋势，"十三五"时期我国每年仍将有 1000 万农村劳动力需要转移。

3. 城市需求旺盛

持续的经济增长、城镇化进程的推进、中小企业的发展等产生了旺盛的劳动力需求。

通过以上分析，我们认为农业剩余劳动力转移流动会继续，但转移流动的规模和速度将有所放缓，主要原因是：人口转变对劳动力市场的影响开始显现；劳动力市场上出现短缺等。

第四节　流动人口格局变化的简单分析

传统的人口流动思想源头可以追溯到古典经济学的集大成者大卫·李嘉图。传统的古典经济理论主要是农村剩余劳动力从收益递减的农业中脱离出来，流入具有递增收益特征的工业生产中，地域现象则是从农村流入城市（刘乃全，2005）。很多经济学家对早期的人口流动理论进行了更加深入的探讨，刘易斯便是被认为建立古典人口流动模型的第一人。

著名的发展经济学家刘易斯在 1954 年《劳动无限供给条件下的经济发展》一文中提出了一个人口流动模型。模型中将一国经济分为两个部门，一个是传统农业部门（农村），另一个是现代工业部门（城市）。在传统农业部门，劳动力相对于资本和土地过于丰富，他们的劳动边际收益甚至为零或负数，而现代工业部门工资比传统农业部门工资高 30% 左右，并假定这一工资水平不变。在允许劳动力自由流动的条件下，由于两部门工资有差异，诱使农业剩余劳动力从传统农业部门向城市现代工业部门转移。在刘易斯二元结构发展模型基础上，拉尼斯和费景汉（1961）进一步修正和发展了人口流动模型，他们强调传统农业部门劳动生产率的提高是农业剩余劳动力转移的前提条件，后人将经过拉尼斯和费景汉修正后的刘易斯模型亦称为刘易斯—拉尼斯—费模型。这之后的乔根森和托达罗等人对刘易斯等代表的古典理论模型进行了新的补充和修订，并从"推力"和"拉力"角度揭示了农业剩余劳动力向非农部门转移或迁移的原因。大量不同国家和地区有关农业剩余劳动力向非农部门转移、农村人口向城市迁移的经验研究文献一般都是基于以上这些发展经济学家提出的各种理论模型。

随着中国农村经济社会的发展，越来越多的农村劳动力从农业上解放出来，只要有合适时机，随时进入城镇劳动力市场成为流动人口。但是在向城镇流动的过程中，面临着两种方向上的选择：省内流动或者省际流动（跨省流动）。顾名思义，省内流动是指流动人口把省内的城镇作为流动目标地，流动过程中仅在本省就业；省际流动则是指流动人口把本省以外的城镇作为流动目标地，是一个跨省流动的过程，在本省以外就业。对绝大部分准备流动的人口来说，如何进行选择则跟决定是否流动的"拉力"因素——城乡收入差距有很大关系。为了更清楚掌握我国人口流动过程中的省内流动或省际流动状况及变化趋势，我们对人口流动的省内流动拉力和省际流动拉力进行分析。

人口流动的省内和省际流动拉力均是指目前阶段，城镇相对于农村而言，由于城市聚集效应提供的发展空间，存在较多的就业机会和较高的工资收入。同时，城镇在教育、基础设施、医疗卫生等方面远优于农村，这些因素客观上对农业剩余劳动力产生了巨大的拉动力，使他们从农村向城镇流动。在具体数值计算上，研究用学者们常用的城乡收入差距来表示。省内流动拉力表征的是本省（自治区、直辖市）城镇对本省（自治区、直辖市）农业剩余劳动力的拉动力，数值上，用各省省内城镇居民和农村居民间的收入差距来表示；省际流动拉力则表征的是外省（自治区、直辖市）城镇对本省（自治区、直辖市）农业剩余劳动力的拉动力，数值上，用各省省外城镇居民和本省农村居民的收入差距来表示。

我们仍然借助泰尔指数来说明这两种"拉力"，则计算省内流动拉力和省际流动拉力的泰尔指数分别为 T_{sn} 和 T_{sj}：

$$T_{sn} = \sum_{i=1}^{2} \left(\frac{y_i}{y_{sn}}\right) \ln\left(\frac{y_i}{y_{sn}} \Big/ \frac{m_i}{m_{sn}}\right) \text{ 和 } T_{sj} = \sum_{i=1}^{2} \left(\frac{y_i}{y_{sj}}\right) \ln\left(\frac{y_i}{y_{sj}} \Big/ \frac{m_i}{m_{sj}}\right)$$

各符号的意义除在计算泰尔指数时存在省内或省际的差异外，其他均与前面计算全国城乡收入差距泰尔指数一致。仍然，T_{sn} 或 T_{sj} 越大，表示的省内或省际流动拉力越大。

需要说明的是：计算省际流动拉力时，省外城镇居民的收入是指除本省外其他30个省份城镇居民的平均人均可支配收入（用各省城镇人口平均）。

一　省内流动拉力

根据计算的省内流动拉力泰尔指数，我们可以有如下结论：

（一）绝大部分省份泰尔指数升降波动变化阶段特征明显

观察省内流动拉力泰尔指数折线图（数值见表4-8），绝大部分省份升降波动变化阶段特征均十分明显。其中河北（1998 年）、山西（1998 年）、江苏（1996 年）、安徽（1997 年）、福建（1996 年）、江西（1997 年）、山东（1998 年）、河南（1998 年）、宁夏（1998 年）和广西（1997 年）等省份总体趋势上呈"V"形（括号中年份为"V"形底部年份），可见这些省份省内流动拉力在1996—1998 年间出现最低值，这之前处于持续缩小的状态，这之后则处于持续扩大的状态；内蒙古（1997 年和2004 年）、辽宁（1998 年和2005 年）、吉林（1998 年和2003 年）、黑龙江（1996 年和2003 年）、浙江（1996 年和2005 年）、湖北（1997 年和2003 年）、湖南（1997 年和2007 年）、海南（1998 年和2002 年）、贵州（1996 年和2006 年）、陕西（1998 年和2003 年）、甘肃（1998 年和2007 年）和青海（1998 年和2003 年）等省份总体趋势上呈倒"N"形（括号中前一个年份为出现低值拐点年份，后一个年份为出现高值拐点年份），这些省份省内流动拉力的变化基本分成缩小、扩大、缩小三个阶段；北京（2004 年）、上海（2004 年）、广东（2005 年）、云南（2004 年）和西藏（2001 年）等省份总体趋势上呈倒"V"形（括号中年份为倒"V"形顶部年份），这些省份省内流动拉力在2001—2005 年间出现最高值，这之前处于持续扩大的状态，这之后则处于持续缩小的状态；重庆和四川总体趋势上呈"M"形，而天津和新疆则波动阶段较多。

从泰尔指数波动幅度来看，江苏、黑龙江、内蒙古、吉林、江西、西藏、上海、福建、河南、河北和广西等省区波动幅度较大，这些省份泰尔指数的变异系数均在25% 以上，省内流动拉力在1993—2010 年间离散程度较高，稳定性较差；而海南、青海、四川、重庆、云南和新疆等省区波动幅度则较小，这些省份泰尔指数的变异系数均在15% 以下，尤其是新疆仅为8.22%，省内流动拉力在1993—2010 年间离散程度较低，稳定性较好。

另外，进入2000 年以后，泰尔指数基本扩大或持续扩大的省份有河北、山西、江苏、安徽、福建、江西、山东、河南和宁夏，这些省份省内流动拉力处于持续扩大的状态；天津、上海和西藏则正相反，省内流动拉力处于基本缩小或持续缩小的状态；走势为"倒 V"形的有北京、内蒙古、辽宁、黑龙江、广东、广西、吉林、浙江、贵州、陕西、甘肃、青海、云南、湖南、湖北和海南，这些省份省内流动拉力先扩大后缩小。

表 4 - 8 省内流动拉力泰尔指数

年份 地区	1993	1994	1995	1996	1997	1998	1999	2000
北京	0.04	0.05	0.04	0.04	0.05	0.05	0.05	0.05
天津	0.05	0.06	0.05	0.05	0.05	0.06	0.07	0.06
河北	0.11	0.11	0.07	0.06	0.06	0.06	0.06	0.07
山西	0.12	0.14	0.12	0.09	0.08	0.07	0.10	0.10
内蒙古	0.10	0.11	0.09	0.07	0.01	0.08	0.09	0.10
辽宁	0.06	0.07	0.07	0.05	0.06	0.04	0.06	0.08
吉林	0.08	0.06	0.06	0.04	0.05	0.04	0.06	0.09
黑龙江	0.05	0.05	0.05	0.04	0.04	0.05	0.07	0.08
上海	0.02	0.03	0.02	0.02	0.02	0.02	0.04	0.03
江苏	0.07	0.06	0.04	0.03	0.04	0.04	0.05	0.05
浙江	0.05	0.06	0.05	0.05	0.05	0.05	0.06	0.07
安徽	0.13	0.14	0.12	0.11	0.09	0.09	0.10	0.11
福建	0.07	0.07	0.06	0.05	0.06	0.06	0.07	0.07
江西	0.07	0.07	0.07	0.05	0.05	0.06	0.07	0.09
山东	0.09	0.09	0.09	0.07	0.07	0.06	0.07	0.09
河南	0.10	0.11	0.09	0.07	0.07	0.06	0.07	0.08
湖北	0.16	0.13	0.12	0.09	0.08	0.08	0.09	0.10
湖南	0.14	0.16	0.15	0.11	0.09	0.10	0.11	0.11
广东	0.10	0.12	0.11	0.09	0.10	0.09	0.09	0.11
广西	0.13	0.16	0.14	0.11	0.10	0.10	0.10	0.13
海南	0.16	0.15	0.16	0.13	0.11	0.10	0.11	0.10
重庆	—	—	—	—	0.15	0.15	0.17	0.17
四川	—	—	—	—	0.11	0.12	0.13	0.14
贵州	0.20	0.21	0.17	0.15	0.16	0.16	0.18	0.19
云南	0.20	0.23	0.21	0.22	0.22	0.25	0.24	0.24
西藏	0.09	0.15	0.15	0.17	0.22	0.24	0.26	0.34
陕西	0.16	0.17	0.18	0.16	0.15	0.14	0.16	0.19
甘肃	0.18	0.19	0.19	0.14	0.14	0.12	0.16	0.18
青海	0.16	0.17	0.17	0.17	0.15	0.15	0.17	0.19
宁夏	0.18	0.19	0.18	0.11	0.11	0.09	0.11	0.13
新疆	0.14	0.16	0.18	0.17	0.15	0.14	0.17	0.16

续表

年份 地区	2001	2002	2003	2004	2005	2006	2007	2008	2009	2010
北京	0.05	0.05	0.05	0.05	0.05	0.03	0.03	0.03	0.03	0.03
天津	0.07	0.06	0.06	0.07	0.06	0.05	0.05	0.05	0.05	0.04
河北	0.07	0.09	0.09	0.09	0.10	0.12	0.12	0.13	0.13	0.12
山西	0.13	0.14	0.15	0.15	0.16	0.15	0.15	0.15	0.16	0.16
内蒙古	0.13	0.13	0.15	0.15	0.14	0.14	0.14	0.13	0.14	0.13
辽宁	0.08	0.09	0.10	0.09	0.10	0.09	0.09	0.09	0.09	0.08
吉林	0.09	0.12	0.12	0.11	0.11	0.10	0.10	0.10	0.10	0.09
黑龙江	0.09	0.10	0.11	0.09	0.10	0.10	0.09	0.08	0.08	0.07
上海	0.04	0.04	0.04	0.04	0.04	0.02	0.02	0.02	0.02	0.02
江苏	0.05	0.06	0.07	0.08	0.09	0.09	0.09	0.09	0.09	0.08
浙江	0.07	0.08	0.09	0.09	0.09	0.09	0.09	0.08	0.08	0.07
安徽	0.12	0.12	0.15	0.13	0.13	0.17	0.16	0.15	0.15	0.14
福建	0.09	0.10	0.11	0.12	0.12	0.12	0.12	0.12	0.12	0.11
江西	0.09	0.12	0.12	0.12	0.12	0.13	0.13	0.12	0.12	0.11
山东	0.10	0.10	0.11	0.11	0.12	0.12	0.13	0.13	0.13	0.12
河南	0.09	0.11	0.14	0.13	0.12	0.15	0.15	0.15	0.15	0.14
湖北	0.10	0.13	0.14	0.13	0.13	0.13	0.13	0.13	0.13	0.11
湖南	0.12	0.12	0.13	0.13	0.12	0.15	0.16	0.15	0.15	0.14
广东	0.11	0.13	0.14	0.15	0.16	0.11	0.11	0.11	0.11	0.10
广西	0.16	0.17	0.18	0.19	0.15	0.20	0.21	0.21	0.21	0.20
海南	0.11	0.13	0.13	0.13	0.12	0.13	0.13	0.13	0.13	0.13
重庆	0.17	0.18	0.20	0.20	0.16	0.20	0.17	0.16	0.16	0.15
四川	0.15	0.15	0.15	0.14	0.12	0.16	0.16	0.15	0.15	0.15
贵州	0.20	0.21	0.23	0.23	0.21	0.28	0.27	0.25	0.26	0.24
云南	0.26	0.26	0.27	0.29	0.27	0.27	0.26	0.25	0.25	0.23
西藏	0.34	0.34	0.31	0.30	0.26	0.21	0.23	0.22	0.22	0.20
陕西	0.20	0.23	0.24	0.23	0.24	0.23	0.22	0.22	0.22	0.19
甘肃	0.19	0.21	0.22	0.22	0.23	0.25	0.26	0.23	0.23	0.22
青海	0.21	0.21	0.21	0.21	0.21	0.21	0.21	0.20	0.20	0.18
宁夏	0.15	0.16	0.17	0.16	0.17	0.17	0.17	0.18	0.17	0.15
新疆	0.18	0.18	0.16	0.15	0.14	0.17	0.16	0.17	0.16	0.14

注：重庆和四川计算时间段为 1997—2009 年。

（二）西部地区省内流动拉力最大，中部次之，东部最小

从 1993—2010 年各省份泰尔指数平均值来看（见表 4－9），云南、西藏、贵州、甘肃、陕西、青海、重庆、新疆、广西、宁夏、四川、安徽、湖南、山西、海南、湖北、内蒙古、广东、河南和山东等省份年均泰尔指数相对较高，省内流动拉力相对较大，以上这些省份主要集中于中西部地区（包括所有西部省份、5 个中部省份和 3 个东部省份）；而江西、福建、河北、吉林、辽宁、黑龙江、浙江、江苏、天津、北京和上海等省市年均泰尔指数相对较低，省内流动拉力相对较小，以上这些省份主要集中于东部地区（包括除海南、广东和山东外的所有东部省份和 3 个中部省份）。

表 4－9　　　　　　　　　1993—2010 年各省份泰尔指数平均值

序号	省份	泰尔指数平均值	序号	省份	泰尔指数平均值	序号	省份	泰尔指数平均值
1	云南	0.2460	12	安徽	0.1294	23	河北	0.0930
2	西藏	0.2358	13	湖南	0.1291	24	吉林	0.0842
3	贵州	0.2114	14	山西	0.1283	25	辽宁	0.0763
4	甘肃	0.1981	15	海南	0.1259	26	黑龙江	0.0729
5	陕西	0.1965	16	湖北	0.1165	27	浙江	0.0703
6	青海	0.1872	17	内蒙古	0.1135	28	江苏	0.0647
7	重庆	0.1715	18	广东	0.1132	29	天津	0.0558
8	新疆	0.1599	19	河南	0.1088	30	北京	0.0421
9	广西	0.1590	20	山东	0.1003	31	上海	0.0276
10	宁夏	0.1524	21	江西	0.0949			
11	四川	0.1418	22	福建	0.0931			

注：笔者根据计算的各省份历年泰尔指数求均值得到。

1993—2010 年间，省内流动拉力缩小的仅有北京、天津、湖北、广东、海南、宁夏和新疆（按极差判断，即用期末泰尔指数减去期初泰尔指数，负值为缩小，正值为扩大），其他省份则为扩大状态。

二　省际流动拉力

根据计算的省际流动拉力泰尔指数（数值见表 4－10），我们可以有如下结论：

表 4 - 10 省际流动拉力泰尔指数

年份 地区	1993	1994	1995	1996	1997	1998	1999	2000	2001
北京	0.02	0.01	0.01	0.01	0.01	0.01	0.01	0.01	0.01
天津	0.02	0.02	0.01	0.01	0.01	0.01	0.01	0.01	0.01
河北	0.2	0.2	0.19	0.19	0.16	0.16	0.16	0.16	0.16
山西	0.09	0.09	0.08	0.08	0.07	0.07	0.07	0.07	0.07
内蒙古	0.06	0.06	0.05	0.05	0	0.05	0.04	0.04	0.04
辽宁	0.09	0.09	0.09	0.08	0.07	0.07	0.07	0.07	0.07
吉林	0.06	0.06	0.05	0.05	0.05	0.05	0.05	0.04	0.04
黑龙江	0.08	0.07	0.07	0.07	0.06	0.06	0.06	0.06	0.06
上海	0.02	0.02	0.01	0.01	0.01	0.01	0.01	0.01	0.01
江苏	0.21	0.2	0.19	0.19	0.16	0.16	0.16	0.15	0.16
浙江	0.14	0.13	0.13	0.13	0.11	0.11	0.11	0.1	0.11
安徽	0.19	0.18	0.18	0.17	0.15	0.15	0.15	0.15	0.15
福建	0.1	0.1	0.1	0.09	0.08	0.08	0.08	0.08	0.08
江西	0.12	0.12	0.12	0.11	0.1	0.1	0.1	0.09	0.09
山东	0.27	0.26	0.25	0.24	0.21	0.21	0.21	0.2	0.2
河南	0.28	0.28	0.27	0.26	0.23	0.23	0.23	0.22	0.22
湖北	0.16	0.16	0.15	0.15	0.12	0.13	0.12	0.12	0.12
湖南	0.2	0.2	0.19	0.18	0.16	0.16	0.16	0.16	0.16
广东	0.21	0.21	0.2	0.2	0.16	0.17	0.17	0.17	0.18
广西	0.15	0.14	0.14	0.14	0.12	0.12	0.12	0.12	0.12
海南	0.02	0.02	0.02	0.02	0.02	0.02	0.02	0.01	0.02
重庆	—	—	—	—	0.07	0.08	0.07	0.07	0.07
四川	—	—	—	—	0.2	0.21	0.21	0.2	0.2
贵州	0.11	0.11	0.11	0.11	0.09	0.09	0.09	0.09	0.09
云南	0.13	0.12	0.12	0.12	0.1	0.11	0.1	0.1	0.1
西藏	0.01	0.01	0.01	0.01	0.01	0.01	0.01	0.01	0.01
陕西	0.11	0.1	0.1	0.1	0.08	0.09	0.08	0.08	0.08
甘肃	0.08	0.07	0.07	0.07	0.06	0.06	0.06	0.06	0.06
青海	0.01	0.01	0.01	0.01	0.01	0.01	0.01	0.01	0.01
宁夏	0.01	0.01	0.01	0.01	0.01	0.01	0.01	0.01	0.01
新疆	0.03	0.03	0.03	0.03	0.03	0.03	0.03	0.03	0.03

续表

年份 地区	2002	2003	2004	2005	2006	2007	2008	2009	2010
北京	0.01	0.01	0.01	0.01	0	0	0	0	0
天津	0.01	0.01	0.01	0.01	0	0	0	0	0
河北	0.15	0.15	0.15	0.16	0.07	0.07	0.07	0.06	0.06
山西	0.07	0.07	0.07	0.07	0.03	0.03	0.03	0.03	0.03
内蒙古	0.04	0.04	0.04	0.04	0.02	0.02	0.02	0.02	0.02
辽宁	0.07	0.07	0.07	0.07	0.03	0.03	0.03	0.03	0.03
吉林	0.04	0.04	0.04	0.04	0.02	0.02	0.02	0.02	0.02
黑龙江	0.06	0.06	0.06	0.06	0.03	0.03	0.03	0.03	0.03
上海	0.01	0.01	0.01	0.01	0	0	0	0	0
江苏	0.15	0.15	0.15	0.16	0.07	0.06	0.06	0.06	0.05
浙江	0.11	0.1	0.1	0.11	0.04	0.04	0.04	0.04	0.03
安徽	0.15	0.14	0.14	0.15	0.07	0.06	0.06	0.06	0.05
福建	0.08	0.08	0.08	0.08	0.03	0.03	0.03	0.03	0.02
江西	0.09	0.09	0.09	0.1	0.05	0.04	0.04	0.04	0.04
山东	0.2	0.2	0.19	0.2	0.09	0.09	0.08	0.08	0.07
河南	0.22	0.22	0.21	0.22	0.11	0.1	0.1	0.09	0.09
湖北	0.12	0.11	0.11	0.12	0.06	0.05	0.05	0.05	0.04
湖南	0.15	0.15	0.15	0.16	0.07	0.06	0.06	0.06	0.06
广东	0.17	0.17	0.17	0.19	0.06	0.06	0.06	0.06	0.06
广西	0.12	0.11	0.11	0.12	0.05	0.05	0.05	0.05	0.04
海南	0.01	0.01	0.01	0.02	0.01	0.01	0.01	0.01	0.01
重庆	0.07	0.07	0.07	0.07	0.03	0.02	0.02	0.02	0.02
四川	0.19	0.19	0.19	0.19	0.09	0.09	0.08	0.08	0.07
贵州	0.09	0.09	0.09	0.09	0.05	0.05	0.04	0.04	0.03
云南	0.1	0.1	0.1	0.1	0.05	0.05	0.05	0.05	0.04
西藏	0.01	0.01	0.01	0.01	0	0	0	0	0
陕西	0.08	0.08	0.08	0.08	0.04	0.04	0.04	0.03	0.03
甘肃	0.06	0.06	0.06	0.06	0.03	0.03	0.03	0.03	0.02
青海	0.01	0.01	0.01	0.01	0.01	0.01	0.01	0.01	0
宁夏	0.01	0.01	0.01	0.01	0.01	0.01	0.01	0.01	0
新疆	0.03	0.03	0.03	0.03	0.02	0.02	0.02	0.02	0.02

（一）所有省份的省际流动拉力均持续下降

总体上看，所有省份的省际流动拉力在 1993—2010 年均处于持续缩小状态，其中 2004—2005 年出现了一个较小幅度的扩大阶段，而缩小过程中，1996—1997 年和 2005—2006 年为两个下降相对较快的阶段。

分各省级地区来看，1993 年到 2010 年省际流动拉力缩小比例相对较大的有上海、浙江、天津、江苏、福建、北京、广东、湖北、辽宁、重庆、安徽、山东、湖南、广西、陕西和内蒙古（按期末期初泰尔指数缩小百分比排序），总体上缩小比例都在 70% 以上，说明这些省区省际流动拉力下降较快，即流动人口跨省流动的驱动力下降较快；而仅有新疆的总体缩小比例在 50% 以下，其省际流动拉力下降相对较慢，即流动人口跨省流动的驱动力下降较慢。

（二）省际流动拉力基本反映人口跨省流动格局

从 1993—2010 年各省份泰尔指数平均值来看，河南、山东、四川、广东、河北、江苏、湖南、安徽、湖北和广西等省份年均泰尔指数相对较高，省际流动拉力相对较大，跨省流动人口相对较多，这些省份除山东、广东和江苏外，均为流动人口主要流出地；而吉林、内蒙古、新疆、海南、天津、宁夏、上海、北京、青海和西藏等省地区年均泰尔指数相对较低，省际流动拉力相对较小，跨省流动人口相对较少，这些省份中除宁夏为流动人口主要流出地外，其余均为流动人口主要流入地。

三　本节主要结论

根据本节测算的 1993—2010 年间省内和省际流动拉力及变化趋势，主要结论有：

（一）从省内流动拉力来看

河北、山西、江苏、安徽、福建、江西、山东、河南、宁夏和广西等省区呈"V"形趋势的"先降后升"两个阶段；内蒙古、辽宁、吉林、黑龙江、浙江、湖北、湖南、海南、贵州、陕西、甘肃和青海等省份呈倒"N"形趋势的"缩小、扩大、缩小"三个阶段；北京、上海、广东、云南和西藏等省份呈倒"V"形趋势的"扩大、缩小"两个阶段；重庆和四川等省份呈"M"形；而天津和新疆则上下波动阶段较多。江苏、黑龙江、内蒙古、吉林、江西、西藏、上海、福建、河南、河北和广西等省区在1993—2010 年间波动幅度较大；海南、青海、四川、重庆、云南和新疆等省区波动幅度则较小。另外，西部地区省份省内流动拉力相对较大；中部地区次之；而东部地区省份相对较小。

（二）从省际流动拉力来看

河南、山东、四川、广东、河北、江苏、湖南、安徽、湖北和广西等省区省际流动拉力相对较大，跨省流动人口相对较多，这些省份除山东、广东和江苏外，均为流动人口主要流出地，吉林、内蒙古、新疆、海南、天津、宁夏、上海、北京、青海和西藏等省份，省际流动拉力相对较小，跨省流动人口相对较少，这些省份中除宁夏为流动人口主要流出地外，其余均为流动人口主要流入地，以上基本反映了人口跨省流动格局。另外，所有省份的省际流动拉力均持续下降，其中 2004—2005 年出现了一个较小幅度的扩大阶段，1996—1997 年和 2005—2006 年则为两个下降相对较快的阶段。1993 年到 2010 年省际流动拉力缩小比例相对较大的有上海、浙江、天津、江苏、福建、北京、广东、湖北、辽宁、重庆、安徽、山东、湖南、广西、陕西和内蒙古，新疆总体缩小比例相对较小，流动人口跨省流动的驱动力下降较慢。

将省内流动拉力和省际流动拉力泰尔指数及其变化趋势结合来看，总体上，人口省际流动趋于减少，省内流动趋于增加。

参考文献

1. 敖荣军：《劳动力流动与中国地区经济差距》，中国社会科学出版社 2008 年版。

2. 蔡昉、郭汉英、高嘉陵：《中国人口流动方式与途径》，社会科学文献出版社 2001 年版。

3. 曹荣庆：《流动与和谐——流动人口管理的战略转型》，上海交通大学出版社 2008 年版。

4. 崔占峰：《农业剩余劳动力转移就业问题研究——走中国特色的农业劳动力转移就业道路》，经济科学出版社 2008 年版。

5. 都阳：《动力市场供求关系开始发生新变化》，《上海证券报》2008

年1月2日。

6. 段成荣、杨舸、张斐、卢雪和：《改革开放以来国流动人口变动的九大趋势》，《人口研究》2008年第6期。

7. 高玲芬：《浙江省城乡收入差距统计研究》，博士学位论文，浙江工商大学，2008年。

8. 高铁梅：《计量经济分析方法与建模：EVIEWS应用及实例》。

9. 辜胜阻、刘传江：《人口流动与农村城镇化战略管理》，华中理工大学出版社2000年版。

10. 国家统计局：《中国农村统计年鉴》（历年），中国统计出版社。

11. 国家统计局：《中国统计年鉴》（历年），中国统计出版社。

12. 国家统计局：《中国人口和就业统计年鉴》（历年），中国统计出版社。

13. 国务院研究室课题组：《中国农民工调研报告》，中国言实出版社2006年版。

14. 韩长赋：《关于农民工问题的几点认识和思考》，《求是》2006年第9期。

15. 胡鞍钢：《中国国情分析研究报告》，2001年。

16. 胡鞍钢："在进城务工青年创业发展座谈会上的发言"，2001年。

17. 黄国华：《农村劳动力转移与城乡收入差距的因应——来自全国29个省市的经验数据》，《北京理工大学学报（社会科学版)》2010年第12卷第2期。

18. 赖德胜：《论劳动力市场的制度性分割》，《经济科学》1996年第6期。

19. 刘乃全：《劳动力流动对区域经济发展的影响分析》，上海财经大学出版社2005年版。

20. 刘秀梅：《我国农村劳动力转移及其经济效应研究》，博士学位论文，中国农业大学，2004年。

21. 农村劳动力流动课题组：《中国农村劳动力流动的回顾与展望》，人民网经济频道，2006年3月15日，http://finance.people.com.cn/GB/43429/43544/59613/4204322.html。

22. 苏东水：《产业经济学》高等教育出版社 2005 年版。

23. 孙晓明、刘晓昀、刘秀梅：《中国农村劳动力非农就业》，中国农业出版社 2005 年版。

24. 王俊祥、王洪春：《中国流民史》，安徽人民出版社 2001 年版。

25. 王少平、欧阳志刚：《我国城乡收入差距的度量及其对经济增长的效应》，《经济研究》2010 年第 10 期。

26. 夏珺：《好政策给农民带来实惠》，《人民日报》2006 年 2 月 9 日。

27. 谢燮、杨开忠：《劳动力流动与区域经济差异》，新华出版社 2005 年版。

28. 徐辉：《流动人口与劳动力市场——厦门经济特区的情况分析》，《人口学刊》1997 年第 4 期。

29. 应瑞瑶、马少晔：《城乡收入差距的再检验》，《江苏社会科学》2010 年第 5 期。

30. 余永跃：《中国劳动力资源配置的体制变迁：历史回顾和文献评述》，《中国人口科学》2006 年第 6 期。

31. 赵耀辉、刘启明：《中国城乡迁移的历史研究：1949—1985》，《中国人口科学》1997 年第 2 期。

32. 魏后凯、蔡翼飞：《西部大开发的成效与展望》，《中国发展观察》2009 年第 10 期。

33. 魏后凯：《中国地区差间居民收入差异及其分解》，《经济研究》1996 年第 11 期。

34. 洪兴建：《中国地区差距、极化与流动性》，《经济研究》2010 年第 12 期。

35. Justin Y. Lin, Gewei Wang, Yaohui Zhao, " Regional Inequality and Labor Transfers in China", *Economic Development and Culture Change*, 2004, 52 (3): 587 – 603.

36. Kevin Honglin Zhang, Shunfeng Song, " Rural – urban Migration and Urbanization in China: Evidence from Time – series and Cross – section Analyses", *China Economic Review*, 2003, 14: 386 – 400.

37. Maddala, G. S., Wu Shaowen, " A Comparative Study of Unit Root

Tests with Panel Data and a New Simple Test ", *Oxford Bulletin of Economics and Statistics*, 1949, 61: 631 −652.

38. Nong Zhu, " The Impacts of Income Gaps on Migration Decisions in China ", *China Economic Review*, 2002, 13: 213 −230.

39. Zhong Zhao, " Migration, Labor Market Flexibility, and Wage Determination in China: A Review ", *The Developing Economics*, 2005, XLIII −2: 285 −312.

40. Zhongmin Wu, Shujie Yao, " Intermigration and Intramigration in China: A Theoretical and Empirical Analysis", *China Economic Review*, 14: 371 −385.

第五章　城市化的国际经验与借鉴

城市化是人类的生产和生活活动随着社会生产力的发展由农村向城市不断转移以及城市空间不断扩大的过程。城市化体现出以人口转移和集中为前提、以经济活动和资源要素的集聚为主要内容、以社会经济结构转变为核心、以农村和城市的互动为基本方式等特征。通常情况下，以城市人口占总人口的百分比这一指标来衡量城市化水平。本章主要阐述城市化的内在机理与一般规律，并对美国、日本和巴西等国的城市化历程和经验加以总结，在此基础上，进一步论述国际大都市圈人口集聚及其对我国城市化和都市圈发展的启示。

第一节　城市化发展的内在机制与一般规律

一　城市化发展的内在机制

20世纪60年代开始，人口城市化在许多第三世界国家以惊人的速度发展，大批的农村人口进入城市地区，作为一个世界性整体运动的城市化过程真正开始了。与此同时，国内外学者对人口城市化研究逐步走向深入，提出了不同的理论解释。

城市化的动力机制来自经济、社会、制度环境以及政策等多种因素，但各国城市化发展的动力机制会因各国所处的社会环境不同而存在较大差异。

多数经济学家认为经济发展是推动城市化进程的主导动力，经济增长必然带来城市化水平的提高，城市化是在空间体系下的一种经济转换过程。许多文献揭示，在宏观水平上，城市化与经济发展之间呈现显著的正相关关系。Lampard（1955）指出，近百年来，美国城市发展与经济增长之间呈现一种非常显著的正相关，经济发展程度与城市化发展阶段之间有很大的一致性。Renaud（1981）在对 111 个国家进行分析后，发现当人均 GNP 从 250 美元增加到 1500 美元时，城市化水平一般会从 25% 上升到 50%，当人均 GNP 达到 5000 美元时，城市化水平会上升到 75% 以上。Henderson（2000）还计算出世界各国城市化率与人均 GDP（对数）之间的相关系数是 0.85。归纳诸多经济学家的观点，可将城市化发展的动力来源分为以下几个流派：

（1）工业化派或称产业革命派。持此种观点的学者认为产业革命的兴起是推动城市化的原动力。哈里斯·钱纳里等人在 1975 年提出了城市化与工业化的"多国发展模型"，该理论概括了城市化与工业化的关系。模型显示，工业化与城市化历程是一个由紧密到松弛的联系过程。最初，城市化是由工业化推动的；在工业化率与城市化率共同达到 13% 以后，城市化开始加速发展并明显超过工业化；到工业化后期，制造业占 GDP 比重逐渐下降，工业化对城市化的贡献作用也表现为逐渐减弱的趋势，服务业不断发展并逐步成为国民经济的主导产业。欧美等发达国家的城市化为这种观点的典型范例。

（2）农业剩余产品派。持此观点的学者认为，城市化的界限，一般由该国家的农业生产力决定，或是由该国家通过交通、政治或军事力量从国外获得粮食的能力所决定。尽管现代某些国家可以通过贸易获得足够的粮食，但就整个世界而言，还是以第一产业生产力是否有余力作为城市继续存在的前提条件（巴顿，1984）。

（3）劳动分工派。该理论学派的学者认为光凭农业生产力的不断提高，有了粮食的剩余，并不必然导致城市的产生和发展，还必须有第二、三产业的发达，因为城市是第二、三产业区位的集聚地。因而，即使农业生产大大提高，而社会的全部人口仍从事农业生产活动的话，城市化还是不可能产生。也就是说，社会的劳动分工是城市化不可缺少的动力条件。

（4）科技进步派或科技革命派。苏联的一些学者持这种观点，他们认为科技进步是城市体系发展的重要因素。但他们并不认为科技进步或科技革命就是城市化的唯一因素，只是特别强调科技进步对城市化的重大推动作用，在现代科技突飞猛进的今天尤其如此（高珮义，1990，1992）。

从社会文化的角度出发，城市效应（引力）是城市化发展的自然动力。高珮义（1992）认为城市化的过程就是城市效应的形成和不断扩大的过程。城市效应表现在两个方面：首先是城市的"场"效应。城市作为区域中心，是一个庞大的引力场载体，构成城市的任何一种因素（例如：马路、楼房、商场等）通过它们不同的外表构造、内在本质、存在形态、运动方式和所处地位，对周围地区发挥着吸附作用，把越来越多的人、财、物等吸引到城市中来。同时，城市对周围的作用力呈现距离衰减规律，即距离城市越近，场效应越强。其次是城市的社会资本效应。所谓社会资本是指个人通过社会联系获取稀缺资源，包括权利、地位、财富、资金、学识、机会、信息等并由此获益的能力。城市是社会执政者的聚集地，是大量人才和多数现代企业的聚集地，它能够为个人和企业提供较多的社会资本，因此，城市比农村具有更强的社会资本效应，吸引着个人和企业向城市的集聚。该理论形象地阐释和描述了人口城市化的内在动力机制及其作用过程，论证了城市化进程阶段性现象和大城市超先增长现象的必然性。

但也有学者指出城市效应的存在是由于政府的城市偏向战略造成的，即城市偏向理论。所谓城市偏向论是指在许多不发达国家由于受到来自城市各阶层（工商业家、中小资本家和城市工人等）的压力，政府所制定的投资、税收、价格及其他政策有利于城市地区，在城市和农村之间不合理地偏向城市，使得城市地区的生活水平高于农村地区。城市偏向论认为，这种由城市偏向造成的城乡生活水平差距，是农村人口向城市迁移的主要吸引力，是城市化发展的动因（周凯来，1990）。这种重点发展城市的政策可以一时促进经济落后国家的经济增长，但是，第三世界的大部分国家人口生活在农村地区，农民应留在土地上从事农业生产，而不是一起涌进城市。因为，在城市中他们不是加入到廉价劳动力队伍中，就是从事犯罪、行乞、卖淫等活动，造成严重的社会问题。因此，只有一国对农业的发展进行扶持，合理分配国内资源，才能取得长期持续的、各经济部门协调的城市化发展。

制度环境是影响城市化发展进程的重要外在因素。制度因素在城市化过程中，不仅直接作用于包括人口在内的资源要素的配置和流动，而且通过影响经济发展政策、经济增长的路径、产业结构的转换过程、城市效应的发挥情况等其他动力因素间接作用于城市化进程。不同社会经济制度的国家，所走过的城市化道路明显不同。在计划经济国家中，政府的行政因素常常占据了绝对的支配地位，决定着城市化的方向、速度、规模和形式，而市场要素则往往在动因上难以显现其应有的作用（盛广耀，2008）。

二　城市化发展的一般规律

（一）城市化发展的阶段性规律

美国地理学家诺瑟姆（Ray M. Northam）在 1979 年通过对各个国家城市人口占总人口比重的变化研究发现，城市化进程具有阶段性规律，全过程呈一条被稍拉平的 S 形曲线（郑菊芬，2009）。第一阶段为城市化的初级阶段，第二阶段为加速阶段，第三阶段为后期阶段（见图 5 - 1）。这一过程符合著名的逻辑斯蒂（Logistic）增长曲线规律。当然，并不是任何国家的城市化水平在时间轴上都表现为一条光滑的 S 形曲线，但大部分国家的数据基本上支持了这一结论。

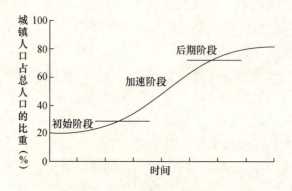

图 5 - 1　城市化进程的"S"形曲线

1. 城市化初级阶段

该阶段城市化水平在 30% 以下。农业经济占主导地位，第一产业的就业比重在 50% 以上，农业生产率较低，农产品的剩余量较少，农村对劳动力的"推力"还不太紧迫。现代工业刚刚起步，规模较小，发展中受到资金和技术的制约，城市对农村人口的"拉力"作用较小。"推力"和"拉力"的缓慢释放，使得农村人口向城市转移的速度较为缓慢，城市化水平要从百分之几上升到百分之二三十则需要一个相当长的时期。比如，美国1780年的城市化率为4.7%，经过100年的发展历程，1880年城市化率达到28.2%。这一时期，工业化是城市化的基本动力。

2. 城市化加速阶段

该阶段城市化水平在30%—70%之间。随着科学技术的进步，工业化规模和发展速度明显加快，与之配套服务的第三产业随之发展起来，城市提供了更多的就业机会，拉力增大；同时，农业劳动生产率得到大幅度提高，农村人口压力增强，推力明显加大，使更多的劳动力从土地上释放出来。农村人口向城市集中的速度显著加快，城市化进入加速发展阶段，农村经济退居次席，表现为第一产业就业比重持续下降，第二、三产业相继上升，双方地位交替互换。该阶段城市化水平年均增长率大约是初级阶段的1.5—2.5倍。世界多数发达国家大约用了100年的时间完成了这一阶段的发展。

3. 城市化后期阶段

该阶段城市化水平在70%以上，城市的发展主要依靠自身的增长，发展速度又转向缓慢，进入平稳阶段。这一时期，城市产业结构发生了革命性变化，随着第三产业的大规模发展，其就业比重上升到50%以上，第二产业则稳定在30%左右，第一产业将下降到10%以下。随着人口大量集聚在城市，城市的职能更加复杂和多样化，成为整个社会的经济中心、科技中心、文化中心、商业贸易中心和情报信息中心。第三产业已成为城市化的主要后续动力，城市化主要表现为内涵提高，即城市的现代化。大、中、小各等级城市体系开始形成。

1999年，国内城市经济学家饶会林（1999）将S形曲线修改为双S形曲线（见图5-2）。他对1800—2025年世界各国城市化水平的差距分析时，S_1采用的是全部发达国家的资料，S_2采用的是全部发展中国家的资料。结果做出来的双S曲线清晰地显现了发达国家与发展中国家城市化水平的差距由小到大再由大到小的过程。在国与国、地区与地区之间呈现出的这种现象或规律，主要是由于学习继承和引进先进国家和地区的科学技术、文化知识，缩短自己的摸索过程，节约投入所致。这对任何发展中国家的城市化发展都具有重要的指导意义。

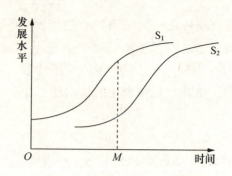

图 5 - 2　城市化进程的双 S 曲线

（二）城市空间结构的演变规律

在城市化发展过程中，城市的集聚与扩散机制促使城市的空间结构形态不断变化。通常情况下，城市的集聚效应和扩散效应存在一个与城市最优规模相对应的临界点（根据世界诸多国家的城市化进程判断，该临界点的城市化水平为 50% 左右），在达到这一临界点之前，城市的聚集效应随着城市规模的扩大而加速上升。超过这一临界点之后，城市的聚集效应随着城市规模的扩大而递减，城市的扩散效应日益增强，城市规模逐步发展到极限，大城市走向郊区化；若城市的扩散作用得到很好的发挥，则会进一步形成都市圈。也就是说，在城市化初期，城市的聚集效应为正，但不很明显，城镇规模较小，数量较少，呈分散状分布，随着工业化和城镇化的逐步推进，小城市迅速形成；到城市化中期，城市的聚集效应逐步显现，大城市优先增长，城市规模急剧扩大，在整个国民经济中所占比重不断提高，导致人口由小城市向大城市集中；到城市化的中后期，随着中心城市规模的不断扩大，城市的聚集效应达到临界点，聚集效应由正变负，辐射扩散效应日益增强，周边地区城镇得到快速发展，带动人口和部分工业先后迁入城市郊区，出现大城市人口的郊区化，郊区功能逐渐由居住向工商业功能转化，形成了以特定功能为主的小城市（如东京都市圈的摩尔新城），实现了郊区的城市化，多个这样城市进一步形成大都市圈（见图 5 - 3）。

简言之，在城市化的发展过程中，城市的空间结构形态表现为由最初的独立分散结构逐步向单中心结构、多中心结构演化，最终将形成区域空间一体化的网络格局。

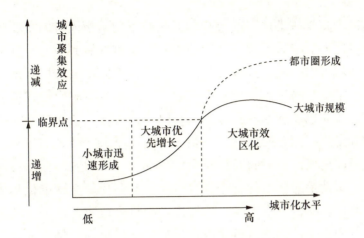

图 5-3 城市空间结构的演变

（三）城市化过程中的人口迁移规律

根据西方城市化的发展规律，英国经济学家范登堡等人（Van den Berg）把整个城市化进程划分为 4 个阶段，即城市化、郊区城市化、逆城市化、再城市化，每一阶段又分为两个分阶段（见表 5-1）。

表 5-1　　　　　　　　　城市化发展阶段中的人口变化

类型	阶段	类型	人口变化		
			中心城区	外围郊区	都市地区
传统城市化	城市化	绝对城市化	+ +	-	+
		相对城市化	+ +	+	+ + +
	郊区城市化	相对郊区化	+	+ +	+ + +
		绝对郊区化	-	+ +	+
现代城市化	逆城市化	相对逆城市化	- -	+	-
		绝对逆城市化	-	-	- - -
	再城市化	绝对中心化	-	- -	- - -
		相对中心化	+	- -	-

注：+表示人口增加，-表示人口减少。都市地区包括中心城区和外围郊区在内的整个城市范围。

正常的城市化进程都会经历从城市化、郊区城市化、逆城市化、再城市化的过程。城市化一般指人口向城市地区迁入的过程，包括了地区集聚和乡村地区转变为城市地区的过程。郊区城市化是指人口的主要流向为城市中、上阶层人口移居市郊或外围地带，当城市发展到一定程度时，由于交通拥挤，城市中心成本上升等原因，一部分人群逐渐移居于郊区和外围区域，以追求更好的生活品质。不仅如此，随着市中心生活和运营成本的上升，一些产业也逐渐地转到城郊区，以节约成本，从而带动人口向城郊转移。20世纪70年代以来，发达国家以及一些大城市中心市区郊区人口向外迁移，迁向离城市更远的农村和小城镇，出现了与城市化相反的人口流动的现象，这就是逆城市化，也称城市中心空洞化。逆城市化具体表现在大城市中心区萎缩，中小城镇迅速发展；乡村人口数量增多，城市人口向乡村居民点和小城镇回流。逆城市化是城市化扩展的一种新形式，它是建立在城乡差别近于消失、形成一体化的基础上，乡村、小城镇的交通、水、电、信息等设施完善，再加上优越的自然风光，吸引了久在城市中面对浑浊空气、噪声的大城市居民到乡村、城镇暂住、定居，从而导致逆城市化现象。在美国、日本和西欧的一些发达国家中，逆城市化现象明显。面对经济结构老化，人口减少，旧城区积极调整产业结构，发展高新技术产业和第三产业，积极开发市中心衰弱区，以吸引年轻的专业人员回城居住，出现了再城市化。再城市化在日本的东京都市圈和美国的纽约都市圈都有明显的趋势。

从人口迁移和流动的角度看，各周期的特征主要表现为：在城市化阶段，以乡村人口向城市集中为主；在郊区化阶段，中心城市部分人口迁至城市边缘，城市"空心化"开始出现；在逆城市化阶段，大批人口迁到远郊区，城市呈现明显的"空心化"；在再城市化阶段，郊区的人口又重新迁回市中心。因而，人口是随着城市化进程有规律地变动着。

第二节　城市化的国际经验

一　美国城市化的经验

从探讨城市化发展规律的角度讲，美国城市化的历史进程受战争、自然灾害和行政干预等不确定因素或外来因素的干扰较小，市场经济对城市化的影响更为直接而强烈，因此其发展脉络清晰，带有一定的"原型"特征，可更准确地认识城市化发展的一般规律，有其不可替代的研究价值。

美国城市化的历史进程经历的时间较长，非常符合"S"形曲线的运动规律，具有明显的阶段性特点。依据图 5-4 显示的城市化率，大体可将美国城市化进程划分为以下四个阶段：城市化酝酿和起步时期（建国初至1870 年）；城市化加速发展和初步完成时期（1870—1920 年）；城市的郊区化时期（1920—1970 年）；小城镇发展时期（1970 年至今）。

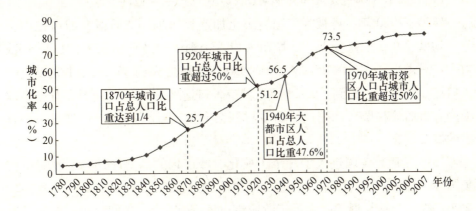

图 5-4　美国城市化进程图

资料来源：（1）1780—1960 年数据来源焦秀琦：《世界城市化发展的 S 形曲线》，《城市规划》1987 年第 2 期；（2）1970—2007 年数据来源世界银行《世界发展指标》1996—2008 年。

（一）城市化的酝酿和起步时期（建国初至 1870 年）

从建国初期到 1830 年，美国仍是一个典型的乡村国家，农业占国民经济的主导地位，以小农经济为主，90% 的人口居住在乡村。与此同时，城市数量少，城市人口增长不稳定，城市化以东部沿海城市的发展为主，如波士顿、费城、纽约等，这些城市以商业活动中心闻名，起着对外贸易和对内交流的枢纽作用。到 1830 年，全国城市化率为 8.8%，东北部地区为 14.2%。

在这一时期，工业化的初步发展对区域经济和城市化的作用最为显著。表现出的特点是以纺织和冶炼等为主的工业部门，工业设备不断得到改进与完善，对工人的需求大大增加，工厂制成为城市的特有现象，人口迅速向城市集中，城市数目与城市人口迅猛增长，城市规模与布局趋于合理，形成了以纽约为主干的东北部经济核心区，东北部成为全国制造业和财政收入来源中心。波士顿、费城、纽约、巴尔的摩等老城市中制造业就业的人口比重已达 10% 以上，率先实现了由"商业城市"到"工业城市"的转变。1830—1860 年短短的 30 年间，美国城市人口增长了 4.5 倍，到 1870 年，美国已有 1/4 的人口生活在城市，标志着城市化进程步入加速发展阶段。

（二）城市化加速发展和初步完成时期（1870—1920 年）

1870—1920 年，可视为美国城市化加速和初步完成阶段，城市化率每年平均增长 0.5 个百分点。从城市人口占全国人口的比重来看，1870 年城市人口只占全国人口的 25.7%，到 1890 年迅速提高到 35.1%，1/3 以上的人口居住在城市，而到了 1920 年，城市人口达到 51.2%，美国已有一半以上的人口居住在城市，完成了由乡村社会向城市社会的转变，成为一个典型的城市国家。

1870 年后，美国进入了一个工业化、城市化的鼎盛时期。工业城市在美国各个地区都涌现出来，且尤以中西部最为引人注目，芝加哥、底特律、辛辛那提、圣路易斯等一大批工业城市迅速崛起。到 20 世纪初，形成了以大中城市为中心的两大工业带，即东北部工业带和中西部工业带。

工业发展所形成的聚集效应对城市化发展具有直接的带动作用，表现为美国的城乡结构、城市规模、人口流动等也出现了相应的变化，城市数量和城市人口比例剧增，城市规模不断扩大，人口开始跨区域流动。1860—1920 年间，美国人口增加了 2 倍，城市人口增加了 8 倍，城市每十年人口增长率都远远高于总人口每十年的增长率。城市数量从 1860 年的 392 座增加到 1920 年的 2722 座，10 万人以上的城市数量也增加了 7 倍（孙群郎，2005）。

（三）郊区化的发展阶段（1920—1970 年）

1920 年以后，美国城市化的主要特点是大城市集中发展模式开始衰退，郊区的人口增长率开始高于中心城市，人口分布由以集中为主转变为以分散为主，产业、居住区位逐步向郊区转移，城乡差别日益缩小，形成以大都市区为代表的城市群，城市进入郊区化发展阶段。同时，区域间的城市化差异也有所缩小。

"二战"以后，美国产业的部门结构发生了很大变化，第一、第二产业在整个国民经济中所占比重不断缩小，而第三产业所占比重相对扩大。20世纪50—60年代，美国经济从制造业经济逐步发展到服务业经济，70—80年代开始，逐渐从服务业经济发展到信息经济。由于服务业和信息产业的崛起，许多公司在选择办公地点时不必考虑接近原料和产品市场，尤其是高技术产业的产品日益小型化，运输十分方便，而郊区办公楼的租金便宜、环境幽雅、空气清新，因此，郊区办工业开始迅猛发展。同时，随着中产阶级和上层社会向郊区的迁移，消费服务业、医疗、教育等机构也尾随其服务对象而郊区化分布。

与此同时，制造业部门从东北和中西部开始大批向南部和西部转移，人口也长期从东北部向西部和南部迁移。到了70年代，美国南部地区的城市人口比重达到了65%，西部地区城市人口比重达到了83%，同时东北部和北中部城市人口比重分别为81%和72%，各地区之间的城市化水平差异明显缩小。

在这一过程中，城市人口和经济活动逐步向郊区迁移，在郊区形成功能较为完备的中心区。同时，这些中心区仍依赖于中心城市的信息和服务，与中心城市保持紧密的联系，从而形成功能有所侧重又相互依存的、由中心城市和郊区构成的大都市区。可见，大都市区是城市空间结构变化的一种表现形式，是随城市郊区化的发展而形成的。时至今日，美国城市的发展仍主要在大都市区范围内。

工业革命时期，工业企业在城市的高度集中发展引发了地价上涨、税收加重、环境污染、交通拥挤等一系列城市问题，使工业生产在中心城市的聚集受到了限制。为了缓解经济危机和城市问题，美国政府采取了各种措施对郊区化发展加以引导。一定程度上讲，美国的城市郊区化就是联邦政策的产物。

"二战"后实施的州际高速公路计划对城市郊区化的发展起了重要的促进作用。1956年，联邦国会通过了《联邦资助公路法》，授权建筑4万多英里的州际高速公路，其费用的90%由联邦政府支付。这是联邦政府大规模地实施援建公路政策的开始。1921—1983年期间，联邦政府用于公路建设的费用高达 5000 亿美元。在此政策作用下，环城公路周边的廉价农地成为建设郊区住宅、商场、工业园区和停车场的理想地段，促使人员、商店和企业迁移到环城公路附近，建立起城市郊区城镇。到 20 世纪 90 年代初，州际高速公路系统全部完成，彻底改变了美国城市的分布状况（张国骥，2003）。

20 世纪 30 年代起美国联邦政府推行的各类住宅政策对居民郊区化起了推波助澜的作用。比如，低首付、固定利率的长期住宅抵押政策、社区评估制度和对私人独户住宅的优惠政策，以及对住宅面积、建筑密度、住宅距街道远近等的严格规定，都把大量住宅建筑推向郊区。1945—1965 年，美国政府只给在郊区购买住宅的人提供抵押贷款优惠，而在市区置业只能寻求传统的高利率贷款（陈明、彭桂娥，2004）。此外，这一时期的税收政策也使得购买郊区住宅更加受益，联邦政府允许房屋抵押贷款所付利息冲抵个人所得税，进一步把私人住宅投资引向郊区。

（四）20 世纪 70 年代以来"去大都市化"与小城镇的快速发展

20 世纪 70 年代以后，美国处在后工业化时期，城市制造业比重下降，服务部门上升，城市化发展进入相对稳定的阶段，但同时也出现了一些新特征和新问题。

1. 人口郊区化的态势仍在蔓延，人口分布重心发生变化

由于影响人口郊区化的因素并未得到消除，美国人口郊区化的水平仍在继续提高，1980 年郊区人口超过 1 亿，占总人口的比例达到 44.8%；到 1998 年，郊区人口占总人口的比例已上升到 62.4%。

"二战"以来，美国人口始终由东北部和中西部向西部和南部大量迁移，20 世纪 60—70 年代达到高峰。仅 1971—1975 年，南方人口就增加 500 万，超过同期所有其他地区人口增长的总和（黄柯可，1996）。1980 年人口普查数据显示，西部和南部的人口首次超过东北部和中部，这是又一个历史性的转折（王志燕，2007）。事实上，人口重心的西移是美国城市发展和经济结构的地区性变化的另一种体现。

2. 推行城市复兴计划，大城市人口得到恢复性的增长

随着郊区化的不断扩展，中心城市与郊区相比，在就业机会、经济形势、教育、收入、社会治安等方面的差距逐渐拉大，中心城市的功能和地

位承受着严峻的挑战。为此，美国政府从 1980 年起制定和实施了一系列城市复兴计划，开始由地方政府投资兴建大批购物中心、娱乐体育场所等城市公用设施，以吸引人口回流城市。进入 90 年代，许多城市还采取优惠政策鼓励房地产开发商对城区进行改造，如把废弃的厂房和旧办公楼改为现代化的住宅小区，建造更多的公共交通设施，加强环境保护和绿化，向居民提供廉价的停车泊位等。同时，政府还努力降低犯罪率和提高学校的教育质量，增强市区对居民的吸引力。此外，随着信息时代的到来，一批高科技公司在市区大批涌现，吸引了许多青年白领回市区居住，在某种程度上增强了市区的活力。

3. 边缘城市和完全城市化的县出现

在城市化向非城市地区扩散过程中，出现一些特殊的现象，即边缘城市（edge city）和完全城市化的县（full urbanized county）。"边缘城市"是一种全新城市类型，它们独立地在城市地区的边缘地带发展起来。"边缘城市"位于州际高速公路通道上，具有传统城市中心区的经济成分，但其空间结构却有很大的差异。传统城市的中心区通过方格式的街道与城市其他部分连接起来，而边缘城市与周围住宅联系很少。它在远离中心城市地方吸引制造业、服务业及提供工作岗位方面的作用日益引人注目（徐和平、蔡绍洪，2006）。人们去边缘城市工作和购物，而其居住地则远离边缘城市。目前，边缘城市的发展已引起各国学者的广泛注意。

完全城市化的县出现于 20 世纪 80 年代。它们在主要城市中心的外围地区获得了独立发展，并不属于任何城市地区，也不受大城市的影响，但却像城市一样为居民提供工作及住宅。在城市边缘地带产生的"边缘城市"和在非城市地区出现的完全城市化的县，建立了新型的城乡关系，使美国城市化向极其辽阔的乡村地区传播与渗透，推动美国社会经济继续向前发展。

4. "去大都市化"规划

由于美国人们试图寻求更好的生活质量，崇尚低密度郊区住宅模式，所以推动大都市区不断向外扩展，致使城市化所占土地增幅相当于人口增长速度的两倍，对自然环境和水资源造成极大的压力。从 1994 年开始，每年所占土地以 230 万英亩的速度递增，其中相当大比重是用于住宅建设。

这种对郊区土地资源的不断占用，严重影响了城市和郊区的生活质量。为此，美国政府开始投入大量的资金并制定相关的政策来实现市区和郊区的协调发展，如对现有的衰退市区和近郊区进行改造，对郊区基础条件较好的卫星城进行功能、就业、居住、基础设施等方面的全面整合，以实现人口的就近就业，减少出行距离等。与此同时，政府也采取措施限制城市向外蔓延，保留城市周边区域，实现城市环境、经济和社会三方面的动态平衡。这些措施将会对目前的大都市化发展势头起到一定的抑制作用。

二　日本的城市化发展模式及其特征

日本作为一个后发国家，在历史、战争和行政调控等非经济因素的综合影响下，成功地实现了快速工业化和城市化，取得了令世人瞩目的成绩。从自然、经济、社会和文化背景等方面看，中日两国有诸多相似之处，比如，两国均属于人多地少、水田和山地较多的国家；在农村都广泛存在小规模的家庭经营和兼业农户；在经济方面都曾在短时间内高速增长；都处于东方文化氛围等。因此，日本的城市化发展进程对中国而言是一个很好的参照样本，在理论和实践两个方面都对中国城市化发展具有一定的指导意义。

（一）日本城市化的发展进程

1868 年的明治维新运动，结束了日本自古以来的锁国政策。日本工业化开始起步，城市化也随之缓慢推进。但直到 1889 年日本才开始设立市制，城市人口比重为 10%，标志着日本城市化的正式开始（付恒杰，2003）。发展至今，日本城市化道路经历了起始阶段、快速发展和波动阶段、高速增长阶段和稳定发展阶段，城市化率呈现出标准的 S 形曲线过程（见图 5-5）。

1. 城市化的起始阶段（1889—1920 年）

明治政府执政后，日本大力发展工商业。其中轻工业发展迅速，到 19 世纪末纺织业已成为经济的支柱产业。随着日本工业化的开展，特别是中日甲午战争、日俄战争和第一次世界大战的刺激，促使日本工业由轻工业向重工业领域转变，工业的发展除了在农业特产区、矿区外，大量工业企业开始涌入城市，港口工贸城市（如横滨）和滨海工业区相继出现，并向

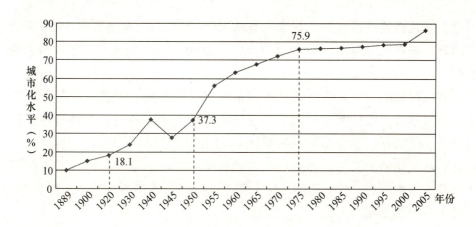

图 5-5　日本城市化率的变化

京滨、阪神、中京和北九州集聚，到 20 世纪 20 年代已发展成为日本最为重要的四大工业地带，基本形成了日本临海型城市带分布的格局。新的工业地带的形成，带来该地区城市化水平的提高，1920 年已有 18% 的日本人生活在城市中。

2. 城市化的快速发展和波动阶段（1921—1950 年）

1920 年后，随着工业化进程的加快，大量劳动力和人口继续向城市特别是大城市流动。1930 年后的世界经济大萧条使得日本加快了侵略中国的步伐，促使机械工业和钢铁工业等战略性产业畸形发展起来，城市人口迅速增加。

然而，第二次世界大战中断了日本的城市化进程，1940—1950 年间城市化率发生了极大的波动。大量日本居民为了躲避轰炸迁居农村，1945 年年底，城市人口下降为 27.8%（孔凡文、许世卫，2006）。1945 年日本政府和美国设立了国家重建和经济恢复计划，但受战后初期通货膨胀的影响，日本的经济始终陷入泥潭，延缓了城市化发展进程，1950 年，城市化率仅恢复到战前的水平。

3. 城市化的高速发展和大城市带的形成（1951—1975 年）

第二次世界大战后，日本城市化进入了高速发展时期。1950 年朝鲜战争的爆发极大地刺激了日本的工业景气，为了满足战争的需求，企业不断改进生产能力，特别是 1955 年后，经济走上了高速增长的道路，城市化也伴随工业化得到迅猛发展，城市化率从 1950 年的 37.3% 增加到 1975 年的 75.9%，每年平均提高 1.54 个百分点，在 20 年的时间里达到了发达国家的水平。

这一时期的一个显著特征是大城市的膨胀性发展，形成三大都市圈与太平洋城市带。1955 年后，随着重化学工业的发展，原料、燃料对外依赖的程度不断加深，能源结构的转换使作为主要能源的石油 99% 依赖进口。因此，现代化的大型工厂开始向临海地区集中，以东京、大阪、名古屋等大工业地带为核心，填海造陆，扩大新工业区域，人口亦向这些地区集中，促进了三大都市圈的形成。

4. 城市化的稳定发展阶段（1976 年）至今

1975 年以后，日本进入了高度工业化和服务产业化的新时期，城市化进程日渐成熟，速度明显放缓。在 30 年的时间内，城市化率仅提高了 10.4%，年均增长 0.35 个百分点。这一阶段的主要特征表现为"一极集中"（再城市化）与"分散并存"的城市化。所谓"一极集中"是指东京的一极膨胀与再城市化。东京作为日本的政治经济中心，始终保持其绝对的优势地位，特别是 20 世纪 80 年代人口向东京集中的趋势尤为显著，进入 90 年代受泡沫经济破灭的影响曾有所减缓，但 21 世纪初信息产业的兴起又出现向东京的集聚，被称为"再城市化"。分散型城市化表现为大城市从大规模高度集中阶段开始趋向周边扩散为主，人口逐渐从大城市中迁出，搬迁至一些地方性的城市中心或小城镇，促进了中小城镇的崛起。郊区化、分散型城市化与再城市化的并存现象是地区间发展不平衡的结果。

（二）日本城市化的特征

日本根据其自然资源、地理位置和产业结构等特点，走过了一条富有特色的城市化道路，受到了国内外专家的瞩目。

1. 高度集中的大城市化模式

日本城市化进程的显著特征是以三大都市圈为主的高度紧凑的城市布局和以大中城市为主体的城市化发展道路。数据显示，1950—2005 年，日本 100 万以上人口的城市基本占全部城市的 1.6% 左右，人口比重虽然有所下降，但始终超过全部城市人口的 1/4；人口在 50 万—100 万之间的城市数量比重从 0.8% 上升到 1.9%，人口比重则从 5.5% 上升到 8.9%。最引人注目的是人口在 30 万—50 万之间的城市，其数量比重和人口比重都有明显增加，分别上升了 4.2 和 11.3 个百分点，在所有组别中人口增长幅度最大。将三组数据加总，可以看到日本不足 10% 的大城市集中了 50% 的城市人口，凸显了大城市的主导地位。

2. 产业结构转变促进人口向城市集中

日本自明治维新之后，产业结构发生了几次根本性变化，推动了人口和经济向城市区域集中。20 世纪末，信息产业兴起。随着产业结构的调整，日本完成了从农业向工业、由轻工业向重工业、由劳动密集型产业向知识和技术密集型产业的转变，第二、第三产业比重不断地增长，第二、第三产业的就业机会也相应地显著增加，并刺激了一批新兴工业城市的诞生和地方中心城市的发展，吸引大量农村人口和经济转移到城市，促进了人口快速城市化。

此外，日本非农就业量增长最快时期与城市化率上升的最快时期基本吻合。1950—1975 年，日本非农就业比例由 51.5% 提高到 88.2%，此后进入一个稳定上升阶段，年均提高幅度仅 0.3 个百分点；与之对应的是，日本城市化率由 1950 年的 37.3% 迅速上升到 1975 年的 75.9%，并进入稳定阶段，此后的年均提高幅度仅 0.1 个百分点。

3. 政府引导的城市化

尽管日本是以市场经济为主的国家，但在城市化发展过程中，从国土利用规划、产业发展规划、人力资源开发以及相关法律法规的制定到执行，政府都发挥了重要作用。第一，为提高有限的国土资源的利用效率和缩小地区发展差距，政府进行了全面、周密的规划，以保障城市化的有序进行。日本政府于 1962 年、1969 年和 1977 年先后三次制订《全国综合开发计划》，这三次计划虽然对扩展日本地方工业的发展起到了一些积极的作用，但收效并不明显。于是，1987 年日本政府再次制订了第四次全国综合开发计划。计划以建设国际化的多极分散型国土为中心目标，把全国划分为 10 个地区，针对各地区的特点，提出了今后地区建设的基本方向和地区中枢城市、核心城市的重要功能；同时进一步强调了地区之间的协作关系、地区总体基础设施建设以及正确处理人口、资源、环境之间的协调关系（马裕祥，1997）。1998 年又出台了第五个《全国综合开发计划》，主要是为了解决少子高龄化问题对城市化的影响（顾杨妹，2006）。

三 巴西的城市化发展与贫困问题

巴西是世界经济较为发达的发展中国家，其城市化先于工业化，为典型的过度城市化模式。到 2007 年，城市化水平已达 85.1%，超过美国、日本等发达国家。由过度城市化所带来的贫困、失业、社会安全等问题，对正处于加速城市化阶段的我国而言具有深刻的启示意义。

（一）巴西城市化发展的两个阶段

1. 工业化前的城市形成（20 世纪 30 年代以前）

19 世纪初期，巴西出现了原有部分城镇规模扩大、新城镇不断涌现的特征。这是由三个方面因素推动的。其一，1808 年，葡萄牙王室迁都至里约热内卢，不仅使里约的人口规模急剧增加，而且居民构成也发生了很大变化。城市基础设施迅速发展，欧洲风格的建筑大量引进巴西。

其二，1727 年咖啡种植引入巴西北部，逐渐成为巴西国民经济主要的支柱产业。由于巨大的海外需求和优越的自然气候条件，咖啡种植范围不断扩大至圣保罗高原地区和米纳吉拉斯州东南部地区。咖啡业的繁荣和出口扩张促进了新城镇的诞生和发展，同时铁路和港口的建设进一步推动了铁路沿线的新城镇出现。

其三，19 世纪后期大量欧洲移民和 1888 年奴隶制的废除促进了城市化的发展。19 世纪后期，巴西政府为了充实农业生产的劳动力，大量资助欧洲人移居巴西，为工业发展提供了丰富的具有较高技能和素质的劳动力，并于 1870—1880 年形成了移民进入的高潮。由此而产生了一批新城市，诸如罗亚斯、布卢梅瑙、若因维耶等。

2. 20 世纪工业化时期的城市化（1940 年至今）

在工业化的带动下，城市化飞速发展，形成了庞大的城市规模体系。1940 年，巴西首次将农村和城市人口分类进行人口普查，城市人口比例为 31.1%。1950 年，城市化水平仅为 36.2%，1960 年上升至 44.7%，城市人口从 1880 万激增至 3150 万。1970 年城市人口比重超过农村，达到 55.9%，巴西从此成为以城市为主导的现代国家。从城市的规模结构来看，巴西快速城市化不仅体现在农业地区新兴城镇的激增，更表现为中心大城市的高速发展与扩张。

20 世纪 90 年代以后，巴西城市化进入了稳步发展阶段。1990 年，巴西城市人口比重为 74.7%，2000 年增加到 81.2%，2007 年达 85.1%，年均增加 0.61 个百分点。目前，巴西城市化水平已超过部分发达国家，更远远高于世界平均水平。

（二）巴西城市化发展中的主要问题

1. 城市化发展的不平衡

巴西城市化发展的不平衡主要体现在以下几个方面：（1）各区域城市化水平的差异明显。根据 2000 年的统计数据，巴西全国的城市化水平为 81.2%，五个地区中，东南部地区城市化水平最高，为 89.3%；中西部地区次之，为 84.4%；南部地区为 77.2%，东北部地区为 65.2%，北部地区仅为 62.4%。同时，城市人口也主要分布在东南部，1940—1980 年间，东南部城市人口比例占全国城市人口的比例始终在 60% 左右，居主导地位；而同期内尽管北部和中西部的城市人口年均增长率较高，尤其在 1950 年后该值均超过东南部，但这两个地区的城市人口占全国城市人口的比例从未超过 5%。（2）城市网络体系结构的发展不协调，大城市过度膨胀。从城市首位度①指标看，1970 年为 1.22，1997 年扩大至 1.77，在全球范围内位居前列。圣保罗和里约热内卢两个人口超过 1000 万的特大城市所拥有的城市人口占全国城市人口的 29.4%，占全国总人口的 19%。同时，人口在 2 万以下的小城市数却占全国城市总数的 80% 以上。这说明巴西城市的奇大奇小，城市网络体系发展不协调。（3）城乡差距和贫富差距拉大。巴西在工业化发展过程中形成了一些大型的现代化大都市，城市居民拥有较好的基础设施、医疗、教育等社会保障，而农村除了大土地拥有者外，无地或少地农民生活条件极为恶劣，无干净的饮用水，无法享受基础教育等。

2. 新建城市的发展面临重重困境

在巴西城市化过程中，既出现了在现有城市或城市网周边的新兴城市或城市延伸，又出现了许多建立在未开发地区的新城市。在既有城市周边的新兴城市或城市延伸，可以借助原有大城市的基础设施和经济积累，较

---

① 城市首位度，是指一国（地区）首位城市人口规模除以该国第二位城市的人口数。该指数能有效反映城市化过程中城市规模方面所存在的差异程度。

好地解决交通、城市管线、住房、学校、医院等基础设施的建设问题，旧城扩张式的新城区或旧城的新卫星城都可以依托现存城市建设发展起来。然而，由于地广人稀，巴西尚有一些早期未被开发的大片地区，尤其是中西部地区，如马托格罗索、多锡勒、戈亚斯、恩莱特格罗索等。当东部沿海地区的发展空间越来越小时，一些开拓者移民城市逐渐形成，这些新兴的中小城市既没有现存的城市作依托又远离经济发达地区，从而在建城之初，就缺乏住房、医疗卫生设施、交通和公共服务等基础条件，导致其在城市发展竞争中逐渐失去竞争力而被另一些中小城市吞并或拖垮。这就造成了巴西城市化中的一个特别现象，即一些新兴的中小城市在建设了10—20年以后自然消失了，导致经济受损，资源被破坏。

3. 过度城市化及贫民窟问题

巴西的城市化过度发展始于1950年。1950—1980年间，巴西的城市化水平从36.2%上升至67.6%。在这一城市化增幅内，发达国家的人均国民生产总值增加了2.5倍，而巴西仅增加了60%。20世纪70年代中期，巴西制造业就业人口占就业总人口的20%，而城市人口已占总人口的61%（邬沧萍等，1987）。这种急剧的城市化进程与经济发展水平的严重脱节导致巴西城市在社会、经济等各领域的不协调发展，由此产生诸多问题。

巴西的过度城市化所引发的最突出问题是贫富差距过大，贫困人口多数集中于城市，形成"城市贫民窟"这一独特景观。根据2000年人口普查统计，巴西有4600万人生活在贫困线以下，占全国人口的34%，14%的人口未解决温饱，其中，生活在农村的贫困人口有1500万人，中小城市2200万人，大城市有900万人；共有贫民窟3905个，比1991年增加717个。近20年来，巴西城市人口增长了24%，贫民窟人口增长了118%（李瑞林、李正升，2006）。可以说，城市贫民窟是巴西乃至整个拉美地区的特色之一。

贫民窟带来了一系列社会问题。一方面，贫民窟大部分居民处于贫困线以下，居住、出行、卫生、教育条件极差，不仅影响当代人，也影响下一代人的发展。另一方面，生活水平的巨大差异造成国民感情隔阂，加之贫民窟游离于社区和正常社会管理之外，影响社会安定。一些贫民窟为黑社会所控制，成为城市犯罪的聚集地。犯罪和贩毒集团以贫民窟为根据地，收买当地居民，为其贩毒活动提供便利，以致政府在贫民窟的扫毒行动，往往由于当地居民被收买而无法取得理想效果。此外，贫民窟乱占公共土地和山头，也给城市生态环境造成不良影响。

第三节　国际大都市圈人口集聚的经验借鉴

一　人口总量与结构

都市圈这一概念主要基于劳动力市场，典型的定义是区域就业中心和其周边区域与其有着较为密切的交流纽带。按人口规模，国际前十位的都市圈主要包括：东京、墨西哥城、德里、圣保罗、孟买、纽约、上海、加尔各答、达卡、卡拉奇。但就国际影响力而言，通常被广为关注的国际大都市圈主要有纽约、东京、巴黎、伦敦、洛杉矶等，这些都市圈均在发达国家。国际大都市圈在所属国家的国民经济中都具有非常重要的地位，往往成为一国经济增长的重要引擎。发达国家和发展中国家的都市圈既有共同特征，也存在显著差异。从发展状况来看，发达国家的国际都市圈依托整体良好的国民经济，故经济运行和人口表现得更加合理，发展中国家的许多国际都市圈则因种种原因出现了许多"城市病"。

（一）发达国家国际大都市的比较

对照发达国家国际大都市圈的人口特征，会注意到一些共同的趋势和特点。具体来看，发达国家国际大都市圈具有以下几方面的特征：

第一，普遍具有庞大的人口规模。大多数国际大都市圈人口规模都在千万人以上或者接近千万人，形成巨大的市场规模，在国民经济中具有举足轻重的地位，如表5-2所示。人口密度达到每平方公里千人以上或者接近千人。

从都市圈人口占全国总人口的比例来看，一些都市圈的比例非常高，一些国家接近一半的人口聚集在都市圈内。以首尔为例，人口占到全国的48.2%，即全国近一半的人口集中于首尔都市圈。再以巴黎为例，巴黎都市圈人口占到法国总人口的18.2%，这一比例也相当可观，巴黎都市圈的就业人口占到法国的22%，意味着巴黎都市圈具有更好的就业规模效应。

又比如大墨西哥都市圈在 2005 年时人口规模就达到 1923 万人，相当于墨西哥全国人口的 19%。[①]

表 5 - 2   发达国家主要国际都市圈人口比较

都市圈	人口总量（万）	人口密度（人/平方公里）	人口占全国比例（%）	GDP 占全国比例（%）	就业占全国比例（%）	失业率（%）
巴黎	1175[1]	978[1]	18.2	28.9	22.2	8.2[4]
伦敦	782[2]	4900[1]	12.9	30	13.3	7.1
布鲁塞尔	189	6512[1]	17.7		9.14	15.9
柏林	346	3848[2]	4.2	3.5	4.04	
纽约[3]	2208	729	6.25	8.8[3]	4.06[6]	
首尔	2450[5]	4048[7]	48.2	53[6]		
东京	3567[3]	2642	27.86[2]	30.5[2]		
洛杉矶[3]	1540	3124	4.2[3]	5[3]	2.83[6]	11.7
芝加哥	980	1783	3.1[3]	3.6[3]	2.1[6]	

注：1. 2009 年数据；2. 2008 年数据，仅指城市；3. 2010 年普查数据；4. 2010 年第 3 季度；5. 2007 年数据；6. 2006 年数据。

资料来源：http：//en. wikipedia. org/。

第二，人口结构年轻化。尽管发达国家都面临严重的人口老龄化问题，但对于国际大都市而言，它们所面对的是趋于年轻化的人口结构，这主要源自于以年轻人居多的外来移民人口。国际大都市的平均年龄显著低于全国整体水平。根据 2010 年美国最新普查数据，纽约大都市圈人口年龄的中位数为 37.9 岁，63% 的人口年龄在 44 岁以下。2007 年中，伦敦 40 岁以下人口占总人口的比例为 59.5%，同期，整个英国这一比例为 51.3%，很明显，伦敦人口的年龄结构要比整个英国的平均水平更加年轻。以巴黎都市圈为例，2005—2006 年，15—29 岁的经济活动人口增加了 6.9%，而 30—49 岁及 50 岁以上经济活动人口却分别下降了 0.1% 和 0.3%。

---

① Demographics of Mexico, http：//en. wikipedia. org/wiki/Demographics_ of_ Mexico.

表5-3		巴黎、伦敦人口年龄组及比较			单位:%
地区 年龄	巴黎大都市圈[1]	法国[1]	伦敦[2]	英国[2]	欧盟[1]
0—19 岁	25.9	25	24	24.2	21.7
20—39 岁	30.1	26	35.5	27.1	27.7
40—59 岁	26.8	27.3	24.9	27	28.1
60—74 岁	10.9	13.2	10	14	14.6
75 岁及以上	6.3	8.5	5.7	7.7	7.9

资料来源: 1. ec. europa. eu/eurostat/data/databose，2004；2. 《伦敦统计年鉴2009》。

从大都市圈内部分层的角度来看，越是内城或者核心层区域里，人群的平均年龄越低，越是外城或者边缘层区域，人群的平均年龄越大。以伦敦大都市圈为例，2007年0—34岁年龄组人口的比例，内伦敦是54.94%，外伦敦是47.68%，而英国平均为43.85%，很显然，内伦敦年轻人口的比例高于外伦敦，也高于英国平均。

表5-4	2007 年中伦敦分年龄组人口比例		单位:%
	0—34 岁	35—64 岁	65 岁及以上
内伦敦	54.94	35.7	9.36
外伦敦	47.68	39.12	13.2
伦敦	50.56	37.76	11.67
英国	43.85	40.11	16.04

资料来源:《伦敦统计年鉴2009》。

第三，人口跨国多元化。国际大都市都有很频繁的对外交流活动，故而人口呈现多元化的特征。越是国际化的大都市，其人口的国籍构成越多元化，外籍人口所占比例越高，与该国总体外国人比例相比，更是显得突出。以巴黎为例，2007年巴黎大都市圈非法国籍人口的比例为12%，而这些非法国籍人口的构成为，欧洲占32%，美洲占5%，非洲占48%，亚洲占 16%。①

第四，具有较高的劳动参与率和较低的失业率。国际大都市由于大量外来人口的涌入，他们以寻找更好的就业机会为重要目标，是劳动力市场上的积极活跃力量，故而促成整体人群劳动参与率较高。国际大都市圈中人口在不同层之间劳动参与率也有所差异。通常来说，越是核心层的人群，由于他们的生存和竞争压力更大，劳动参与率也越高，越是边缘层的人群，由于生存和竞争压力减小，劳动参与率也略有下降。以伦敦为例，2006 年内伦敦的劳动力在总人口中的比例比外伦敦要高 1.5 个百分点，这表明在内外伦敦人口结构并无显著差异的情形下，内伦敦的劳动参与率也高于外伦敦。

表 5 - 5　　　　　　　　　　2006 年伦敦劳动力及住户统计

	人口（千人）	劳动力（千人）	住户（千户）	劳动力/人口（%）	人/户
内伦敦	2947.4	1548.9	1297.6	52.6	2.27
外伦敦	4501.4	2300.7	1853.5	51.1	2.43
伦敦	7448.8	3849.6	3151.1	51.7	2.36

注：劳动力/人口比例并不是劳动参与率，但可以近似地表达人群中劳动参与的积极程度。假如人口结构不存在显著差异，那么劳动力/人口比例越高，其劳动参与率也越高。

第五，高素质人才储备丰富。国际大都市圈内通常有许多教育和科研机构，甚至是该国的教育科研中心，高校林立，研究所遍布，故而在人才储备方面，明显比其他地区更有优势。人群中的高素质人才数量非常可观，人才比例通常比其他地区更高，而且人才的国际化趋势也非常明显。以纽约为例，根据 2010 年美国社区调查，在纽约都市圈的 1497 万 25 岁以上人群中，14.8% 的人拥有研究生以上学历，21.1% 的人拥有本科学历，6.4% 的人拥有大专学历。由此可见，高素质人才储备是国际大都市圈维持较高国际竞争力的一个重要因素，也是发展以银行、证券、软件等高端服务业的基本前提。

---

① 资料来源：法国统计研究所，转引自巴黎都市区经济发展局《2011 巴黎都市区关键数据》。

第六，经济聚集度高于人口聚集度。国际大都市既是一国的人口聚集区，也是一国的经济聚集区。由于竞争激烈，人才集中，生产和经营效率也明显高于其他地区和城市，其经济聚集度要大于人口聚集度。以首尔都市圈为例，占有整个韩国48%的人口，却提供了全国53%的GDP。导致这种局面出现的一个重要原因在于大都市圈内竞争异常激烈，而且人才储备非常充足，有利于生产率的提高。由此可见，由于人才和竞争的缘故，大都市圈的生产和服务效率远高于所在国的其他地区，呈现出经济聚集度高于人口聚集度的特征。

第七，就业人口向高端服务业集中。从产业结构的角度来看，绝大多数国际大都市圈都已经实现产业结构的升级，以第三产业作为经济的主导产业。因此，国际大都市在人口总量变化的同时，就业结构也在随之发生变化。在国际大都市的发展过程中，产业结构的调整也适时跟进，伦敦、纽约、东京等国际大都市正不断地推动城市功能由生产型向服务型转变。社会经济的发展推动着城市产业结构的变化，从而人口结构也会随之变化。国际大都市核心产业的构成和特征表现为以产业结构服务化、制造业内部高级化、现代服务业为主导。

综上所述，发达国家国际大都市的人口管理经验为我国都市圈的发展提供了很好的借鉴。各城市人口规模的增长更多地取决于地方政府的经营与管理方法，以及人口实现空间集聚的社会经济背景。[1] 20世纪以来，大多数发达国家国际大都市人口总量和分布格局的形成主要基于市场，政府很少加以控制和管理，但是也有一些国际大都市圈政府介入了人口的管理。西方国家并没有户籍管理制度，人口可以随意在各处流动，都市圈的形成完全是市场自发行为，市场调整手段主要是生活成本和工作压力。越是都市圈核心区域，生活成本（其中最主要是住房成本）和工作压力越大，故只有那些具有很顽强的生存能力或者有很高的人力资本水平的各类优秀人才才有可能生活于都市圈的核心区域。以东京都市圈为例，越是处于核心区域，则房价越高，无论是买或是租，都是一笔巨大的经济负担，故而就促使许多收入不高者纷纷往外围区域迁移。

---

① 陆军等：《世界城市·研究：兼与北京比较》，中国社会科学出版社2011年版，第70页。

（二）发展中国家的国际大都市及其问题

发展中国家因为人口众多，也会在一些城市聚集形成有相当规模的都市圈。例如，墨西哥城、印度的孟买以及印度尼西亚的雅加达等都市圈在国际上也都有一定影响。不过更为世人所关注的是发展中国家大都市因为人口规模失控和产业结构不合理而导致的城市问题，其中最重要的是就业、贫困和环境问题。

人口规模失控，就业问题突出。拉美和南亚国家的大都市圈发展的实践告诉我们，由于缺乏科学有序的人口管理政策，导致人口流入失控，失业问题加剧。这些国家在投资、住房、工资和福利等方面实行向大城市大幅度倾斜的政策，人为地增强了大城市的吸引力，人口大量地聚集于城市。这些国家尚处于工业化阶段时，由于缺乏充分工业化的支撑，无法实现产业化的就业。大多数人只能从事低端服务业，更多的人则面临着失业。在许多发展中国家的城市中，劳动力的供给已远远超过需求，结果造成城市地区极高的失业率和就业不足率。

2010 年墨西哥都市圈拥有 2140 万人口，圈内人口密度达到每平方公里 2784 人。受 20 世纪末金融危机的持续影响，墨西哥都市圈第二产业迅速收缩，转变成以第三产业为主导的产业结构。失去了第二产业支持的第三产业大多数以低端服务业为主，居民的收入增长缓慢。据统计，墨西哥城市圈约有 59.4% 的人口生活在贫困线以下，约 22% 的人居住在贫民窟，失业率为 6.3%。在印度，受宗教文化的影响，许多人认为子女越多越好，甚至印度政府也对拥有较多子女的家庭在教育和福利等方面给予一定的优惠政策，这更加鼓励人们多生育子女，因此印度的人口规模失控，随着大量的人口涌入城市，在城市中形成了越来越多的贫民区。[①] 这表明，没有就业支撑的人口积聚往往会给城市管理带来诸多问题，特别是在失业和都市高生活成本的双重压力之下造成的城市贫困问题，势必会带来一系列的城市管理问题。在许多发展中国家的城市中，贫民区的居民甚至超过城市总人口的 60%。

---

① Government Population Control Policies – "（Don't）Practice What You Preach!", http：//www.youthkiawaaz.com/2011/04/indian – govt – population – control – policies/.

表5-6　　　　　　　　　　　发展中国家国际大都市圈比较

都市圈	人口总量（万）	人口密度（人/平方公里）	人口占全国比例（%）	GDP占全国比例（%）
墨西哥城	2140[1]	2784[1]	18	35
孟买	2074[2]	4762[2]	1.71	5
雅加达	2800[1]	4384[1]	11.76	34.3[3]
圣保罗	1989	2517[2]	10.4	
德里	2175[2]	5845	1.79	

注：1. 2010年数据；2. 2011年数据；3. 2005年数据。

　　过度城市化带来环境问题。由于城市和国家的经济实力不雄厚，市政建设、住宅建设、环境建设不完善，与城市化水平不同步，从而导致许多城市病的产生，例如环境污染、能源和资源紧张等。以墨西哥城为例，人口的迅速聚集和汽车尾气的排放，使得墨西哥城的环境污染非常严重。由于墨西哥城三面环山，污染一旦形成则不容易随风吹散，而是聚集在城市上空。20世纪80年代针对世界12座大城市区域的研究结果表明，墨西哥城居民血液中含的铅和镉成分最高。按照世界卫生组织的标准，墨西哥城70%的儿童的血液含铅量已到了异常高的水平。城市人口过度扩张，使得墨西哥城区水资源极为紧张。过度抽取地下水，也使得墨西哥城内一些区域面临着塌陷的危险。

　　可见，发展中国家国际大都市的发展模式又为我国都市圈的发展提供了反面的经验教训。首先，城市化一定是建立在充分工业化之上的，否则就会因过度城市化而带来一系列的问题。其次，国家政策不应过分向城市倾斜，否则容易导致人口过度向城市集中，引发城市就业与贫困问题。发展中国家的城市化政策往往注重在城市中提供更多的服务设施与就业机会，导致了经济机会在地域上的严重失衡，并造成农村人口不断加速涌入城市地区，使城市急剧膨胀，过度城市化也就不可避免。

二　都市圈内部的人口分布

（一）都市圈人口布局呈圈层式结构和核心外围模式

从人口分布的角度来看，国际大都市都呈现从中心向外围扩张的态势，逐渐形成规律性的空间结构。有研究认为，国际大都市圈大致上可以由内而外地划分成四个圈层：中心城市（1万—2万人/平方公里）；大都市区（0.5万—1万人/平方公里）；大都市圈或大都市扩展区（1000—2500人/平方公里）；大都市带或者大都市连绵带（1000—2500人/平方公里）。实际的人口布局虽并不完全如此，但基本上呈现出明显的圈层结构。

表5-7   伦敦大都市圈2007年中人口密度

	面积（平方公里）	人口（万人）	人口密度（人/平方公里）
内伦敦	319	3000.3	9396.6
外伦敦	1253	4556.6	3637.2
伦敦	1572	7556.9	4807.0

资料来源：《伦敦统计年鉴2009》。

越是内城区域，其面积越小，但人口密度越高；越是外城区域，其面积越大，而人口密度则远低于内城区域。以伦敦为例，2007年中的统计数据表明，内伦敦的人口密度为每平方公里9396.6人，而外伦敦人口密度则迅速降至3637.2人。

在许多大都市里，人口的空间分布呈现典型的核心外围模式，或者说是离心模式，即内核人口密集，而外围人口相对稀疏。印度首都新德里的人口空间分布模式就是一个典型的核心外围模式，以人口密度来衡量，很明显，核心城区是最为密集的，然后是外围的城区，最后是郊区。纽约大都市圈人口分布呈现以曼哈顿区为主体的中心向四周递减趋势。但是如果从人口增长的角度来看，情形恰好相反，越是外围地区，人口增长越快，越是核心区域，人口增长越缓慢。从劳动参与率指标来看，越是核心城区，劳动参与率越高，越是外围地区，劳动参与率越低。而且，从劳动力的男女比例来看，也是呈现核心向外围的递减趋势。由于核心区有着密集的各种劳动力，相应地，商业与服务业领域的劳动力也会跟上，即这一领域的劳动力空间分布也呈现由核心向外围递减的模式。

从大的地理单元来看，人口的动态演进呈现自我强化的趋势。以美国为例，1980—1996年，该国都市圈人口的空间分布呈现明显的结构性变化，越是人口密集的地区，其人口密度得到进一步的提高，即所谓的"密集化"现象。而越是人口稀疏的地区，其人口密度则进一步下降。

（二）都市圈人口出现"郊区化"现象

与城市产业结构调整相伴随的一个现象是"逆城市化"（counter – urbanization），或者说是郊区化。所谓逆城市化是指城市经过长时期的成长之后，开始一个相反的发展方向，即在某一地区城市化程度开始降低，特别表现在大城市人口的向外扩散。也就是说，经过人口的相对集中于大城市之后，产生的人口向外迁移、向外流动的现象。郊区的成长，一方面是城市工业向外迁移的后果，和城市人口向外迁移的结果。另一方面即第二个方向，是远郊农村人口大量向近郊区移动。特别是在城乡接合部，所谓"城中村"的现象。

美国的郊区化从 19 世纪开始，"二战"之后大量出现。美国的交通十分发达完善，道路建设直接促进了郊区的成长。早期的郊区化是以居住为主要目的，后来渐渐演变。到了 20 世纪八九十年代，郊区包括了工业、商业、办公等，具有多元化的用途，美国纽约大都市圈的布法罗—尼亚加拉城市带就有大量的私人投资转移到城郊区，从而吸引了大量的就业转移到城郊。到了 90 年代，郊区几乎是直接挑战城中心的经济领导位置。美国布法罗—尼亚加拉城市带隶属于纽约大都市圈，自 20 世纪 90 年代以来，逆城市化的趋势非常明显，整个 90 年代，美国大都市的人口增长了 13.9%，但布法罗—尼亚加拉城市带中心区的人口却减少了 1.61%，而减少的人口基本上都迁移到了城郊区。现如今，布法罗—尼亚加拉城市带 64% 的人口都居住在郊区。

20 世纪 60 年代以后，伦敦都市圈出现了明显的"逆城市化"趋势，内城人口负增长，而具有城市特征的周边与外围地区人口却大幅度增长，这表明越来越多的人口从内城流向外城。

（三）国内人才向外圈迁移，国际人才向内圈迁移

从迁移的角度来看，国际大都市圈由于竞争激烈，生存压力巨大，故而造成迁移的流向在国内人才和国际人才之间的显著差异。大量的人口从国际大都市圈迁出，迁往该国其他区域，而与此同时也有大量的人口从国外迁入大都市圈内，以寻找更好的工作和生活机会。

　　纽约大都市圈除了主城区以外，外围区域较大，由内而外可进一步分成三个区域，分别称为内环、中环和外环区域。因此人口分布与流动的统计也可以分层分区计算，据此可以分析纽约大都市圈内人口分布的特征。

表 5 - 8　　　　　　　　　纽约大都市圈国内国际人口迁移对比

单位：人

都市圈区域	2000 年 4 月 1 日迁移数量	2004 年 7 月 1 日迁移数量	2005 年 7 月 1 日迁移数量	国内迁移	国际迁移	净迁移
城区	8008278	8164706	8143197	− 808552	511018	− 297534
内环	5067270	5112038	5102540	− 301758	209708	− 92050
中环	5792181	6012719	6032169	− 125787	179638	53851
外环	2494068	2609579	2625717	60761	39292	100053
总计	21361797	21899042	21903623	− 1175336	939656	− 235680

资料来源：http：//www. demographia. com/db − nycmigra. htm。

　　可以看到，纽约大都市圈内迁移人口结构呈现国内迁移与国际迁移流向不同的特征。在纽约大都市圈的城区、内环和中环区域，国内迁移人口中，迁出人口大于迁入人口，结果是人口净迁出，而且城区净迁出人口远多于内环区域，而内环区域净迁出人口又远多于中环区域，在外环区域，迁入人口大于迁出人口。国际迁移人口中，呈现的是净迁入效果，即迁入人口远多于迁出人口，而且越是中心城区和内环区域，国际净迁入人口越多，这表明国际人才的竞争力更高。

表 5 - 9　　　　　　　　　纽约大都市圈国内国际人口迁移变化

都市圈区域	2000—2005 年均人口变化	2004—2005 年均人口变化	内部迁移占 2000 年人口比例	国际迁移占 2000 年人口比例	净迁移占 2000 年人口比例
城区	0. 37%	− 0. 26%	− 10. 10%	6. 38%	− 3. 72%
内环	0. 17%	− 0. 19%	− 5. 96%	4. 14%	− 1. 82%
中环	0. 73%	0. 32%	− 2. 17%	3. 10%	0. 93%
外环	0. 88%	0. 62%	2. 44%	1. 58%	4. 01%
总计	0. 48%	0. 02%	− 5. 50%	4. 40%	− 1. 10%

资料来源：http：//www. demographia. com/db − nycmigra. htm。

从比例数来看，纽约大都市圈的外环区变化最大，其次是中环区。从国内国际人口的变动率来看，很明显，基本的趋势还是国内人口往外迁移，而国际人口往内迁移。以城区为例，内部迁移的比例为 -10.10%，而国际迁移的比例为6.38%，两者综合的结果是城区人口减少。

表 5 - 10　　　　　　　　伦敦 2001—2007 年人口变化分析

单位：万人

年份	自然变化	国内迁移				国际迁移			总净迁移	其他变化
		迁入	迁出	净迁移	迁入	迁出	净迁移		
2001—2002	47.0	156.0	254.2	-98.1	182.1	91.5	90.6	-7.5	-0.2
2002—2003	51.0	152.5	262.9	-110.3	172.6	110.9	61.7	-48.5	0.1
2003—2004	55.2	151.6	267.8	-116.1	179.6	94.2	85.5	-30.7	0.4
2004—2005	60.4	157.6	246.9	-89.2	187.7	93.9	93.8	4.6	2.0
2005—2006	66.0	163.1	243.7	-80.5	170.4	100.5	69.9	-10.6	0.9
2006—2007	73.0	167.0	248.4	-81.4	172.1	120.9	51.2	-30.2	1.7

资料来源：《伦敦统计年鉴2009》。

以伦敦为例，在2001—2007年期间，伦敦大都市圈人口稳步增长，但本地人口外迁数量大于迁入数量，国际人口迁入数量大于迁出数量。伦敦人口增长的主要动力来自于原有人口基数的机械变动。例如，2008—2009年期间，人口的自然增长使伦敦增加了7.8万人，而迁移则使伦敦增加了0.8万人。[1]

从伦敦国内人口迁移的情况来看，统计数据表明，自2002年以来，人口从伦敦迁到英国其他地方的数量远大于从其他地方迁入伦敦的数量，因此，伦敦国内人口迁移的效果是人口净迁出。

从迁移人口的年龄结构来看，2006—2007年期间，16—24岁年龄组的人口迁入伦敦的数量大于从伦敦迁出到英国其他地方的数量，结果是这个年龄组的人口呈现净迁移到伦敦的效果。其他年龄组的迁移人口都是从伦

---

[1] Focus on London 2010: Population and Migration, http: //data. london. gov. uk/datastore/applica-tions/focus – london – population – and – migration.

敦迁移到英国其他地方的数量远大于从英国其他地方迁移到伦敦的数量，呈现净迁出伦敦的效果。从某种程度上说，16—24 岁年龄组的人属于刚刚进入劳动力市场的人群，他们年轻气盛，容易在职场上有积极冒险精神。最新的统计数据表明，截至 2009 年中，仅有 20—29 岁年龄组的人是净迁移到伦敦的人群。相反，25—44 岁这个年龄段的人群通常已经在劳动力市场上经历了数年时间，更加容易确定自己的职场定位。15—64 岁年龄组从伦敦迁移到英国其他地方的数量也远大于从其他地方迁移到伦敦的数量。而 0—15 岁的年龄组大多数尚未进入劳动力市场，他们的迁移很大程度上是跟随家庭。

表 5 – 11   2006—2007 年期间伦敦与英国其他地方人口迁移年龄分布

单位：万人

年龄组（岁）	英国其他地方迁移到伦敦	伦敦迁移到英国其他地方	净迁移到伦敦
0—15	15.4	40.6	− 25.2
16—24	59.0	46.8	12.2
25—44	77.7	105.6	− 27.8
45—64	12.1	32.2	− 20.1
65 +	4.2	13.7	− 9.5
所有年龄组	168.4	238.9	− 70.5

资料来源：根据《伦敦统计年鉴 2009》计算。

而 65 岁以上的人口大多数已经在劳动力市场上没有竞争力，故而他们大多数会选择离开伦敦到英国其他地方，从表 5 – 11 中可以看到，65 岁以上人口从伦敦迁移到英国其他地方的数量是英国其他地方迁移到伦敦数量的三倍多。

三 国际都市圈人口变化对我国都市圈的启示

国际都市圈人口变化的经验给我国都市圈发展提供了有益的启示，主要体现在以下几个方面。

第一，城市的发展应将人口（劳动力）结构优化和充分就业作为人口管理的基本准则。都市圈吸纳了大量的外来人才，使得城市圈内的人口结构得以优化，从而起到提升都市竞争力的积极作用。反过来说，都市圈人口变迁的另一个后果是缺乏竞争力的人口和劳动力自然会迁出，为有竞争力的人口腾出位置。从城市人口管理的角度来看，以产业规划来进行人口优化，就已经在很大程度上实现了人口的有效管理。只要外来人口能够在城市内实现稳定就业，也就表明他们能够在城市生存，也就有他们存在的合理性。而且，恰恰是这种流动性保证了都市人口的年轻化，高素质化和高竞争力，才能够促进都市经济的快速发展。

第二，实现不同地区之间的社会保障连接，促进都市圈圈内人口的通畅流动，引导人口从城市中心区域向外围区域迁移。国际都市人口分布和结构变化的经验表明，当都市圈内的人口因为技能或年龄等原因失去竞争力之后，他们会选择向都市圈外围迁移，或者向其他地区迁移。但这种情形在国内比较少，主要的障碍就在于养老、医疗等社会保障措施无法实现在城市和区域间的转移，使得人们无法实现自由迁移，从而促使都市人口规模迅速增长，甚至呈现失控的局面。如果社会保障措施能够实现异地衔接，则势必会促成都市圈或者城市群内人口的流动，更好地实现人口的自我调整，使城市和都市圈始终保持较高的竞争力，同时也可以避免城市人口失控局面。

第三，通过产业布局调整来带动人口流动，缓解都市圈内人口过密而造成的压力。国际大都市圈的经验表明，许多大都市都是通过产业布局的区域调整来推动人口流动的，制造业和加工业陆续都要向外围区域迁移，而信息技术等高端服务业则向中心城区迁移，实现大都市的再城市化过程。尽管目前我国各个经济圈还尚未出现从郊区化向中心城区化回归的迹象，但是国际大都市的经验都表明，在达到一定阶段后会有这一转折点，故而我国各个经济圈应及早做好产业布局调整，以利于未来顺利实现转变。

第四，积极推动都市圈的人才国际化，带动竞争力的提高。国际经验表明，人才是城市和都市经济发展的关键所在，而人口结构的优化则是城市和都市维持较高竞争力的积极推动力。在当前的世界经济形势下，我国经济的稳健发展堪称一枝独秀，吸引了世界的目光，许多国际人才纷纷到我国发展，这为我国城市化和经济注入了积极的力量。以首都经济圈为例，首都北京是经济圈的核心，具有吸纳国际人才的地理和政治优势，因此在吸引国际人才方面若能够采取积极的举措，则势必可以吸引许多国际人才，从而为首都经济圈的发展提供丰富的国际人才储备。

第五，避免无就业基础的城市人口膨胀及由此而造成的城市问题。发展中国家国际大都市多数都呈现因无就业人口大量涌入城市而形成城市分层及贫民区现象，从而引发许多城市问题。我国都市圈在发展过程中应努力避免和克服这些城市问题。以首都经济圈为例，首都经济圈人口分布非常不均匀，以北京城区为核心的小部分区域人口过密，故而人口压力巨大，而广大的城郊区域和周边县市整体上还有很大的吸纳人口的空间。对于首都经济圈而言，重要的一点是要努力疏解北京城区人口，特别是引导北京城区人口向郊区及周边县市流动，一方面缓解城区人口过密的压力，另一方面也是为了更好地促进和推动郊区及周边县市经济的发展。

第六，加快都市圈内落后地区经济的发展，推动以核心区人口向外围扩散。经济发展程度是人口聚焦的一个重要风向标，越是经济发达的区域，人口越集中。因此，为了缓解我国各个经济圈中心区域人口过密的问题，需要加快周边区域经济发展的节奏，通过产业转移和采取积极的政策扶持来促进这些区域经济的发展，从而吸纳中心城区人口，缓解中心区域人口过密而造成的压力。

参考文献

1. ［英］巴顿：《城市经济学——理论与政策》，商务印书馆 1984 年版。

2. 陈明、彭桂娥：《美国 150 年城市发展历程及其对我国城市发展的启示》，《经济问题探索》2004 年第 8 期。

3. 法国统计研究所：《2011 年巴黎都市区关键数据》。

4. 付恒杰：《日本城市化模式及其对中国的启示》，《日本问题研究》2003 年第 4 期。

5. 高珮义：《中外城市化比较研究》，南开大学出版社 1992 年版。

6. 高珮义：《国外关于城市化理论研究的概括》，《北京社会科学》1990 年第 4 期。

7. 高强、董启锦、史磊：《巴西农村城市化的进程、特点和经验及其启示》，《世界农业》2006 年第 4 期。

8. 顾杨妹：《"二战"后日本人口城市化及城市问题研究》，《西北人口》2006 年第 5 期。

9. 黄柯可：《人口流动与美国城市化》，《世界历史》1996 年第 6 期。

10. 孔凡文、许世卫：《中国城镇化发展速度与质量问题研究》，东北大学出版社 2006 年版。

11. 李瑞林、李正升：《巴西城市化模式的分析及启示》，《城市问题》2006 年第 4 期。

12. 陆军等著：《世界城市·研究：兼与北京比较》，中国社会科学出版社 2011 年版。

13. 马裕祥：《日本城市化及其中心城市的空间结构模式》，《浙江经济》1997 年第 3 期。

14. 饶会林：《城市经济学》，东北财经大学出版社 1999 年版。

15. 盛广耀：《城市化模式及其转变研究》，中国社会科学出版社 2008 年版。

16. 孙群郎：《美国城市郊区化研究》，商务印书馆 2005 年版。

17. 王志燕：《美国区域性城市化比较研究》，《现代城市研究》2007 年第 9 期。

18. 邬仓萍等著：《〈世界人口〉纲要》，中国人民大学出版社 1987 年版。

19. 徐和平、蔡绍洪：《当代美国城市化演变、趋势及其新特点》，《城市发展研究》2006 年第 5 期。

20. 张国骥：《解读美国城市化的基本思路和经验》，《求索》2003 年第 6 期。

21. 郑菊芬：《关于城市化理论研究的文献综述》，《现代商业》2009 年第 11 期。

22. 中国科学院经济研究所世界经济研究室编：《主要资本主义国家经济统计集（1948—1960）》，世界知识出版社 1962 年版。

23. 周凯来：《现代化论、城市偏向论和经济依赖论——当代西方的三种人口城市化与经济发展理论》，《人口与经济》1990 年第 5 期。

24. 诸大建：《从国际大都市的空间形态看上海的人口与发展》，《城市规划汇刊》2003 年第 4 期。

25. Craig D. Rogers, "Shifting Spatial Patterns of a Monocentric Metropolitan Area: The Evolution of an Employment Cluster in the Buffalo – Niagara Falls, New York Metropolitan Statistical Area (MSA): 1990 – 2000", *Journal of Business & Economics Research*, Vol. 5 (10), pp. 73 – 84.

26. Demographics of Mexico, http://en. wikipedia. org/wiki/Demographics_ of_ Mexico.

27. Dupont, Véronique; Mitra, Arup. , "Population Distribution, Growth and Socio – economic Spatial Patterns in Delhi: Findings from the 1991 Census Data," *Demography India*, Vol. 24, No. 1, Jan – Jun 1995, 101 – 32 pp. Delhi, India.

28. Focus on London 2010: Population and Migration, http://data. london. gov. uk/datastore/applications/focus – london – population – and – migration.

29. Government Population Control Policies – "(Don't) Practice What You Preach!", http://www. youthkiawaaz. com/2011/04/indian – govt – population – control – policies/.

30. Henderson, J. V. , How Urban Concentration Affects Economic Growth, The World Bank Policy Research Working Paper 2326, 2000, Washington D. C.

31. James Fonseca, David Wong, "Changing Pattern of Population Density in United States", *Professional Geographer*, 52 (3), 2000, pp. 504 – 517.

32. Lampard, E. E. , "The History of Cities in the Economically Advanced Areas", *Economic Development and Cultural Change*, 2 (3), pp. 81 – 102.

33. Renaud B. , *National Urbanization Policy in Development Countries*, Oxford University Press, pp. 17 – 18.

第六章 中国的城镇化:现状与问题

本章主要阐述城镇化的定义及中国城镇化的发展历程,试图从历史演变中来探讨中国城镇化的问题,特别是针对中国城镇化的适度性进行分析,并在此基础上深入剖析中国城镇化发展过程中出现的问题,提出可能的政策建议。

第一节 城镇化的定义与简要历程

顾名思义,城市化是指由于工业化、现代化而引起的人口向城市集中的过程,是经济发展各种要素空间集聚与重新分布的过程(胡鞍钢,2003)。也有的学者称之为城镇化、都市化,是由农业为主的传统乡村社会向以工业和服务业为主的现代城市社会逐渐转变的历史过程,具体包括人口职业的转变、产业结构的转变、土地及地域空间的变化。

简单来说,城镇化就是城镇人口占全部人口比例不断增加的过程。然而,从全世界来看,至今仍然没有一个共同的有关城市的定义,从而导致城市化水平因统计口径不同而存在差异。正因为如此,世界各国城市化水平严格说来很难直接进行比较。中国使用的是城镇人口的概念,有关城镇人口的统计口径也发生了多次变化,这里有必要对此进行简单梳理。

一 城镇人口的定义

中国的城镇人口可以被大致分为两类:一类为居住在"市"的人口,另一类为居住在"镇"的人口,然而,并非所有居住在"市"和"镇"的人口都属于城镇人口。只有那些居住在"市"的城区人口和居住在"镇"的镇区人口才被称为城镇人口。居委会和村委会是组成城区和镇区的最基本空间单元。一旦某个居委会或村委会被划定为城区或镇区,则其常住人口就会被全部统计为城镇人口。

　　"市"和"镇"在中国既属于城市节点，也具有行政区划方面的含义。按照中国行政区划，"市"被划分为三个级别，分别是直辖市、地级市和县级市，其中直辖市在区划上相当于省，地级市介于省和县之间，县级市与县同级。① 一般来说，地级以上城市会设立市辖区（下辖镇和街道），直辖市的市辖区与地级城市同级，地级市的市辖区与县同级。县级城市不设立市辖区，其城区为县级政府驻地基础设施覆盖到的镇或街道办事处。作为城市体系的节点，"镇"在行政级别上低于县级市，属于县级单位管辖的区域。因此，中国的城市体系实际上可以分为四个级别或者节点，分别是直辖市、地级市、县级市和镇。图 6-1 是中国城市体系节点和城镇人口的构成。

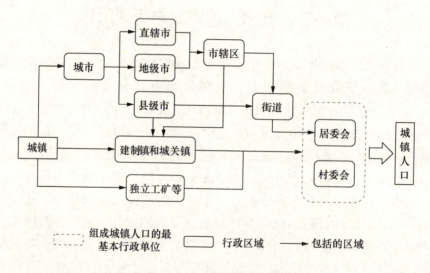

图 6-1　中国的城市体系和人口构成

　　"市"和"镇"的设置在中国有专门的规定。1954 年《国务院关于设置市、镇建制的决定》是第一部有关城镇设置标准的法规。至今，城镇区

---

　　① 不同层级的城市一般是根据其经济和人口规模大小来划分的。地级以上城市是区域的概念，下辖市辖区、县和县级市。直辖市有四个，分别是北京、天津、上海和重庆。地级城市有 283 个，县级城市 370 个。

划的调整主要有三次：第一次调整为20世纪60年代初。当时，中国经历严重的自然灾害和经济困难，农业产量无法满足当时城镇人口的粮食需求，为减少城镇人口，政府提高市、镇设立标准，致使市、镇数量在较长时期内几乎没有增加。第二次调整为20世纪80年代中期。改革开放后，中国经济得到迅速发展，很多乡村地区发展成为人口聚集区。为适应经济发展需要，政府分别于1984年和1986年放松了建制市和镇的设立标准，使得市、镇的数量和人口迅速增加。第三次调整为1999年和2001年，国家进一步放宽建制市和镇的设置标准，市辖区和建制镇的数量和人口大幅增加。

中国现行市、镇设立标准包含人口总量、密度、经济规模、财政收入和基础设施建设等多个方面指标。其中，县级市升级为地级市的要求是：非农业人口不低于15万，市政府驻地非农户籍人口不低于12万，第三产业占GDP的比重不低于30%。县改市（县级市）的标准则按人口密度不同分两种情况：（1）如果人口密度超过400人/km^2，则要求非农就业不少于8万，就业比重不低于30%；（2）如果人口密度在100—400人/km^{2}之间，则要求非农就业不低于12万，比重高于25%。不过，对于如何撤乡合并为建制镇，国家未给出定量、统一的标准，各地方县级政府可以根据自身发展需要自行设定。

鉴于市和建制镇都是行政区划概念，都包括了农村区域，所以，要统计城镇人口还必须确定城区和镇区的空间范围，这实际上就是如何划分城乡的问题。1949年以来，中央政府对城乡界限的划分进行了多次调整，其基本方向是使市、镇概念更加贴近功能城市的含义。中国现行的城乡划分标准依据是2008年出台的《统计上划分城乡的规定》。2010年人口普查有关城镇人口的定义即采纳这一标准。按照此规定，城镇地区包括城区和镇区：城区是指市辖区和不设区的市，政府驻地实际建设连接到的居委会和其他区域；镇区是指城区以外县人民政府和建制镇的政府驻地实际建设连接到的居民委员会和其他区域。实际建设连接是指已建成或在建的公共设施、居住设施和其他设施服务到的范围。该标准以实际建设作为判断城镇和乡村界限的标准，完全以功能城市地域的标准来划分城乡，这与国际通行的标准比较接近。表6-1总结了过去近60年中国城乡划分和城镇人口统计口径的变化。

表 6 - 1 城乡划分及城镇人口统计口径的主要变化

时间	文件	统计上划为市、镇的标准	城镇人口
1955	《关于城乡划分标准的规定》	(1) 市政府和县以上政府所在地 (2) 常住人口在 2000 人以上，居民 50% 以上都是非农业人口的居民区 (3) 工业企业、铁路站、工商中心等人口超过 1000 人，非农业人口超过 75%	城市、集镇和城镇型居民区。居住在这些城镇的总人口，包括农业与非农业人口
1963	《中共中央、国务院关于调整市镇建制、缩小城市郊区的指示》	严格设市标准，缩小市郊区范围（郊区必须是城市建设必需的地区、靠近市区的职工聚集区、副食生产基地、市区中的农业飞地等）。聚集人口规模超过 3000 人，非农业人口超过 70%，设建制镇	包括市区和郊区人口的非农业人口，以及建制镇的非农业人口
1953、1964、1982	第一、二、三次人口普查	市、镇辖区按 1963 年标准划定	市、镇辖区内的全部常住人口
1990	第四次人口普查	按照 1984 年和 1986 年镇和市划分标准	设区市的市辖区人口、不设区市所辖的街道人口、不设区的市的镇和县所辖的镇居委会人口
1999	国家统计局《关于统计上划分城乡的规定（试行）》（第五次人口普查应用）	(1) 人口密度超过 1500 人/km² 的市辖区行政区 (2) 人口密度不足 1500 人/km² 的市辖区政府驻地，区辖其他街道办事处或城区建设延伸到的镇乡 (3) 不设区市政府和市辖街道办事地域以及城区处延伸到的周边建制镇（乡）的全部行政区域	城镇范围内的全部常住人口
2006	《关于统计上划分城乡的暂行规定》的说明	(1) 主城区：街道办事处所辖的居民委员会地域；与城市公共、居住设施相连的其他村级地域 (2) 城乡接合区：与城市公共设施、居住设施等部分连接的村级地域 (3) 镇中心区：非城区的镇所辖居民委员会地域；与镇连接的公共、居住设施完全连接的其他村级地域 (4) 镇乡接合区：与镇公共、居住设施部分连接的村级地域 (5) 特殊区域：3000 人以上的工矿、开发区等	居住在主城区、城乡接合区、镇中心区、城乡接合区和特殊区域之中的常住人口

续表

时间	文件	统计上划为市、镇的标准	城镇人口
2008	《统计上划分城乡的规定》 (第六次人口普查应用)	城镇包括城区和镇区。城区是指在市辖区和不设区的市、区、市政府驻地的实际连接到的居民委员会和其他区域。镇区是指城区以外的县人民政府驻地和其他镇，政府驻地实际连接到的居民委员会和其他区域	居住在城区、镇区及其他区域中的常住人口

注：1990 年第四次人口普查城镇人口统计口径来自于弘文 (2002)。

资料来源：根据国家出台文件整理。

二　城镇化简要历程:1949—2010 年

新中国成立之初，中国只有 86 个城市，城镇化水平仅 10.6%，远低于当时世界平均城镇化水平。到 2010 年，中国城镇化率已经接近 50%，城镇人口规模比 1949 年增加了 6.1 亿。从 1949 年至今的 60 多年中，受经济发展环境和政策变化的影响，中国城镇化表现出一个曲折发展的过程，我们可以大致把这一过程划分为四个阶段（见图 6 - 2）：

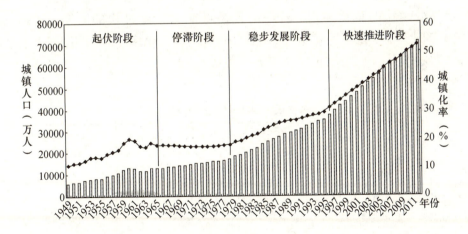

图 6 - 2　中国城镇化发展历程（1949—2012 年）

资料来源：根据《2013 年中国统计年鉴》数据计算。

第一阶段，起伏阶段（1949—1965 年）。1949—1958 年，中国经历战乱之后，国家十分重视经济发展，为保障城市工业发展所需劳动力的充分供给，政府鼓励农村劳动力向城市流动。这一时期，城镇化率提高较快，城镇人口和城镇化率年均增长分别为 551 万人和 0.62 个百分点。1959—1966 年间，受经济发展战略失误、自然灾害严重以及周边政治局势紧张的影响，中国工业化和城镇化受到很大影响。其中 1959—1963 年间城镇人口缩减了 725 万人，城镇化率下降 1.6 个百分点。

第二阶段，停滞阶段（1966—1978 年）。这一时期，中国经历了"文化大革命"，城镇化进程基本停滞。这一时期，城镇年平均增加人口 328 万人，城镇化率仅提高了 0.06 个百分点。

第一阶段和第二阶段都表现出曲折发展的特征，这与同期的城市化政策密切相关。

第三阶段，稳步发展阶段（1979—1995 年）。改革开放初期，政府将经济建设作为工作中心，实施了一系列经济改革措施，推动了经济的快速发展，城镇化进展顺利。此阶段，城镇化率共提高 10.08 个百分点，年均提高 0.63 个百分点，年均增加城镇人口 1042 万人。

第四阶段，快速推进阶段（1996—2012 年）。该阶段中国全面建立起市场经济体制，实现了经济高速增长，产业结构不断升级，工业和服务业发展成为城镇化的重要力量。这一时期是城镇化速度最快的时期：1996—2012 年间，城镇化率提高超过 20 个百分点，城镇化率年均提高 1.38 个百分点，城市人口年均增加 2117 万人（见表 6 - 2）。

表 6 - 2　　　　　　　　各阶段中国城镇化速度比较

起止年份	阶段特征	城镇化率变化（%）	城镇化率年平均增加幅度（%）	年平均新增城市人口（万人）
1949—1965	起伏阶段	7.34	0.62	550.67
1966—1978	停滞阶段	0.06	- 0.03	327.66
1979—1995	稳步发展阶段	10.08	0.63	1042.44
1996—2012	快速推进阶段	22.09	1.38	2117.37

资料来源：根据《中国统计年鉴（2013）》数据计算。

随着经济增速减慢、农村劳动力流出减少等原因，中国的城镇化速度今后有可能会略有放缓。根据《"十二五"规划纲要》的预测，"十二五"期间城镇化率将提高 4 个百分点，低于"十一五"期间的增长率。从实际情况来看，在东部一些发达地区，近年来城镇化减速趋势已经十分明显。江苏 1997—2005 年间城镇化率平均每年提高 2.6 个百分点，而此后的 2006—2009 年则只有 1.3 个百分点；同期，浙江城镇化率年均增长率则从 1.5 个百分点降低到 0.5 个百分点左右。

中国城镇化过程中出现的阶段性和曲折历程，与当时的城镇化政策有着密切的关系。从新中国成立之初到改革开放前，我国没有形成明确的城市发展方针，仅仅出台了与人口迁移有关的几项条例和规定，并对市镇设置标准做了几次修订。

在城乡人口迁移方面，1953—1978 年实行的是严格限制农村人口向城市迁移的政策。1953 年前政务院首次发出《关于劝止农民盲目流入城市的指示》，1956 年和 1957 年国务院又连续公布《关于防止农村人口盲目外流的指示》和《关于制止农村人口盲目外流的指示》，但都收效甚微。直至 1958 年 1 月，全国人民代表大会常务委员会第 9 次会议通过了《中华人民共和国户口登记条例》，对人口迁移做了限制性规定："公民由农村迁往城市，必须持有城市劳动部门的录用证明、学校的录取证明，或城市户口登记机关准予迁入的证明，向常住地户口登记机关申请办理迁出手续。"这一条例从立法程序上正式建立了中国的城乡隔离制度，标志着人口在农村与城市之间不能再自由迁移。1964 年国务院批转了公安部《关于户口迁移政策的规定》，再次强调严格控制迁入城市的人口政策，这些政策对我国的城市化进程起了明显的阻碍作用。

在市镇设置方面，中华人民共和国成立初期，规定人口在 5 万以上的城市可以准予设市；1951 年年底政务院在《关于调整机构和紧缩编制的决定》中，规定人口在 9 万以上可以设市；1955 年 6 月国务院第一次颁布了《关于设置市、镇建制的决定》，标志着我国市、镇设置有了具体的法规依据。其中规定："市，是属于省/自治区/自治州领导的行政单位。聚居人口十万以上的城镇，可以设置市的建制。镇，是属于县、自治县领导的行政单位。县级或县级以上地方国家机关所在地，可以设置镇的建制。不是县级或县级以上的国家机关所在地，必须是聚居人口在 2000 以上，有相当数量的工商业居民，并确有必要时方可设置镇的建制。少数民族地区如有相当数量的工商业居民，聚居人口虽不及 2000，确有必要时，亦得设置镇的建制。镇以下不再设乡。同时，还规定工矿基地，规模较大、聚居人口较多，由省领导的，可设置市的建制。工矿基地，规模较小、聚居人口不多，由县领导的，可设置镇的建制。"1963 年 12 月国务院下达了《关于调整设置市镇建制、缩小城市郊区的指示》，对上述标准作了较大修改。设镇的下限标准提高到聚居人口 3000 以上，非农业人口 70% 以上或聚居人口 2500—3000 人，非农业人口 85% 以上。设市的基本标准虽然没变，但基于"大跃进"期间城镇人口增加过猛，市镇建制增加过多，城市郊区偏大的倾向，对设市标准从严掌握。撤销了一批市建制，并且缩小了城市郊区范围，规定城市人口中农业人口所占比重一般不应超过 20%。因此，我国设市镇数在 1961—1965 年间大规模缩减，城市数量由 1961 年年底的 208 个减少到 1964 年年底的 169 个，建制镇减至 2902 个。1966—1978 年间，受"文化大革命"和大搞"三线"建设的影响，我国基本停止了城镇的设置。

改革开放以来，我国经历着由传统的农业社会向工业化、现代化社会转变，由计划经济体制向市场经济体制的转变。在这一过程中，我国城市的发展取得了举世瞩目的成绩，城市化政策也在不断的实践过程中逐步深化。

（一）城市建设方针的转变

1978 年，在第三次全国城市工作会议上，我国首次明确提出了城市发展方针，即"控制大城市规模，多搞小城镇"，并指出"控制大城市规模，主要是控制市区的人口和用地，而绝不是控制生产和各项事业的发展。大城市，尤其是特大城市，都是工业、高等院校和科研机构集中的地方，一定要充分发挥这些大城市的作用"。1980 年，国家实施"控制大城市规模、合理发展中等城市、积极发展小城镇"的方针。1989 年 12 月，我国颁布了《中华人民共和国城市规划法》，将城市化方针修改为"严格控制大城市规模，合理发展中等城市和小城市，促进生产力和人口的合理布局"。可以说，1978—1989 年我国城市化发展方针虽几经调整，但基调总体上是过度关注城市规模，忽略了城市的社会和经济发展问题。

1996 年后，我国城市化进程步入飞速发展阶段，第九个五年规划中提到："统筹规划城乡建设，逐步形成大中小城市和城镇规模适度，布局和结构合理的城镇体系。"1998 年 10 月，中共中央在《关于农业和农村工作若干重大问题的决定》中提出了"小城镇，大战略"的思路，进一步提升了小城镇发展的重要地位。2000 年中共中央、国务院出台了《关于促进小城镇健康发展的若干意见》，并提出了具体要求。小城镇的迅速发展，加快了我国城镇化进程。

进入 21 世纪，我国的城市发展方针发生了根本性转变，之前限制城市规模的方针由重视城市化的发展速度和不同规模城市的协调发展所取代。2001 年 3 月，我国"十五"规划提出"要不失时机地实施城镇化战略"，并指出推进城镇化要遵循客观规律，与经济发展水平和市场发育程度相适应，循序渐进，走符合我国国情、大中小城市和小城镇协调发展的多样化城镇化道路，逐步形成合理的城镇体系。有重点地发展小城镇，积极发展中小城市，完善区域性中心城市功能，发挥大城市的辐射带动作用，引导城镇密集区有序发展。2002 年，中共十六大将"城镇人口的比重较大幅度提高"作为我国全面建设小康社会的奋斗目标之一，并在报告中提出"要逐步提高城镇化水平，坚持大中小城市和城镇协调发展，走中国特色城镇化道路"。

2006 年 3 月，《中华人民共和国国民经济和社会发展第十一个五年规划纲要》单独列出了第 21 章"促进城镇化健康发展"，明确提出了"坚持大中小城市和小城镇协调发展，提高城镇综合承载能力，按照循序渐进、节约土地、集约发展、合理布局的原则，积极稳妥地推进城镇化，逐步改变城乡二元结构"的要求；同时，在分类引导人口城镇化、形成合理的城镇化空间格局、加强城市规划建设管理、健全城镇化发展的体制机制等方面提出了具体要求。"十一五"规划有力的实施，促进了我国城镇化的有序健康发展。

(二)　市镇建制政策

1984 年，国务院批转了民政部《关于调整建制镇的报告》，对镇的设置标准重新进行了修订，恢复县级政府所在地都设镇的规定；总人口在 2 万人以下的乡，乡政府驻地非农业人口在 2000 人以上；总人口在 2 万人以上的乡，乡政府驻地非农业人口占全乡人口 10% 以上的；或少数民族地区，人口稀少的边远地区、山区和小型矿区、小港口、风景旅游区、过境口岸等地，非农业人口虽不足 2000 人，确有必要，都可撤乡建镇。

1986 年，国务院批转民政部《关于调整设市标准和市领导县条件的报告》，对设市标准也作了较大调整，并第一次在市镇建制中加入经济指标，规定：（1）非农业人口 6 万以上（包括常住的务工、经商人员和常驻的机关与部队的人员），年地区生产总值超过 2 亿元，已成为地方经济中心的镇都可设市建制。少数民族和边远地区的重要城镇、工矿或科研基地、交通枢纽和边境口岸等城镇更可放宽条件。（2）总人口 50 万以下的县，县政府驻地所在镇的非农业人口在 10 万以上，常住人口中农业人口不超过 40%，年地区生产总值 3 亿元以上，可撤县设市。总人口超过 50 万的县，县政府驻地所在镇的非农业人口超过 12 万，年地区生产总值 4 亿元以上，才可撤县设市。少数民族地区的区、盟、自治州的驻地可放宽设市标准。（3）准予辖县的城市是：市区非农业人口超 25 万，年地区生产总值超 10 亿元，已成为地区政治、经济和科技文化中心，并对周围各县有较强辐射力和吸引力的城市。

市、镇建制标准的大幅度下降，使得我国市、镇数量直线上升，加上普遍推行"整乡改镇"、"以镇管村"和"撤县建市"、"县并市"的行政措施，市、镇的辖区范围迅速膨胀，导致我国的城镇人口统计出现了数量上的超常增长，按行政建制统计的城镇人口已不能反映中国城乡人口状况，完全失去实际意义。

1993 年国务院又批转了民政部《关于调整设市标准的报告》，对 1986 年的设市标准又作了调整，调整的重点是采取了分类指导的原则和增加了考察指标（见表 6-3），按人口密度确立了三个市镇设置标准，对中西部地区适当降低了要求。这一标准对于推动区域经济和城镇化发展起了积极作用。

1996 年 9 月，民政部下发了关于《中国设市预测与规划》的通知，指出《中国设市预测与规划》是今后设市的参考依据，制定了设市的内外条件和因素 14 大项共 35 个指标，其中除了人口和经济指标外，还加入了城市区位、区域资源、环境条件、基础设施、城镇建设条件等指标。至此，我国设市过热的倾向得到扭转，经过严格审查，部分地区进行了城市撤销合并，全国城市数从 1998 年开始逐年下降，从 1998 年的 668 个减至 2008 年的 655 个，这表明我国设市工作已逐步走上有计划发展的科学轨道。2008 年，民政部又开展了新一轮的中国设市预测与规划研究，新规划将继续推进我国设市工作的健康发展。

表 6-3　　　　　　　　　　　我国现行的设市标准

指标		县级市			地级市
		原来县的人口密度			
		>400 人	100—400 人	<100 人	
人口	县城镇人口中非农产业人口非农户口人口	≥12 万人≥8 万人	≥10 万人≥7 万人	≥8 万人≥6 万人	市政府驻地非农户口人口 >20 万人
	县总人口中非农产业人口及占比	≥15 万人≥30%	≥12 万人≥25%	≥10 万人≥20%	市区人口中非农产业人口 >25 万人
经济	全县乡镇以上工业产值占工农业总产值比例	≥15 亿元≥80%	≥12 亿元≥70%	≥8 亿元≥60%	市区工农业总产值 >25 亿元工业产值占工农业总产值 >80%
	全县 GDP	≥10 亿元	≥8 亿元	≥6 亿元	市区 GDP >25 亿元
	全县第三产业占 GDP	>20%	>20%	>20%	第三产业占 GDP >35%
	地方预算内财政收入	≥100 元/人≥6000 万元	≥80 元/人≥5000 万元	≥60 元/人≥4000 万元	地方预算内财政收入 >2 亿元
基础设施	自来水普及率	≥65%	≥60%	≥55%	
	道路铺装率	≥65%	≥55%	≥50%	
	排水系统	较好	较好	较好	

（三）户籍制度的改革

1984 年 10 月国务院发布了《关于农民进入集镇落户问题的通知》，开始允许那些有经营能力、有固定住所或在乡镇企事业单位长期务工、经商和办服务业的农民及家属在城镇落户。对于这些人，公安部门将其统计为非农业人口，但口粮自理，不享受计划供应的商品粮。这一通知标志着农民涌向城镇的大门逐渐开启，是一项历史性的改革，对城乡经济发展具有重要意义。

我国稳固的户籍制度继 1984 年进行首次较大改革之后，于 1997 年又开始了新一轮的改革。1997 年 6 月，国务院批转了《小城镇户籍制度改革试点方案》，并在有关省市进行了为期两年的试点；上海、广州、厦门等一些大城市也自行出台了类似"蓝印户口"、"居住证"制度等一些新政策，初步打开了农村人口入迁城市居住的大门。

随着城市化进程的推进，非户籍迁移人口成为一个庞大的社会群体，流动的农村人口已经成为城市的"事实居民"。因此，步入 21 世纪后，我国逐步放宽了农村人口进入城市的落户政策。2000 年 6 月，中共中央、国务院发布了《关于促进小城镇健康发展的若干意见》，允许我国中小城镇对有合法固定住所、稳定职业或生活来源的农民给予城镇户口，并在子女入学、参军、就业等方面给予与城镇居民同等待遇，不得实行歧视性政策，不得对在小城镇落户的农民收取城镇增容费或其他费用。2004 年 2 月，中共中央国务院发布了《关于促进农民增加收入若干政策意见》，首次提出"推进大中城市户籍制度改革，放宽农民进城就业和定居的条件"。2010 年1 月，中共中央国务院发布的《关于加大统筹城乡发展力度进一步夯实农业农村发展基础的若干意见》中再次提出要加快落实放宽中小城市、小城镇特别是县城和中心镇落户条件的政策，促进符合条件的农业转移人口在城镇落户，并享有与当地城镇居民同等的权益。这意味着农民迁入城市后在就业、社保、子女就学等方面将更快实现他们的愿望。2011 年 2 月，国务院办公厅下发《关于积极稳妥推进户籍管理制度改革的通知》，提出要分类明确户口迁移政策，放开县级市、地级市户籍，合理控制直辖市、副省级市和其他大城市的人口规模，进一步完善并落实好现行城市落户政策。

上述分析可见，我国一系列城镇化政策的演变是对于城镇化规律和基本国情的认识逐步深化的结果。

第二节　中国城市化发展的适度性分析

一　中国城市化水平的分析与判断

对于我国现阶段城市化水平的判断，学术界的观点存在较大分歧。主流的第一种观点认为我国的城市化水平严重滞后。一方面，城市化滞后于工业化；另一方面，研究者发现中国城市化水平低于同等收入水平的其他国家，城市化水平明显滞后。第二种观点认为中国城市化水平基本适度，但其理由各不相同。何卫东等人（2000）认为定居在近郊、使用城市基础设施、参与城市经济活动的部分农业人口，和长期进城务工的在城镇从事非农业经济活动的外地农民，未统计在城镇人口中，所以中国真实的城市化水平要比统计数据高。郭克莎（2002）认为中国的城市化并没有严重滞后于工业化，其问题在于工业化的偏差而不是城市化的偏差。第三种观点认为中国是"隐性超城市化"。其理由是中国工业产值中的很大部分是乡镇企业和进城打工的农民工创造的，因此，应当将在乡镇企业就业和外出就业 6 个月以上的农村劳动力，以及这些劳动力需要分摊的人口作为隐性的城市人口计入城市总人口中，这样计算的中国城市化率在 1997 年已达 60%，与世界平均水平相比则是超城市化。

对上述文献的分析发现，这些迥异观点的争论主要原因在于：（1）研究者采用了不同的比较和衡量标准。比如，有学者用人均收入水平与城市化率的关系进行国际比较；有学者用非农就业比重或工业就业比重来衡量城市化水平；还有学者使用工业产值的比重来衡量城市化水平，这些不同的方法得出了完全不同的结论；（2）对于城镇人口统计口径的争论。新中国成立以来，我国城镇人口的统计口径发生了几次较大改变。2008 年 7 月，国家统计局下发的《关于统计上划分城乡的规定》，已将使用城市公共设施、居住在近郊的农村人口和常住城市的外地农民工计入城镇人口，统计更为科学。但是，将农民工居住在农村的家属也等同于城镇人口，则扩大了城镇人口的范围，夸大了城镇化水平。此外，上述大多数研究是针对 2000 年以前的数据进行的分析与探讨，而在新世纪初的十余年内，中国的经济社会发生了很大变化，城市化水平是否滞后还需做进一步的分析与判断。

判断城市化水平是超前还是滞后，是相对于工业化和经济发展水平而言的。依据城市化与工业化的相互关系，城市化可以分为同步城市化、过度城市化和滞后城市化。下文将通过多个参照指标，从不同角度来探讨中国城市化水平是超前还是滞后。

（一）与经济发展水平相比，中国城市化水平是滞后的

钱纳里等人根据100多个不同发展阶段国家经济结构变化统计经验值，概括出工业化与城市化关系的一般变动模式，给出每一发展阶段（以人均GNP表示）的产业结构和就业结构中制造业和非农产业所对应的比重，以及相应的城市化水平（见表6-4）。简新华等人（2010）直接套用相应人均GNP与城市化关系分析中国的情况，得出中国城市化水平严重滞后的结论，与理论值相差25个百分点。但是，钱纳里等人的标准中人均GNP使用的是1964年美元，与现在的人均GNP相差甚远，需将其转化后进行比较才更为科学。2012年我国人均GNP是6100美元，对照钱纳里标准2012年中国城市化水平应为63.96%，与实际数值52.57%相差11.4个百分点，说明中国的城市化水平滞后于经济发展水平，但滞后程度并不高。

表6-4　　　　钱纳里关于不同发展水平经济结构正常变化的统计分析

人均GNP（美元）		GNP结构（%）		就业结构（%）		城市化水平（%）
1964年	2012年	制造业	非农产业	制造业	非农产业	
70	400.4	12.5	47.8	7.8	28.8	12.8
100	572	14.9	54.8	9.1	34.2	22.0
200	1144	21.5	67.3	16.4	44.3	36.2
300	1716	25.1	73.4	20.6	51.1	43.9
400	2288	27.6	77.2	23.5	56.2	49.0
500	2860	29.4	79.8	25.8	60.5	52.7
800	4576	33.1	84.4	30.3	70.0	60.1
1000	5720	34.7	86.2	32.5	74.8	63.4
1500	8580	37.9	87.3	36.8	84.1	65.8

注：2012年美元与1964年美元的换算因子使用此期间美国GDP缩减指数，换算比例为5.72。

资料来源：［美］钱纳里、［以］塞尔昆：《发展的型式（1950—1970）》，李新华等译，经济科学出版社1988年版，第22—23页。

（二）与工业化、非农化水平相比，中国城市化水平略微滞后

国际上通常采用 IU 比和 NU 比这两个指标来测度一个国家或地区的城市化、工业化和非农化之间的发展关系。IU 比是指工业就业比率与城市化率的比值，NU 比是指非农产业就业比率与城市化率的比值；其中，I 表示工业就业比率，N 表示非农产业就业比率，U 表示城市化率。当三者发展较为协调时，IU 比大致为 0.5，NU 比大致为 1.2。若 IU 比明显小于 0.5，而NU 比明显小于 1.2，则说明城市不仅集中了从事非农产业的人口，而且也集中了相当数量的农业人口，这说明城市化超前发展了。相反，若 IU 比明显大于 0.5，而 NU 比明显大于 1.2，则说明大量从事非农产业的劳动力，仍然滞留于农村地区，城市化滞后发展。

利用 1952—2010 年数据对我国城市化与工业化、非农化的关系进行了实际度量，结果如表 6-5 所示：1996 年以前，我国的 IU 比和 NU 比始终超过 0.6 和 1.5，城市化水平一直滞后于工业化发展。1997 年以后，随着我国产业结构逐步趋向合理，IU 比开始低于 0.6，NU 比也呈逐年递减趋势，城市化滞后于工业化的程度越来越小；2000 年以后甚至出现了 IU 比小于 0.5 的现象，NU 比最低降为 1.26。2012 年年底，我国的 IU 比为 0.53，NU 比为 1.26。总体上看，我国城市化与工业化已进入适度协调发展阶段；但与非农化水平相比，仍存在从事非农产业的劳动力没有较快地转化为城市居民的情况，表现为城市化水平的滞后发展。

为准确测量城市化水平滞后程度，我们进一步利用钱纳里标准对非农就业比重与城市化水平之间的关系进行了分析（见图 6-3）。结果发现：自1996 年以来，中国城市化水平与非农就业比重的差距表现出先缩小后扩大的趋势，2002—2004 年两者已基本相符，从 2005 年之后差距又逐渐加大。依据钱纳里标准，2012 年我国城市化水平应为 55.22%，比实际值高出2.65 个百分点。这说明中国城市化水平滞后于非农化水平，但只是略微滞后。形成这一现象的主要原因是我国第三产业总体发展缓慢且内部发展不平衡，城市公用事业、教育和科技咨询服务业等行业发展较为落后，未能发挥对城市经济应有的促进作用。

综合上述分析，我们可以得出这样的结论：从总体上讲，中国城市化水平是滞后于经济发展水平和非农化进程的，但滞后的程度较小。目前，

表6-5　　　　　　中国工业化率、非农化率和城市化率的对比关系分析

年份	IU (I/U)	IU 与标准值0.5相差	NU (N/U)	NU 与标准值1.2相差
1952	0.48	−0.02	1.21	0.01
1960	0.58	0.08	1.51	0.31
1970	0.47	−0.03	0.99	−0.21
1978	0.85	0.35	1.65	0.45
1980	0.69	0.19	1.61	0.41
1982	0.75	0.25	1.51	0.31
1983	0.73	0.23	1.52	0.32
1984	0.71	0.21	1.56	0.36
1985	0.71	0.21	1.59	0.39
1986	0.71	0.21	1.59	0.39
1987	0.70	0.20	1.58	0.38
1988	0.69	0.19	1.58	0.38
1989	0.66	0.16	1.52	0.32
1990	0.67	0.17	1.51	0.31
1991	0.65	0.15	1.50	0.30
1992	0.64	0.14	1.51	0.31
1993	0.64	0.14	1.56	0.36
1994	0.63	0.13	1.60	0.40
1995	0.62	0.12	1.65	0.45
1996	0.61	0.11	1.62	0.42
1997	0.59	0.09	1.57	0.37
1998	0.56	0.06	1.51	0.31
1999	0.52	0.02	1.43	0.23
2000	0.49	−0.01	1.38	0.18
2001	0.46	−0.04	1.33	0.13
2002	0.47	−0.03	1.28	0.08
2003	0.45	−0.05	1.26	0.06
2004	0.46	−0.04	1.27	0.07
2005	0.47	−0.03	1.28	0.08
2006	0.49	−0.01	1.31	0.11
2007	0.51	0.01	1.32	0.12
2008	0.50	0.00	1.32	0.12
2009	0.51	0.01	1.28	0.08
2010	0.51	0.01	1.27	0.07
2011	0.53	0.03	1.27	0.07
2012	0.53	0.03	1.26	0.06

资料来源：I=工业就业人数/总就业人数；工业就业人数=第二产业就业人数－建筑业就业人数。根据历年《中国统计年鉴》数据整理。

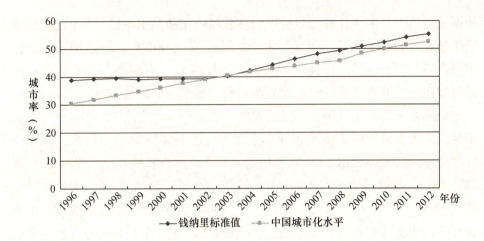

图6 - 3　中国城市化水平与钱纳里标准的比较

中国的城市化水平已超过50%，还处于工业化中期和城市化加速发展阶段，因此，在未来的十年内还应大力推进城市化进程。

二　中国城市化速度的分析与评价

城市化速度是指在一段时期内城市化水平的年均增长速度。学术界常用的计算方法主要有两种:一种是计算城市化水平的年均增长百分点;另一种是计算城市化水平的年均增长率。1996 年以来，我国城市化进入加速发展阶段，1996—2012 年城市化水平年均提高 1.38 个百分点。1995—2007年全世界城市化水平由 44.7% 提高到 49.4%，年均上升 0.39 个百分点;其中发达地区、欠发达地区及最不发达地区分别年均提高 0.18、0.51 和 0.42个百分点，均明显低于我国的城市化发展速度。同时，我国部分城市地区的社会经济发展与资源、环境、生态之间的矛盾日益凸显，进而引发各领域学者对当前我国城市化速度是否过快的争论。

（一）当前中国的城市化速度是否过快?

如何评价当前中国城市化速度，理论界主要有以下观点。第一种观点认为当前我国城市化速度过快。陆大道等人（2007）指出中国城市化近十几年来脱离循序渐进的原则，超出了正常的城市化发展轨道，在进程上属于"急速城市化"，正处于一个"大跃进"和空间扩展失控状态。他们的依据是：第一，中国存在相当程度的虚假城镇化和贫困城镇化。1 亿多的农民工被统计为城镇人口，但实际上他们并未真正城市化，导致城镇化水平虚高。第二，土地城镇化速度过快。新增城镇人口中相当一部分是通过行政区划调整、城镇辖区面积扩大而实现的，城镇缺乏产业支撑和基础设施，失地农民并未市民化。第三，经济发展、产业结构水平和就业岗位的增加，不足以支撑当前冒进式的城镇化。第四，资源和环境的压力巨大，城市资源和环境问题尤为突出。第五，从国际比较看，各国城市化水平从 20% 提高到 40%，英国经历了 120 年时间，法国 100 年，德国 80 年，美国 40 年，苏联 30 年，日本 30 年，而中国只花了 22 年。周一星（2005）认为，城市化水平每年提高 0.6—0.8 个百分点比较适度，超过 0.8 个百分点就是高速度，个别年份达到 1 个百分点是有可能的，但连续多年超过 1 个百分点是有风险的，像中国这样连续数年的 1.44 个百分点是虚假的。

第二种观点认为当前我国城市化速度并未过快。罗志刚（2007）将欧美发达国家及日本、韩国的城市化分别归为慢速城市化（0.4—0.6 个百分点/年）、快速城市化（1—2 个百分点/年）及超高速城市化（2—4 个百分点/年）。根据多渠道的数据资料计算，他认为总体上英、法、美等国的城市化过程属于慢速城市化，日本和韩国的城市化过程属于快速城市化。其中，日本 1950—1955 年的城市化水平年均提高 3.8 个百分点，韩国 1965—1970 年年均提高 2.08 个百分点，属于超高速城市化。这些后起工业化国家由于工业技术体系已经成熟，其城市化速度可以较快，甚至可以出现“超高速”的发展阶段。中国当前的城市化虽属于快速城市化，但并未达到超高速城市化水平，不算过快。

第三种观点指出中国的城市化速度慢了。诸大建（2006）认为，中国近年来的城市化对非农人口的吸纳并未达到相应的速度和规模，即从人口聚集和生活方式改进意义上讲，城市化速度不是“快”了而是“慢”了。

上述学者从不同的角度出发论证了各自的观点，但都有其不足之处。陆大道等人提到的城市化负面效应，可能并不是由城市化速度引起的，而是城市化发展模式不当所致；且在进行国际比较时，忽视了英、法、美等发达国家在城市化发展过程中所处的国际环境和科技水平与当今社会已无法相提并论的现实，因此这种比较缺乏科学性。罗志刚的对比分析非常详尽，但数据来源过于多样化，可比性需要商榷。诸大建的观点虽有其合理性，但缺少数据支撑。因此，利用最新统计数据，从多角度对当前我国城市化速度的合理性进行再考察具有重要意义。

为增强可比性，我们选择同样经历过快速经济发展的日本、巴西、印度尼西亚等国家，将它们在经济快速增长时期的城市化速度与我国现阶段的城市化速度相对比，结果发现我国当前的城市化速度远低于日本，略高于巴西和印度尼西亚，并没有过快（见表6-6）。事实上，从一些发达国家的经验来看，如果某个时期城市化水平出现了停滞或倒退，往往在随后的一段时期内（一般为10—20年），城市化速度会明显高于长期平均速度。比如，美国因1929—1933年的经济大萧条，1930—1940年的10年间，城市化率仅上升了3.1个百分点。随后1940—1950年则大幅提升了7.5个百分点。日本在"二战"时期，1940—1945年城市化率从37.9%倒退到27.8%。随后在1945—1950年，快速上升到37.3%，1950—1955年更是上升了18.8个百分点，达到56.1%。中国的情况也类似，在结束了1966—1978年的城市化停滞发展阶段后，改革开放之初的1979—1988年，城市化水平增加了6.8个百分点；1989—1995年，中国经历了经济体制的转轨时期，城市化水平缓慢发展，1996年后，市场经济体制的逐步建立，推动了城市化水平迅速提高。因此，蔡昉（2010）指出中国当前的城市化速度是一种对于计划经济时期城市化进程缓慢的补偿性增长速度，按照常态规律很难长期保持。同时，在中国城市化快速推进时期，我国城镇失业率并不

表6-6　　　　　　　　城市化速度的国际比较

国家	年代	城市化水平（%）	城市化水平的年均增长百分点（%）
日本	1945—1965	27.8—67.9	2.00
巴西	1960—1980	44.7—67.4	1.14
印度尼西亚	1980—2005	22.1—48.1	1.04
中国	1996—2012	30.5—52.6	1.38

资料来源：Population Division of the Department of Economic and Social Affairs of the United Nations Secretariat, World Population Prospects：The 2006 Revision and World Urbanization Prospects：The 2007 Revision, http：//esa. un. org/unup。

高，也没有出现大面积的贫民窟，城市化基本处于健康均衡发展状态。另外，考虑到中国是后发优势明显的发展中国家，且在过去城市化长期滞后于工业化的情况下，当前城市化速度快一点无可厚非。因此，我们认为目前中国的城市化发展速度是与社会经济发展阶段相适应的，并没有盲目冒进。

（二）中国的城市化是要加快推进还是要适当减速？

国内一些学者对未来我国城市化的发展速度问题提出了诸多见解。陈彦光（2006）的研究表明，我国的城市化水平饱和值为 80% 左右，2005 年之后城市化水平的增长速度在理论上应该减缓。刘勇（2004）认为在2010—2020 年间，我国城市化水平的增长速度将以年均 1.3—1.5 个百分点增长。李善同（2001）提出，在未来的 20 年内，我国的城市化率将年均提高 1.5 个百分点。

城市化的发展是多种因素共同推动的结果，其发展速度的快慢，应由一个国家或地区城市化发展所处的阶段、经济发展水平和国际大环境等因素决定。首先，从城市化的阶段性发展规律看，城市化水平处于 30%—70% 是城市化速度最快的阶段。2012 年我国的城市化水平为 52.57%，在未来一段时间内我国城市化还将处于快速发展时期。其次，我国自 1996 年以来城市化的快速发展主要是由经济的快速增长推动的，在经济增长速度持续多年超过 8% 的情况下，城市化水平的年均增长速度也始终保持在 2% 以上。综合多位经济学专家的预测分析，未来 10 年我国的经济增长速度将放缓到年均 6.5%—7.5% 之间，与此对应，我国城市化的发展速度仍将保持在相对较高的水平上，但与前 16 年相比将有所减缓，预计年均增长率不会超过 2% 的水平，换句话说，城市化率的年均增长百分点将在 1 以内。再次，目前由发达国家主导、跨国公司全球化经营为特点的全球经济一体化的国际环境，使得发展中国家在经济发展和城市化过程中，面临着不利的发展环境和格局。许多发展中国家始终以加工初级产品为主，很难再走通过农业积累发展资金来加快工业化和城市化的道路，产业结构的升级困难重重。中国被誉为"世界加工厂"就足以证明当前我国城市化发展所处的困境，加之 2008 年世界经济危机的爆发，也就决定了我国城市化发展速度将逐渐趋缓。

第三节　中国城市化面临的问题与挑战

在中国城市化的快速发展过程中,土地资源的利用、大城市的过度膨胀、城市化的质量较低、城乡二元体制难以消除等问题正日益凸显。这些问题能否尽快妥善解决,直接影响着中国城市化的健康发展。

一　土地资源的利用问题

土地作为城镇发展的物质基础和承载空间,与城镇化之间存在着密切的关系。我国的基本国情是人多地少,只有合理、有效地配置有限的土地资源才能促进我国城镇化的健康可持续发展。然而,在我国城镇化快速发展的同时,却带来了大量耕地被占用、土地集约化程度低等土地利用问题。

(一)城镇扩张占用耕地问题严重

耕地对我国的城镇建设做出了巨大贡献。统计数据显示,2003—2008年,全国城镇建设占用耕地共计 1726.9 万亩,平均每年占用 287.8 万亩(见图 6-4),其中经济发达地区建设占用耕地尤为突出。有研究表明,我国城镇扩张占用的主要是耕地,占扩张面积的 80.2%,林地、草地、其他未利用地占 19.6%,农村居民点扩展为城镇用地的占 0.2%(田光进等,2002)。

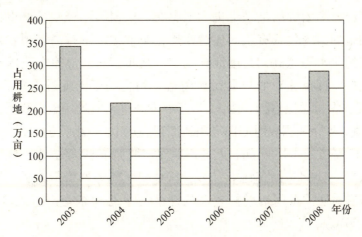

图 6-4　我国城镇建设占用耕地面积变化 (2003—2008 年)

2008 年全国土地利用变更调查结果显示，自 1998 年以来我国耕地呈现出逐年减少的势头，十余年里耕地面积减少了 1 亿多亩，2008 年年底全国耕地面积仅为 18.26 亿亩，人均耕地面积为 1.38 亩，低于全世界人均耕地 2.88 亩的水平。根据测算，目前我国失地农民总数在 5000 万人左右，城镇化过程中还将有近亿农民失去土地，如果农民失地补偿处理不好，可能导致这一庞大群体的贫困加剧。可见，耕地资源的大量损失，尤其是经济发达地区大中城市周边优质农田的快速消失，将有可能威胁到我国的社会稳定和经济的可持续发展。

（二）土地集约化利用程度低

我国城镇化过程中土地集约化利用程度低主要表现为：（1）土地利用效率较低。土地闲置浪费已经成为我国土地利用的重点问题。2010 年 8 月 9 日，国土资源部披露了全国 1457 宗闲置土地名单，闲置面积达 14.66 万亩，其中，70% 以上为住宅用地。2010 年 8 月 19 日，国土资源部又公布了全国违法违规土地清理的最新数据：截至 2010 年 5 月底，全国共上报房地产违法违规用地宗数 3070 宗，面积约 18.84 万亩，其中，闲置土地 2815 宗，面积 16.95 万亩，分别占上报总宗数和面积的 91.7% 和 90.0%（王军征，2010）。这些闲置的土地主要分布于中小城市和小城镇。（2）农村居民点建设用地过大，布局散乱。随着农村居民经济收入的大幅度增加，自建住房标准日益提高，特别是交通沿线散乱建设院落式居民点现象极为普遍，同时农村空心村和闲置的宅基地也大量存在。根据国际经验，城市化对农村居民点用地的集约化具有正向促进作用，城市化水平越高，则农村居民点用地的集约化水平越高，其用地会减少。然而，这一规律在我国却以相反的方向发展，城市化对农村居民点用地集约化的正向促进作用反被削弱。1990 年我国农村居民点面积为 15.7 万平方公里，人均用地面积为 187 平方米；到 2008 年，我国农村居民点用地面积高达 16.4 万平方公里，人均用地面积为 227 平方米。18 年间，人均用地面积增加了 40 平方米；同期内我国城市化水平从 26.4% 提高到 45.6%，这种变化趋势严重影响了土地利用效率。我国农村居民点用地增幅较高的地区为西北和东南沿海地区（张迪、郭文华，2010）。

二　大城市的过度膨胀

自我国城市化进入加速发展阶段以后,加之 2000 年后我国城市发展方针的调整,使得近十年来我国大城市取得了突飞猛进的发展,不仅数量逐年增多,占全部城市总数的比例也在逐年增加(见表 6-7),截至 2008 年年底,我国大城市数量已达 122 个,占全国城市总数的 18.6%,集中了全国 56% 的城市人口。从 1978—2008 年,我国大城市数量的年均增长率为 4.91%,中等城市和小城市数量的年均增长率分别为 4.13% 和 3.97%,都明显低于大城市。随着各种资源向大城市的高度集聚,我国特大、超大城市的"膨胀病"症状日益显现,空间蔓延、交通拥堵、资源短缺等问题逐渐加剧;与此同时,中等城市和小城市的发展也受到抑制,甚至呈现出萎缩的状态。

表 6-7　　　　　　　　　不同规模城市的发展变化　　　　　单位:个,%

年份	特大城市		大城市		中等城市		小城市		合计城市数
	个数	比例	个数	比例	个数	比例	个数	比例	
1978	10	5.18	19	9.84	35	18.13	129	66.84	193
1996	34	5.11	44	6.61	195	29.28	393	59.01	666
2000	40	6.03	53	7.99	218	32.88	352	53.09	663
2005	45	6.81	72	10.89	166	25.11	378	57.19	661
2008	41	6.26	81	12.37	118	18.02	415	63.36	655

城市空间蔓延是指城市地区无计划的、分散的、低密度的向未城市化地域的迅速扩张,是西方发达国家 20 世纪最重要的城市地理特征之一。依据国际经验,在城市空间蔓延的过程中极易引发城乡之间的土地、文化、生态环境保护等各种矛盾冲突。近年来,我国城市的扩张已非常明显,2002 年我国全部地级市的建成区面积为 19844 平方公里,2008 年达到 29402 平方公里,年均增长率为 6.8%;同期,全国地级市的城镇人口由 30400.92 万人增加到 37619.34 万人,年均增长率为 3.6%,呈现出土地城市化超前于人口城市化的特征。同时,部分城市的新区建设与布局随意性

大，造成新区松散化，甚至出现了一座座"空城"；而在城区内，大量"城中村"却普遍存在，成为流动人口的主要聚集地（安树伟，2009）。

交通拥堵已经成为中国各大城市的常见病。2009 年中国居民生活机动性指数研究报告指出，北京市居民平均每天上下班在路上的时间为 40.1 分钟，道路拥堵时为 62.3 分钟，每月北京居民由于道路拥堵产生的经济成本为 335.6 元；其次是广州和上海，拥堵经济成本分别为 265.9 元/月和 253.6 元/月（海霞，2010）。中国科学院专家牛文元研究员的最新研究成果表明：中国百万人以上的 50 座主要城市，居民每天平均单行上班时间要花 39 分钟，按照人口来算，中国 15 座城市居民每天上班单行比欧洲多消耗 288 亿分钟，折合 4.8 亿小时。依据上海每小时创造财富 2 亿元计算，15 座城市每天损失近 10 亿元人民币。交通拥堵不仅消耗了巨大能源，还制约着城市的文明进步，影响着社会和谐（孙晨钟、吴林静，2010）。值得注意的是，随着我国经济高速增长和城市规模扩大，交通拥堵这一大城市病正快速地向中等城市传染。

目前，资源短缺已成为我国大城市可持续发展面临的首要问题。据统计，全国 655 个城市中有近 400 个城市缺水，其中约 200 个城市严重缺水，一些城市（如北京）的用水主要靠从外地调入。由于用水需求量大，导致地下水严重超采，引起地面沉降、水井供水衰减和水质发生变化等问题，直接影响了城市化进程和城市的健康协调发展。同时，电、煤、气、油等资源供应紧张问题也日益凸显，不仅使居民生活压力大大提高，也制约了生产方式的转型升级。此外，中国沿海一些城市的开发强度过高，也加剧了资源环境压力。《2010 年城市蓝皮书》中指出，目前深圳的开发强度已达 40%，东莞达到 38%，远高于中国香港、日本三大都市圈、法国巴黎地区和德国斯图加特的水平（潘家华等，2010）。

大城市对于推动经济发展和提升全社会的发展水平起着重要作用，因此，政府必须在大城市发展中发挥积极作用，采取有效手段和措施来治理膨胀病，走一条健康可持续的大城市道路。

三　城市化的质量问题突出

真正的城市化要求经济发展、城市功能与社会服务协调发展。然而，目前我国城市化的发展却表现为在城市建设面积不断扩大、GDP 和城市化率节节攀升的同时，表现出城市基础设施建设滞后、社会保障制度不健全、生态环境被破坏、城乡居民差距拉大等一系列问题，给社会发展带来诸多不和谐因素，这充分说明我国城市化质量较低。

（一）城市功能的缺乏

我国城市化进程中一个突出现象是过多重视城镇规模的扩大，而忽视了产业的发展、就业结构的优化、基础设施的建设以及公共服务的开发，致使已建成的城市不具备应有的功能。比如，部分中小城市的发展缺乏产业支撑，产业结构层次低，无法解决本地劳动力的就业问题，对周边农村发展的辐射作用有限，迫使大量劳动力转移到大城市就业，打工收入成为居民家庭收入的主要来源。一些城市的基础设施建设严重不足，存在自来水、天然气的普及率较低（主要是中西部的城市），居民居住条件差（很多居民人均居住面积低于 10 平方米），污水、废物处理设施空白等问题。从公共服务方面看，截至 2012 年年底全国城市人口中每千人拥有的医生数和床位数分别为 8.50 人和 6.89 张，相当于全世界 2000 年的平均水平。城市功能的缺乏导致中国城市软实力相对不足。《全球城市竞争力报告（2011—2012）》显示，中国城市的综合竞争力远远落后于纽约、伦敦、东京等大都市，上海、深圳、北京分别排在了第 37、60 位和第 71 位（倪鹏飞等，2012）。

（二）半城市化

半城市化是中国城市化进程中的一个独特现象，主要表现为两种情况：一是迁而不转，即"县改市"、"县改区"、"乡改镇"的行政建制的变化，使得大量农民失去土地后成为市民，却并未发生职业和地域的转移以及文化、生活方式的转变，这在一定程度上虚化扩大了城镇的数量和城镇人口的规模；二是转而不迁，即大量农村劳动力虽然在城市生活、就业，实现了职业的转变和地域的转移，但是他们的身份、社保、教育、住房、生活和行为方式都没有发生根本性的转变，尚未完成城市化过程。如果不能尽快促使流入城市的农村人口完成市民化过程，而始终将他们排斥在城市生活之外，必将产生新的城市社会阶层矛盾，对于提高城市化水平和质量形成阻碍。

（三）生态环境恶化

中国城市化发展正面临着严重的生态环境恶化问题。一些城市为谋求经济效益，大规模兴建工业开发区，却又普遍缺乏防污治污措施，造成生态环境污染。全国水土流失和生态安全科学考察成果显示，"十五"期间全国各类建设项目扰动土地面积 5.53 万平方公里，弃土弃渣量 92.1 亿吨，每年因生产建设活动新增的水土流失面积超过 1.5 万平方公里，增加的水土流失量超过 3 亿吨，人为水土流失继续呈扩大趋势，土地利用环境日趋恶化（张迪、郭文华，2010）。

城市水污染问题也在日益加剧，根据有关部门对 118 个城市 2—7 年的连续监测资料，约有 64% 的城市地下水遭受了严重污染，33% 的城市地下水受到轻度污染，基本清洁的城市地下水只有 3%，地表环境污染加剧引发地下水污染，必将对人体健康和生命财产安全构成严重威胁（金微，2010）。

城市环境污染严重，造成巨大的经济损失。环保部环境监测数据显示，2009 年全国 113 个环保重点城市中 1/3 空气质量不达标，一些地区酸雨、灰霾和光化学烟雾等区域性大气污染问题频发，部分地区甚至出现了每年200 多天的灰霾天气，机动车尾气排放已成为大中城市空气污染主要来源（杨华云，2010）。2008 年，全国城市生活垃圾无害化处理率仅为 66.8%，黑龙江省该比例只有 26.4%；很多城市生活污水处理率不及 40%，这意味着很多城市的大量污水是未经处理直接排入河流中的。2008 年，全国由各种类型污染造成的直接经济损失达 18186 万元。

（四）城乡差距逐步扩大

在中国城市化加速推进的过程中，城乡发展极不协调，农村发展相对缓慢。表 6-8 的数据显示：1990—2008 年，城乡居民的收入比与支出比均在逐渐拉大，收入比从 1990 年的 2.20∶1 扩大到 2012 年的 3.10∶1，支出比从 1990 年的 2.19∶1 扩大到 2012 年的 3.08∶1；从居民家庭恩格尔系数看，1990 年时城乡居民都处于温饱水平，到 2012 年，城镇居民的生活已步入富余行列，农村居民仅达到小康生活水平；电脑和电视的拥有量差异也非常明显，城镇居民每百户中拥有 87 台电脑和 136 台彩色电视机，农村居民仅有 21 台电脑和 117 台彩色电视机；城镇居民的文教娱乐支出占家庭总支出的比例明显高于农村居民，而在医疗支出方面城乡居民恰恰相反，这主要是城乡医疗保障体系的差异所导致的。整体而言，城乡居民的收入水平、消费水平、生活质量、教育、文化和卫生等方面都存在十余年的差距。城乡差距日益突出已经成为影响中国经济社会发展的绊脚石,如果城乡差距不改善,对社会的和谐稳定、城市化的健康发展都将产生不利的影响。

表 6-8 城乡居民生活比较

指标名称 \ 年份	1990	2000	2012
收入与支出			
城镇居民人均可支配收入（元）	1510.16	6279.98	24564.7
农村居民人均纯收入（元）	686.3	2253.4	7916.9
城乡比（农村=1）	2.20	2.79	3.10
城镇居民人均消费性支出（元）	1278.89	4998	16674.3
农村居民人均生活消费支出（元）	584.63	1670.13	5414.5
城乡比（农村=1）	2.19	2.99	3.08
生活质量			
居民家庭恩格尔系数（%）			
城镇	54.2	39.4	36.2
农村	58.8	49.1	39.3
交通条件			
城镇每百户拥有家用汽车（辆）		0.5	21.5
农村每百户拥有摩托车（辆）	0.89	21.94	62.2
文化、教育和卫生			
每百户彩色电视机拥有量（部/百户）			
城镇	59.04	116.6	136.1
农村	4.72	48.7	116.9
每百户家用电脑拥有量（部/百户）			
城镇		9.7	87.0
农村		0.47	21.4
居民家庭文教娱乐支出比重（%）			
城镇	11.12	13.4	12.2
农村	5.37	11.18	7.54
居民家庭医疗保健支出比重（%）			
城镇	2	6.36	6.38
农村	3.25	5.24	8.70

资料来源:根据《中国统计年鉴（2009）》表9-1整理。

四　中国城市化道路的未来取向

城市化是一种客观规律，随着社会生产力的不断发展，人类将逐步进入城市经济与人口占绝对优势的城市化社会。在未来 15 年的时间里，我国每年将新增 1000 万以上城镇人口，其规模庞大，必将对社会经济发展各方面产生巨大影响。因此，要成功实现这一社会转型，必须选择适合我国国情的城市化道路，才能妥善解决城市化进程中的各种矛盾问题。考虑到目前我国的经济发展水平和城市化发展所处阶段，以及人口、资源、环境等因素，笔者对未来 40 年我国城市化道路的取向问题提出以下建议。

（一）控制大城市的过度膨胀，着力发展中等城市

根据城市空间结构的演变规律，当城市化水平超过 50% 之后，将出现两个趋势：一是区域之间的城市化差异缩小，二元经济结构向一元经济结构的转换过渡，区域经济渐进式均衡的局面开始扩散；二是大都市与大都市圈的形成，城市化速度下移的趋势明显。但是，如果在城市化发展的中后期阶段缺乏合理的行政手段和政策引导，将极易出现各类"大城市病"。同时，从我国目前的城市规模结构体系看，中等城市的数量过少，无法承担起大城市和小城市之间的传递功能，导致城乡差距逐渐加大。依据前面的预测结果 2015 年我国的城市化水平将超过 55%，因此，未来 15 年内，我国的城市发展战略应转变为"控制大城市的过度膨胀，着力发展中等城市"，重点加强中等城市在产业结构升级、基础设施建设、公共服务和社会管理能力等方面的提升，以改善城市化的质量。

（二）东中西部要因地制宜地选择城市化道路

从目前我国的经济发展水平和东中西部差异明显的国情来看，笔者认为选择一致的城市化道路是不切实际的，均衡发展城市化还不具备条件。因此，建议各地结合实际，正确选择适合本区域发展的城市化道路。比如，东部地区所占的国土面积小，人口比较集中，地形以平原为主，社会经济发展水平和城市化水平均较高，应该进入发展"城市带"的分散型城市化阶段，逐渐缩小城乡差距；中部地区的城市化正处加速发展阶段，人口密度又较高，适宜走集中型和分散型相结合的城市化道路，充分发挥大中小城市各自在转变经济增长方式、集约使用资源和吸纳转移人口方面的积

极作用;西部地区自然环境恶劣,地广人稀,很多地区并不适宜人类居住,应走重点发展大中城市的集中型城市化道路,逐步推进城市化的发展。

(三) 坚持区域统筹和城乡统筹的城市发展思路

中国经济社会发展的区域差异和城乡差异显著,导致中国的城市化不仅仅是产业和人口的空间集聚,还要在各种要素集聚的过程中解决好区域和城乡的协调发展问题,因此,走区域统筹和城乡统筹的城市规划道路是正确的选择。所谓区域统筹,就是要突破区域分割式的城市发展规划模式,打破阻碍各种资源要素流动的壁垒,充分发挥大城市的辐射效应,努力实现人口的合理聚集和分布。城乡统筹发展则要求突破城乡二元结构,实现城乡规划、产业布局、基础设施建设和管理制度等的一体化,实现基本公共服务的均等化,使乡居民能自由地迁徙和流动,同步提升城镇和乡村的现代化水平。

(四) 推进集约型的城市化发展模式

从以往我国城市化的推进方式看,总体上是依赖于土地规模的扩张、城市建设重数量轻质量的粗放型发展模式,资源浪费严重,环境污染加剧。依据国际经验,在步入城市化的中期发展阶段后,具备了一定的资金和技术基础,城市发展应该由初期的粗放型模式转变为集约型模式。况且我国本身的资源禀赋较差,人均淡水资源占有量为 2670 立方米,为世界平均值的 25%;人均耕地只有 1.38 亩,不到世界平均数的 40%;45 种主要矿产资源不到世界平均数的一半;石油的可采储量仅为世界均值的 8% (彭力、吴霞,2005)。可以说,资源匮乏问题是制约我国经济社会发展和城市化进程的主要因素。因此,我国必须全面推进集约型的城市化发展模式,实现人口、资源、环境的协调发展。

(五) 全面提升城市化质量

在城市化发展的中期阶段,包括城市贫困人口增加、生态环境恶化、城乡差距拉大、社会治安混乱等各种社会问题会逐步暴露出来,如果不能及时有效地解决这些问题,将激化矛盾,整个社会也将停止前进的步伐,我国一定要借鉴拉美国家城市化发展的惨痛教训。因此,在未来 15—20 年间全面提升城市化质量是关键,逐步建立和完善不同人群的社会保障制度,加强城市基础设施建设，改善城市环境质量，实现城市的科学管理和服务，使我国城市化水平得到实质性提高。

参考文献

1. 胡鞍钢：《城市化是今后中国经济发展的主要推动力》，《中国人口科学》2003 年第 6 期。

2. 栾谨崇、栾永胜、于学花：《我国城市化滞后的原因及政策选择》，《经济研究》2004 年第 10 期。

3. 米建国、李建伟：《"十五"期间宏观经济改革取向》，国务院发展研究中心信息网，http：//www. drcnet. com. cn/，2009 年 9 月 14 日。

4. 王小鲁、夏小林：《优化城市规模推动经济增长》，《经济研究》1999 年第 9 期。

5. 熊俊：《对中国城市化水平国际比较中若干问题的探讨——兼论中国城市化水平的滞后性》，《中国人口科学》2009 年第 6 期。

6. 何卫东、张磊：《对中国城市化水平的反思》，《城市发展研究》2000 年第 6 期。

7. 郭克莎：《工业化与城市化的经济学分析》，《中国社会科学》2002 年第 2 期。

8. 邓宇鹏：《中国的隐性超城市化》，《当代经济》1999 年第 6 期。

9. 简新华、黄锟：《中国城镇化水平和速度的实证分析与前景预测》，《经济研究》2010 年第 3 期。

10. 陆大道、宋林飞、任平：《中国城镇化发展模式：如何走向科学发展之路》，《苏州大学学报》（哲学社会科学版）2007 年第 2 期。

11. 周一星：《城镇化速度不是越快越好》，《科学决策》2005 年第 8 期。

12. 罗志刚：《对城市化速度及相关研究的讨论》，《城市规划学刊》2007 年第 6 期。

13. 诸大建：《中国城市化：转变模式还是放慢速度?》，《解放日报》2006 年 8 月 8 日。

14. 蔡昉：《城市化与农民工的贡献——后危机时期中国经济增长潜力的思考》，《中国人口科学》2010 年第 1 期。

15. 陈彦光、罗静:《城市化水平与城市化速度的关系探讨——中国城市化速度和城市化水平饱和值的初步推断》,《地理研究》2006 年第 6 期。

16. 刘勇:《中国城市化战略研究》,经济科学出版社 2004 年版。

17. 李善同:《中国城市化水平 20 年后可达 60%》,《领导决策信息》2001 年第 28 期。

18. 王瑞泽、李国锋、周观君:《中国经济增长中长期预测的比较分析》,《新疆社会科学》2007 年第 2 期。

19. 安虎森、陈明:《工业化、城市化进程与我国城市化推进的路径选择》,《南开经济研究》2005 年第 1 期。

20. 田光进等:《中国城镇扩展占用耕地的遥感动态监测》,《自然资源学报》2002 年第 4 期。

21. 王军征:《关于整治土地闲置问题的调研报告》,《国土资源部网站》2010 年 9 月 29 日,http: //www. mlr. gov. cn/zljc/201009/t20100929_ 773627. htm。

22. 张迪、郭文华:《城镇化对土地利用和耕地生态保护影响研究》,《国土资源情报》2010 年 11 月 29 日,http: //www. mlr. gov. cn/zljc/201011/t20101129_ 798122. htm。

23. 安树伟:《中国大都市区膨胀病及其表现》,《甘肃社会科学》2009 年第 1 期。

24. 海霞:《"首堵":北京交通拥堵经济成本最高》,《中国经济导报》2010 年 1 月 14 日。

25. 孙晨钟、吴林静:《中国 15 座城市因拥堵每天损失近 10 亿》,新华网, http: //news. xinhuanet. com/politics/2010 – 10/08/c _ 12637284 _ 3. htm,2010 年 10 月 8 日。

26. 潘家华、魏后凯主编:《2010 城市蓝皮书——中国城市发展报告 No. 3》,社会科学文献出版社 2010 年版。

27. 倪鹏飞、[美] 克拉索主编:《全球城市竞争力报告(2011—2012)》,社会科学文献出版社 2012 年版。

28. 金微:《我国水资源告急:64% 的城市地下水严重污染》,《国际先驱导报》2010 年 9 月 8 日。

29. 杨华云:《尾气成大中城市主要空气污染源》,《新京报》2010 年

11 月 5 日，第 A27 版。

    30. 彭力、吴霞：《推进工业化、城镇化要高度重视节约资源和保护环境》，《南方农村》2005 年第 2 期。

第七章　中国城镇化格局变动与
人口合理分布

　　中国目前仍然正处于快速城镇化过程之中，第六次人口普查数据显示，2010 年年底的城镇化率达到 49.95%。不过，从国际比较的角度来看，此水平仍然不高。根据联合国数据，2010 年全世界有超过一半的人口居住在城市，发达国家平均城市化率达到 77.5%。中国目前城镇化水平不仅大大低于发达国家，也低于一些发展中国家，如巴西（84.6%）、墨西哥（78.1%）等国。即使考虑到经济发展水平的差异，中国的城镇化水平仍显滞后。① 从发达国家城镇化经验看，中国城镇化道路远未结束，城镇化水平至少还有 15—20 个百分点的提高空间，城镇人口因此还将增加 3 亿左右。中国城镇化格局现状如何？呈现怎样的变化趋势和特征？新增城镇人口主要分布在哪里才是合理的？回答这些问题不仅对于更好地理解中国的城镇化具有重要意义，而且对于制订基础设施与产业布局政策以及协调人口与经济、社会、资源环境发展具有重要参考价值。

　　对于中国城镇化格局问题，已有研究虽然有所涉及，但并不充分。而有关城镇人口合理分布问题则更少有人关注，这主要是因为很难找到判断人口合理分布的标准。国外对此问题的早期研究曾经发现城市人口规模分布和位序关系符合 Zipf 律，Parr（1985）、Ioannides 等（2003）、Duranton（2007）等学者用各国数据，验证了 Zipf 律存在，而 Krugman（1996）、Gabaix（1999）、Eeckhout（2004）等赋予了 Zipf 律的经济理论含义，这些研究认为在自由市场机制作用下，城市人口格局向 Zipf 律收敛是其发展的

---

　　① 2010 年，以美元计，中国人均 GDP 为 4270 元，相当于美国 60 年代初、日本 70 年代初的水平，但当时美国和日本的城镇化率均已超过 70%，因此中国远远低于两国同等收入阶段的城镇化水平。

稳定趋势和合理的状态。中国的学者虽然有人（顾朝林等，1998；李玉江，1997；朱春、吕芹，2001；丁睿等，2006 等）对我国城市人口规模分布特征进行过描述性分析，也有学者（余宇莹、余宇新，2012）提出 Zipf 律可以测度一个国家大中小城市是否合理，但这些研究未对城市数据的口径进行深入探讨，普遍使用市辖区或者市域人口来代替城市规模，而这种测度偏离了城市功能和景观属性的基本内涵，因此测度结果并不足以回答中国的城市人口分布合理性的问题。

本章主要研究两个问题，一是城镇化格局的变动问题，主要从城和镇、区域间、城市群等几个方面考察城镇化格局的变动特征及其规律；二是城市人口的合理分布问题，主要研究城市规模人口分布的 Zipf 律及其含义，分析中国城市人口分布的 Zipf 律及其变化，探讨不同区域城市人口合理分布的路径选择。在探讨城市人口合理分布问题时，我们使用建设部和国家统计局对城市人口的统计数据进行对比分析，以使人口合理分布问题的考察更全面。

第一节　城镇化格局变动特征与趋势

在城镇化发展过程中，城镇人口增加并不会均等地分布在每个城市，所以，城镇化的格局必然会随城镇化进程而不断改变。到目前为止，中国城镇化格局发生了怎样的改变呢？对此，我们这里主要通过了解这样几个问题加以回答。一是"市"和"镇"作为城市体系的两个节点类型，人口在这两类节点的分布如何变化？城镇化格局是更多地呈现"市化"还是"镇化"特征？二是长期以来城镇人口向东部沿海地区聚集的趋势会继续下去吗？三是中国出现了哪些城市群体？这些城市群的作用如何？

由于中国城镇人口的统计数据不完善，回答上述问题并不是很容易。我们这里主要收集了两个来源的数据：一个是国家统计局公布的数据，可以从《中国统计年鉴》、《中国人口与就业统计年鉴》和《中国城市统计年鉴》中得到；另一个是城乡建设部公布的数据，可以从《中国城市建设统计年鉴》和《中国城乡建设统计年鉴》中得到，两套数据的基本情况归纳在表 7－1 中。国家统计局的数据优点是数据比较完整，时间序列长，但该套数据有两个缺陷：一是能够用于反映城市规模的指标只是市辖区人口数，而且不包括常住的外来人口，这实际上与真正意义上的城镇人口概念有较大出入；二是仅包括地级以上城市（2005—2010 年共 287 个）人口数据，没有包括县级市数据，所以不能反映全部城市的状况。城乡建设部的数据则在一定程度上克服了国家统计局数据的缺点，该数据提供了包括县级市在内的全国 654 个城市的数据，而且提供了城区户籍和暂住人口数据，但这一来源的数据也有其自身缺点，主要问题是时间序列较短、统计口径调整频繁等。由于两套来源不同的数据各有优缺点，我们在试图回答上述问题时，不得不把两套数据结合在一起来使用。

表 7 - 1　　　　　　　　　　数据来源及其说明

数据发布机构	数据公布的渠道	城镇数据指标	公布的最低行政层级	最大时间序列长度	统计口径
国家统计局	《中国统计年鉴》＋《新中国55年统计资料汇编》	城镇化率	省级行政区	1952—2010	城镇常住
	《中国城市统计年鉴》＋《新中国城市50年》	地级以上市辖区人口	地级城市	1949—2010	市辖区户籍
	历次人口普查和小普查＋《中国人口与就业统计年鉴》	城区与镇区人口	全国	1982—2010	城镇常住
住房与城乡建设部	《中国城市建设统计年鉴》	城区（或者称为市区）人口	县级城市	1999—2010	城区户籍+暂住
	《中国城乡建设统计年鉴》	城区和镇区人口	省级行政区	1978—2010	城区和镇区户籍+暂住

资料来源：作者根据相关年鉴总结。

一　当前城镇化呈现人口聚集"市化"和"镇化"共同推动特征

从绝对数量来看，中国城镇人口目前仍然主要分布在"市"中，统计局数据显示，2009 年城区人口占城镇人口份额为 54.1%，城乡建设部数据显示市区人口份额为 55.8%。但从变化趋势来看，城镇人口中市区人口的份额呈现下降趋势，镇区份额呈现上升趋势，镇区人口扩张在城镇化进程中发挥着日益重要的作用。根据国家统计局数据，1992—2010 年，市人口比例从 81.4% 下降到 60.3%，镇人口份额从 18.6% 上升到 39.7%；根据城乡建设部的数据，市人口份额从 2001 年的 62% 下降到 2010 年的 56.5%，镇人口份额从 38.1% 上升到 43.5%。

中国城镇人口扩张到底是存在着"市化"还是"镇化"特征？这可以从市和镇人口对城镇化的贡献率变化来体现。根据国家统计局数据测算结果，20 世纪 90 年代以来，城区人口增加对城镇化的贡献在逐渐减弱，镇区的贡献在增加。1991—1995 年，城区人口对城镇人口的增加贡献率达到 86.3%，而镇区则仅有 13.7%；1995—2000 年和 2000—2005 年镇区人口增加的贡献分别达到了 57.6% 和 53.0%，镇区人口增加的贡献明显提高，并超过了城区人口增加的贡献，说明这两个阶段的城镇化更多地表现为"镇"化的趋势；2005—2010 年，城区和镇区的人口增加贡献率分别为 52.2% 和 47.8%，城市人口扩张贡献又超过了镇区。城乡建设部的数据显示了同样的趋势：镇区人口增加对城镇人口总规模扩张的贡献也在提高，2001—2010 年，镇区人口贡献率仅有 39.7%，而到 2005—2010 年，其贡献提高到 48.4%（见图 7 - 1）。由此可见，上述两套数据的具体结果虽然存在一定差异，但基本结论则是一致的：在城镇化进程中，镇人口扩张对城镇化的作用不断增强，当前的城镇化呈现由人口的"镇化"和"市化"共同驱动特征。

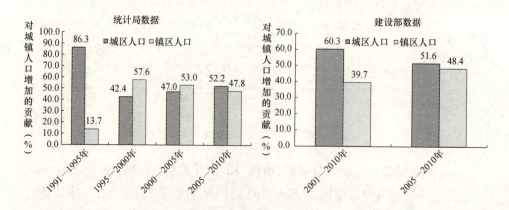

图 7 - 1 城镇人口中市区和镇区人口比例变化

资料来源：根据《中国人口统计年鉴》（1992—2011）和《中国城市建设统计年鉴》（2001—2010）数据计算。

事实上，"市"和"镇"的数量变化也在一定程度上反映了我国城镇化发展的特征。从数量来看，1978 年以来，"市"的数量增长很快，2010年城市数量相当于 1978 年的 3.4 倍，其中县级市数量增长快于地级市和直辖市数量的增长。同时，"镇"的数量增长更快，1978 年镇的数量仅为 2173 个，而到 2010 年镇已增加到 19410 个，相当于 1978 年的 9 倍（见表 7–2）。镇的数量大幅度增加，可能是人口聚集空间节点扩张后达到成为"镇"的标准，这当然是一种合理的"镇化"趋势，但也存在着行政区划的调整原因，很多地方撤乡并镇主要体现了政府意志，这实际上是城镇化过程中行政主导的结果。

表 7–2　　　　　　　　　　　中国市、镇数量变化情况

单位：个

年份	直辖市	地级市	市辖区	县级市	城市	镇
1978	3	98	408	92	193	2173
1980	3	107	458	113	223	—
1985	3	163	621	158	324	—
1990	185	651	279	467	12084	
1995	3	210	706	427	640	17532
2000	4	259	787	400	663	20312
2005	4	283	852	374	661	19522
2010	4	283	853	370	657	19410

资料来源：根据《新中国 55 年统计资料汇编》、各年《中国统计年鉴》数据编制。

"市"和"镇"数量增加会带来其平均人口规模的变化。根据建设部的数据，1987—2009 年，"市"平均人口规模呈现出不断提高的趋势。2009年为 53.3 万人，相当于 1978 年的 1.5 倍；"镇"平均人口规模呈现先缩小后扩大的趋势，1988 年平均人口规模为 1.2 万人，2003 年下降到 0.79 万人，很显然，镇平均人口规模的下降主要是"镇"的数量快速增加的结果。

2003 年后，"镇"的数量基本稳定，"镇"平均人口规模①不断增加，这反映出镇集聚人口效应开始增强（见图 7-2）。

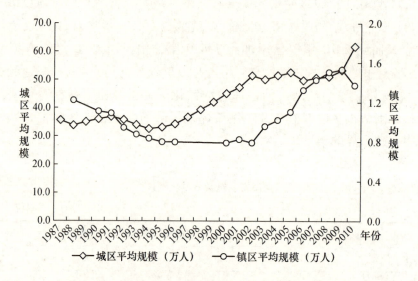

图 7-2　1987—2010 年城区和镇区平均人口规模变化

资料来源：根据《2010 年中国城乡建设年鉴》数据计算。

　　总的来看，作为城市人口聚集的两类节点，"市"和"镇"人口分布格局发生了重大变化。改革开放早期，城市人口主要分布在"市"，而且人口"市化"对城镇化的贡献居于支配地位，但人口"镇化"的贡献不断增强，其中，中国的城镇化在 1995—2005 年甚至呈现"镇"化主导的过程。这样的"镇化"趋势一方面是人口自然聚集造成的结果，但在一定程度上也存在行政力量推动的结果。从目前的趋势来看，"市"和"镇"的数量快速扩张阶段基本结束，2005 年以来，无论是市的数量还是镇的数量都不再增长，从这个意义来看，城镇化今后将主要通过各城市体系节点上平均人口规模的增加来体现。

---

　　①　镇平均规模变化也是城镇化的重要方面。由于中国没有对镇区常住人口的统计，故只能间接推算：首先，根据 1‰人口抽样调查中镇和城市人口推算出镇人口占城镇人口的比重；其次，根据《中国人口和就业统计年鉴》中城镇人口数据推算出镇人口的规模；最后，将镇的人口规模除以镇的数量即可得镇平均人口的规模。

二 城镇人口继续向东部沿海地区集中

中国区域间城镇化水平存在着明显梯度差，自东向西依次降低，如图7-3所示。2010年，城镇化率排名前十位的省区中有7个属于东部地区，两个位于东北地区。东部地区城镇化率较高的省份为上海、北京、天津、广东，城镇化率均超过60%；东北地区的辽宁最高，超过60%，吉林和黑龙江城镇化率也超过50%，属于较高水平的省份；中部地区省份中，山西和湖北城镇化水平相对较高，城镇化率超过45%；西部地区省份城镇化水平普遍不高，仅有重庆超过50%，其他省区普遍在45%以下，西藏城镇化率甚至低于30%。

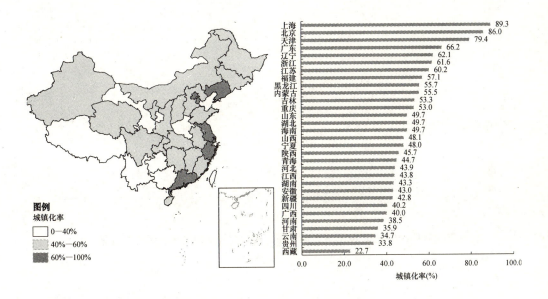

图7-3 2010年中国各省区城镇化率

资料来源：根据《中国2010年人口普查资料》数据推算。

从城镇化区域格局发展趋势来看（如图7-4左所示），东部地区发展最快，中、西部次于东部，东北地区发展最慢。具体来看，1990—2010年间，东部地区城镇化率提高很快，提高幅度达27.0个百分点，中部和西部分别提高20.2个和21.7个百分点，而东北仅提高9.0个百分点。总的来看，东部地区不仅城镇化水平高，而且长期以来也是城镇人口的主要聚集地，其人口规模增加对全国城镇化率提高的贡献超过其他区域。1990—2010 年间，东部地区的贡献率一直在 50% 左右，中、西部地区贡献率次之，贡献率在 20% 左右，东北地区贡献最小，基本维持在 5% 左右（见图 7 - 4 右）。从发展趋势来看，东部地区城镇人口扩张对全国城镇人口增长的贡献呈现出波动上升的趋势，中部、西部和东北地区的贡献在波动下降。值得注意的是，近年来，随着东部沿海产业向内陆地区转移加快，人口向东部地区流动虽然有所放缓①，但数据却显示东部地区对全国城镇化的贡献并没有下降，而是继续呈现上升趋势。造成这种状况的原因可能是因为东部地区内部城乡一体化进程加快，东部地区城镇化中内部人口聚集作用不断增强的结果。

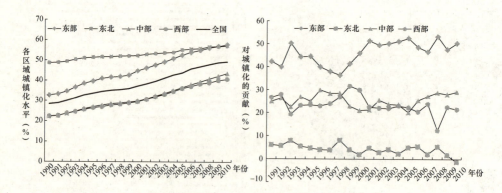

图 7 - 4　1990—2010 年分区域城镇化率变化及其对全国城镇化的贡献

资料来源：根据《中国统计年鉴》（1991—2010）数据计算。

如果以地市级地理单元来看中国城市化的空间差异，会注意到与省市级不一样的模式。通常来说，地理单元越小，则越能够看出空间差异细致的一面。受数据所限，城市化率采用了非农业人口占总人口的比例来近似地替代，即采用了户籍口径的城市化指标。研究表明，户籍口径的城市化指标与常住人口口径的城市化指标两者之间有很密切的相关性，但前者比

---

① 笔者根据第六次人口普查数据计算了流向东部的迁移人口所占比例，该比例为 77.3%，较 2000 年下降 5 个百分点。这说明，跨省迁移人口流入东部的比重在下降。

后者约低 10 个百分点。

从图 7 - 5 中可以看到，2004 年东北地区城市化率较为突出，这与该地区自 1949 年以来就一直作为工业基地有密切关系。此外，可以注意到，中部地区也有一些区域的城市化率较高，例如武汉周边区域及衡阳周边区域，这些地区也都有着较好的工业化基础。值得指出的是，东部沿海地区的城市化率在 20 世纪 80 年代末期远不如中部地区，这可能与我国计划经济时代的工业布局有很大的关系，东部沿海地区除了诸如天津、上海、北京等直辖市和个别重要城市以外，并没有设立重工业基地，只有一些轻工业基地，大量的重工业基地设在中部及东北地区。从城市化率的角度来看，80 年代末的地区差距表现在中部地区城市化水平明显高于东部沿海地区。

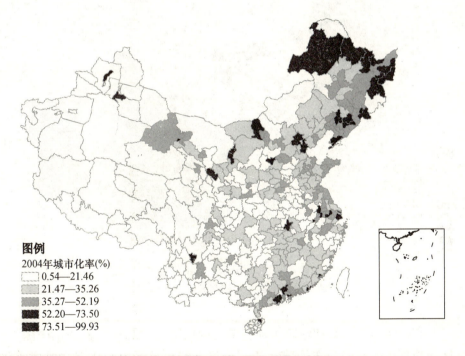

图 7 - 5　2004 年地市级城市化率分布

到 2004 年，城市化率的空间分布模式有了变化，东北地区依然保持着较高的城市化率，此外沿海地区的城市化率已经较高，特别是跟中西部地区相比。例如长三角和珠三角地区较为明显。相比之下，中部地区的城市化水平已经不突出。这表明，在这二十多年的时间里，东部沿海地区的工业化进程大大加快，特别是出口加工型工业的快速发展，吸引了大量的农村劳动力进城，从而显著地改变了人口在城乡之间的分布格局，使得东部沿海地区的城市化率迅速提高。

当我们把地理单元从地市级进一步细化到县区级时，地区差异的细致一面将进一步发掘。同样地，受数据所限，城市化率采用了非农业人口占总人口的比例来近似地替代，即采用了户籍口径的城市化指标。

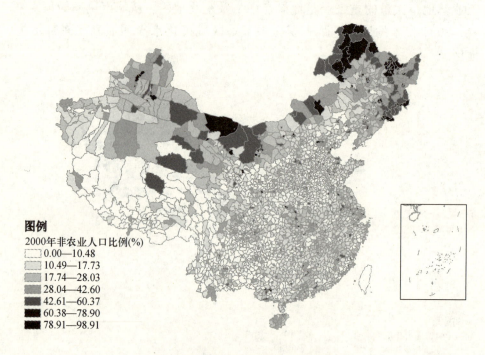

图例
2000年非农业人口比例(%)
- 0.00—10.48
- 10.49—17.73
- 17.74—28.03
- 28.04—42.60
- 42.61—60.37
- 60.38—78.90
- 78.91—98.91

图7-6 2000年中国县区城市化水平

与省市级地理单元和地市级地理单元的城市化空间分析显著不同的是，县区级地理单元空间分布图展示的一个显著特征是中国的北部，包括西北和东北部县区的城市化率明显高于其他地区。

图7-7展示了2009年中国县域城市化水平的空间分布，可以看到，基本的空间分析格局与2000年时大致相同，依然呈现的是北部，特别是新

疆、内蒙古以及东北地区的县区城市化水平明显高于其他地区，此外，东部沿海县域的城市化水平也较高，例如山东半岛、长三角和珠三角地区。

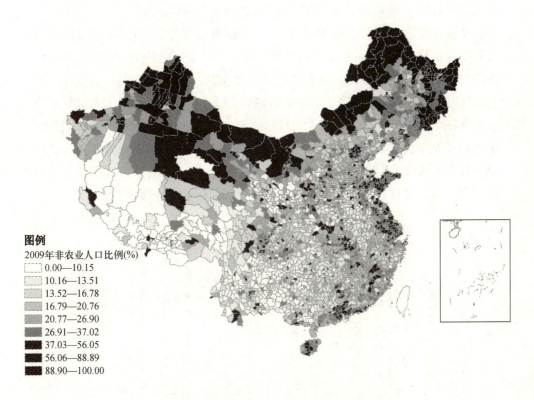

图例

2009年非农业人口比例(%)

☐ 0.00—10.15
☐ 10.16—13.51
☐ 13.52—16.78
☐ 16.79—20.76
☐ 20.77—26.90
■ 26.91—37.02
■ 37.03—56.05
■ 56.06—88.89
■ 88.90—100.00

图 7 – 7　2009 年中国县区城市化水平

三　城镇人口呈现向十大城市群聚集趋势

随着交通运输条件和信息传播手段日趋改善，城市集聚经济效应增强，城市网络化、集群化成为当今世界经济空间形态变化的显著特征。因此，城市群的崛起代表着城镇化发展到更高的阶段，并成为经济增长和城镇化的主要推动力量。

中国目前形成了哪些城市群？按照《全国主体功能区规划》中优化和重点开发区中列出的城市群，并结合城市群的现有研究①，可以比较明显地

---

① 肖金成、袁朱等：《中国十大城市群》，经济科学出版社 2009 年版。

看到，我国现阶段大致形成了如下十大城市群：长三角城市群、京津冀城市群、珠三角城市群、川渝城市群、关中城市群、海峡西岸城市群、中原城市群、辽中南城市群、山东半岛城市群、长江中游城市群。

十城市群在中国经济格局中具有举足轻重的地位，也是推动城镇化的重要空间载体。我们根据《中国城市建设统计年鉴》的数据，计算了中国当前较为成熟的十城市群县级以上城区人口规模及占全国城市人口规模比重的变动情况，如图 7-8 所示。十城市群城市的人口由 1999 年的 1.5 亿增长到 2010 年的 2.3 亿，占全国城市总人口的比重由 1999 年的 58.4%，提高到 2010 年的 61.0%。从其对城镇化的贡献来看，1999—2010 年，十城市群城区人口增长对全国城市总人口增长的贡献达到 73.7%，对全国城镇人口增长的贡献达到 35.3%，可见，城市群的扩张是推动中国城镇化的重要力量。

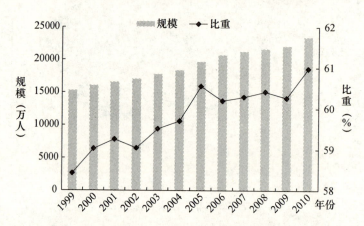

图 7-8　十城市群城市人口规模及占全国城市总人口的比重

资料来源：根据《中国城市建设年鉴》计算。

表 7-3 使用《中国城市统计年鉴》的数据计算了十大城市群所辖城市市域的 GRP、人口和面积指数变动情况。从 2010 年情况来看，十大城市群以十分之一的国土面积承载了全国四成以上的人口，创造了国民经济近七成的产出。从发展趋势上看，经济向十大城市群集聚速度明显超过人口聚集速度，也超过空间扩张的速度。1995—2010 年，其人口和面积占全国比重分别由 41.57% 和 10.08% 提高到 43.12% 和 12.68%，分别提高约 1.6 个和 2.6 个百分点；GRP 由 57.03% 提高到 68.34%，提高约 11.3 个百分点。

此外，还可以看到，2005 年以前，城市群经济的扩张主要为三大都市圈①带动，其贡献达到了 76.3%，而人口扩张则主要是新兴都市圈带动，贡献率达到 73.8%。2005 年后，十城市群的 GRP 份额基本稳定，这主要是由于三大都市圈份额下降，新兴城市群增长与三大都市圈份额下降相抵消所致。但是，无论是三大都市圈还是新兴城市群，人口份额却在提高，这表明城市群吸纳外来人口的动力十足。而且，由于城市群的人口份额远低于经济份额的事实并没有实质性的改变，其人均收入仍远远高于非城市群的区域，故而在收入差距的吸引下，大量外来人口将继续进入城市群区域。

表 7-3　　　　　　　　十大城市群主要指标占全国比重

城市群	GRP				人口				面积			
	1995 年	2000 年	2005 年	2010 年	1995 年	2000 年	2005 年	2010 年	1995 年	2000 年	2005 年	2010 年
长三角	15.70	16.15	18.36	17.62	6.53	6.35	6.32	6.33	1.14	1.14	1.14	1.15
长江中游	3.05	3.75	3.30	3.61	4.18	4.37	4.32	4.41	0.75	1.28	1.46	1.46
成渝	4.60	5.28	5.21	5.78	7.63	8.03	7.98	8.07	1.37	2.01	2.50	2.51
关中	1.36	1.47	1.49	1.72	1.96	2.03	2.03	2.06	0.60	0.73	0.93	0.93
京津冀	7.59	8.33	10.00	9.87	5.42	5.35	5.37	5.52	1.71	1.93	1.91	1.90
辽中南	4.90	4.68	4.74	5.15	3.33	3.26	3.20	3.17	1.53	1.43	1.54	1.53
山东半岛	5.96	6.40	7.59	7.32	3.92	3.86	3.83	3.81	0.88	0.87	0.97	0.97
中原	2.63	2.64	3.13	3.25	2.97	3.03	3.34	3.34	0.61	0.59	0.59	0.59
珠三角	6.81	7.79	10.05	9.56	2.20	2.27	2.73	2.50	0.76	0.76	0.76	0.77
海峡西岸	4.45	5.53	4.65	4.47	3.40	3.76	3.78	3.90	0.74	0.71	0.85	0.87
三大都市圈	30.10	32.26	38.41	37.05	14.15	13.97	14.42	14.35	3.60	3.83	3.81	3.81
新兴城市群	26.93	29.76	30.11	31.29	27.42	28.27	28.18	28.77	6.48	7.62	8.85	8.87
合计	57.03	62.02	68.52	68.34	41.57	42.24	42.60	43.12	10.08	11.45	12.66	12.68

资料来源：根据各年《中国城市统计年鉴》数据计算。

综上所述，20 世纪 90 年代以来，城市人口总体呈现向三大都市圈集中的趋势。2005 年以来，城市群经济增长有放缓势头，这主要是由于三大都

---

① 十大城市群中，长三角、珠三角和京津冀城市群相对成熟，我们将其并称为三大都市圈。

市圈产业聚集速度放缓所致。新兴城市群虽发展较快，但由于经济总量偏小，发展还不成熟，尚不足以弥补经济放缓带来的缺口。虽然城市群经济扩张有放缓趋势，但其聚集人口的功能依然十分突出。这是因为，城市群作为高收入地区的地位并没有改变，在收入差距的影响下，其对外来人口的吸引力仍然强劲。因此，可以判断，未来在新兴城市群崛起和收入差距的诱导下，城市群区域仍是吸引人口流入的重要目的地，支撑城镇化不断推进的功能不会改变。具体来看，长江中游、成渝、辽中南、中原等城市群崛起迅速，有望成为继三大都市圈后吸引产业和外来人口的"热土"，并为中国的城镇化进程注入活力。

四　城市规模不断扩张，城市体系中缺乏中心城市

改革开放以来，随着经济社会的发展，我国的城市规模不断扩大。1978 年，我国共有城市 193 个，市区总人口超过 100 万的大城市只有 29 个，占全国城市总数的 15.0%；2008 年，我国城市数量达到 655 个，大城市的数量增加到 122 个，占全国城市总数的 18.6%。1978—2008 年，我国城市数量增加了 2.4 倍，大城市数量增加了 3.2 倍。

近年来，由于科学的城市发展战略的实施，我国的城市发展结构日趋合理，但仍需完善。城市首位度是反映一个国家或地区的城市规模结构和人口集中程度的指标，其计算方法是用首位城市与第二位城市的人口规模之比来表示，即 $S = P1/P2$。一般认为，城市首位度小于 2，表明城市结构正常、集中适当；如果大于 2，则存在城市结构失衡、过度集中的趋势。目前，很多发展中国家的第一大城市人口往往比第二大城市人口多 3—9 倍，最高达 12—13 倍。根据 2008 年全国各城市人口数据计算，我国城市首位度为 2.34；东、中、西部城市首位度分别为 1.07、1.11 和 2.90。上述数据表明，我国东部和中部的城市规模结构比较合理，西部的城市规模结构失衡明显，呈现出过度集中趋势。

另外，合理的城市规模体系结构要求不同规模等级的城市之间表示出适度的比例关系。根据城市规模等级分布模型，城市分布一般呈金字塔形，处在塔尖高位序的城市数量最少，随着位序的下降城市数量逐级增多，直至塔的底层作为基础的是数量众多的小城市。按照德国城市地理学家克里

斯塔勒（W. Christller）的中心地理论①中提出的 K = 3 城镇规模等级结构，我国城市体系②中特大、大、中、小城市的适度比例应为 1：3：9：27，这种结构最有利于中心城市将辐射能量通过各级城市网络由高到低、有序地扩散到整个体系。但是，对于不同国家和地区而言，经济发展水平、历史文化背景等差异较大，不能完全按照金字塔模式的城市规模等级体系生搬硬套，可以在参考该模式的前提下，遵循各级城市有机结合、协调发展的原则，合理确定各个国家或地区的城市规模结构。从数量上看，2008 年全国 655 个城市的规模结构基本呈金字塔形（其中，特大城市、大城市、中等城市和小城市的数量分别为 41 个、81 个、118 个、415 个），特大、大、中、小城市的整体比例为 1：1. 98：2. 88：10. 12（见图 7 - 9）。按照中心地理论衡量，我国整个城市体系结构较为完整，中间没有断层；但是，各等级城市数量的递减不太均匀，表现为中等城市的数量过少，小城市的数量过多，这样必将出现大城市的高级职能无法快速传递到小城市，形成大城市人口、

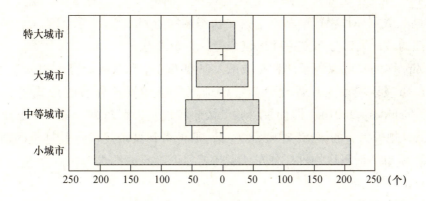

图 7 - 9　我国城市的规模结构图

① 克里斯塔勒（W. Christller）创立的中心地理论在 20 世纪 50 年代被广泛接受。中心地理论设计的城市规模等级结构中，每个高层次城市为其低一层次城市的 K 倍，K 为常数，即级差的公比数，K 可取 3、4 或 7。
② 城市规模结构等级的划分标准各国有较大差异，国际上一般按照城市的人口数量来划分。我国目前制定的城市标准是：市区总人口超过 200 万的城市为特大城市；市区总人口在 100 万—200 万的城市为大城市；市区总人口在 50 万—100 万的城市为中等城市；市区总人口在 50 万以下的城市为小城市，一般为县级市。

资源过度集中的情况，并逐步拉大大城市和小城市的差距。此外，我国西部的青海、贵州、宁夏、西藏等省份的城市太少，规模也不大，还谈不上形成完整的城市体系。毋庸置疑，我国还需加快中等城市的发展步伐，尤其是西部地区中等城市的发展，以缓解大城市的各种压力并带动小城市的发展。

第二节　城市人口合理分布探讨：Zipf 律及其含义

　　城镇化实际上就是人口在城乡之间分布的调整，一个国家或地区的城镇化水平最终都会稳定在一定的水平上，从而达到人口在城乡间的合理分布。当然，城市体系内部人口也存在一个合理分布问题，也就是说人口在不同规模城市间的分布最终也会稳定在一定的比例关系上。城市间人口结构达到怎样的比例才是合适或者说合理呢？研究证明，城市人口规模分布会不断收敛到一种稳定的状态，这一状态被称为 Zipf 律。[1] 我们认为，满足 Zipf 律的城市人口分布是一种比较合理的分布形态。

　　Zipf 律的发现起源于学者对城市人口规模分布问题的研究。20 世纪初，Auerbach 发现城市人口规模分布近似地服从于帕累托分布的形式（Overman、Ioanides，2001），即如果将城市按照其规模进行排列，最大的城市排位为 1，规模为 p 的城市排位为 $r(p)$，则可得到城市规模及其排位的两个变量，城市序列服从帕累托分布就意味着如下函数关系式成立：

$$r(p) = M/p^{\alpha} \tag{7.1}$$

　　其中，M 和 α 是参数，M 实际就是规模最大城市的人口数，α 被称为帕累托指数（Pareto Exponent）。α 指数实际反映了一个经济体内不同规模城市人口的比例关系。α 指数值可通过对（7.1）式进行估计得到，对（7.1）式两边取对数，我们会得到下式：

$$\log r(p) = \log M - \alpha \log p \tag{7.2}$$

---

　　[1] Eeckhout（2004）指出，如果规模无关条件满足，城市序列服从对数正态分布，位于城市序列上部（上截尾，upper - tail）的城市往往呈现帕累托分布的形式。Gabaix（1999a）则证明，如果城市是规模无关的，那么无论初始的城市规模分布是什么样的状态，最终将收敛于 Zipf 律。

对（7.2）式进行最小二乘法估计，就可以得到系数 α 的值。所以，只要知道某国或者某区域城市人口规模分布数据，就可通过简单的回归得到该城市序列的 α 指数。Zipf（1949）发现现实中城市规模分布满足 $\alpha = 1$，这一分布规律被后人称为 Zipf 律。

α 变化意味着城市发展格局的差异，图 7 - 10 简单说明了 α 不同变化的含义。横轴表示城市规模对数，纵轴表示位序对数，直线为各城市位序和规模散点图的拟合曲线。假定初始状态下，拟合曲线为 L_0，曲线斜率为 α。当 α 变小时，如变为 L_1 曲线，说明规模较大的城市扩张速度更快；当 α 变大时，比如说变为 L_2 曲线，这意味着规模较小的城市扩张的速度更快。如果开始时 $\alpha > 1$，那么 Zipf 律要求 α 值降低，结合图 7 - 10，这就意味着大城市扩张更快更为合理；如果 $\alpha < 1$，则 Zipf 律要求 α 值提高，这就表明小城市扩张快才能使城市规模分布更合理。

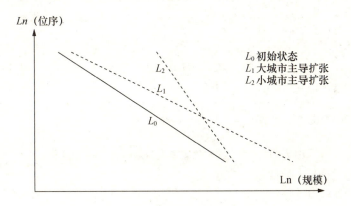

图 7 - 10　城镇规模分布变化的两种形式

Zipf 律的存在已经在跨国经验研究中得到证明[1]。本章计算了美国、日本、英国、法国、德国和印度 6 个国家的城市规模分布的状况，结果如图 7 - 11 所示。可以看到，美国、日本和法国大都市 α 指数分别达到 1.0315、

---

[1]　Dobkins and Ioannides（1998）、Krugman（1996a）、Krugman（1996b）、Zipf（1949）研究美国的城市历史后发现，城市规模分布服从 Zipf 律；Rozman（1990）、Rosen and Resnick（1980）分别考察了中国、日本、印度 19 世纪末和 20 世纪初城市发展历史，也找到了 Zipf 律存在的证据。

1.0171 和 0.9844，与 Zipf 律较为吻合。英国、印度的城市体系与 Zipf 律偏离较大。其中，英国 α 指数为 0.8799，说明大城市占人口比重比标准状态（Zipf 律成立时）要大，这可能与伦敦在英国城市体系中的地位过高有关；印度 α 指数为 1.1067，虽然孟买、加尔各答已经成为人口千万级的大都市，但总体大城市的数量并不多，其相对于印度众多的人口而言还不够。

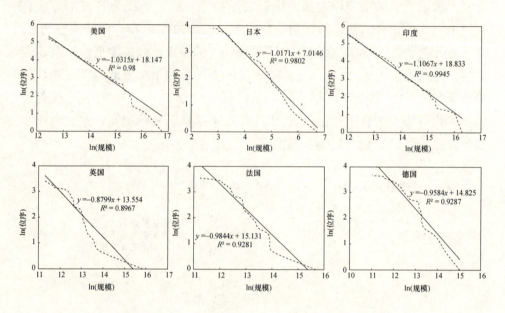

图 7 - 11　六个国家的城市人口规模分布的 Zipf 律

资料来源：各国统计局网站。

如果假定发达国家城市规模分布形态是合理的，那么考察这些国家的经验事实，有助于我们了解中国城市规模分布是否合理以及未来发展趋势。从发达国家的城市体系演变历史来看，城市规模分布形态显示出向 Zipf 律收敛的趋势。如表 7 - 4 所示，美、德、法的城市分布的帕累托指数不断下降，不断趋近于 1。此外，为使城市体系演变趋势更具可比性，我们还对埃及、印度等发展中国家的情况进行了考察。结果发现，发展中国家的情况也类似，帕累托指数也在向 1 趋近。由此可见，城市规模分布向 Zipf 律收敛可能是城市形态演变的一种普遍规律。

表 7-4　　　　　　　　　各国城市规模分布的 Zipf 律及其变化

美国		德国		法国		埃及		印度		尼日利亚		土耳其	
时间（年）	α值	时间（年）	α值	时间（年）	α值	时间（年）	α值	时间（年）	α值	时间（年）	α值	时间（年）	α值
1880	1.1604	1871	1.4505	1836	1.6442	1927	0.835	1891	1.47	1953	1.43	1945	1.244
1890	1.0791	1885	1.2465	1872	1.1966	1937	0.898	1911	1.372	1963	1.333	1955	1.166
1900	1.07	1891	1.1851	1876	1.2463	1947	0.998	1921	1.267			1965	1.116
1910	1.087	1910	1.1453	1881	1.2307	1960	0.976	1951	1.228			1975	1.096
1920	1.03	1925	1.0832	1886	1.2138	1970	0.947	1961	1.193				
1930	1.07	1933	1.0502	1891	1.195								
1940	1.05			1920	1.3								

资料来源：美、德、法数据来自 Singer（1936），其他国家数据来自 Parr（1985）。

第三节　从 Zipf 律看中国城市人口合理分布

　　中国城市人口规模分布呈现什么样的特征？联合国在《世界城镇化展望》中按规模把城市分成五个层级：10 万—50 万人（中等城市）、50 万—100 万人（较大城市）、100 万—500 万人（大城市）、500 万—1000 万人（特大城市）和1000 万人以上（超大城市）。使用《中国城市建设统计年鉴》中的城区人口数据，按照联合国对城市类型的划分标准，我们这里首先看一看不同规模的城市人口扩张呈现怎样的差异和特征。

　　我们计算了中国 1999—2010 年各等级城市人口占全国人口的比重（见表 7-5）。整体来看，全部城市人口所占比重不断扩张，由 1999 年的23.57%，提高到2010 年的28.81%。分等级来看，除小城市比重有所缩小外，其他等级的城市比重都有所扩张，而且城市规模等级越高，扩张速度越快。超大城市人口扩张最快，2010 年其人口比重是 1999 年的 4 倍，其次为特大城市，是 1999 年的 0.43 倍，再次为大城市和中等城市。100 万人以下和以上的城市 2010 年的比重相当于 1999 年的 1.00 倍和 1.47 倍。可见，1999—2010年，中国城市人口分布处于向更大城市集中的阶段，城市规模的扩张和城市本身规模具有正相关关系。人口向大城市集中的趋势与中国所处的发展阶段密切相关。20世纪90年代以来，中国进入工业化中期阶段，将近20年中，经济保持了高速增长。这个阶段中，生产的规模经济特征比较明显，产业集聚速度很快，而规模较大的城市能够为大规模产业集聚提供规模市场，以及更廉价的人才、资本、劳动力和基础设施等投入要素。

表7-5　　　　不同等级城市人口占全国人口比重变化（1999—2010）

时间(年)	小城市	中等城市	大城市	特大城市	超大城市	100万人以下	100万人以上	全部
1999	7.76	4.73	8.50	1.69	0.90	12.49	11.09	23.57
2000	7.70	4.97	8.51	2.17	0.94	12.67	11.62	24.30
2001	7.44	4.83	8.62	2.26	0.99	12.26	11.86	24.13
2002	7.33	4.44	9.26	2.28	0.99	11.78	12.53	24.30
2003	7.09	4.83	9.00	2.67	0.99	11.93	12.66	24.59
2004	7.25	4.79	8.67	2.35	1.90	12.05	12.93	24.97
2005	7.40	4.67	9.09	2.55	2.54	12.07	14.18	26.25
2006	7.41	4.85	9.75	2.84	2.39	12.26	14.99	27.25
2007	7.70	4.72	8.79	3.39	2.45	12.42	14.63	27.05
2008	7.67	4.86	8.72	3.47	2.51	12.52	14.70	27.22
2009	7.63	4.91	9.11	3.40	2.56	12.54	15.07	27.60
2010	7.57	4.95	9.33	2.42	4.54	12.52	16.28	28.81
2010/1999	0.97	1.05	1.10	1.43	5.06	1.00	1.47	1.22

注：这里的比重是指城区人口与全国人口之比。

资料来源：根据《城市建设统计年鉴》（1999—2010）数据计算。

从不同城市人口增长速度对比来看，规模越大的城市，人口扩张速度也越快。我们将这种现象归纳为"规模正相关"。1999—2005年，超大城市平均增长率达到18.0%，远远高于其他等级城市的平均增速，特大城市增速次于超大城市，增速达到4.8%，中等城市的增速最低。2005—2010年，超大城市规模扩张速度较前一时期虽有所下降，但在各等级城市中仍然最快，大城市、特大城市增速放缓，中等城市扩张速度有所提高（见图7-12）。总的来看，中国城市规模扩张主要推动力量是1000万人以上超大城市，这与我国城市群和大都市圈的崛起有着密切关系。中国在未来一段时期将处于城市集群发展的阶段，在信息化、交通一体化和分工协作紧密化的带动下，中心城市的聚集高端要素的能力将进一步加强，因此超大城市及特大城市规模扩张仍将主导中国城镇化的进程。

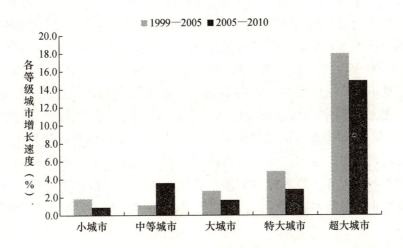

图 7-12　不同规模等级城市增长速度的比较

注：部分数据的统计口径存在前后差异过大的情况，我们按照趋势插值方法对其进行了调整。

资料来源：根据《中国城市建设统计年鉴》（1999—2010）中数据计算。

中国城市人口的分布是否符合 Zipf 律呢？这里我们试图用帕累托指数（α）的变化来考察中国城市体系是否向合理的方向演变。首先使用《中国统计年鉴》和《新中国城市统计五十年》中的市辖区人口数作为反映城市规模的指标，该数据集最早可追溯到 1949 年。在中国的行政区划体制中，地级以上城市才有资格设市辖区，市辖区一般包括了城市景观的实体区域，因此可近似视为较大规模的城市节点。

图 7-13 描绘了以市辖区人口数计算的帕累托指数自 1949 年以来的变化情况。2000 年以前，α 指数呈逐步提高的态势，这意味着中小城市在城市整体规模扩张中的作用更强。但 2000 年以前，中国行政区划调整较为频繁，不断有新的城市进入地级城市的序列中①，而且随着统计资料的完善，

---

① 1995 年以前，中国地级以上城市序列不稳定，不断有新的县级行政单元升级为地级市，1978—1995 年，地级市数量由 98 个提高到 210 个。因此，这段时间 α 指数的提高是由于城市数量增加所致。2000 年之后，行政区划调整力度减弱，地级城市数量变化不大，2005 年后一直是 287 个。

进入统计范围的城市数量增加也很快，这些新增加的城市又多为中小城市，故 α 指数的提高在一定程度上也与城市数量增加有着紧密关联。为此，我们首先将年鉴中各年包括的所有城市的数据直接计算 α 指数，得到 α_1 指数，然后筛选出 1949 年有数据的城市作为新的序列，计算得到 α_2 指数。结果显示，1949 年以来，α 指数呈现出先升后降的趋势，拐点出现在 2000 年前后。2000 年以前，α_1 指数从 0.889 提高到 2000 年的 1.286，这表明规模偏小的城市扩张速度更快。α_2 指数也呈现出递增的态势，但增长速度要小于 α_1，这强化了中小城市在城市体系中地位不断上升的结论。由此可见，1949—2000 年城市人口扩张是由中小城市人口扩张主导的，此外，考虑到该阶段城市数量扩张也较快，故行政区划调整也是中小城市主导的重要原因。2000—2010 年，规模较大的城市在城市体系中的地位在上升。鉴于这一时期城市数量基本稳定，故城市人口的扩张转变为人口向大城市集中为主导。

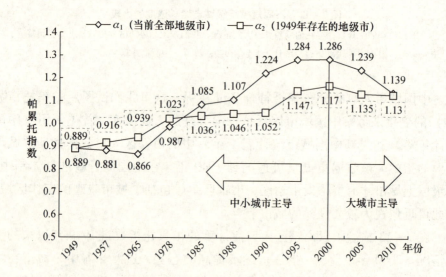

图 7-13　1949—2010 年主要年份市辖区人口分布的帕累托指数

资料来源：根据《新中国城市统计五十年》和《中国城市统计年鉴》（1993—2010）数据绘制。

城市规模最准确的反映应是城区常住人口数量。因此，上文以市辖区户籍人口代表城市规模的方法存在一定误差。这是因为，一方面市辖区范围往往大大超过城区的范围，把不属于城区范围的郊区人口也算进城市规模之内；另一方面市辖区的户籍人口没有包括城区的外来常住人口。《中国城市建设统计年鉴》中的城区人口数虽然为户籍人口数，但如果加上暂住人口，能够相对准确地反映城市的规模。考虑到城市序列收敛于 Zipf 律的特性只适用于一定规模以上的城市，即上截尾城市序列，使用这套数据时，我们选取 10 万、20 万和 50 万作为下限，对不同"门槛值"的上截尾城市序列分别测算帕累托指数（结果如图 7 – 14 所示）。从 α 指数的绝对数量来看，全部城市已经基本达到满足 Zipf 律所要达到的水平，1999—2010 年，α指数基本在 0.99 上下浮动。20 万和 50 万以上人口城市序列 α 指数却明显高于 1，而且在向 Zipf 律收敛（α 指数渐近于 1）。从发展趋势来看，20 世纪末以来，中国大城市扩张更快，这与近期发展阶段相符，表明城市人口的分布趋于合理。但是，与 Zipf 律相比，上截尾城市序列中大城市的规模还不够。考虑到三大都市圈中的超大城市规模不经济问题比较严重，我们认为，以新兴城市群为载体，建设若干特大型中心城市是比较合理的选择。

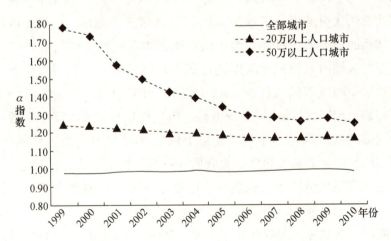

图 7 – 14　中国城市规模分布（人口 > 20 万）的帕累托指数

资料来源：根据《中国城市建设年鉴》（1999—2010）数据计算。

综上所述，中国城市人口分布在 1949—2000 年并不合理，尽管中国工业化一直在进行，但大城市未能得到充分的发育，这在一定程度上是由于人口在城市间迁移受到限制所导致。2000 年以来，随着户籍制度的放开，以及劳动力市场的完善，人口在城市间的流动更加自由，大城市具有的规模经济特征得到了有效的释放，这一时期大城市规模迅速扩张，并成为带动城市总体扩张的主导力量。从城市格局演变来看，1949—2000 年，中国的城市格局的变动以中小城市扩张为主导，2000—2010 年，城市规模格局的变动转变为以大城市人口规模扩张为主导。以建设部城区人口数据为基础，计算结果也印证了 20 世纪末以来，大城市扩张主导了城市格局变动的结论。通过比较帕累托指数，中国城市人口规模分布正朝着合理化的方向发展，从数值上看，全部城市的人口分布已经较为合理，但考虑到 Zipf 律对一定规模以上的城市序列更为有效这一点，结果显示中国大城市的规模和数量仍显不足。

城市规模分布规律适用性是有边界的，这个边界就是一个完整的城镇体系所覆盖到的范围。城市体系是由相互关联的城市单元组成的群体，这种关联表现为商品贸易、产业分工以及共同的劳动力市场等。城镇体系又可分为不同的空间维度（Vries，1984），国家通常是最大的城市体系，区域是城镇体系的次级维度。区域与城镇体系是紧密关联的，Pred（1980）认为城市体系的边界就是区域。由于城市体系内部能够实现最大程度的分工协作，因此区域内城市间关联度远远高于与区外城市的联系。因此，要更深刻地理解中国城市体系状态，必须划分区域来分析。目前，政府文件和多数研究都采用四大区域①的划分方法，但这种划分方法以经济发展水平相似度和面临的共同问题为依据，经济上的关联度并不是最主要的。例如，同为西部地区的新疆和贵州经济关联度并不高。我们认为，采用七大区域②的划分更能体现城镇体系的完整性，这是考虑区内交通网络相对完整，接受相同的中心城市辐射，要素流动更为频繁等因素。

根据以上的划分，我们计算了 1999—2010 年，七大区域的城市规模分布状况。由表 7 - 6 可以看到，除华中地区外，其他六大区域 α 指数都在向

---

① "十二五"规划中区域协调发展战略涉及东部、东北、中部和西部四个区域。

② 七大区域分别为：东北、华北、华东、华中、华南、西南、西北。东北包括辽、吉、黑三省和内蒙古东北部，华北包括京、津、冀和内蒙古中西部地区，华东包括沪、苏、浙、皖三省一市，华中包括鄂、豫、湘、赣四省，华南包括闽、粤、桂、琼四省区，西南包括云、桂、川、渝、藏五省区，西北包括陕、甘、宁、青、新五省区。

1收敛，或者稳定在1附近。其中，东北、华北α指数逐渐提高，趋近于1；华南、西北、西南三区α指数逐渐减小，趋近于1。总体来看，中国各区域的城市体系朝着合理化的方向发展。根据以上测算，我们可以对每个区域的城市体系结构合理性进行评价。东北地区的城市人口分布基本合理，但城市体系的中小城市规模略显不足，需要加快产业结构转型，培育中小城市的新兴特色产业，增强人口集聚能力。2005年以后，华北地区城市体系表面上正趋于合理，但必须注意，北京单极扩张掩盖了城市体系缺少承上启下的大城市的问题，这造成要素过度集聚，产生了集聚不经济问题，未来需要疏解首位城市的人口，并增加人口超百万的大城市的数量。华东地区城市体系发育最为成熟，人口布局比较合理，人口布局政策无须过多干预。华中地区虽有武汉这样的大都市，但城市体系是断裂的，缺乏承上启下的特大城市，未来需要重点培育人口超百万的城市。华南地区大城市扩张主导了城市格局的变化，如广州、深圳、东莞近年来人口规模迅速膨胀，而中小城市的规模扩张则明显不足，培育中小城市有助于减轻大城市的拥挤，也有助于拓展经济增长的空间。西北地区城市体系也在趋于合理，

表7-6　　　七大区域城市人口规模分布的帕累托指数（人口 >10 万）

区域 年份	华北	东北	华中	华东	华南	西北	西南
1999	0.922	0.966	0.972	0.964	1.103	1.103	1.141
2000	0.912	0.955	0.964	0.997	1.064	1.113	1.141
2001	0.866	0.946	0.988	1.003	1.063	1.146	1.098
2002	0.855	0.946	1.024	0.972	1.050	1.086	1.067
2003	0.873	0.951	1.122	0.988	0.929	1.088	1.046
2004	0.873	0.945	1.127	0.986	0.957	1.088	1.043
2005	0.866	0.950	1.122	0.972	0.945	1.082	1.050
2006	0.976	0.962	1.218	0.979	0.918	1.053	0.974
2007	0.977	0.987	1.228	1.007	0.918	1.042	1.010
2008	0.974	0.982	1.192	1.014	0.947	1.028	1.000
2009	0.970	0.988	1.229	1.019	0.948	1.027	0.993
2010	0.966	0.969	1.208	0.997	0.925	1.042	0.959

资料来源：《中国城市建设年鉴》（1999—2010）。

但大城市的规模依然不足，特别是缺乏辐射全域的中心城市。需要进一步增强西安、兰州和乌鲁木齐等大城市的经济聚集能力，带动周边城市的发展，发挥协同效应。西南地区城市人口分布也在不断地趋于合理，大中小城市结构适宜，但各等级的城市规模整体偏小，未来也要从整体上提升各层级城市的产业聚集水平和人口吸纳能力。

第四节　主要结论

本章回顾了城镇化的历程，并使用不同来源的数据，对城镇人口空间格局变动进行了分析，包括城镇人口在城与镇、区域之间、不同规模城市间和城市群间的分布变化。结合反映城市规模与位序关系的 Zipf 律，还探讨了城市人口的合理分布问题。综合来看，本章得出的主要结论可以归纳为如下几个方面：

第一，中国当前的城镇化呈现由人口聚集的"市化"和"镇化"共同驱动的特征。在人口的"镇化"过程中，2000 年以前，"镇化"作用增强更多的是建制镇数量增加所致，2000 年以后"镇化"的影响主要表现为镇区聚集人口功能的增强。这一结论有助于扫除对城镇化认识的"盲区"，使我们能够更全面地审视城镇化的发展道路。此外，这也为我国的城镇基本公共服务布局政策提供了指引。由于小城镇经济实力薄弱，也没有独立财政权，而小城镇吸纳人口的作用并不亚于城市，因此中央政府需要对小城镇基本公共服务给予更多的倾斜。

第二，改革开放以来，东部地区城镇人口规模扩张对我国城镇化的贡献最大，且近年来，这种格局并未发生显著改变。此结果与近年来东部地区经济增速已经低于中西部的状况并不一致。这是因为，一方面，长期的增长不平衡导致东部地区和其他区域积蓄了很大的收入差距"势能"，在其引导下，内陆地区的人口不断流向东部地区的城镇区域；另一方面，东部地区城镇空间范围不断扩展，户籍制度改革率先启动，使得城镇人口规模迅速增加。未来区域间收入差距"势能"释放仍需要一段时间，这期间，广大内陆地区的人口仍将继续流向东部沿海地区，如何使东部地区政府和社会给予这些外来人口平等享有城市发展成果的机会是需要深入思考的问题。

　　第三，城市群日益成为带动城镇人口扩张的重要载体。目前，中国已经形成了十个初具雏形的城市群，十城市群经济集中度将近 70%，大大高于 40% 左右的人口聚集度，更高于空间集中度。近年来，十城市群经济总量增速虽有放缓，但其聚集人口的作用仍在强化。然而，各都市圈发育水平不一样，三大都市圈开发强度比较高，已经产生了一定程度的集聚不经济问题，而新兴城市群开发潜力还比较大，因而国家应采取分类指导的大都市区发展政策。对三大都市圈地区，应在区域内优化产业分工和人口布局，疏解核心城市的功能；而对新兴城市群，特别是中西部的城市群，应提高核心城市聚集能力，优先布局具有战略意义的项目，打造政策先行先试的平台。

　　第四，从城市人口格局的变动来看，2000 年以后，人口向大城市集中的趋势突出。而且，规模越大的城市，人口比重提高幅度也越大，这说明中国城市增长呈现显著的规模正相关特征。规模正相关意味着将诞生更多特大与超大城市。本质上说，人口向大城市集聚也是要素空间配置的反映，这种配置方式恰恰体现了市场机制下经济效益最大化的原则，从而能够充分发挥经济增长的潜力。由于我国仍处于工业化快速推进的发展阶段，规模正相关的模式未来可能继续支配城镇人口格局的变动。因此，国家城市发展政策的制定应适当考虑大城市，例如省会城市和副省级城市的作用，在土地利用、人口调控、基础设施建设等政策方面给予更宽松的政策。

　　第五，如果城市间人口流动是自由的，那么城市人口格局会不断向合理分布的形态收敛。城市人口布局的合理性可通过检验是否满足 Zipf 律来判断，现有理论研究与国际经验事实证明了这一点。数据计算结果显示，中国城市人口的分布正在朝合理化方向发展，不过，与标准状态相比，大城市人口规模仍然不足。因此，人口分布合理化要求未来中国仍得扶持大城市的发展。另外，我们进一步计算了分区域的城市体系的帕累托指数，结果发现不同区域城市体系与合理形态的偏差不尽一致，华中地区大城市发育不足，华南地区中小城市发育不足，其他地区基本呈现向 Zipf 律收敛的趋势。城市节点是区域政策主要的空间载体，鉴于不同地区城市人口布局所面临的问题和调整方向不同，这就要求国家在实施区域差别化的城镇化政策方面有所考量。

参考文献

1. 李玉江:《我国城市体系建立的框架构想》,《经济地理》1997 年第 2 期。

2. 朱春、吕芹:《我国城市规模等级体系的探讨》,《社会科学》2001 年第 3 期。

3. 丁睿、顾朝林、庞海峰、李霞:《2020 年中国城市等级规模结构预测》,《经济地理》(增刊) 2006 年 12 月。

4. 顾超林、胡秀红:《中国城市体系现状特征》,《经济地理》1998 年第 1 期。

5. 余宇莹、余宇新:《中国地级城市规模分布与集聚效应实证研究》,《城市问题》2012 年第 7 期。

6. De Vries. J. , *European Urbanization*, 1500—1800, Cambridge, Mass: Harvard University Press, 1984.

7. Duranton, G. , "Urban Evolutions: The Fast, the Slow, and the Still", *The American Economic Review*, 2007, 97 (1): 197 – 221.

8. Eeckhout, J. , "Gibrat's Law for (All) Cities", *The American Economic Review*, 2004, 94 (5): 1429 – 1451.

9. Gabaix, X. , "Zipf's Law for Cities: An Explanation", *The Quarterly Journal of Economics*, 1999, 114 (3): 739 – 767.

10. Ioannides, Y. Overman, H. , "Zipf's Law for Cities: An Empirical Examination", *Regional Science and Urban Economics*, 2003, 33 (2): 127 – 137.

11. Krugman, P. , "Confronting the Mystery of Urban Hierarchy", *Journal of the Japanese and International Economics*, 1996, 10 (23): 399 – 418.

12. Overman, H. Ioanides, Y. , "Cross – sectional Evolution of the U. S. City Size Distribution", *Journal of Urban Economics*, 2001, 49 (3): 543 – 566.

13. OECD, Redefining "Urban": A New Way to Measure Metropolitan Are-

as，OECD Publishing，2012，doi：10. 1787/9789264174108 – en.

14. Parr，J. ，"A Note on The Size Distribution of Cities Over Time"，*Journal of Urban Economics*，1985，18（8）：199 – 212.

15. Pred，A. ，"Place as Historically Contingent Process，Structuration and the Time – Geography of Becoming Places"，*Annals of the Association of American Geographers*，1984，74（2）：279 – 297.

16. Singer，H. ，"The Courbe des Population. A Paraller to Pareto's Law"，*The Economic Journal*，1936，46（182）：254 – 263.

17. Zipf，G. ，*Human Behavior and the Principle of Least Effort*，Cambridge，MA：Addison – Wesley，1949.

第八章　区位、产业结构与人口分布

地区经济发展过程呈现出不均衡的结果，在很大程度上与区位密切相关。良好的区位往往会带来良好的经济发展。细究区位给地区经济发展带来的影响机制，一个重要的影响途径是产业结构，即在经济发展模式的选择上存在着明显的地区差异。而这些的后果则是通过经济发展的结果逐渐地改变了人口的空间分布。经济发达的地区会吸引越来越多的人口，从而使得人口的积聚效应不断地得到强化。本章利用全国人口社会经济统计数据来分析区位、产业结构和人口分布三者之间的关系，以及它们在促进区域经济发展中的作用。

第一节　区位与区位优势

区位是地理学家，尤其是经济地理学家们经常讨论的一个因素。关于区位的经济理论，如冯·屠能（von Thunnen）和韦伯（Weber）的区域三角论，洛希（Losch）和克里斯托勒（Christaller）的中心区位理论，都使得区位在经济发展中的重要作用得以系统化，使得产业、市场、功能和人口等因素的相互作用机理得到更加充分和详细的论述。20 世纪 70 年代，新一代学者们以一种更加激进，通常是基于马克思主义之上的理论来阐述区位的重要作用，他们举例认为即使同在一个城市之内，大学区位的不同也会对邻近区域形成显著的影响。

在经济地理学和区域经济学的理论中，区位始终是经济发展的一个重要因素。纵观各国的历史，都可以很明显地注意到一个事实，即村落和城市兴起最早就源于交通便利、地势平坦的沿江平原或者流域三角洲，从更大的范围来说，一个临海的国家或地区总是在沿海地区得到最先的发展，这些地区也往往是人口最为稠密的地区，也就是说，人口成为推动经济发展的一个重要因素。在中国，沿海地区总是要比内陆地区有着发展经济的更良好区位，因此也很自然地在经济上要发达于内陆地区。但我们也注意到，即使同处于沿海地区，各省之间的差异仍然很明显，辽宁、河北和海南的发展就远落后于其他省区，在四个经济特区中，汕头也远落后于其他三个。即使在同一个省区，不同县区之间的差距也很明显，以江苏为例，苏南经济远胜于苏北经济。由此，我们很自然会想到一个问题，那就是区位优势在什么情况下能够有效地促进地区的经济发展？人口又会在什么情况下能成为推动经济发展的积极力量？

地区经济增长与地区差距的形成之间存在密切联系，推动经济增长的因素可能在地区间存在差异，故而理解地区经济增长有助于理解地区差距。关于中国地区差距形成的原因有许多种解释，主要的假说包括人力资本、物质资本、政策、地理等，而这些影响因素恰恰也是影响地区经济成长的重要因素。但实际上，在这些假说之间，存在着互补性（董先安，2004）。

政策常常与地理因素相结合，即针对不同区域的不同政策促成了不同的区域经济增长，从而造成区域差距。Fan Shenggen 等（2011）认为，中国区域差异的产生，一个重要原因在于政策。20 世纪 60 年代为了应对可能的世界危机，中国工业布局向内陆迁移发展。80 年代以来，特别是随着对外开放力度的加大，地理位置的重要性凸显了出来。中央政府在税收政策方面也给予沿海地区更多的优惠。这些优势不仅吸引了外商，对国内厂商同样有吸引力。类似地，陆铭和陈钊（2005）也认为，地理和政策成为中国区域经济发展的两大因素和两种力量。Sylvie Demurger 等人（2002）专门针对地理要素进行指数化测量，为地区差距的研究提供定量指标。Fujita 和 Hu（2001）发现，由于地理上的比较优势，大多数制造业部门倾向于集聚在一个地区。新经济地理学在解释经济聚集时采用了地区经济一体化改变人口和产业布局作为基本推导过程，其中，区位优势是人口和产业布局发展变化的基本诱因（Krugman，1991）。

地理因素常常也和其他因素结合在一起影响地区经济发展。刘夏明、魏英琪和李国平（2004）认为，经济地理、历史等多种因素使沿海地区即使在改革开放之前在基础设施、产业基础、科技水平、生活水平等方面均强于内陆地区，沿海地区的经济处在更高的改革起点上，而要素省际的流动壁垒以及要素市场的低效又制约了内陆地区赶超沿海的进程。岳书敬（2008）也强调了技术进步的区域差距。由于受制度等因素的影响，人力资本和劳动力的边际报酬在地区间有扩大趋势（蔡昉、王德文，2002）。陈良文和杨开忠（2007）认为，要素流动和集聚经济效应比较好地解释了我国自20世纪90年代以来地区差距扩大的现象。然而，地理因素短期内很难改变，政策也难有预知性，故而地区经济增长和差距的变化也就不容易预知。

区域经济的发展与区位和产业结构都有着密切的关系，大多数发达地区都具备良好的区位和产业结构。就区位而言，事实上，任何一个地区的经济发展都离不开它所处的地理位置和基本的地理特征，也就是说，区位对于区域经济而言，具有重要的影响，在很大程度上，区位优势是通过降低运输成本而促进地区经济发展的，具有良好区位优势的地区往往有良好的交通条件，运输成本低，因而容易吸引外来投资，逐渐改变原有的产业结构，通过发展新兴产业，改变落后的产业结构，从而有力地促进地区经济发展。早在17世纪末，英国古典经济学家威廉·配第在比较荷兰、英国和法国的经济状况与就业结构时就发现，荷兰之所以强大，是因为它从事农业以外的经济活动人口比英法两国多，克拉克在配第的基础上进一步阐述，明确了就业人口在三次产业间的变化趋势，从而形成了著名的配第—克拉克定律。换句话说，经济发展的过程实际上也是三次产业结构变动的过程。

在一定程度上，地区产业结构的变动与区位和投资的空间分布有着密切关系。区位的不同，通过生产和运输成本，也就是交通状况来影响和改变着人口的空间分布模式以及地区产业结构。运输成本低廉的地区容易形成人口和产业的聚积，促进区域的一体化，从而逐渐改变着人口的空间分布。不少研究已经明确指出了区位和交通状况对于产业空间分布的影响。外商直接投资（FDI）对于区位和交通条件尤其敏感。一项针对香港在大陆投资企业的调查研究表明，降低生产成本成为企业投资区位选择的最主要动机（李小建，1996），这一现象与新经济地理学的基本假设相吻合。FDI省际分布的研究也同样印证了生产和贸易成本在FDI区位选择中的重要作用，即FDI的分布倾向于选择在那些拥有良好交通条件的地区。Broadman和Sun（1997）认为，FDI在中国的分布在地理上具有高度的集中性，基础设施、教育水平和沿海区域是影响FDI的重要因素。地理位置的差异，不仅体现在交通运输成本上，更体现于不同区域的制度差异，鲁泓明（1999）的研究表明，制度因素是影响 FDI 分布的一个重要原因。此外，新经济地理学衍生出的其他一些因素，诸如技术外部性和 FDI 聚集等因素同样也影响到 FDI 的战略行为（黄肖琦、柴敏，2006）。一些研究表明，东部发达地区与西部落后地区之间的 GDP 估计增长率差异，大约有 90% 是由 FDI 分布的差异引起的（魏后凯，2002）。进一步的分析表明，FDI 还能通过直接或者间接的渠道来促进所在区域的科技和制度创新，能够通过与内资企业的交流来促进他们生产率的提高（仝月婷、胡又欣，2005）。由此可见，与区位密切相关的交通状况是影响地区经济发展不平衡的重要因素，而这个过程是通过投资进而引发产业结构的变化来驱动的。

区位条件的差异还体现在对外开放程度的不同。一些研究指出，沿海地区比内陆地区经济增长更加迅速的重要原因在于对外开放度的显著提升（Wacziarg，2001；Dollar and Kraay，2004；Noguer and Siscart，2005；熊灵、魏伟、杨勇，2012），越是开放的地区，其人员流动越频繁，而产业集聚的效果也更加突出，从而促进了地区经济增长。当贸易开放度不断提高时，以公路为代表的公共基础设施将会体现收益递增效应，拥有良好基础设施的区域便会获得更高的增长速度（Mansori，2003）。对外开放度的提高，有助于增加基础设施建设，有助于推动区域市场一体化，有助于提高人力资本，有助于促进创新及其应用，有利于形成产业集聚，从而对地区经济增长起到显著的推动作用。而且，对外开放度越高的地区，外商直接投资的分布也越密集，而 FDI 有助于提高当地企业的效率（路江涌，2008）。此外，一些研究指出，对外开放对我国东部地区空间集聚起着积极的拉动效应（陈得文、苗建军，2010）。经济增长与地理集聚是一个相互强化的过程（Martin & Ottaviano，1999）。Dupont（2007）认为，地理集聚会促进学习的溢出效应和经济增长。Ciccone 和 Hall（1996）针对美国的研究表明，经济集聚提高 1 倍，劳动生产率就会提高 6%。基于欧洲的研究也表明，空间集聚可以促进地区的经济增长（Crozet & Koenig，2007）。而中国的情形也大致相似（范剑勇，2006；张艳、刘亮，2007），聚集经济对 FDI 的区位选择有着显著的正面影响（郭建万、陶峰，2009）。一些研究明确指出，如果不考察经济集聚与长期增长之间的动态关系，就很难找到消除地区差距的有效途径（刘修岩，2009）。由此可见，对于沿海地区而言，积极的对外开放促进了产业集聚，并通过集聚强化经济增长，对外开放还迅速地提高了人力资本水平，从而通过产业效率的提升有效地拉开了与内陆地区的距离。

第二节　区位优势与产业结构

一　区位优势

以报酬递增和运输成本的基本假设的新经济地理学在解释经济聚集时采用了地区经济一体化改变人口和产业布局作为基本推导过程，其中，区位优势是人口和产业布局发展变化的基本诱因（Krugman，1991a）。然而，对于产业区位形成的最初原因，克鲁格曼等人却认为是"历史的偶然"（Krugman，1991b）。

G. William Skinner 是研究中国区域经济划分的一位重要国际学者。几十年来他关于中国区域划分也有演变的过程，大致可以分成三个阶段。他在研究中国经济区域划分的时候专门论述了流域和交通等因素在地区经济发展中的影响。在他第二阶段关于中国宏观区域的研究中，更多地依赖于在运输成本方面的差异假说，认为区域间的交易和横跨宏观区域腹地的运输不得不最小化，因为外围运输的成本很高。按照 Skinner 的观点，以宏观区域为特征的区域划分体系的设计旨在迎合研究 19 世纪中国区域结构的需要（Skinner，1977）。

细究区域不平衡的背后，我们会注意到一个基本事实，那就是地理或者区位因素在经济发展中起着重要的作用。例如，沿海沿江地区总是比内陆地区有着发展经济的更加便利的条件，在这些地方人口容易积聚，市场容易形成规模，从而推动第二产业和第三产业的发展与壮大。进一步探究地理因素或者区位因素影响区域经济的原因，实际上是交通等公共基础设施在起作用。无论是政府投资还是民间投资或是外商投资，都要考虑到企业建成投产后的运输问题，无论是生产还是生活，也都要考虑人和物的运输问题，因此交通便利的地区也就相对容易获得投资，带动相关行业的发展，推动当地区域经济的成长。对于西部地区而言，由于地形地势相对复杂，地域辽阔，交通的重要性就更加明显。

　　研究表明，地理和政策成为中国区域经济发展的两大因素和两种力量，并且它们之间有可能会相互影响，相互作用（陆铭、陈钊，2005）。20世纪70年代以前，中国区域差异的产生主要是政策导致，而在80年代以来，地理位置的重要性凸显了出来，与此同时，中央政府在税收政策方面给沿海地区的优惠，不仅吸引了外商，也同样吸引了国内厂商（Shenggen Fan 等，2011）。更多关于沿海和内陆地区经济差异的研究趋于认同一种结论，即经济地理、历史等多种因素使沿海地区即使在改革开放之前在基础设施、产业基础、科技水平、生活水平上强于内陆地区，沿海地区的经济处在更高的改革起点上，而要素省际的流动壁垒以及要素市场的低效又制约了内陆地区赶超沿海的进程（刘夏明等，2004）。或者说，物质资本主导着我国省区经济增长分布的演进，即是导致区域差距的一个主要原因（徐现祥、舒元，2004）。

　　区位优势直接地体现在便利的交通条件上。交通通达程度是影响县域经济发展的一个重要因素，这在不少研究中已经得到印证。总体来看，我国的东部沿海地区和南部地区交通通达性高，故而这些地区经济发展也相对迅速（王振波、徐建刚等，2010）。与此类似，公共基础设施被认为是导致区域差异的一个重要原因（Kanbur, Ravi, and Venables, 2007），这一变量在用来解释秘鲁区域差异的时候非常显著（Escobal, Javier, and Maximo Torero, 2005）。在印度，私人企业通常也会选择从公共基础设施较差的落后地区迁移到基础设施较好的沿海和城市群区域（Lall, Somik V., and Sanjoy Chakravorty, 2005）。公共基础设施同样对中国的地区差距有着显著的解释力（Shenggen Fan 等，2002），云南省县域经济差距形成过程中，公路、铁路和机场等公共基础设施起到了积极而显著的推动作用（王智勇，2012）。区位良好的地区因为有着便利的交通条件，故而在吸引人力、物力和资金等方面都有着良好的基础，天然地容易形成巨大的市场，从而推动产业结构的变化，推进服务业的发展，从而进一步促进人口的积聚，使市场规模越来越大。人口积聚越多的地方，通常市场容量也越大。许多研究已经表明，市场规模是FDI区位选择的一个重要因素（魏后凯等，2002）。

　　此外，投资的空间分布差异也被认为是导致区域发展差距的重要因素。

统计数据表明，1999—2005 年中央政府对东部、中部和西部的固定资产投资分别占 52.94%、25.42% 和 21.65%（Yao Yang，2009）。而投资的空间分布也与地理或者区位有着密切的关系（陆铭、陈钊，2005；Yao Yang，2009）。资本总是在寻求具有最高回报水平的区位，而这些区位往往是具有优势的区位，具体而言，就是交通便捷并且市场规模较大的区域。

区位优势理论也被政府决策部门所采纳并运用于区域经济发展战略规划之中，通过对具有不同区位优势的地区采取不同的发展策略来有效地调配资源，实现区域的动态递进演进发展。以我国为例，新中国成立以来，中央政府采用了至少三种出于经济计划考虑的分类方法。在 50 年代，采用的是沿海和内陆两大宏观区域，60 年代和 70 年代，采用的是三线地区划分政策。自 80 年代末期以来，东部、中部和西部地区三级分类法得以采用，这种方法之所以采用是为了适应三级开发的政策，首先发展沿海地区，接着通过"涓流效应"来发展中部地区，最后是西部地区。90 年代末期以来，我国中央政府调整了区域发展策略，突出了西部大开发和东北振兴战略，首次把东北和西部地区放到较为优先的发展次序并给予相应的政策倾斜。对照以往三大区域的政策，我们不难看出，新的区域发展策略对原有的中部地区和东部地区略加调整，在一定程度上强调了区域经济发展的地缘性。

二　产业结构

产业结构对于经济增长的推动作用已经在许多实证研究中得到印证，例如，Denison（1976）的研究表明，在 1929—1957 年期间，美国经济增长中有 12% 是由产业结构变动造成的。库兹涅茨关于美国 1948—1966 年经济增长的研究也表明约有 10% 是由产业结构变动引起的。多个国家经济增长模式的比较也同样说明了这一趋势，库兹涅茨等人（Kuznets 和 Simon，1957）用 50 个国家的经验数据进行比较后发现，制造业部门的增加将伴随着人均国民收入的增长。对中国经济增长与产业结构变动的研究也同样表明了产业结构变动对中国经济增长起到了重要作用（葛新元、王大辉、袁强等，2000）。对河南省经济增长与产业结构变动之间关系的研究也同样证明两者之间存在密切关系，尤其是从区域经济增长的角度来看（高更和、李小建，2005）。一些研究对河南省各县市的产业结构及经济发展状况进行了相关分析，得出结论认为，产业结构的不同是造成县域经济差异的主要原因（张玮、丁金宏，2008）。对于山东省以地级市为地理单元的产业结构与区域经济增长的研究同样也有类似的结论，即产业结构的优化是地区经济增长的重要因素（李国伟，2008）。显然，各地区产业结构的转换能力不同，也是导致各地区经济发展程度不同的重要因素（欧向军、沈正平等，2007）。关于工业化进一步的研究表明，即使同样是进行工业化的地区，由于不同的工业结构，尤其是不同的工业结构调整策略，是导致区域间经济发展程度不同的一个重要原因（刘楷，2007）。

在区域经济发展过程中，工业化和城市化是一个基本的发展趋势，也是地区经济成长的一条必由之路。经济上比较发达的县市，其工业化和城市化水平相对也比较高。在这个过程中，县市所处的区位以及由此而导致交通状况的改变是其中一个重要的因素。

许多经济变量看似与空间无关，但在区域经济研究中，他们都有一定的空间属性。例如，FDI 的分布总是具有很强的区位选择性，在中国，FDI主要分布于沿海地区，而内陆地区则较少分布。Broadman 和 Sun（1997）认为，FDI 在中国的分布在地理上具有高度的集中性，基础设施、教育水平和沿海区域是影响 FDI 的重要因素。实际上，地理位置的差异，不仅体现在交通运输成本上，更体现于不同区域的制度差异，鲁泓明（1999）的研究表明，制度因素是影响 FDI 分布的一个重要原因。其他一些重要的经济变量，比如固定资产投资、劳动力及人力资本、科研开发投入等，都存在着显著的地区差异，这种差异的后果是使得区域经济发展不平衡，表现在多个经济统计指标之上。一些经济变量甚至既作为影响地区差距的原因，也可以说是地区差距形成的后果，比如工业总产值和相应的工业化率。

经济变量的空间差异和空间积聚现象本身也为研究区域差距问题提供了思路。通过地图把一些经济变量空间化，甚至可以得出一些超乎我们预期的结果。而把几种重要经济变量的地图表达放在一起对照，往往可以从中得到一些初步的结论，以待用数据加以进一步验证。以工业化和城市化为例，它们两者的相互作用就有助于理解中国地区差距的形成以及中国工业化战略的特殊性。

图 8-1 展示了 2010 年全国分县市工业总产值的分布情况，可以看到，

东部沿海地区工业总产值明显比其他地区高，这意味着东部地区的工业化进程比其他地区快。此外，东北、华北也有不少地区的工业总产值较高，但在西部地区，工业总产值明显要低。但这是否意味着东部地区的经济发展是以工业或者说第二产业为主？这可能需要分析每个地区的工业化程度来加以判断。

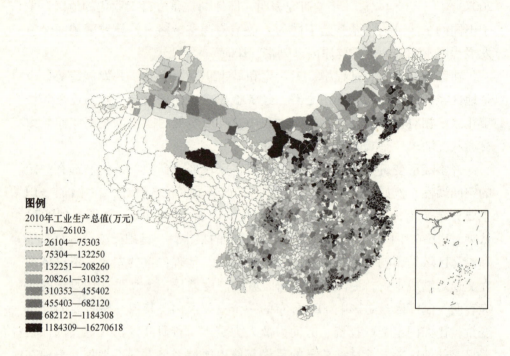

图例
2010年工业生产总值(万元)
- [ ] 10—26103
- 26104—75303
- 75304—132250
- 132251—208260
- 208261—310352
- 310353—455402
- 455403—682120
- 682121—1184308
- 1184309—16270618

图 8-1　2010 年全国分县市工业总产值分布

图 8-2 展示了 2010 年全国分县市工业化率的分布情况，工业化率即工业总产值占国民生产总值的比例。可以看到，图 8-2 展示的空间分布格局不同于图 8-1，工业化率较高的区域主要分布在华北和西北地区，而东部沿海地区的工业化率并不突出。结合两张图来看，可以得出一个基本的判断，即沿海地区尽管工业总产值较高，但在 GDP 中的比重并不高，这意味着沿海地区的工业化进程已经达到一定的阶段，有可能正逐渐向第三产业转移。

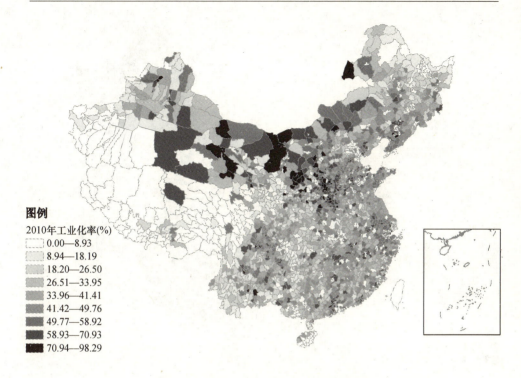

图 8 – 2　2010 年全国分县市工业化率分布

　　许多研究都证实，工业化是推动城市化的一个重要手段，因此，可以预期，工业化程度较高的地区，其城市化水平也相对较高。

　　图 8 – 3 展示的是根据 2010 年全国第六次人口普查计算出来的全国分县区城市化率，即常住口径的城市化率，从中可以看到，北部和东北部的城市化率较高，而东部沿海地区的城市化率相对也较高，但并不突出，尤其是与东部地区的工业总产值和 GDP 相比。以上这几幅地图的展示表明，工业化与城市化有密切关系，但两者之间的关系又呈现出复杂多样性，这其中，户籍制度可能是重要影响因素。实际上，许多研究都认为，我国工业化和城市化进程往往是在城乡分割的背景下进行的（陈钊、陆铭，2008）。

　　通常来说，产业结构的变化对于区域经济的发展有着重要的意义。产业结构的变化通常先于经济的成长速度的变化。从国际经验来看，工业革命推动了欧洲资本主义生产方式的产生和发展，使欧洲迅速从农业社会成长为工业社会。配第一克拉克定律就是这一时期最经典的论述产业结构

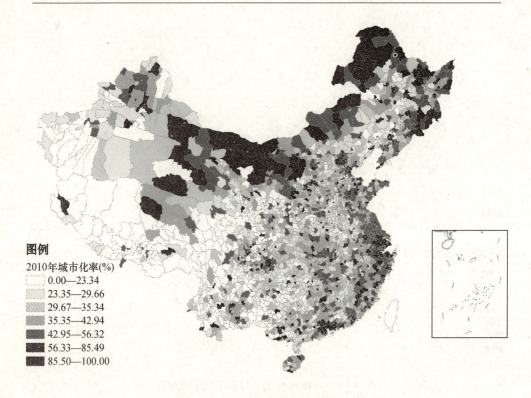

图 8-3 2010 年中国各县区城市化率

变动与经济发展动态关系的理论。从我国的经验来看，情形也极为相似，自 1949 年以来，工业化是推动我国经济快速发展的一个重要因素。

传统的计划经济体制下，许多地市级具备了比较好的工业化基础，故而依然保有良好的经济增长态势。另外一个值得注意的地方是东部沿海地区并非全都是经济发达地区，一些地市级的人均 GDP 水平明显落后于其他沿海地区，例如鲁西东、苏北和闽南地区。

区域经济的发展与区位有着密切的关系，大多数发达地区都具备良好的区位。在很大程度上，区位优势是通过降低运输成本而促进地区经济发展的，具有良好区位优势的地区往往有良好的交通条件，运输成本低，因而容易吸引外来投资，逐渐改变原有的产业结构，通过发展新兴产业，改变落后的产业结构，从而有力地促进地区经济发展。此外，良好区位也天然地容易形成巨大的市场，从而推动产业结构的变化，推进服务业的发展，从而进一步促进人口的集聚，使市场规模越来越大。

　　地区经济的发展，与产业结构有着密切联系。产业结构的渐进演变过程实际上也是一个地区经济渐进发展的过程。配第一克拉克定律描述了产业结构与经济发展之间的密切关系。世界各国经济发展的实践也印证了这一定律。

　　由于受传统的计划体制和重工业优先发展战略的影响，我国改革开放以前第二产业的地区分布非常不平衡，东北三省和少数内地省份承担了重工业生产基地和主要的矿产资源采掘基地，因而这些地区的第二产业就业比例在 20 世纪 90 年代以前相对突出（见图 8-4）。与此同时，沿海各省的第二产业受到较严格的控制。不仅如此，传统的计划体制还极大地压制着第三产业的发展，第三产业只是有计划地供给一些重工业发达或轻工业聚集的省份。

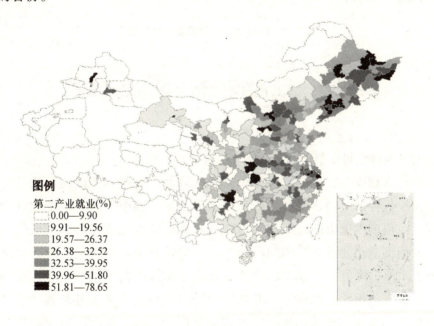

图 8-4　1989 年地市级第二产业就业比例分布

　　改革开放以来，特别是 20 世纪 90 年代实行市场经济体制以来，第二产业的发展是沿海各省经济快速成长的主要驱动力，相应地，沿海地区的第二产业就业比例明显提高（见图 8-5），而且也逐渐成为第三产业发展的基本动力。

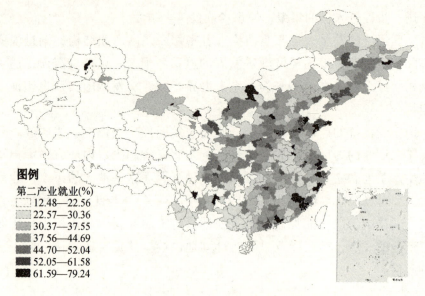

图例
第二产业就业(%)
12.48—22.56
22.57—30.36
30.37—37.55
37.56—44.69
44.70—52.04
52.05—61.58
61.59—79.24

图 8 - 5　2004 年第二产业就业比例分布

第三节　人口空间分布与区域经济发展

一　人口空间分布

在很大程度上，人口空间分布的变化以及产业结构与区位是密切相关的。区位优势的不同，通过生产和运输成本影响和改变着人口的空间分布模式。运输成本低廉的地区容易形成人口和产业的聚集，促进区域的一体化，从而逐渐改变着人口的空间分布。一项针对香港在内地投资企业的调查研究表明，降低生产成本成为企业投资区位选择的最主要动机，这一现象与新经济地理学的基本假设相吻合。FDI 省际分布的研究也同样印证了生产和贸易成本在 FDI 区位选择中的重要作用，此外，新经济地理学衍生出的其他一些因素，诸如技术外部性和 FDI 聚集等因素同样也影响到 FDI 的战略行为（魏后凯等，2002；汤永林等，2005）。

根据人口普查得到的人口数据是目前最为权威最可靠的人口数据，它包含了流动人口，故而最能够反映真实的人口情况。图 8 - 6 展示了 2000 年第五次全国人口普查时的人口密度空间分布状况，可以看到，人口最为密集的区域主要分布于华北、华东、华中和四川盆地。而这些区域之所以人口密集，除了交通便捷以外，也有相对较好的产业结构支撑，也就是说，有更多的就业机会，才有可能聚集更多的人口。就业与投资密切相关，改革开放以来，中国经济发展的一个显著特征是粗放式增长，或者说外延式增长，即依赖于不断地进行投资扩张而促进地区经济增长，从而也促进就业增长。投资包括了国内投资和外商投资。沿海地区的经济发展很大程度上依赖于外资的引进。研究表明，FDI 的空间分布在很大程度上决定了流动人口的空间分布（王智勇，2013）。

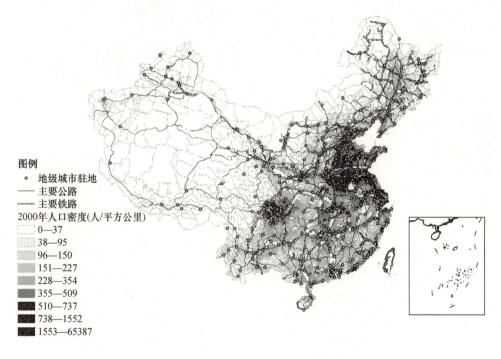

图例

○ 地级城市驻地
—— 主要公路
------ 主要铁路

2000年人口密度(人/平方公里)

- 0—37
- 38—95
- 96—150
- 151—227
- 228—354
- 355—509
- 510—737
- 738—1552
- 1553—65387

图 8-6 2000 年交通、城市与人口的空间分布

图 8-7 展示了 2010 年人口密度的空间分布，可以看到，从人口密度这一指标来看，人口的空间聚集情况在十年间没有显著的差异，依然以华北、华东、华中和四川盆地为主。其中一个重要的原因可能是这些地区的区位

优势，包括投资、产业优势都没有根本改变，故而，这些地区依然起着积聚人口的作用。

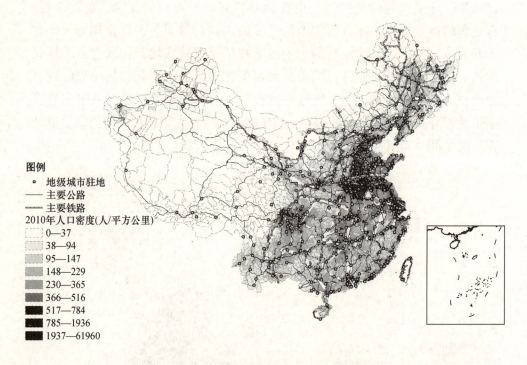

图例
- 地级城市驻地
— 主要公路
= 主要铁路
2010年人口密度(人/平方公里)
- 0—37
- 38—94
- 95—147
- 148—229
- 230—365
- 366—516
- 517—784
- 785—1936
- 1937—61960

图 8 - 7　2010 年交通、城市与人口的空间分布

　　如果把 2000 年和 2010 年两个人口普查年份得到的人口密度相减，那么，就可以清楚地看到人口演变的空间格局。从图 8 - 8 可以看到，在十年间，人口密度显著提高的地区主要是京津冀、长三角、珠三角和华南一些区域，这些区域恰恰也是经济发达地区。此外，西南地区人口也相对增长较快。人口密度减少的地区主要集中于华中、东北和四川盆地，这些地区成了劳务输出区域。

　　如前所述，人口的空间分布与区位和产业结构都有着密切关系。地势平坦和交通便捷的地区总是容易聚集人口和产业。而产业的分布，与投资的分布有着密不可分的关系。投资是改变产业结构的一个重要推动力。在一个以农业为主导的地区，通常并不需要有很高的资本存量，当然，在发达

图 8-8 2000—2010 年人口密度变化

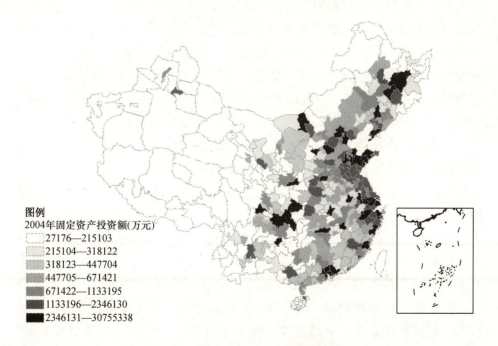

图 8-9 2004 年固定资产投资空间分布

国家，农业生产已经实现自动化，资本有机构成也不同于传统农业模式，但是发达国家绝不是以农业为主导。而资本的大量投入，主要是用于非农业领域，通过开矿、设厂、加工、制造等方式来从事与农业生产不直接相关的行业，从而显著地提高产品的附加值。这种模式，才有可能实现效率的提升、规模化的生产，配之以现代物流，才有可能成为现代化大生产模式。

20 世纪 80 年代以来，人口迁移研究开始与新劳动地域分工、经济全球化和资本全球流动相联系。Bluestone 和 Harrison（1982）认为在新劳动地域分工过程中分散的生产需要外地劳动力。Clark 和 Ballard（1981）认为劳动力流动与工资、就业机会的地理差异相一致。在对美国 1958—1975 年资本与移民的关系进行分析之后，Clark 和 Gertler（1983）认为资本增长导致移民向经济增长快的地区迁移。

从中国的实际情况来看，经济发展重心的转移是人口迁移的一个基本动因。20 世纪 80 年代以来，中国人口迁移的基本方向为向东南沿海迁移，而在历史上则是延续数百年的向北方迁移（杨云彦，1992）。自新中国成立以来中国实行重工业化的产业发展政策，并且通过严格的户籍制度把城乡人口加以分隔，导致城乡发展存在明显差异，形成了产业结构和人口分布结构的严重扭曲，这也为改革开放之后农村劳动力向城镇流动造成了有力的动因，或者说是积累了很大的势能（蔡昉，1995）。这种势能是推动人口流动的主要驱动力。范剑勇等人（2004）针对农村劳动力的流动提出跨省流动绝大多数都是从人口较为密集的中部和西南地区向产业已经有一定集聚优势的沿海地区流动。人口流动与地区经济社会差异、教育及空间距离都有着密切的关系（段成荣，2001），区域收入差距是导致人口流动与迁移的最主要因素（王桂新，1997）。

从流动人口的空间分布来看，多数研究都表明，流动人口主要聚集于东部沿海地区。利用"五普"人口数据，王国霞等人（2012）研究了中国人口空间分布格局，认为地级及以上城市在迁移人口流动中占主要地位，其中百万规模级别以上城市在人口迁移中地位尤为显著；县级市间迁移人口规模差异显著，东部地区县级市平均迁移规模要大于西部和中部。同样基于"五普"数据，分区县研究中国流动人口的空间分布格局，刘盛和等人（2010）通过采用复合指标法，认为中国流动人口活跃区主要集中分布在东南沿海和北部沿边地带，而非活跃区主要分布在中国中西部地区。这种格局与其自然环境、人口密度及经济社会发展水平的区域差异关系密切。

贸易和 FDI 的发展是中国改革开放以来人口流动的一个重要原因。亚当·斯密曾经论述过一国通过发展对外贸易来达到利用剩余资源的目的，这一论述后来由 Myint（1958）进一步表述为剩余产品出口（vent - for - surplus）理论。1978 年改革开放以来，随着对外贸易的发展，越来越多的农村剩余劳动力逐渐从农村转入城镇从事与贸易和加工相关的行业。朱金生（2005）认为，FDI 的直接效应和间接效应带来了区域间就业机会，特别是非农就业机会的转移。类似地，任志成和张二震（2006）认为 FDI 促进中国就业结构演进主要有两个途径：一是推进农业劳动力向非农产业的转移；二是促进劳动力素质结构升级。

FDI 主要分布于环渤海区域、长三角和东南沿海地区，中西部地区主要集中于吉林、黑龙江、重庆和广西等省区。Broadman 和 Sun（1997）认为，FDI 在中国的分布在地理上具有高度的集中性，基础设施、教育水平和沿海区域是影响 FDI 的重要因素。从 20 世纪 90 年代后期开始，广大的中西部地区逐渐吸引越来越多的 FDI，因而 FDI 在中国的区域分布逐渐呈现由东向西渐进发展的态势。

政策可以引导人口空间分布格局的改变，尤其是通过引导具有较高人力资本水平的人才的空间分布格局的改变，从而能够促进地区间的平衡发展。区域的开发和建设是人口流动的一个主要因素。当一个区域被新开发时，为了生产和建设，势必需要从外部引入大量的劳动力，从而引发人口的流入，这在 Bluestone 和 Harrison（1982）的研究中早已有论述。根据巴西学者的研究，近三十年来，在亚马孙河流域的外围地区，特别是巴西中西部区域，人口数量得到迅速的增加，以农业种植和畜牧业发展为基础，迅速地建成许多新兴城市，而且城市中居住的人口比率迅速提高（Daniel J. H.，José M. P. 和 Roberto L. C.，2001）。中国的情形也类似。在计划经济时代，政策对人口流动的影响甚至要大于经济建设的影响。中国实行第一个五年计划和"大跃进"时期，由于 156 项重点工程在一些大城市的集中配置，使得这些城市所在省的人口出现了前所未有的净迁入（蔡建明，1990）。曾经的"上山下乡"政策也使得大量的人口从城市向农村迁移。

人口流动的一个重要结果就是影响了人口的空间分布格局。人口流动的基本规律是从落后地区向发达地区流动，从偏远地区向繁华地区流动，即经济的发展会聚集人口。另外，人口的聚集会促成市场规模的扩大，也会促进地区经济的发展，作为人口构成的重要部分的劳动力的增加，显然有助于经济增长，特别是在中国，低成本的劳动力优势是中国外向型经济发展的重要因素。这样，在人口的规模与经济发展之间实际上就存在着密切的关系。

图 8 - 10 利用 1989—2004 年的地级市数据描绘了人口聚集与经济发展之间的关系。随着经济的发展，人口的规模也在扩大。

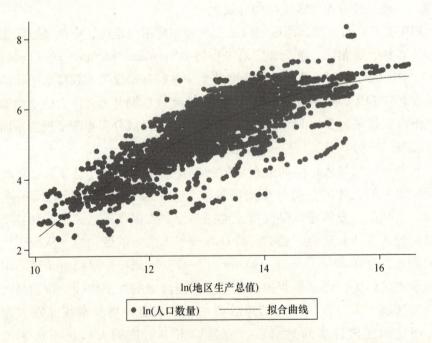

ln(地区生产总值)

● ln(人口数量)　　——— 拟合曲线

图 8 - 10　人口聚集与经济发展散点图

二 区位与人口空间分布

一些研究表明，东部发达地区与西部落后地区之间的 GDP 估计增长率差异，大约有90%是由 FDI 分布的差异引起的（魏后凯，2002）。进一步的分析表明，FDI 还能通过直接或者间接的渠道来促进所在区域的科技和制度创新，能够通过与内资企业的交流来促进它们生产率的提高（仝月婷、胡又欣，2005）。由此可见，区位优势差异是促成地区经济发展不平衡的重要因素。

图 8-11 展示的是 2004 年地市级区域 FDI 分布情况，可以看出，随着时间的推移，FDI 集中于东部沿海地区的趋势已经非常明显，FDI 依然主要集中于环渤海，特别是山东、长三角及东南沿海地区。此外，中部地区也吸引了相当一部分的 FDI，相比之下，西部地区的 FDI 分布依然比较有限。

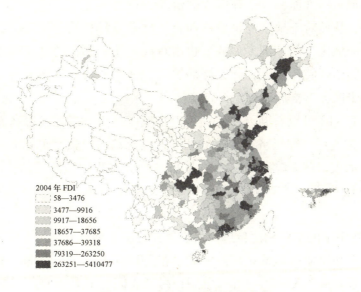

2004 年 FDI
- 58—3476
- 3477—9916
- 9917—18656
- 18657—37685
- 37686—39318
- 79319—263250
- 263251—5410477

图 8-11 地级市 FDI 的空间分布

人口的空间分布格局和区位特征是影响地区经济发展模式的重要因素，它们之间会相互作用，相互影响。区位优势能够吸引人口的流入，特别是具有较高人力资本的劳动力流入。也能够吸引外来资金的进入，从而能够使得该地区的经济得到快速的发展。人口在地区间的流动，促进了地区间信息、劳动力和技术的交流，从而也有助于地区间的均衡发展。

然而，我们也注意到，区位优势并不必然会保证地区经济得到充分而良好的发展，也不能保证会对周边地区形成良好的辐射效应。区位优势只有与劳动力和投资的空间分布格局密切结合起来，才有可能保证地区经济的快速发展。人口空间分布格局的改变有可能抵消区位优势，从而阻碍地区经济的发展。只有当人口空间分布格局和区位优势都有利于地区经济发展时，地区经济发展才能够得以充分施展和发挥。为了使落后地区经济加快发展，应该积极地从改变产业结构着手，加快传统农业向现代农业的转变，同时促成更多以制造业为核心的第二产业的发展，并逐渐实现工业化，以工业化带动城市化，以城市化推动经济更稳健增长。

从流向上看，流动人口总是从落后地区向发达地区流动，从农村向城市迁移。但另一方面，一个地区内的流动人口越多，也意味着劳动力的供给越充裕，从而对于地区经济发展而言，也是一种积极的推动力，即流动人口越多的地区，其经济发展速度也有可能越快。那么，在流动人口与经济发展之间，到底存在一种什么样的关系？这种关系对区域经济发展和流动人口的未来分布格局又有什么启示？

从图 8-12 可以看到，在流动人口与地区经济发展之间存在着比较明显的正相关关系，即经济越发达的地区，其流动人口数量也越大，这一趋势符合流动人口的基本理论，人口总是往经济发达的地区流动。图 8-12 表明，相比之下，流动人口与 GDP 的关系比与人均 GDP 的关系更加密切。

FDI 在中国的扩张和区位选择，在很大程度上是充分利用了中国低廉的劳动力成本和便捷的运输条件。因此，在 FDI 与流动人口之间，有着非常密切的关系。从图 8-13 中可以看到，两者之间并非是一种简单的线性关系，而是呈现明显的二次项关系，这意味着，FDI 与流动人口之间的密切关系非同一般。长期以来，我国的经济建设都以投资，尤其是固定资产投资作为重要形式和驱动力，因而，流动人口与国内固定资产投资之间也存在着密切的关系，图 8-14 展示了两者之间的显著正相关关系。国内固定资

产投资多数分布于第二产业，以建厂、安装设备及各类基础设施建设为主
要形式，在这个过程中，需要大量的劳动力，而流动人口则是这类劳动力
的一个重要来源。

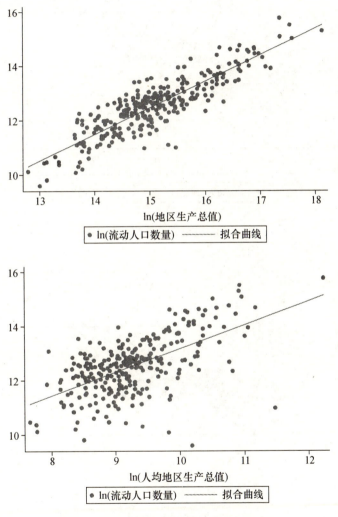

图8-12 流动人口与地区经济发展散点图

流动人口的大量聚集，很显然也会有效地促进当地的经济发展。流动
人口不仅要在当地寻找就业机会，而且还要在当地消费。因此，在流动人
口与当地消费的扩张，也就是零售额之间存在着密切的相关关系。

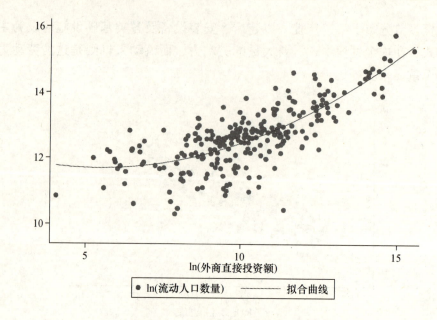

图 8 – 13 流动人口与 FDI 散点图

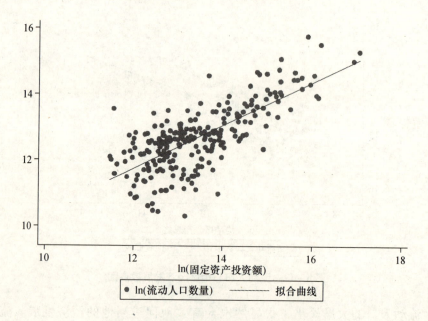

图 8 – 14 流动人口与固定资产投资散点图

图 8-15 展示了流动人口与地区销售额之间的关系，可以看到，两者之间存在明显的正相关关系。这与之前的分析相一致，即流动人口的增加，至少是有效地促进了当地的销售额。另外，地区零售销售额较大的地区，一般也是商业比较发达的地区，有利于流动人口进行创业，即这类地区也是就业机会较多的地区。而引致人口流动的一个重要原因就是就业机会和经济发展前景。

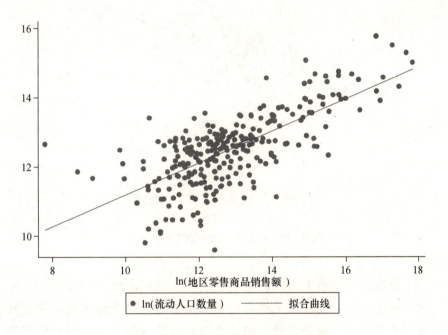

图 8-15 流动人口与地区销售额散点图

此外，人口的流动往往也与工资水平的地区差距有关，工资水平越高的地区，也对外来人口越有吸引力，故而在这两者之间也应该是正相关关系，图 8-16 的散点图印证了这一点。实际的情况是，东部沿海地区的工资水平普遍高于中西部地区，这是导致人口向东南迁移的一个重要因素。

利用统计数据，我们可以就区域经济增长与人口积聚之间的关系进行回归分析。然而，在经济增长与人口积聚之间，很可能存在着互为因果的关系。一个地区经济增长之后往往会吸引更多的人口，而一个地区人口的积聚也很有可能会促进区域经济的增长。并且，无论是地区经济增长还是人口积聚，都是在过去的基础上变化的，即两者都具有对过去状态的密切依赖路径。

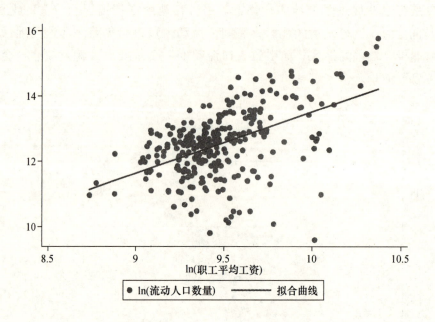

图 8 – 16 流动人口与平均工资散点图

为了克服回归分析中出现的内生性问题，我们需要采用可靠的回归方法。采用固定效应方法估计虽然可以消除解释变量与个体固定效应的相关性问题，但无法解决内生变量、前定变量与误差项相关对参数估计带来的偏差。固定效应的面板工具方法（2SLS）从理论上可以同时考虑到上述两方面问题对估计参数带来的偏差，但工具变量本身并不容易寻找到，而且该方法在工具变量的数量超过需要识别的解释变量数量时，存在过度识别（over – identification）情况需要处理。

针对这种情况，Arellano 和 Bond（1991）提出利用差分 GMM 方法来解决动态面板数据估计过程中存在的变量内生性和样本异质性问题对估计参数带来的偏差，但该方法只对差分方程进行估计会损失样本信息量，而且对于时间跨度较长的面板数据工具变量的有效性会减弱。为此，Arellano 和 Bover（1995）、Bundell 和 Bond（1998）在差分 GMM 估计方法的基础上进一步提出了 SYS GMM 估计方法。系统 GMM 方法能够同时利用差分方程和水平方程的信息，因而工具变量有效性一般情况下会更强，特别是在样本数据时间跨度较长的情形下理论上相对于差分 GMM 参数估计结果更为有效。而且，GMM 估计使用差分转换数据，可以克服不可观察变量与解释变量相关的问题，或遗漏变量问题。一般来说，SYS GMM 方法需通过两类检验：（1）Arellano - Bond 检验（又称 AB 检验），即差分方程随机误差项的自相关检验，要求一阶差分方程的随机误差项中不存在二阶序列相关；（2）Hansen 过度识别检验，要求所使用的工具变量与误差项是不相关的，即所使用的工具变量是有效的。如果两类检验通过即表示模型设定正确且估计是合理的。

我们用 1989—2004 年的地级市统计数据来加以回归分析。这些数据主要来源于《中国城市统计年鉴》以及《新中国 55 年统计资料汇编》，以地市级区域为统计单元。影响地区经济增长的因素，主要包括投资、人口（劳动力）、人力资本和科研创新等，而影响人口积聚的主要因素包括了地区经济发展水平、人力资本、工资、就业规模和城市化等。

在所涉及的变量中，GDP 和财政中用于教育、科研、卫生、文化的经费支出都与价格有关，为了消除价格的影响，需要采用价格缩减指数，然而，地市级单元有近三百个，且连续 16 年数据，故而收集全并采用地级市的价格缩减指数非常困难。我们采用了省级 GDP 缩减指数来加以平减，以消除价格的影响，经过价格缩减之后，所有与价格相关的变量都采用了以 1989 年为基期的价格水平。

为了进一步分析区位因素对于地区经济的增长，我们把地级市分成两类，沿海地区和内陆地区。基本的划分依据是东部地区为沿海，中西部地区为内陆，尽管这种划分方法沿袭了过去的三大区域划分，但由于地理单元的细化，使得样本数据更加丰富，从而可以更好地把握地区差距，更好地进行回归分析。由于地方经济的发展与中央政府政策有密切关系，而传统上，以东中西部地区作为划分，但事实是，东部沿海地区与中西部地区所享受的政策明显不同，中西部地区所享受的政策比较接近，把中西部归入同一类有其合理性。从这个角度而言，沿海与内陆的划分在一定程度上也代表了政策的影响。

$$\ln y_{it} = \alpha + \beta_1 \ln y_{it-1} + \beta_2 \ln popd_{it} + \beta_3 \ln edupcd_{it} + \sum_{i-1} \gamma_i \chi_i \qquad (8.1)$$

式中，χ_i 是影响地区经济发展的其他因素，包括地区研究与创新能力（lnexpc_ scipcd）、投资（lninvcd）、区位（coast）以及年份（yeardum）等因素。地区研究与创新能力，采用财政中用于教育科研卫生文化的经费支出（人均，分析中采用对数形式），用来衡量地方政府对于科研和创新的重视程度。

$$\ln popd_{it} = \alpha + \beta_1 \ln popd_{it-1} + \beta_2 \ln y_{it} + \beta_3 \ln wage_{it} + \sum_{i-1} \lambda_i \eta_i \qquad (8.2)$$

式中，η_i 是影响地区人口积聚的其他因素，包括高等教育规模（lneduuc）、地区平均工资（lnwage）、就业规模（lnempcd）、城市化（lnurbanr）、区位（coast）以及年份（yeardum）等因素。

从表 8 - 1 可以看到残差一阶自相关，但不存在二阶自相关。本章所采用的数据是典型的大 N 小 T 型面板数据，异方差的问题难以避免。故而，我们在回归中选择 robust 选项以获得考虑异方差后的稳健性标准误。在这种情形下，采用 Hansen 检验来进行工具变量的过度识别检验更为可靠，Hansen 过度识别检验结果表明，不存在过度识别的情况。因此，我们采用 SYS GMM 方法是合适的。

从表中模型（1）可以看到，从地区 GDP 的角度来看，在很大程度上受到人口数量、人力资本水平和投资、科研创新等因素的显著影响，其中人口的影响非常积极显著，意味着人口的积聚会促进经济总量的扩张。换句话说，一个地区若要推动经济增长，则需要有一定规模的人口积聚，形成一定的市场规模和有效劳动力供给，从而为生产和消费提供良好的人口基础。表中模型（2）的结果则表明，从人口数量的角度来看，地区经济增长、就业规模、高等教育规模等因素起着积极而显著的促进作用，而工资水平和城市化率则对人口数量起显著的负面作用。人口的流动基本上都是从经济落后地区流向经济发达地区，即经济的吸引是人口迁移的一个重要因素。经济发达的地区，通常来说劳动力市场发育较为完备，用工制度较为灵活，重要的是，就业机会较多，这是人口流入之后能够立足的重要支撑。城市化对人口积聚的负面效果一方面反映了城市化并没有起到应有的积聚人口的作用，另一方面，也是由于城市化的测量是基于户籍口径，未能

表 8 - 1 区域经济增长与人口积聚系统 GMM 回归

	模型（1）	模型（2）
	lngdpd	lnpopd
L. lnpopd	—	0. 335 ***
	—	(0. 0397)
lngdpd	—	0. 370 ***
	—	(0. 0467)
lneduuc	—	0. 0461 ***
	—	(0. 0125)
lnwage	—	- 0. 115 ***
	—	(0. 0216)
lnempcd	—	0. 113 ***
	—	(0. 0238)
lnurbanr	—	- 0. 469 ***
	—	(0. 0440)
coast	0. 0876 ***	- 0. 0378
	(0. 0245)	(0. 0254)
yeardum	- 0. 0226 **	0. 317 ***
	(0. 0105)	(0. 0397)
L. lngdpd	0. 464 ***	—
	(0. 0386)	—
lnpopd	0. 428 ***	—
	(0. 0373)	—
lnedupc	0. 0210 **	—
	(0. 00850)	—
lninvcd	0. 167 ***	—
	(0. 0173)	—
L2. lnexpc_ scipcd	0. 0365 ***	—
	lngdpd	lnpopd
	(0. 00278)	—
Constant	2. 819 ***	0. 355
	(0. 245)	(0. 267)
AR（1）p - value	0. 001	0. 000
AR（2）p - value	0. 960	0. 253
Hansen test of overid.	0. 999	1. 000
Observations	2585	3259
Number of city	282	283

注：括号内为标准差，*** p < 0. 01，** p < 0. 05，* p < 0. 1。

把不具有城市户籍的常住人口考虑在内。人口的流动除了受到经济增长等因素的影响以外，教育和就业规模也是重要的影响因素，教育移民和就业移民也是当前中国人口迁移的显著特征。

回归结果还表明，地区因素在经济增长中具有显著作用，但在人口流动中并不显著。即地区经济的增长存在着显著的区域差异，但人口的流动则并不尽然。事实上，从图8-8中可以看到，人口的流出地主要是中部地区，而从流向来看，既有向东，也有向西。自2004年民工荒以来，人口向东迁移的趋势有所减弱，而向西迁移的势头则逐渐加强，在金融危机爆发之后，随着越来越多的加工型企业从沿海向中西部转移，人口向西迁移的趋势越来越明显。一些研究认为，近二十年来，中国人口重心呈现向西南转移的趋势[①]。因此，对内陆地区而言，当前的经济形势恰恰是一个良好的契机。随着中国经济发展模式的改变，即从粗放式增长向集约式增长，地市级区域和省区之间的合作将起着越来越重要的作用。自金融危机爆发以来，沿海各出口加工企业面临前所未有的巨大压力，劳动工资的上涨和人民币的升值，已经使这些企业的竞争优势化为乌有，企业若要生存和发展必须改变以往粗放经营的模式，不断地深化资本和技术，强化营销网络，把重点放在国内市场。事实上，许多企业为了降低成本已经将企业内迁，这就使得沿海地区和内陆地区存在合作的良好基础，有可能形成改变内陆地区人才配置机制，促进人才的合理利用，通过企业和人才的流动，也势必会促进内陆地区扩大对外开放，增强与世界经济的联系。新时代的分工合作，势必会推动和加快内陆地区的工业化进程，从而使得这些地区有可能以更快的速度实现地区经济成长。

参考文献

1. Arellano, M. & Bover, O., "Another Look at the Instrumental Variable Estimation of Error – components Models", *Journal of Econometrics*, 1995, 68 (1): 29 – 51.

2. Arellano, M. & Bond, S., "Some Tests of Specification for Panel Data:

① 孟斌、王劲峰、张文忠、刘旭华：《基于空间分析方法的中国区域差异研究》，《地理科学》2005年第4期。

Monte Carlo Evidence and an Application to Employment Equation", *Review of E-conomic Studies*, 1991, 58: 277 – 297.

3. Bluestone B., Harrison B., *The Deindustrialization of America*, New York, Basic Books, 1982.

4. Blundell, R. and Bond S., "Initial Conditions and Moment Restrictions in Dynamic Panel Data Models", *Journal of Econometrics*, 1998, 87 (1): 115 – 143.

5. Broadman, Harry G. and Sun, Xiaolun, "The Distribution of Foreign Direct Investment in China", *The World Economy*, 1997, Vol. 20, No. 3, pp. 339 – 361.

6. Ciccone, A. and Hall, R., "Productivity and the Density of Economic Activity", *American Economic Review*, 1996, 86 (1): 54 – 70.

7. Clark G. H., Ballard K. P., "The Demand and Supply of Labor and Interstate Relative Wages: An Empirical Analysis", *Economic Geography*, 1981 (57): 95 – 112.

8. Clark G. H., Meric Gertler, "Migration and Capital", *Annals of Association of American Geographers*, 1983, 73 (1): 18 – 34.

9. Crozet, Matthieu and Koenig, Pamina, *The Cohesion vs Growth Trade off*: *Evidence from EU Regions*, Mimeo: University of Paris, 2007.

10. Daniel Joseph Hogan, José Marcos Pinto da Cunha and Roberto Luiz do Carmo, 2001, Population Distribution and Environmental Change in Brazil's Center – West Region, http: //www. iussp. org/Brazil2001/s40/S41_ P01_ Hogan. pdf.

11. Denison E. F., *Why Growth Rates Differ*, New York, The Brookings Institution, 1976.

12. Dollar, D., and A. Kraay, "Trade, Growth, and Poverty", *Economic Journal*, 2004, 114 (2): F22 – F49.

13. Dupont, V., "Do Geographical Agglomeration, Growth and Equity Conflict?", *Papers in Regional Science*, 2007, 86, (2): 193 – 213.

14. Escobal, Javier, and Maximo Torero., "Adverse Geography and Differ-

ences in Welfare in Peru", in Ravi Kanbur, and Anthony J. Venables, *Spatial Inequality and Development*, Oxford, UK: Oxford University Press, 2005, pp. 77 – 122.

15. Fan, Shenggen, Zhang, Linxiu & Zhang, Xiaobo, Growth, "Inequality, and Poverty in Rural China: the Role of Public Investments", Research reports 125, International Food Policy Research Institute (IFPRI), 2002.

16. Fujita and Hu, "Regional disparity in China 1985—1994: the Effects of Globalization and Economic Liberalization", *Annals of Regional Science*, 2001 (1): 3 –38.

17. Kanbur, Ravi, and Anthony J. Venables, "Spatial Disparities and Economic Development", in David Held, and Ayse Kaya. *Global Inequality*, Cambridge: Polity Press. 2007, pp. 204 – 215.

18. Krugman Paul, "Geography and Trade", Cambridge, MIT Press, 1991b, pp. 236 – 257.

19. Krugman Paul, "Increasing Return and Economic Geography", *Journal of Political Economy*, 1991a, Vol. 99, pp. 483 – 499.

20. Kuznets, Simon, "Quantitative Aspects of the Economic Growth of Nations : II. Industrial Distribution of National Product and Labor Force", Economic Development and Culture Change, 1957, 5, supplement.

21. Lall, Somik V. , and Sanjoy Chakravorty, "Industrial Location and Spatial Inequality: Theory and Evidence from India", *Review of Development Economics*, 2005 (1): 47 –68.

22. Mansori, K. , "The Geographic Effects of Trade Liberalization with Increasing Returns in Transportation", *Journal of Regional Science*, 2003, 43 (2): 249 –268.

23. Martin, P. and Ottaviano, G. , "Growing Locations: Industry Location in a Model of Endogenous Growth", *European Economic Review*, 1999, 43, (2): 281 – 302.

24. Myint, H. , "The Classical Theory of International Trade and the Underdeveloped Countries", *Economic Journal*, 1958 (68): 317 – 337.

25. Noguer, M. , and M. Siscart, "Trade Raises Income: A Precise and Robust Result", *Journal of International Economics*, 2005, 65 (2): 447 –460.

26. Shenggen Fan; Ravi Kanbur; Xiaobo Zhang, "China's Regional Disparities: Experience and Policy", *Review of Development Finance* (January 2011), 1 (1): 47 –56.

27. Skinner, G. W. , *The City in Late Imperial China*, Stanford, CA, USA, Stanford University Press, 1977.

28. Sylvie、D. Murger、杰夫·萨克斯、胡永泰等:《地理位置与优惠政策对中国地区经济发展的相关贡献》,《经济研究》2002 年第 9 期。

29. Wacziarg, R. , " Measuring the Dynamic Gains from Trade", *World Bank Economic Review*, 2001, 15 (3): 393 –429.

30. Yao, Yang, "The Political Economy of Government Policies Toward Regional Inequality in China", In *Reshaping Economic Geography in East Asia*, eds. Yukon Huang, and Alessandro M. Bocchi, 2009, pp. 218 –240, Washington DC: The World Bank.

31. 蔡昉、王德文:《比较优势差异、变化及其对地区差距的影响》,《中国社会科学》2002 年第 5 期。

32. 蔡昉:《人口迁移和流动的成因、趋势与政策》,《中国人口科学》1995 年第 6 期。

33. 蔡建明:《中国省级人口迁移及其对城市化的影响》,《地理学报》1990 年第 2 期。

34. 陈得文、苗建军:《空间集聚与区域经济增长内生性研究——基于 1995—2008 年中国省域面板数据分析》,《数量经济技术经济研究》2010 年第 9 期。

35. 陈良文、杨开忠:《我国区域经济差异变动的原因:一个要素流动和集聚经济的视角》,《当代经济科学》2007 年第 3 期。

36. 陈钊、陆铭:《从分割到融合:城乡经济增长与社会和谐的政治经济学》,《经济研究》2008 年第 1 期。

37. 董先安:《浅释中国地区收入差距:1952—2002》,《经济研究》2004 年第 9 期。

38. 段成荣:《省际人口迁移迁入地选择的影响因素分析》,《人口研究》2001 年第 1 期。

39. 范剑勇、朱国林:《中国地区差距演变及其结构分解》,《管理世界》2002 年第 7 期。

40. 范剑勇、王立军、沈林洁:《产业集聚与农村劳动力的跨区域流动》,《管理世界》2004 年第 4 期。

41. 范剑勇:《产业聚集与地区间劳动生产率差异》,《经济研究》2006 年第 11 期。

42. 高更和、李小建:《产业结构变动对区域经济增长贡献的演变研究》,《地理与地理信息科学》2005 年第 5 期。

43. 葛新元、王大辉、袁强等:《中国经济结构变化对经济增长的贡献的计量分析》,《北京师范大学学报》(自然科学版)2000 年第 1 期。

44. 郭建万、陶峰: 《集聚经济、环境规制与外商直接投资区位选择——基于新经济地理学视角的分析》,《产业经济研究》2009 年第 4 期。

45. 黄肖琦、柴敏:《新经济地理学视角下的 FDI 区位选择——基于中国省际面板数据的实证分析》,《管理世界》2006 年第 10 期。

46. 李国伟:《产业结构与区域经济增长关系的实证分析——以山东省为例》,《北方经济》2008 年第 7 期。

47. 李小建:《香港对大陆投资的区位变化与公司空间行为》,《地理学报》1996 年第 3 期。

48. 刘楷:《1999—2005 年中国地区工业结构调整和增长活力实证分析》,《中国工业经济》2007 年第 9 期。

49. 刘盛和、邓羽、胡章:《中国流动人口地域类型的划分方法及空间分布特征》,《地理学报》2010 年第 10 期。

50. 刘夏明、魏英琪、李国平:《收敛还是发散:中国区域经济发展争论的文献综述》,《经济研究》2004 年第 7 期。

51. 刘修岩:《产业集聚与经济增长:一个文献综述》,《产业经济研究》2009 年第 3 期。

52. 鲁泓明:《制度因素与国际直接投资区位分布:一项实证研究》,《经济研究》1997 年第 7 期。

53. 陆铭、陈钊：《论中国区域经济发展的两大因素和两种力量》，《云南大学学报》2005年第4期。

54. 路江涌：《外商直接投资对内资企业效率的影响和渠道》，《经济研究》2008年第6期。

55. 孟斌、王劲峰、张文忠、刘旭华：《基于空间分析方法的中国区域差异研究》，《地理科学》2005年第4期。

56. 欧向军、沈正平、朱灵子等：《产业结构转换对区域经济差异的影响初探——以江苏省为例》，《工业技术经济》2007年第3期。

57. 任志成、张二震：《国际分工演进与跨国就业转移》，《福建论坛》（人文社会科学版）2006年第4期。

58. 汤永林、阎立、冯俊文：《FDI产业集聚与江苏经济的发展》，《中国对外贸易》2005年第9期。

59. 仝月婷、胡又欣：《外商直接投资的生产溢出效应：对中国制造业的实证研究》，《经济学报》2005年第2期。

60. 王桂新：《中国区域经济发展水平及差异与人口迁移关系之研究》，《人口与经济》1997年第1期。

61. 王国霞、秦志琴、程丽琳：《20世纪末中国迁移人口空间分布格局——基于城市的视角》，《地理科学》2012年第3期。

62. 王振波、徐建刚等：《可达性区域划分及其与人口分布的关系》，《地理学报》2010年第4期。

63. 王智勇：《产业结构、交通、民族与县域经济发展——以云南省为例》，《云南财经大学学报》2012年第5期。

64. 王智勇：《流动人口与经济发展——基于地级市数据的研究》，《现代城市研究》2013年第3期。

65. 魏后凯、贺灿飞、王新：《中国外商投资区位决策与公共政策》，商务印书馆2002年版。

66. 魏后凯：《外商直接投资对中国区域经济增长的影响》，《经济研究》2002年第4期。

67. 熊灵、魏伟、杨勇：《贸易开放对中国区域增长的空间效应研究：1987—2009》，《经济学（季刊）》2012年第3期。

68. 徐现祥、舒元:《中国省区经济增长分布的演进（1978—1998）》,《经济学（季刊）》2004 年第 3 期。

69. 杨云彦:《八十年代中国人口迁移的转变》,《人口与经济》1992 年第 5 期。

70. 岳书敬:《中国省级区域经济增长及差距的经验研究》,《财经科学》2008 年第 3 期。

71. 张玮、丁金宏:《河南省县域经济实力与产业结构的空间关联性分析》,《河南大学学报》（社会科学版）2008 年第 1 期。

72. 张艳、刘亮:《经济集聚与经济增长：基于中国城市数据的实证分析》,《世界经济文汇》2007 年第 1 期。

73. 朱金生:《FDI 与区域就业转移：一个新的分析框架》,《国际贸易问题》2005 年第 6 期。

第九章 从人口与经济分布匹配度
看人口合理分布

人口合理分布是区域协调发展的基本要求，也关系到国土开发格局科学、有序与否，是一个重大战略性问题，历来受到政府和学术界的高度关注。但是，长期以来，由于相关理论准备不充分，以及缺乏有效的分析工具，该问题的研究并不深入，缺乏可操作性的政策指引。实际上，人口合理分布并不是一个孤立的问题，不能就人口分布本身谈合理性的问题。这其中还涉及资源环境和产业在空间中的分布问题，资源环境具有空间固定性，产业分布也具有先导性，人口分布往往依赖于这两者，因此必须结合产业集聚、经济分布以及资源环境承载力提出合理性的标准。基于此，我们认为，所谓"合理分布"就是人口的分布能够和经济分布、资源环境相协调的状态。因此，人口合理分布的条件应是实现"两个协调"：一个协调是人口和经济分布之间的协调，本研究称之为"匹配"，就是指某个区域聚集了多少产业（用 GRP 份额来表示）就应该相应聚集多少人口（用人口份额表示），其实质就是要消除地区经济发展差距；① 另一个协调是指经济活动的聚集和资源环境之间的协调，这其中不涉及经济差距的问题，只要求经济活动在资源环境最优的容纳范围内集聚，从而保证实现经济效益和生态效益的双重最大化。归纳起来，前者是研究单纯的经济问题，也是本研究关注的重点，后者则是研究更为广泛的人与自然关系的问题，在此不做深入展开。我们试图从人口与经济分布相匹配的角度，研究影响人口合理分布的影响因素，探索实现人口合理分布的路径，并最终落脚于人口合理布局政策的导向上。

---

① 学术研究中，地区经济发展差距通常指人均 GRP（地区生产总值）的差异。

第一节 不匹配度的内涵及度量指标

人口和经济之间的不匹配（以下简称不匹配）意味着一些地区容纳了更多的经济产出，但却没有集聚相应人口，或者承载了更多的人口却未能集聚相应规模的产出。这就意味着前者地区具有较高的人均 GRP，而后者的人均 GRP 相对较低。因此不匹配程度越大，人均 GRP 的地区离散程度也就越大，也就是说，地区经济发展水平的差距也就越大。由此看来，不匹配从统计学角度来看是对地区差距的一种刻画，这种角度一方面有助于我们从空间维度理解地区差距，另一方面也为不匹配问题的研究赋予了更强的政策含义。

除了作为度量地区差距的指标，不匹配本身也是一个值得高度关注的问题。首先，高度的不匹配损害了经济运行空间效率。产出和人口分布不匹配必然意味着要素和产品大规模、长距离流动，运输过程造成了大量中间损耗。其次，不匹配也造成就业机会和公共服务分布的不平衡。产业集中的地区，就业岗位供给充足，失业率低，人民生活水平能够不断地提高；落后地区就业岗位相对不足，失业问题也更严重，民众生活水平提高也会更缓慢。此外，发达地区也有能力提供更好的公共产品，从而间接提高人们的福利水平，拉大了与落后地区真实生活水平的差距。

目前，学术界对人口合理分布问题的研究尚处于起步阶段，对不匹配问题的研究也比较少，而对地区差距的研究成果已经非常丰富。由于不匹配和地区差距的形成机理具有内在一致性，因而，我们可也通过梳理现有对地区差距形成机理的解释，来比照分析不匹配问题背后的成因。对地区差距的研究，很大一部分是从要素流动的角度进行研究和分析的，但得出的结论往往取决于采用的框架。在新古典框架下的研究认为，要素流动有助于增长收敛；内生增长理论则认为，要素流动和集聚会产生正外部性，流入地区增长率会高于流出地区，因而增长发散，要素越流动，地区差距越大。

蔡昉等（2001）探讨了劳动力流动对地区差距的影响，认为劳动力市场扭曲影响了要素资源配置，由此产生效率差异是地区差距扩大的深层原因。姚枝仲等（2003）从理论上证明，劳动力流动不但能够使地区间要素收入相等，还能改变各地区的需求结构，削平地区间要素禀赋的差异，最终实现地区间人均收入的均等。他们认为，中国的劳动力流动受到较多阻碍，假如能够放开劳动力流动限制，缩小地区差距的潜力将非常大。樊纲、王小鲁（2004）也认为劳动力市场发育不完善降低了人口流动的潜力，阻碍了地区差距缩小的进程。沈坤荣等（2006）认为 20 世纪 90 年代中后期以来，中国区域间大规模的劳动力转移抵消了资本的边际报酬递减倾向，使地区增长呈现先发散后收敛的趋势。

近年来，新经济地理理论兴起，为学者们探讨中国地区差距形成提供了新的思路。新经济地理理论认为地区差距扩大的原因是经济集聚，集聚的行业通常为具有规模报酬递增的现代部门，现代部门劳动生产率高，其集聚必然意味着收入差距的扩大。李国平、范红忠（2003）认为，中国地区差距成因主要是生产向东部地区不断集中，而人口并没有相应集中，造成区域间生产与人口分布高度失衡。范剑勇（2003）尝试从新经济地理学的角度——厂商水平的报酬递增和运输成本导致集聚产生来描述地区差距形成的机制，并通过实证分析提出地区差距的扩大在产业结构上归结为第二产业整体上发生了向东部沿海地区集聚。

综合以往对中国地区差距的研究，可以看到它们都在一定程度上存在一些缺陷或者不足。首先，很多研究都以增长理论为框架，讨论各种因素对收敛机制的影响。这种影响机制本质上是对经济活动产出成果分布不平等的考察，其间不平等形成的过程并不清晰。实际上，收敛机制的考察必须基于新古典生产函数，而生产函数本身就是一个"黑箱"。

其次，研究虽然注意到要素流动对产业集聚，进而对地区差距的影响，但往往只针对一种要素，要么是劳动力流动，要么是资本流动。实际上，仅有一种要素受到控制并不足以造成增长的不平衡。例如，资本流入会使当地经济快速增长，但如果劳动力或者说人口能够追随资本相应地流入，则各地区人均资本存量仍然有可能是无差异的，地区差距也就不会产生。因此，单从一种要素的流动是很难全面了解地区差距的变化的内在机制的。

此外，近年来兴起的新经济地理理论在解释地区差距时也面临着难以实证的问题。该理论核心假定是规模报酬递增，但经济全局和产业层面上很难找到规模报酬递增的证据，现有统计体系也不支持规模报酬递增的假设。如果真的存在报酬递增，根据新经济地理理论我们将看到经济会集中在东部沿海的一个点，而事实上东部地区存在若干个增长极，甚至内陆地区也存在经济实力较强的中心城市。不过，新经济地理理论重视要素流动对产业集聚的影响，这为我们从一个新的角度探讨地区差距提供了借鉴。

鉴于已有研究存在的不足，我们这里使用更直接的方法来观察和分析地区差距及其变化，以克服理论上的先验决定论，这一指标就是人口分布与经济分布的不匹配度。

借鉴新经济地理理论的思路，我们这里从人口—经济不匹配的视角来观察和理解地区差距。从空间上来看，地区差距本质上就是人口分布和经济分布是否匹配的问题，因为作为衡量收入的指标，人均 GRP 本身就暗含了测度地区差异的这一基本思想。人均 GRP 分子为 GRP，分母是人口规模，地区差距实质上就反映为空间中各子区域人均 GRP 的离散程度，是对经济发展结果空间配置的一种度量，而这种离散程度由人口分布和产出分布共同决定。试想，如果各区域聚集的经济产出和人口占全国的份额是相同的，那么也就意味着各区域人均 GRP 相同，从而也就不会产生地区差距。如果各区域聚集的人口和产出不匹配，即某地区容纳了更多的产业，产出份额更高，但却没有集聚相应人口，人口份额较低；或者承载了更多的人口却未能集聚相应规模的产业，则人均 GRP 在空间上分散程度越大，人口和经济产出的分布偏离越大，人均 GRP 的离散程度就越大。因此，人口与经济分布匹配性是从空间角度理解地区差距的形成，从而为分析地区差距成因与演变打开了一个新的视角和思路。

从度量上来看，地区差距从单个地区角度理解就是该地区的人均 GRP 偏离总体人均 GRP 的程度。如果使用地区人均 GRP 与总体人均 GRP 之比表示这种偏离，则这种偏离就等于该地区 GRP 占总体份额与其人口占全国总体份额之比。为更清楚地理解这种关系，我们以数学表达式来反映区域发展不平衡问题，将区域发展不平衡度记为符号 R_i，S_Y^i 为 i 地区经济份额，S_P^i 为人口份额。则 R_i 的表达式为：

$$R_i = \frac{人均\ GRP_i}{人均\ GDP} = \frac{GRP_i}{POP_i} \bigg/ \frac{GDP}{POP} = \frac{GRP_i}{GDP} \times \frac{POP}{POP_i} = \frac{S_Y^i}{S_P^i} \tag{9.1}$$

从（9.1）式可知，地区差距本质上也反映了人口和经济分布的不匹配程度。地区差距指数可以表示为地区经济份额除以人口份额的函数，这样，借鉴已有的度量区域差距的方法①，使用地区 GRP 份额与人口份额，我们可以容易地构造出这样三个度量不匹配度的指标：R 指数、M 指数和 V 指数。其中，R 指数可以描述单个地区人口和经济分布的偏离程度，M 指数和 V 指数则用于反映空间整体的不匹配程度。

R 指数的数学表达式正如（9.1）式所列，其值域为 $[0, \infty)$。当 $R < 1$ 时，该区域人口的相对规模（占全国的份额）超过其经济产出的相对规模，此时其人均 GRP 低于全国平均水平，通常该区域为欠发达区域；当 $R = 1$ 时，人口与经济相匹配，人均 GRP 等于全国水平；当 $R > 1$ 时，经济规模超过了人口规模，人均 GRP 也高于全国平均水平，通常该区域为较为发达区域。$R = 1$ 是一个标准的状态，越接近于 1，表明不匹配程度越小。从 R 值的动态变化来看，对不同类型的地区，R 值变化所代表的含义也是不同的。对欠发达地区而言，R 的初始值（用 R_0 表示）值小于1，如果 $\Delta R > 0$，即 R 值向 1 趋近，这意味着不匹配度下降；如果 $\Delta R < 0$ 表明 R 向偏离 1 的方向发展，即不匹配度扩大。同理，对相对发达地区而言，R 的初始值大于1，当 $\Delta R > 0$ 时不匹配度扩大，$\Delta R < 0$ 则意味着不匹配度缩小。

人口份额与经济份额之差可反映二者分布的偏离程度，据此可设计另一个 M_i 指数：先求人口份额与经济份额之差，再对差值取绝对值，并对所有区域 M_i 求和。M 的计算公式为：

$$M = \sum_i M_i = \sum_i \left| \frac{GRP_i}{\sum_i GRP_i} - \frac{POP_i}{\sum_i POP_i} \right| = \sum_i |S_Y^i - S_P^i| \qquad (9.2)$$

其中 M 取值在 $[0, 2]$ 区间内，当 M 等于 0 时，说明经济和人口完全匹配地分布，各地区拥有的经济份额和人口份额相等，越接近于 0 说明经济和人口的匹配程度越高，当 M 等于 2 时，说明经济完全集中到一个地区，而人口集中到了另一个地区。因此，M 值越接近于 2，表示人口和经济分布

---

① 不匹配指标的构建借鉴了李国平、范红忠（2003）的不一致系数，以及 Williamson（1965）加权变异系数的思想。

的不匹配度越高。

借鉴标准差的计算方法，将其中平均值替换为另一个变量即可得到反映空间整体不匹配度的 V 指数，计算公式为：

$$V = \sqrt{\sum_i \left[\left(\frac{y_i}{\bar{y}} - 1\right) \cdot S_P^i\right]^2} = \sqrt{\sum_i (S_Y^i - S_P^i)^2} \tag{9.3}$$

其中，y_i 为第 i 地区的人均 GRP，$\bar{y}$ 为全国的人均 GDP 值。

第二节　不匹配度的特征事实

根据上述不匹配指数的定义，我们这里计算了中国改革开放以来不匹配指数的变化趋势。总体来看，不匹配度在 1978—1990 年略有下降，1990—2003 年快速上升，2003 年至今呈现不断下降的趋势。图 9-1 描绘了中国各省市区 RS 指数在 1978—2010 年的变化情况，每个点都对应一个区域某年的 RS 指数。从点的分布情况不难看出，RS 指数整体呈现收敛的趋势，这种收敛趋势在 1978—1990 年表现最为明显。从该图也不难发现，位于散点最上方的三行点阵（上海、北京和天津）在这一时段中下降最为明显，而其 RS 指数下降主要是因为经济份额相对下降。由此可见，三大直辖市人口与经济分布偏离程度下降是带动地区差距下降的重要动力。1990—2003 年，RS 分散程度呈现稳定的状态，2003 年以后，RS 点又开始收敛。到 2010 年，北京、天津、上海三个直辖市不匹配指数仍位居前三位，但与其他区域的差距相比于初始时刻已大为缩小，浙江、江苏、内蒙古、广东、福建和山东 RS 指数都大于 1，这些省区是率先发展的地区。RS 低于 1 的地区全部分布在中西部和东北地区，其中 RS 低于 0.7 的省区全部分布在西部地区，分别为广西、安徽、西藏、四川、甘肃、贵州和云南。

省际不匹配指数显示，改革开放之初，不匹配经历了短暂的下降，1983 年后不匹配开始呈现不断扩大的态势，特别是 1990—2003 年更为突出。不过，不同指数计算结果略有差别，1990 年以前，V 指数下降的趋势较为明显，M 指数于 1978—1983 年下降，1983—1990 年下降趋势不明显。尽管不同指数有所差异，但 1990—2003 年地区差距迅速扩大，2003 年以后差距开始稳定缩小的趋势比较确定。由此可见，与常规度量地区差距的指标所显示的结果类似，从人口—经济匹配度衡量的地区差距也显示了2003年是地区发展格局变化的一个"拐点"。

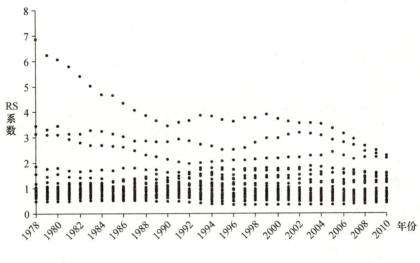

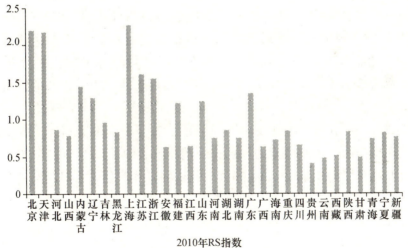

图9-1 1978—2010年省际RS指数情况

资料来源：GRP数据来自《新中国60年统计资料汇编》和《中国统计年鉴（2010）》，人口数据来自各年《中国统计年鉴》以及第五次、第六次人口普查资料。

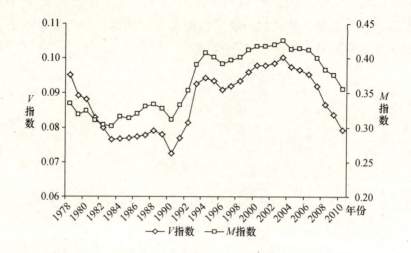

图 9 - 2　1978—2010 年不匹配指数的演变情况

资料来源：同图 9 - 1。

　　中国地区差距最显著地表现在四大区域层面上。M 指数具有空间可加性，故可将其分解为不同区域不匹配指数的加总形式。[1] 1978—2009 年，全国 M 指数呈现出先下降后上升再下降的变化过程。从四大区域对全国不匹配程度的贡献来看，东部地区的不匹配指数总体呈现出不断扩大趋势，解释了全国不匹配度扩大的很大部分，而东北、中、西部地区贡献变化不大。

　　人口与经济分布匹配性实际上反映了二者分布的偏离程度，故我们将各地区人口份额与产业份额的差的绝对值求和得到人口与经济分布不匹配指数（M）。[2]此外,本章还采用威廉姆森指数 V_M 作为描述人口与经济分布不

---

　　① 不匹配指数按四大区域分解的结果在笔者文章中详细给出（蔡翼飞、张车伟，2012），在此我们仅引用计算结果。

　　② M 指数的计算，要先求人口份额（s_i^n）与产业份额（s_i^p）之差,再对差的绝对值求和,具体公式为：$M = \sum_i M_i = \sum_i |s_i^n - s_i^p|$（此处丢失一个求和符号）。$M$ 取值在 $[0,1]$ 区间内，当 M 等于 0 时，说明产业和人口完全匹配地分布,各地区拥有的产业份额和人口份额相等,越接近于 0 说明产业和人口的匹配度越高,当 M 等于 1 时,说明产业和人口完全集中于某个地区,越接近于 1,表示人口和产业分布的不匹配性越高。

匹配的辅助指标。[①]

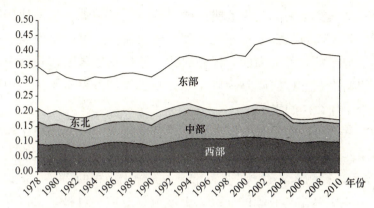

图 9 – 3　四大区域人口和产业分布不匹配指数

资料来源：根据《新中国 55 年统计资料汇编》和《中国统计年鉴》（2006—2010）数据计算。

　　根据不匹配指数的设定，图 9 – 3 计算了 1978 年以来中国四大区域 M 指数的变化。该图采用了堆积面积图的表示方式，共有四块不同颜色的图形区，每块图形区的高度表示对应区域的 M 指数，四块图形区高度总和可表示全国的 M 指数。由图可见，1978—2009 年，全国 M 指数呈现出先下降后上升再下降的变化过程。1990—2003 年，不匹配指数不断攀升；2003 年之后，不匹配指数又有所下降。从四大区域对全国不匹配程度的贡献来看，东部地区的不匹配指数总体呈现出不断扩大趋势，由 1978 年的 0.137 提高到 2009 年的 0.210，解释了全国不匹配度扩大的很大一部分，而东北、中、西部地区贡献变化不大。

　　中国是一个发展中国家，按照 2007 年全国人均 GDP 为 3856.4 美元的收入水平计算，刚刚进入中上等收入经济体序列，人均产出水平和发达国家相去甚远。按照钱纳里对经济阶段的划分标准，中国还处于工业化的中期阶段，而发达国家早在上百年前就已完成工业化阶段，就发展阶段而言

---

　　① 威廉姆森(Williamson,1965)指数用相对人均收入与 1 之差的加权平方和来再开方来表示,权重为某地区人口占全国份额,具体公式为：$V_w = \sqrt{\sum \left[\left(\frac{y_i - \overline{y}}{\overline{y}} \right)^2 \cdot \frac{p_i}{p} \right]} = \sqrt{\sum \left[\left(\frac{y_i}{\overline{y}} - 1 \right)^2 \cdot \frac{p_i}{p} \right]}$。其中, y_i 为 i 地区的人均收入, $\overline{y}$ 为全国人均收入均值, P 表示全国总人口, P_i 为 i 地区的人口数。

中国远远落后于主要发达国家。威廉姆森（1965）曾经指出，地区差距与经济发展水平紧密相关，二者呈现一种"倒U"形关系。从发达国家目前现状来看，其人口与经济分布匹配程度已经很高，这可能是因为这些国家已经跨越了地区发展不平衡的阶段。因此，考察发达国家较长历史时期人口与经济协同集聚过程实际是为确定在控制了经济发展水平后，中国地区差距到底处于什么样的水平。

美国、欧盟与日本是三个世界上经济最发达的经济体，与之对比能够判断中国不匹配状况的程度。对美国不匹配问题的分析我们选取大都市区（MSA）层面进行测算。美国的大都市区占其领土面积的27%，人口占总人口的85%左右，基本与我国的地级以上城市相对应。对日本人口和产业匹配性的分析采用县的数据，日本没有公布都市区的统计数据，县域平均面积为8123.6平方公里，虽然仅相当于我国地级城市1.6万平方公里平均面积的1/2，但基本处于一个数量级，考虑到日本面积相对较小，故可将之作为与中国地级城市对比的地域单元。欧盟的分析选取NUTS－2统计区作为考察的地域单元。欧盟27国共有310个NUTS－2区域，总面积546.6万平方公里，在地域面积上、人口密度上具有一定的可比性。

美国大都市区、欧盟NUTS－2区、日本都道府县和中国地极以上城市各地域单元的人口与产出份额之间的散点图显示在图9－4中。其中，横轴代表生产份额，纵轴代表人口份额，散点代表不同的地域单元GDP和人口占全国总量的份额。美国大都市区点排列最有秩序，几乎与线性拟合线在一条直线上，显示出美国大都市区人口和产业的地理分布高度的一致性。日本的产业人口分布匹配度也非常高，都道府县的散点分布可以分为三个部分：距离原点较近的点共线程度较高；距离原点稍远的点分布稍有散乱，主要是因为人口份额高于其产出份额；距离原点最远的点为东京都，生产份额大大高于其人口份额，显示出东京经济一枝独秀的现状。但总体上看，日本的县域人口和产业分布还是较为匹配的。欧盟NUTS－2区域的散点分布规律弱于美国和日本，点的分布明显分为两支：一支是沿趋势线密集排列的点，沿趋势线密集分布的点基本是1995年的欧共体15个成员国的NUT－2区，其中远离点群分布的三个点分别是巴黎大区、意大利北部地区和伦敦内城地区；另一支是沿图中虚线分布的点，这些点所代表的地区基本是

2004 年后加入欧盟的新成员国的 NUT - 2 区。最后，中国的地级及以上城市所组成的散点图点的分布杂乱无章。从拟合度来看，美国高达 0.976，日本和欧盟也分别达到 0.860 和 0.699，而中国仅有 0.259。由四图特征不难发现，美、日、欧的空间单元产业和人口聚集的协同性较高，而中国各地区产业聚集并未相应带动人口聚集，从而造成人口经济分布高度不匹配的状况。

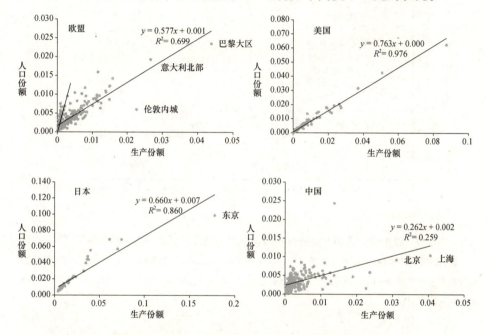

图 9 - 4　美、日、欧和中国人口与经济分布匹配状况

注：美日欧为 2006 年数据，中国数据为 2007 年数据。

资料来源：美国数据来自《美国 2010 统计摘要》（*The* 2010 *Statistical Abstract*），www.census.gov。欧盟 NUTS - 2 区域的数据来自欧盟统计数据库，http：// eurostat. ec. europa. eu。日本都道府县数据来自《日本统计年鉴》（*Japan Statistical Yearbook* 2010），www. stat. go. jp/english/data。

本章借鉴 Williamson（1965）国际比较数据，将其与中国现实进行对比。图 9 - 5 描绘了人均 GDP 和 V_w 指数之间关系的散点图。图中样本包括 1990 年、2008 年中国和 1950—1960 年 24 个其他国家。不难发现，随着国家人均 GDP 的提高，V_w 指数总体呈下降趋势。20 世纪 50 年代，美国、英国、荷兰、澳大利亚等国的人口与经济的匹配度最高，而它们是当时世界上最发达的国家，其对应的散点集中于图 9 - 5 的右下部分。菲律宾、哥伦比亚、南斯拉夫和印度等发展中国家的人口与经济分布不匹配程度较大，可以看到代表这些国家的点聚集在图9-5的左上部分。由此可见，随着经济发展水平的提高，国家区域发展的不平衡程度呈下降趋势。

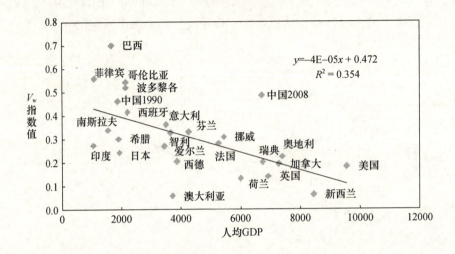

图9-5　人口与经济分布匹配程度与经济发展水平之间的关系

资料来源：中国的 V_w 指数数据根据《中国统计年鉴》（2001年和2008年）计算，其他国家的 V_w 指数数据来自 Williamson（1965）。人均 GDP 数据来自 Angus Maddison, Historical Statistics for World Economy: 1-2008AD。

图9-5中也计算出了1990年和2008年两个年度人均 GDP 和人口—经济分布不匹配之间的关系。按照可比较的标准，中国1990年的人均 GDP 与1950年的日本、巴西、希腊等国处于同一个水平。显然，中国的人口与经济分布不匹配程度也与同等发展水平下的国家接近。到2008年，中国的人均 GDP 有了较大幅度增长，大体与当时瑞典、荷兰、英国等国处于同等水平，但中国的人口与经济分布不匹配程度并未相应下降。从图中可以看到，显然2008年中国已经严重偏离了趋势线。这种情况表明，尽管国家间人口与经济分布不匹配程度各不相同，但这种不匹配程度要与其发展水平相适应，中国的人口与经济的不匹配程度显然高出了世界平均水平，如果把趋势线看作是理论上人口和产业分布匹配的标准状态，那么中国正在偏离这种标准状态，说明中国的人口与经济分布不匹配程度更大。

　　尽管跨国数据对比显示，人口—经济分布匹配程度与经济发展水平有直接的关联，但我们更关心在较长时期内不匹配的变化是否呈现出规律性的特征。根据 Williamson（1965）计算的结果数据，我们绘制了巴西、美国、加拿大和法国在工业化期间人口—经济匹配性的趋势（见图 9 - 6）。可以发现，这些国家的人口与经济分布不匹配度呈现出"倒 U"形变化趋势。美国的人口与经济数据时间跨度超过 120 年，基本上覆盖了其整个工业化阶段，美国的 V_w 指数呈现出明显的"倒 U"形趋势，最高点出现在 1931年，随后逐步降低，到 1961 年已经下降为 0.2 以下；法国区域层面的人口与经济数据时间跨度也将近 100 年，其人口与经济分布匹配性也呈现出先扩大再缩小的过程，由于开始工业化进程的时间比美国早，法国不匹配程度最高点出现在 1890 年左右，其后逐步下降。巴西和加拿大情况也类似，不匹配程度也是一个先扩大再缩小的过程。

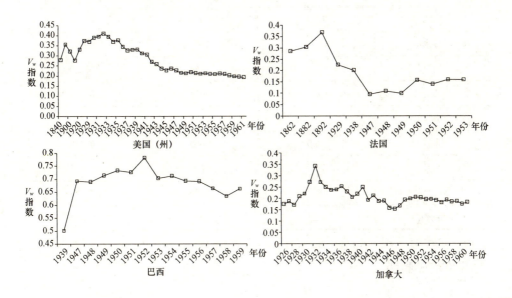

图 9 - 6　美、法、加、巴四国人口与经济不匹配度的历史变化

资料来源：根据 Williamson（1965）的数据计算。

　　中国固然处在工业化快速推进、经济发展水平迅速提高的阶段，区域发展的不平衡可能是经济发展的一个必经阶段，但即便是在相同的发展水平下，中国的地区发展不平衡问题仍然要严重得多。表9-1中列出了不同国家在不同时点具有接近的人均收入水平时，人口与经济分布不匹配的状况比较。可以清楚地看到，中国的 V_w 值要远高于欧、美、日等发达国家，多数国家在与中国类似的发展阶段 V_w 值在0.1—0.3，中国达到0.48。其中，意大利是欧洲区域发展不平衡最为严重的国家，其南北发展差距成为困扰国家整体发展和稳定的重要因素。但即便如此，中国的人口—经济分布不平衡问题要大大高于国际水平。

表9-1　　　　　不同国家相类似发展阶段下人口—经济分布不匹配比较

国家	人均GDP（美元）	时间（年份）	V_w
英国	6746	1948	0.151
德国	6737	1958	0.191
加拿大	7033	1942	0.193
日本	6506	1966	0.210
瑞典	6769	1950	0.229
挪威	6711	1957	0.233
法国	6762	1957	0.299
芬兰	6230	1960	0.313
美国	6561	1939	0.331
意大利	6827	1962	0.372
中国	6725	2008	0.483

资料来源：根据 Williamson（1965）和 Angus Maddison，Historical Statistics for World Economy：1 - 2008AD 中所列数据计算。

第三节　不匹配的形成机理

中国人口与经济分布不匹配是二者非协同集聚的结果。所谓非协同集聚就是其中一个集聚速度快于另一个，从而导致不匹配程度扩大。按新经济地理理论，产业集聚是规模报酬递增的结果，集聚会通过各种外部性诱发生产要素的流入（最主要的是资本和劳动力），要素的流入会强化产业集聚。产业集聚就意味着地区差距和不匹配问题的产生。另外，人口集聚是劳动力流动诱导的，但由于流动壁垒的存在，人口集聚低于理想水平，从而使不匹配程度在原有基础上进一步扩大。借鉴新经济地理理论的分析框架，这里主要从人口、产业集聚协同性角度来探讨不匹配的形成机制，并分析中国不匹配度扩大的主要原因。

一　人口与经济不匹配演变的一般过程

我们借鉴新经济地理理论的逻辑描述人口与经济不匹配形成的一般过程。假定初始一国中有两个区域（A 和 B），两个部门①（农业和制造业），农业部门规模报酬不变，制造业部门生产规模经济，且其产品是差异化的。开始两个区域完全一样，由于偶然的原因，使其中一个区域的制造业企业数量增加，不妨假定是 A 区域，在经济内生力量作用下，A 区域会逐渐发展成中心区，而 B 区域则逐渐沦为外围区。企业数量增加意味着生产配套更完善，企业花费在中间投入品上的运费下降，企业盈利能力增加。这又会吸引更多的企业进入，从而进一步降低中间品的消耗。这个正向反馈过程就是所谓的后向关联。从消费环节来看，企业集聚意味着市场上有更多商品，在支出不变情况下，可消费的商品种类增加，也意味着人们的实际效用提高。这种因消费多样化带来的实际效用提高，在新经济地理理论中用消费品价格指数下降来描述。价格指数下降，意味着实际工资提高，吸引劳动力不断流入。这就是所谓的前向关联效应。劳动力集聚产生"池效应"，降低企业用工的搜寻和培训成本，这又会诱导企业不断进入。因此，劳动力流动支撑了前后相关联效应，使得制造业集聚过程自我维持下去。制造业不断向 A 地区集聚表现为其制造业规模占全国比重提高。也就是说，A 地区产出增长是由制造业拉动的，由于制造业是生产率高的部门，也就表明其产出增速快于人口的增速。以上过程可以简单地反映在图 9 - 7 中。图 9 - 7 上半部分反映了产业与人口份额的变化趋势，图 9 - 7 下半部分的

---

① 假定经济发展之初，服务业影响很小，为简化分析，我们忽略其影响。

ABC 曲线反映了产业份额和人口份额偏离程度，S_N 和 S_P 分别代表该区域的 GRP 份额和人口份额。在第 I 段中，S_N 曲线提高快于 S_P 曲线，导致 AB 段曲线反映的不匹配程度不断扩大。

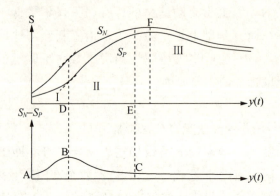

图 9－7　人口与经济集聚协同性的标准变化过程

随着经济的发展，人们需求结构发生变化，服务发展开始影响经济分布过程。如果制造业产品的需求弹性低于服务业产品，那么，支出中将有更多的部分用于购买服务消费。这会导致服务业产出在总产出中所占比重不断扩大。假定服务业报酬递减（Baumol，1967）[①]，这意味着服务业增长低于该部门劳动力投入的增长，该部门的报酬递减性质会抵消制造业的报酬递增，总产出增长会逐渐与劳动力增速相一致。该过程在图 9－7 中表现为，S_N 曲线斜率减小，S_P 曲线斜率变大，在某个时点，例如 D 点，S_N 曲线和 S_P 曲线的斜率会相等，不匹配度达到最大值。在阶段 II，人口集聚速度逐渐高于产业集聚的速度，不匹配程度开始下降。当曲线通过 E 点后（阶段 III），人口与经济将保持大致相同速度集聚，不匹配稳定在较低的水平上。但 S_N 曲线和 S_P 曲线不会完全重合，也就是说不匹配并不能完全消除。这是因为，一方面区域间资源禀赋和人力资本差异很难完全消除，中心区生产率会略高于外围区；另一方面劳动力迁移存在障碍，迁移必须付出成本，稳态下的差异大小取决于迁移障碍的大小。随着经济进一步发展，

① 虽然现代服务业具有规模报酬特征，但传统服务业是报酬递减的，二者效果可能会相互抵消。因此，与制造业相比，服务业整体上应作为报酬递减部门。

中心区产业会向外围区扩散，当扩散速度逐步超过集聚速度时，中心区产业份额会达到峰值（F 点），然后开始下降。人口流动也会因地区收入的趋同或就业饱和而停止，并在产业扩散的诱导下向外围区流动。在经济活动的扩散过程中，外围地区 B 逐步发展起来，产业不断向其聚集，并继续着图 9-7 所描述的过程。

以上是人口与经济协同集聚的标准变动过程，为考察外界因素如何作用于 S_N 曲线和 S_P 曲线，并最终影响不匹配提供了分析框架。我们尝试对这个标准过程进行比较分析，并得到两种偏离情形（如图 9-8 所示）。需要说明的是，目前中国还处于经济活动不断集聚阶段，产业由中心向外围的绝对扩散还未到来，因此 F 点以后的情况暂且不予分析。

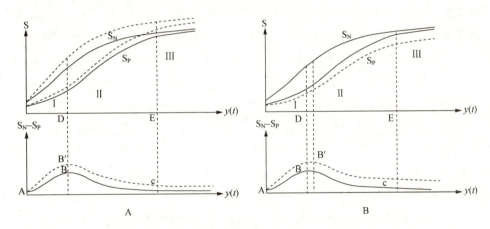

图 9-8 人口与经济分布不匹配过程的动态分析

第一种情形：当某种外部条件改变使产业的报酬递增倾向更强。这实际就是加大对本地区资本的补贴力度，降低了企业的投资成本，从而促使产业集聚速度加快。如图 9-8A 所示，经济发展过程中的各个阶段，中心区的集聚水平相对于标准情形都会更高。在第 I 阶段，不匹配程度会加速上升，不匹配的最大值会高于标准状态的最大值；第 II 阶段，不匹配程度下降速度也会减慢；假定人口迁移成本不变，则 E 点后，不匹配将会在更高水平稳定。

第二种情形：当某种原因使得劳动力迁移障碍提高时，例如发达地区为治理拥挤或就业保护而采用限制外来人口进入的措施，这就意味着提高了人口的流动成本，人口集聚曲线会下降。如图 9 – 8B 所示，由于人口集聚程度在每个发展阶段都比标准状态有一定下降，不匹配程度会整体提高，峰值也比标准状态高。[①] 第 I 阶段不匹配程度上升更快，第 II 阶段不匹配程度下降更慢，E 点后，不匹配程度会以高于标准状态的水平维持下去。

二 不匹配的影响因素及研究假设

根据上文的分析框架，我们从影响人口和经济非协同集聚的角度出发，试图找出导致现实不匹配程度高于理想状态的具体原因，具体来看，可以归纳为如下三个方面的原因：

（1）人口迁移的制度壁垒。区域间的收入和就业机会差异会诱发劳动力流动，随着外出务工的劳动力物质条件的改善，他们会将家庭成员接到流入地共同生活，从而形成人口流动。从劳动力流动的过程来看，制度性壁垒抬高了劳动力流动的成本。从家庭流动过程来看，由于劳动者在流入地受到歧视、工资被压低，同时家庭成员的公共需求得不到保障，变相提高了外来劳动者家庭成员的生存成本，造成家庭流动受阻。流动的制度壁垒既影响劳动力流动又影响家庭流动，最终限制了人口流动的规模。因此，迁移壁垒会在其他外在条件不变的情况下加大人口与经济分布不匹配的程度，因为劳动力在流入地创造了更多的财富扩大了"分子"，而未相应带动人口相应增加，即"分母"未相应扩大。

以上是从人口流动规模角度探讨不匹配扩大原因，即迁移壁垒的"人口流动规模效应"，此外制度壁垒还通过"人口流动质量效应"影响不匹配。由于劳动力流动本身就是具有选择性的，往往是那些人力资本相对较高的劳动力才选择外出务工，而迁移壁垒又强化了这种选择结果，提高了劳动力流出所需人力资本的"门槛"。如果按照流动性强弱，将不同素质的劳动者划分为不同等级，那么随着"门槛"的提高，人力资本更高的劳动力才有可能流出，即那些有更高劳动参与率、更高受教育水平、更健康身体的劳动力，其流动性更强。某种程度上说，发达地区并未充分吸纳落后

[①] 劳动力流入受限会影响产业集聚，但企业经营更为灵活，他们可以通过追加资本、改进生产技术等手段使生产不致受到太大影响。故由流动壁垒导致的 S_N 曲线下降幅度比较低，为便于分析，对此可忽略不计。

地区的隐性失业人员，还剥夺了相对欠发达地区最具有生产能力的年轻人和技术工人。这部分劳动者流动为流入地带来更高的劳动生产率，而对流出地则是劳动生产率的损失。

研究假设 1：迁移制度壁垒抬高，不匹配程度会在原来的基础上被拉大。

（2）区域间资本边际产出变动差异。人口流动不充分是造成不匹配原因之一。除此之外，资本配置也是影响匹配性的重要因素，因为资本集聚影响着产业集聚。有两种情况会使得资本集聚导致不匹配扩大：第一种情况，当资本边际回报递增时，企业投资到经济率先发展的地区获得的收益更大，资本会不断流向该区域，从而也会带动产业不断向该区域集聚。第二种情况，中心区资本边际回报下降时，如果外围地区资本回报率下降更快，意味着企业投资到其他区域的收益率低于中心区，那么资本仍然会向中心区集聚，从而带动中心区的产业集聚。

这里我们来考察一下中国的资本回报情况。图 9–9 计算了 1990 年以来中国东部沿海和内陆地区资本边际回报率（mpk）的变化情况。① 可以看到，两个区域 mpk 都呈下降趋势，但内陆地区 mpk 下降幅度要大于东部沿海地区，1998 年沿海地区的 mpk 绝对水平超过了内陆地区。既然资本边际产出递减，为什么没有看到不匹配程度缩小呢？这可能是因为，内陆地区资本边际回报下降更快，导致产业无法由东部沿海向广大内陆地区有效扩散。1998 年以前，沿海地区 mpk 低于内陆地区，但市场力量的结果是产业不断向东部沿海集聚，这说明东部沿海在其他方面比内陆优越。1998 年以后，内陆地区 mpk 反而过快地下降，沿海地区的企业更加缺乏向内陆扩散的动力，因此不匹配状况一直未能有效降低。由此可见，1990—2003 年，不匹配扩大可能是内陆地区 mpk 过快下降，东部地区 mpk 相对上升所致。

研究假设 2：1990 年以来，不匹配总体扩大的趋势是地区间 mpk 变化趋势不同所致，具体来说就是因内陆地区 mpk 更快地下降和东部沿海 mpk 相对上升所致。

---

① mpk 计算方法在实证部分有详尽的陈述，在此我们直接给出结果。

（3）国家偏向性的区域政策。中央政府偏向性的区域政策是通过在一定区域创造特定的产业发展环境，达到调整经济布局的目的。中国在相当长时间里计划经济占主导地位，区域政策成为国家实施赶超发展战略的辅助手段，最大限度地促进经济发展也成为区域政策的目标。当赶超战略要求牺牲区域平衡来实现效率目标时，区域政策的实施不但无助于克服市场带来的区域差距，还可能恶化空间不均衡的结果。

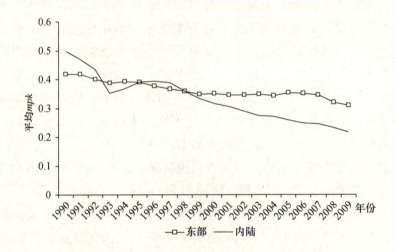

图 9 – 9　1990—2009 年不同区域 *mpk* 变化及省际差异

注：*mpk* 计算方法具体参见实证研究部分。

改革开放以前，国家实施平衡发展的区域战略，将诸多大型项目布局在广大内陆地区，一度改变了我国产业过度集中在沿海的局面。20 世纪 80 年代，为促进国民经济增长，提高经济效益，国家采取了优先支持区位和产业基础较好的沿海地区发展区域倾斜政策。东部地区获得的优势逐步转化为产业集聚的内生动力，使东部的产业集聚不断强化。1999 年后，中央开始实施区域协调发展战略，包括实施西部大开发和振兴东北老工业基地战略、构建全方位对外开放的格局、完善建立老少边穷地区援助政策体系等（魏后凯，2006）。从政策实施效果来看，中西部地区基础设施和市场环境得到明显改善，东北地区经济转轨的负担减轻，地区差距不断加速扩大的势头被遏制。

研究假设3：不匹配程度扩大与国家区域政策导向有关，如果将1999年作为"分水岭"，之前区域政策扩大了不匹配程度，之后旨在缩小地区发展不平衡等的区域政策起到了缩小不匹配的作用。

第四节　不匹配问题的影响因素

接下来我们对上文提出的三个研究假设进行验证。我们首先对计量模型设定进行说明，接着对主要变量进行统计描述，再对模型估计结果进行分析。在此基础上，根据国家发展战略和区域空间格局转变的关键年份，将数据划分为不同时间段分别进行估计。

一　模型设定

由上文不匹配一般过程的分析，我们将不匹配程度及其因素设定为如下函数形式：

$$M = f(mc, mpk, pl) \qquad (9.4)$$

mc 表示人口迁移的壁垒，mpk 表示资本边际产出，pl 表示区域政策指数。

根据（9.4）式可以变化得到以下计量模型：

$$M_i = \beta_0 + \beta_1 mc_i + \beta_2 mpk_i + \beta_3 pl_i + \gamma X + u_{it} \qquad (9.5)$$

（9.5）式中，β_1 反映了人口迁移壁垒对不匹配度的影响，β_2 表示资本边际产出对不匹配的影响，β_3 表示区域政策倾斜对不匹配的影响，正的系数表明变量水平提高扩大了不匹配；反之，则表示缩小了不匹配。X 为控制变量，包括劳均资本存量 k、实际利用外资 fdi、人力资本水平 hk、城市化水平 urb 等，γ 表示控制变量组的系数向量，u_{it} 为随机误差项。

二　变量与数据说明

如果没有特别说明，本章使用的数据均来自《中国统计年鉴》，时间期限为1990—2010年。

被解释变量为人口与经济分布不匹配程度 M。本章模型的因变量需要反映单个地区的不匹配程度，故采用 i 地区人口与经济分布不匹配度 M_i 来表示。M_i 计算方法为人口份额（s_p^i）与产业份额（s_n^i）相减后再取绝对值，s_p 用各省市区 t 年末总人口除以全国总人口来表示[1]，s_n 用 GRP 份额来表示。

为验证研究假设 3，我们需要为人口流动的制度壁垒、资本边际产出、国家的区域政策三个影响因素寻找代理变量。

人口流动制度壁垒（mc）用各省市区的城乡收入差距与二、三产业增加值之比来表示。这样设定基于以下考虑：城镇收入水平一般高于乡村，而且就业机会也更多，因此成为人口流入地。一般而言，本地乡村人口流入本地城镇相对容易。如果人口流动不存在壁垒，城乡差距会保持在较小的范围内。但本区域的城乡收入差距高低还与城市产业结构特点，比如说第三产业比重较高的城市吸纳劳动力的能力相对较强，本区内的城乡差距就相对较小；而以重工业为主导产业的城市，吸纳劳动力的能力相对较弱，城乡差距可能更高。Henderson（2006）用二、三产业增加值之比来描述城市特征。因此，在使用城乡收入差距作为人口迁移壁垒的代理变量之时，我们也用该指标剔除掉城市特征不同而带来的影响。

资本的边际产出（mpk）计算是近年来学术界研究的热点问题，白重恩等（2006）、Caselli 和 Feyrer（2007）等都对 mpk 进行了详细的估算[2]，本文使用后者的计算方法。mpk 的计算需要用到物质资本存量（K）、资本价格（P_k）、劳动报酬占 GDP 份额（α）几个统计指标。关于物质资本存量，张军等（2004）、王小鲁和樊纲（2000）都曾用永续盘存法对物质资本存量 K 进行了详尽的计算。这里我们直接采用张军（2004）对省际物质资本存量结果及其后期更新数据作为物质资本存量。关于 α 的计算，我们首先从《中国国内生产总值核算（1952—2004）》（1990 年和 1992 年劳动报酬数据来自当年投入产出表，2005—2009 年数据来自相应年份《中国统计年鉴》，1991 年、2007 年数据并未公布，我们取前后两年的平均值来补充）得到劳动报酬占 GDP 的份额，1 减劳动份额就是资本份额。P_k 用各年固定资产价格指数来代表，1990—2000 年数据来自《中国固定资产投资统计数典

---

① 重庆 1997 年设立直辖市后才有统计数据，1998 年以前的数据不完整，故我们仍将重庆数据合并到四川作为一个省来处理。

② Caselli 和 Feyrer（2007）的资本边际产出公式为：$mpk = \alpha P_y Y / P_k K$。其中，$\alpha$ 为资本收入占 GDP 的份额，P_y 代表当前总产出的价格，$P_y Y$ 就表示 GDP，P_k 代表资本当前价，K 为资本存量。

（1950—2000）》，2001—2004 年数据来自《中国国内生产总值核算（1952—2004）》，2005—2009 年数据来自《中国统计年鉴》。

区域政策变量（pl）用财政支出与财政收入占全国份额之比来衡量。这样设计是考虑区域政策要发挥作用必须有资金支持，而这些资金主要来自中央的财政转移支付。财政转移支付对不同区域的偏向程度可通过财政支出与财政收入之间的差别来反映。但由于存在财政赤字，绝对量的加减无法消除财政赤字的偏差。因此，我们使用财政收支的相对差距，即各地区财政收入与支出占全国份额之比来反映。

图 9 - 10 中描绘了 1990—2009 年主要解释变量省际平均值和变异系数的情况。由图 9 - 10A 可见，mc 值呈现先上升后下降的变化趋势，2002 年达到顶峰，说明 2003 年以前迁移壁垒在上升，而 2003 年之后开始下降。图 9 - 10B 显示 mpk 总体呈现出下降趋势，而且由于内陆地区各省的下降速度更快，省际差距在缩小。从图 9 - 10C 可以看到，区域政策变量 pl 指数呈现先缩小再扩大的趋势，1997 年前后 pl 变异系数达到最低，此后 pl 的区域差距不断扩大，这是因 20 世纪 90 年代中后期国家加大对内陆省份政策扶持力度所致。

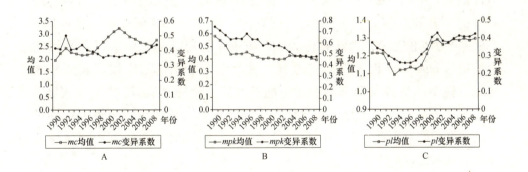

图 9 - 10　1990—2009 年主要解释变量的省际平均值与变异系数

由图 9 - 7 可知，不匹配和经济发展水平间存在非线性的关系，即随着经济发展水平的提高，地区差距经历了一个先上升后下降的"倒 U"形变化过程。经济发展水平对其影响是一个综合效应，其中包含了产业结构调整、技术进步等因素。为控制住经济发展阶段对不匹配综合影响，我们在回归方程（2）引入人均地区生产总值（不变价）y 及其平方项 y^2。

此外，为控制区域发展条件的差别，我们还需要引入以下几个控制变量：（1）自然资源禀赋（la）用资源富集度来表示。自然资源的范围非常广，土地、矿产、河流、湖泊、森林等都属于资源的范畴，很难将全部资源条件量化。但是，不论何种资源都蕴含在土地中，土地面积越大，蕴藏资源的可能性也越大。我们使用各省、市、区人均拥有的土地面积作为资源条件差异的代理指标。（2）fdi 表示外商直接投资人均规模，1990—2009年实际利用外资数据来自相关年份的《中国贸易外经统计年鉴》。（3）k 为劳均物质资本存量，分子为资本存量，具体计算方法前文已有介绍，分母为就业人员人数。（4）hk 表示人力资本水平，用各省区人均教育年限来表示。（5）城镇化率（urb），用城镇人口规模除以总人口表示，资料来自《新中国 55 年统计资料汇编》和各年《中国统计年鉴》。（6）经济发展水平（y），用 1978 年不变价计算的人均 GRP 表示。

三 计量分析结果

表 9 - 2 给出了模型的估计结果。回归（1）列出的是随机效应模型估计结果，回归（2）—回归（4）给出了固定效应模型的估计结果。回归（3）与回归（4）的差别是，回归（4）中引入了区域虚拟变量 $inland$（东部沿海省份为 0，内陆省份为 1）和 mpk 的交叉项，用来观测沿海和内陆地区 mpk 对不匹配影响的差异。估计结果显示，随机效应模型和固定效应模型的估计结果非常接近，随机效应估计量 θ[①] 也超过 0.9。但是，由于解释变量与省区自身特征可能存在某种关联，故随机效应模型估计量可能是有偏的。因此，我们在对估计结果进行解释时主要依据固定效应估计量。基本结论如下：

第一，人口迁移壁垒存在导致不匹配扩大。四个回归结果中，mc 系数均显著为正，加入控制变量后，mc 的系数的显著水平仍然很高。这说明，1990 年以来，人口流动壁垒是不匹配扩大的重要原因。计量结果支持研究

① θ 为随机效应估计量 $\theta = 1 - [\sigma_u^2/(\sigma_u^2 + T\sigma_f^2)]^{1/2}$，$T$ 为样本时期数，σ_u^2 和 σ_f^2 分别为混合误差项和不可观测的个体效应的方差（伍德里奇，2003）。当 $\theta = 0$ 时，得到混合 OLS 估计量；当 $\theta = 1$ 时，得到固定效应估计量，随着 T 增大，θ 趋于 1 时，随机效应和固定效应估计非常接近。

假设 1。

第二，mpk 的变化对不匹配度负向影响。前三个结果显示 mpk 的系数大致为 -0.45，系数显著水平也比较高。结果（4）中，mpk 系数表示沿海地区的影响，但该系数并不显著，交叉项的系数显著为负。综合来看，内陆地区 mpk 对其不匹配度的影响为 -0.6451。[①] 由前文分析可知，东部沿海 mpk 相对于内陆地区是上升的。由此可推知，mpk 扩大不匹配的效应，主要是内陆地区 mpk 下降速度更快所致。该结论支持研究假设 2。

第三，国家区域政策取得了较好的成效。回归结果（1）—回归结果（4）均显示 pl 系数显著为负。这说明，国家为缩小地区差距而采取的偏向性区域政策，在阻止不匹配扩大方面发挥了积极的作用。

第四，经济发展水平对不匹配有较大的影响。四个估计方程均显示 y 的系数最显著，在所有变量中的影响也最大。这说明，20 世纪 90 年代以来，不匹配程度的扩大，很大程度上是由于经济发展水平提高所致。y^2 项系数显著为负意味着，经济发展对不匹配影响在减弱。这印证了中国区域发展格局确实存在如 Williamson 所说的区域发展不平衡与经济发展水平之间的"倒 U"形趋势。

为考察不同历史时期影响因素作用的变化，我们将样本按时间进行划分，使用固定效应模型对表 9 - 2 中的回归（3）重新进行回归。首先，以 1999 年为分界点将数据划分为两个时间段，因为中央于 1999 年提出了西部大开发战略，这是国家区域政策战略转变的重大事件，可能会对政策变量的效果产生影响。其次，再以 2003 年分界点将数据划分为两个时间段，因为 2003 年后地区差距开始下降，这有可能意味着区域发展格局的"拐点"，故解释变量的系数可能会发生方向性的变化。最后，由于三大直辖市与其他省区在空间特征、产业基础等方面差异较大，出现异常数据的可能性也较大，可能会影响解释变量的系数。因此，我们还对剔除了直辖市数据进行回归，以考察该估计结果同表 9 - 2 结果是否有显著区别。以上数据处理后的回归结果在表 9 - 3 中给出。

---

① 引入交叉项后，内陆地区的系数要用 mpk 系数和 $mpk * inland$ 系数之和来得到。

表 9 - 2　　　　　　　　　　　　　　　基本模型估计结果

估计方法	回归（1）	回归（2）	回归（3）	回归（4）
	随机效应	固定效应	固定效应	固定效应
mc	0. 1110 *** (0. 0295)	0. 1154 *** (0. 0298)	0. 1768 *** (0. 0338)	0. 1785 *** (0. 0337)
mpk	- 0. 4337 * (0. 2457)	- 0. 4794 * (0. 2503)	- 0. 4397 * (0. 2601)	0. 2888 (0. 5055)
$mpk^*inland$				- 0. 9339 * (0. 5561)
pl	- 0. 5081 *** (0. 0821)	- 0. 4653 *** (0. 0834)	- 0. 4026 *** (0. 0881)	- 0. 4271 *** (0. 0892)
y	1. 3651 *** (0. 2125)	1. 3133 *** (0. 2132)	1. 8280 *** (0. 4574)	1. 8964 *** (0. 4584)
y^2	- 0. 7197 *** (0. 1804)	- 0. 6935 *** (0. 1815)	- 0. 7536 *** (0. 2549)	- 0. 7994 *** (0. 2559)
k			- 0. 0548 (0. 0346)	- 0. 0617 * (0. 0348)
fdi			0. 0003 (0. 0005)	0. 0004 (0. 0005)
hk			- 0. 1766 *** (0. 0533)	- 0. 1766 *** (0. 0532)
urb			0. 0130 ** (0. 0064)	0. 0138 ** (0. 0064)
la			- 0. 0010 * (0. 0006)	- 0. 0010 * (0. 0006)
常数项	1. 5249 *** (0. 2166)	1. 4846 *** (0. 1468)	2. 1093 *** (0. 3350)	2. 0414 *** (0. 3368)
观测值	580	580	580	580

注：（1）解释变量系数估计值下边圆括号内的数字是系数估计值的 t 统计量。

（2）*、**、*** 分别代表 10% 、5% 、1% 的水平显著。模型估计结果使用怀特异方差稳健标准误进行了修正。

　　mpk 系数在分时间段后都变得不显著，而引入 mpk 与 $inland$ 交互项后二者都变得非常显著。1990—2003 年和 2004—2009 年，东部沿海 mpk 的影响系数分别为 1. 2107 和 4. 6549，内陆地区分别为 - 0. 4308 和 - 1. 3795。两个时间段中，沿海地区 mpk 下降对不匹配有减小的作用，内陆地区 mpk 下降则扩大了不匹配。但两个时间段相比，2003 年后，东部地区 mpk 的作用明显增强。

　　总体上讲，区域政策在缩小不匹配程度方面发挥了积极作用。但分时段来看，2000 年以前，pl 系数并不显著；而 2000 年后，pl 系数变得显著为负，表明国家区域协调发展战略的实施对减缓地区差距扩大和缩小不匹配，发挥了积极的作用。以上分析结果也支持研究假设 3。

　　从经济发展阶段的影响来看，结果（1）—结果（6）中 y 的系数均显著为正，而且大大超过其他解释变量的系数值，说明不匹配度变化与经济发展阶段密不可分。1990—2003 年，y 系数值在 4 以上，而 y^2 项系数并不

表 9-3　　　　　　　　　　　不同时间段样本的回归结果

	1990—1999 年		2000—2009 年		1990—2003 年		2004—2009 年		不含直辖市[a]
	(1)	(2)	(3)	(4)	(5)	(6)	(7)	(8)	(9)
mc	-0.0135	-0.0618	0.2456***	0.2930***	0.0667*	0.0420	0.0572	0.0555	0.1659***
	(0.0476)	(0.0468)	(0.0681)	(0.0642)	(0.0367)	(0.0369)	(0.0893)	(0.0872)	(0.0420)
mpk	0.3708	2.0011***	1.2324	7.7102***	-0.0866	1.2107***	0.5618	4.6549**	-0.4436*
	(0.2507)	(0.4170)	(0.8353)	(1.3279)	(0.2278)	(0.4392)	(1.0571)	(1.8048)	(0.2680)
mpk^* $inland$		-2.2288***		-9.8574***		-1.6415***		-6.0344***	
		(0.4657)		(1.6332)		(0.4776)		(2.1829)	
pl	0.1858*	0.1358	-0.2716***	-0.3183***	-0.0526	-0.0772	-0.2176***	-0.2949***	-0.2904***
	(0.1022)	(0.0986)	(0.1037)	(0.1034)	(0.0791)	(0.0783)	(0.1070)	(0.1010)	(0.0977)
y	6.0175***	7.7580***	2.3668***	3.5020***	4.0761***	4.5735***	-1.2691	-0.8672	-1.0486
	(1.2826)	(1.2827)	(0.7283)	(0.7072)	(0.8616)	(0.8615)	(0.9476)	(0.9365)	(0.9122)
y^2	-3.4241	-4.5345**	-1.5627***	-2.1695***	-0.2431	-0.6147	-1.6099***	-1.6216***	1.5517**
	(2.2606)	(2.1804)	(0.3673)	(0.3583)	(0.8057)	(0.8014)	(0.4723)	(0.4611)	(0.7644)
k	-0.0811	-0.0664	-0.0037	-0.0570	-0.1660***	-0.1650***	0.2772***	0.2427***	0.0227
	(0.0755)	(0.0725)	(0.0611)	(0.0579)	(0.0450)	(0.0443)	(0.0674)	(0.0669)	(0.0583)
fdi	-0.0013**	-0.0016***	0.0008	0.0013**	-0.0009	-0.0008	0.0012**	0.0012**	0.0010
	(0.0006)	(0.0006)	(0.0006)	(0.0006)	(0.0005)	(0.0005)	(0.0006)	(0.0006)	(0.0007)
hk	-0.2228***	-0.2750***	-0.1746	-0.1612	-0.2497***	-0.2583***	0.0567	0.0477	-0.0978
	(0.0667)	(0.0649)	(0.1138)	(0.1066)	(0.0517)	(0.0510)	(0.1286)	(0.1256)	(0.0636)
urb	0.0250***	0.0245***	-0.0154	-0.0317***	0.0285***	0.0310***	0.0171	0.0065	0.0218***
	(0.0085)	(0.0081)	(0.0122)	(0.0117)	(0.0069)	(0.0069)	(0.0178)	(0.0178)	(0.0075)
la	-0.0007	-0.0005	-0.0030*	-0.0037**	-0.0003	-0.0002	-0.0033	-0.0041	-0.0011*
	(0.0008)	(0.0008)	(0.0016)	(0.0015)	(0.0006)	(0.0006)	(0.0031)	(0.0030)	(0.0006)
常数项	1.0128*	1.2137**	2.6279***	2.8648***	1.4632***	1.3307***	0.6993	1.2344	1.4450***
	(0.5336)	(0.5134)	(0.9979)	(0.9350)	(0.3500)	(0.3471)	(1.3739)	(1.3552)	(0.3927)
观测值	290	290	290	290	406	406	174	174	350

注：*、**、*** 分别代表 10%、5%、1% 的水平显著，括号内为回归参数的标准差。a 表示回归方程 (9) 数据为剔除掉 3 个直辖市后的样本，回归时间段为 1990—2009 年。

显著，说明 2003 年以前，经济发展水平提高拉大了不匹配；2003 年后，y 的系数为负，但不显著，y^2 项系数显著为负，这表明经济发展水平提高对缩小不匹配的效果不明显，而且其影响在不断减弱。综合来看，不匹配度与经济发展之间的确存在着"倒 U"形变化趋势，而且中国已经跨过了地区差距由扩大到缩小的"拐点"。但是，地区差距缩小的步伐在减慢，未来可能出现高位运行的状况。

结果（9）显示，剔除直辖市后的样本估计结果与表 9-2 中的回归（3）的变量系数差异不大，说明直辖市数据没有异常值，或者异常值对估计量影响不大，方程估计结果是稳健的。

第五节　结论

本章从要素流动与人口和产业分布匹配性的角度提出了认识地区差距的新视角，借鉴新经济地理集聚的思想，构建了一个人口和产业非协同集聚的理论框架，提出了三个影响不匹配的研究假设，并利用计量模型对研究假设进行了验证。得到的主要结论包括以下几个方面：

第一，根据理论分析，我们认为中国的地区差距随着经济发展呈现出先扩大再缩小的趋势。计量模型结果也印证了中国确实存在如 Williamson（1965）所提出的地区差距和经济发展间的"倒 U"关系证据。但结果也显示地区差距缩小的步伐在减慢，未来可能出现高位运行的状况。通过国际比较可知，中国的不匹配程度比其他国家相类似发展阶段时更大。因此，尽管遏制地区差距扩大的目标基本实现，但如何尽快弥合巨大的地区发展差距鸿沟仍是决策者必须考虑的。

第二，实证分析表明，在控制了经济发展水平后，迁移壁垒对地区差距扩大有着显著的推动作用。从迁移壁垒构成来看，尽管户籍及依附其上的保障制度对劳动力流动规模的影响减弱，但对就业质量和家庭成员的迁移影响仍然很大；此外，城市住房价格上涨对劳动力流动的制约作用也日渐凸显。因此，政府不仅要推动户籍制度改革，还应加强针对外来务工者的公共产品供给，才能通过降低迁移壁垒、促进人口流动，实现有效缩小地区差距的目的。

第三，资本边际产出下降反而起到了扩大地区差距的效果。从不同区域来看，东部沿海 *mpk* 下降缩小了不匹配度，内陆地区 *mpk* 下降扩大了不匹配度，而且内陆地区的作用效果要超过东部沿海。这反映出，虽然两个区域 *mpk* 都在下降，但由于内陆地区下降更快，造成东部的相对上升，是资本回报没有缩小不匹配的根本原因。这也表明，中国的生产模式并不符合新古典理论的逻辑，因为新古典理论认为要素边际产出下降使其流动能够缩小地区差距。基于此，我们认为国家不能单靠资金补贴来扶持中西部地区发展，更要通过完善区域金融市场、改进技术创新能力等手段提高内陆地区投资效益。通过提高内陆地区的资本回报率，培养其自我发展能力，才是缩小地区差距的有效途径。否则，投入的资金非但不能化为本地增长的动力，反而会在高回报率的诱导下，通过其他渠道回流到东部。

第四，国家区域倾斜政策对阻止地区差距扩大起到重要作用，特别是2000年以后，作用更为明显。地区差距形成是各种因素影响的综合结果，评价区域政策的效果不能脱离经济发展阶段。目前，许多研究认为区域政策的力度不够、投入不足，其依据就是政策实施并未带来地区差距的显著缩小，该结论显然并未将经济发展阶段带来的惯性考虑进来。本章回归结果显示，在控制经济发展水平后，政策的作用效果非常明显。这说明国家对中西部地区政策扶持力度并不弱，主要的问题是政策工具的效益还不高，内陆地区 *mpk* 相对下降可能正是政策资金利用效率不高的结果。未来区域政策应该更加注重完善内陆地区的市场体系，利用市场力量培育其自生能力。

参考文献

1. 蔡昉、王德文、都阳：《劳动力市场扭曲对区域差距的影响》，《中国社会科学》2001年第2期。

2. 蔡昉、王德文：《比较优势差异、变化及其对地区差距的影响》，《中国社会科学》2002年第5期。

3. 范红忠、李国平：《资本与人口流动及其外部性与地区经济差异》，《世界经济》2003年第10期。

4. 范剑勇、王立军、沈林洁：《产业集聚与农村劳动力跨区域流动》，

《管理世界》2004 年第 4 期。

5. 李国平、范红忠：《生产集中、人口分布与地区经济差异》，《经济研究》2003 年第 11 期。

6. 林毅夫、蔡昉、李周：《中国的奇迹：发展战略与经济改革》，上海人民出版社 2008 年版。

7. 林毅夫、刘培林：《中国的经济发展战略与地区收入差距》，《经济研究》2003 年第 3 期。

8. 刘华、李帮贤：《资本市场与西部大开发》，《改革》2000 年第 3 期。

9. ［美］伍德里奇：《计量经济学导论现代观点》，费剑平、林相森译，中国人民大学出版社 2003 年版。

10. 莫荣：《农民工劳动力市场的状况和政策建议》，《经济研究参考》2008 年第 31 期。

11. ［日］藤田昌九、［美］克鲁格曼、［美］维纳布尔斯：《空间经济学——城市、区域与国际贸易》，梁琦译，中国人民大学出版社 2005 年版。

12. 王小鲁、樊纲：《中国地区差距的变动趋势和影响因素》，《经济研究》2004 年第 1 期。

13. 魏后凯：《现代区域经济学》，经济管理出版社 2006 年版。

14. 魏后凯：《中国地区间居民收入差异及其分解》，《经济研究》1996 年第 11 期。

15. 魏后凯：《中国地区经济增长及其收敛性》，《中国工业经济》1997 年第 3 期。

16. 肖金成、蔡翼飞：《加强东西合作，促进产业转移》，《中国金融》2008 年第 2 期。

17. 杨开忠：《中国区域经济差异变动研究》，《经济研究》1994 年第 12 期。

18. 杨宜勇：《完善劳动力市场的政策着力点》，《中国党政干部论坛》2007 年第 4 期。

19. 姚枝仲、周素芳：《劳动力流动与地区差距》，《世界经济》2003 年第 4 期。

20. 张军、吴桂英、张吉鹏：《中国省际物质资本存量估算：1952—

2000》,《经济研究》2001 年第 10 期。

21. Bai, C. , Hsieh, C. , Qian, Y. , "The Return to Capital in China", *Brookings Papers on Economic Activity*, 2006 (37).

22. Baldwin, R. , Martin, P. , "Agglomeration and Regional Growth", *Handbook of Regional and Urban Economics*, Volume 4, Elsevier, 2004.

23. Barro, R. , Sala – i – Martin, X. , *Economic Growth*, London: The MIT Press, 1999.

24. Baumol, W. J. , "Macroeconomics of Unbalanced Growth: The Anatomy of Urban Crisis", *The American Economic Review*, 1967, 57 (3).

25. Caselli, F. , Feyrer, J. , "The Marginal Product of Capital", *Quarterly Journal of Economics*, 2007, 122 (2).

26. Henderson, J. V. , Au, C. C. , "Are Chinese Cities Too Small?", *Review of Economic Studies*, 2006, 73 (256).

27. Krugman, P. , "Increasing Returns and Economic Geography", *Journal of Political Economy*, 1991, 99 (3).

28. Krugman, P. , Venables, A. J. , "Globalization and the Inequality of Nations", *Quarterly Journal of Economics*, 1995, 110 (4).

29. Maddison, A. , Historical Statistics for World Economy: 1 – 2008 AD, Version2010, http: //www. ggdc. net /maddison.

30. Romer, P. M. , "Endogenous Technological Change", *The Journal of Political Economy*, 1990, 98 (5).

31. Romer, P. M. , "Increasing Returns and Long – Run Growth", *Journal of Political Economy*, 1986, 94 (5).

32. Williamson, J. G. , "Regional Inequality and the Process of National Development: A Description of the Patterns", *Economic Development and Cultural Change*, 1965, 13 (4).

第十章 区域均衡发展与人口合理
分布的政策选择

经济发展过程中，由于禀赋条件和发展基础的差异，无论是在国家间还是在一国内部，地区间都会展现出经济增长及发展水平的差异。从改革开放以来中国区域发展格局的变动来看，改革开放初期，上海、北京、辽宁等老工业基地经济不景气，加上沿海地区的广东、浙江、福建等原本中低收入地区增长加速，致使地区差距逐步缩小，到 20 世纪 90 年代初，中国地区发展处于较为平衡的状态。1990 年后，沿海各省延续了前期较快的发展势头，与中西部地区的发展差距越拉越大，到 2003 年，区域发展不平衡状态达到顶峰。20 世纪末和 21 世纪初，国家相继实施西部大开发、振兴东北老工业基地和中部崛起等战略，地区差距扩大趋势受到遏制。近年来，中国的地区差异开始出现缩小迹象。纵观改革开放以来区域格局的变化过程，先后经历了从地区差距逐步缩小，再到不平衡不断扩大，并于近年来再次趋于协调的转变过程。鉴于改革开放初期区域经济格局出现过趋于平衡的发展过程，因此我们将后一时期的战略转变称为区域发展的"再平衡"。[①] 区域发展格局是经济结构的重要方面，事关国民经济能否健康、平稳发展的大局，促进区域协调发展是各国政府制定经济政策所追求的重要目标。因此，如何保障"再平衡"过程稳定、持续推进是本章关注的核心问题。

正如第九章的分析，区域不平衡本质上是由于人口与经济分布不匹配

---

① 区域再平衡与近来学术界和政府热议的经济再平衡并不完全一致，前者所指平衡与"平等"、"协调"含义近似，而且有经济理论提出的"均衡"的含义；而后者主要是金融危机以来世界经济骤然偏离原有发展路径，各国经济复苏的过程称为"再平衡"。

造成的，而不匹配又是因为人口和经济集聚的速度不一致。从中国改革开放以来情况来看，区域间不匹配的形成主要是因为东部聚集经济速度快，而人口增长速度比较慢，导致东部地区创造了更多的 GDP，而没有吸纳相应的人口所致。近年来，中国的区域再平衡趋势是因为中西部地区经济增长加速，人口份额又相对减少，东部地区增速慢于中西部地区，而吸纳人口规模相对提高所致。从这个角度来说，促进区域均衡发展就要采取"抽肥补瘦"的原则，经济产出份额高于人口份额的地区应提高人口吸纳能力，而经济产出份额低于人口份额的地区则应该鼓励人口流出或者加快经济增长速度。由此可见，调控人口的分布是实现区域协调发展的重要途径，调控的标准也是相对经济分布而言的，当人口和经济分布相匹配时，我们认为人口大致实现了合理的分布。

第一节　区域发展不均衡的动态分析

从人口与经济分布不匹配的角度来看，区域差距来自于人口聚集与经济聚集的不协同。假定一个国家最初不存在区域差距，且经济聚集和人口聚集速度在任何地方都一样，那么，各区域人口份额和经济份额保持不变，人均 GRP 到处都相同，区域差距就不会出现；但如果二者聚集速度不同，比如说产业聚集速度更快，人口没有相应跟进，导致经济份额超过人口份额的幅度越来越大，则地区间人均 GRP 分布不可避免地会呈现更加分散的状态。这里使用基尼系数简单地度量省际人口与 GRP 的聚集程度。由图 10-1 不难发现，GRP 整体呈现聚集度增强的趋势，基尼系数由 1978 年的 0.36 提高到 2011 年的 0.43，人口分布聚集度有所下降，基尼系数由 1978 年的 0.37 降为 2011 年的 0.35。很显然，人口和经济的聚集是不协同的，正是这种不协同导致了中国区域差距的变化。

进一步地，我们将全国划分为四大区域——东部、东北、中部和西部，以人口与 GRP 占全国的份额反映聚集程度的变化，分别考察了四个区域人口与经济聚集的变化趋势。由图 10-2 可以清楚地看到，产业向东部地区集中的趋势明显，特别是 1990 年以后提高更快，经济份额由 47.4% 提高到 2010 年的 55.7%，提高 8.3 个百分点。但东部人口聚集速度却落后于经济聚集速度，1978 年前者低于后者 9.6 个百分点，到 2010 年两者差距扩大到 15.1 个百分点。东北地区是我国老工业基地，改革开放之初，经济发展水平要高于其他区域，其经济份额高于其人口份额，二者分别为 14.0% 和 9.1%，但此后的 30 多年中，经济地位快速下降，经济和人口份额之差逐步缩小，由 1978 年的 4.9 个百分点下降到 2010 年的 0.8 个百分点。中部和西部地区经济份额一直低于人口份额，2010 年，两地区经济与人口份额分别为 18.3%、26.8% 和 17.0%、27.0%。从发展趋势来看，1990 年以前，中西部地区人口与经济份额之间的差距相对稳定，1990 年后差距迅速扩大，2003 年后差距呈现缩小的迹象，1990—2003 年中部和西部地区经济、人口份额分别下降 2.7 个、0.8 个和 3.0 个、0.3 个百分点，2003—2010 年分别下降 1.0 个、1.8 个和 0.1 个、1.6 个百分点。由此可见，中、西部地区经济份额下降速度在减慢，而人口下降速度在加快，这必然意味着中西部地区人均 GRP 向均衡水平收敛。综上可知，整体空间上的人口与经济聚集不协同现象主要是产业向东部地区聚集的同时，没有相应带动人口聚集所致，而中西部地区经济份额不断下降，人口却未能相应转移出去所致。尽管实际中也观察到大量劳动力跨区域流入东部的现象，但这种流动规模对其人口规模提高的贡献远不及经济份额的提高。

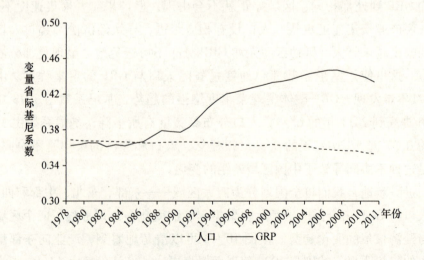

图 10 - 1　1978—2011 年人口与经济聚集过程的对比

资料来源：根据《新中国 60 年统计资料汇编》和《中国统计年鉴（2010）》计算。

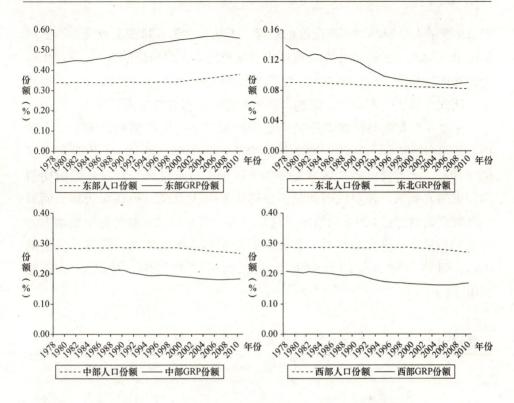

图 10 – 2 1978—2010 年沿海与内陆地区人口与 GRP 份额变化

资料来源：同图 10 – 1。

为了研究区域不均衡变化的动态机制，这里尝试将人口与经济分布不匹配度分解为人口聚集和经济聚集程度变动的影响。R 指数是一个分数，不涉及变量的正负号的问题，故而可以方便地用来进行分解计算。对 R 指数进行全微分，得到如下结果：

$$\Delta R = \frac{1}{S_N}\Delta S_Y - \frac{S_Y}{S_N^2}\Delta S_N + u \tag{10.1}$$

其中，$A = \dfrac{1}{\Delta R \cdot S_N}\Delta S_Y \cdot 100\%$，$B = -\dfrac{S_Y}{\Delta R \cdot S_N^2}\Delta S_N \cdot 100\%$

（10.1）式中，左边第一项是由经济份额变化所带来的不匹配度变化，除以 ΔR 表示经济份额变动对不匹配度变化的解释，不妨称之为经济聚集效应，用字母 A 表示；第二项是由人口份额变化所导致的不匹配度变化，除

以 ΔR 表示人口变动对不匹配度的解释，不妨称之为人口聚集效应，用字母 B 表示。[①] ΔS_Y、ΔS_N 表示在考察期内经济产出和人口份额的变化，S_Y 和 S_N 为期初的指标值。u 为误差项，由于全微分公式中省略了二次以上的展开项，因此会造成一定误差，但这个误差非常小，通常忽略不计。

上文不匹配度与区域差距特征显示区域不平衡发展明显经历了三个阶段：1978—1990 年、1990—2003 年、2003—2010 年。表 10 - 1 中列出了根据（10.1）式计算的四大区域整体的不匹配度分解结果，以及各阶段期初和期末的 R 指数。需要说明的是，分解结果可能出现一种效应为负，而另一种效应贡献超过 100% 的情况。这是因为，当人口或者经济份额变动方向与 R 指数的变动方向相反时，其变化阻碍了不匹配的变动，故其效应贡献为负，而另一种效应的贡献必然要抵消前者的影响，故其贡献会超过 100%。

表 10 - 1   **三个阶段不匹配度变动的分解结果**

地区	第一阶段：1978—1990 年				第二阶段：1990—2003 年				第三阶段：2003—2010 年			
	A	B	R_{1978}	R_{1990}	A	B	R_{1990}	R_{2003}	A	B	R_{2003}	R_{2010}
东部	123.1	-23.7	1.28	1.32	121.2	-25.0	1.32	1.56	36.3	57.2	1.56	1.40
东北	125.3	-22.1	1.55	1.35	120.4	-16.4	1.35	1.08	169.6	-67.0	1.08	1.04
中部	30.0	69.0	0.76	0.75	124.9	-22.1	0.75	0.67	61.5	42.4	0.67	0.74
西部	117.7	-17.0	0.72	0.70	106.7	-5.8	0.70	0.60	69.2	35.3	0.60	0.69

资料来源：同图 10 - 1。

由表 10 - 1 可见，东部地区的 R 指数一直高于 1，其中前两个阶段 R 指数上升，第三阶段 R 指数有所下降。在第一阶段中，东部 A 效应为正，B

[①] 这里需要指出，欠发达地区不匹配提高可能是因为经济份额下降所致，但考虑到经济集聚对发展格局的影响是全局性的，欠发达地区经济份额下降，可能并不是因为产业没有扩张，而恰恰是因为产业向发达地区集聚更快，使得欠发达地区经济地位相对下降所致。因此，欠发达地区经济地位下降也是与产业或者说经济的集聚紧密相关的。为表述一致，我们统一将 A 效应称为经济集聚效应。同理，我们也将 B 效应称为人口集聚效应。

效应为负。这表明由于产业大规模向东部地区聚集，而人口流入所带来的人口份额提高远不足以抵消经济份额的提升，造成不匹配的扩大。第二阶段，东部地区不匹配度大幅提高，两种效应的大小和方向与前一时期基本相同。第三阶段，东部地区不匹配度从 1.56 降为 1.40，A 效应和 B 效应均对不匹配的下降起到正向推动作用，而且后者贡献要强于前者。与前两个阶段相比，这一时期两种效应的贡献发生了逆转。2003 年以后，东部人口聚集效应转变为正，而且对不匹配变化的贡献超过了经济聚集效应。这种状况一方面是因为东部地区经济增速相对下降，致使其 GRP 份额降低，2010 年比 2003 年下降 2.2 个百分点，但更重要的是人口向东部地区的转移保持了较快的势头，人口份额上升了 2.5 个百分点，这是使得 B 效应超过 A 效应的关键。

东北地区不匹配度一直处于下降趋势，从 1978 年的 1.55 逐步下降为 2010 年的 1.04。三个阶段中，东北地区的 A 效应均为正，B 效应均为负。这说明，东北地区不匹配的逐步降低主要是因为经济地位的下降所致。东北地区是我国的老工业基地，在改革开放之前的很长时间里是国家重点扶持的地区，经济发展水平高于其他地区。1978—2010 年，东北地区的经济发展速度滞后于其他地区，导致其经济份额相对下降，使其向均衡状态回归，故 A 效应为正。同时，由于东北地区成为人口净流出地区，人口份额不断下降，这在一定程度上阻挡了 R 指数的下降，因而 B 效应为负。

中部地区经济份额一直低于其人口份额，R 值维持在 0.8 以下。在第一阶段中，A、B 两种效应均为正，而且后者贡献高于前者。这是因为，在经济地位下降的同时，人口流出速度过于缓慢，甚至不足以抵消人口自然增长所导致的人口份额提高，反而推动了不匹配度的扩大。在第二阶段中，A 效应转变为正，B 效应转变为负，这说明不匹配的扩大主要是由于本区经济增长过慢，经济份额出现快速下降所致。在第三阶段中，两种效应均为正，但 A 效应仍高于 B 效应。本期中，经济增长加速是不匹配度缩小的主要贡献者，这种转变可能与近年来东部产业大规模转移至中部地区，以及中部地区自身特色优势产业快速发展有关。值得关注的是，本区人口大规模转移出去缩小了其人口份额，对不匹配度缩小产生近一半的贡献。

西部是四大区域中经济发展水平最低的地区，R 值基本在 0.7 以下。从两种效应的变化来看，西部地区与中部地区分解结果很类似，区别之处在于 1978—1990 年，西部地区经济聚集效应为正，人口聚集效应为负。这意味着，第一阶段中西部地区人口向外流动的趋势比较明显，虽然绝对规模仍在扩大，但其占全国的人口份额有了一定程度的下降，故对不匹配状况的恶化起到了一定程度的缓解作用。值得注意的是，2003—2010 年，西部地区 R 指数提高了近 15%，远高于中部和东北地区，是四大区域中发展速度最快的地区。这正反映了 2003 年后国家的西部大开发战略对西部地区发展影响重大，大规模的基础设施建设改善了西部地区的投资环境，大项目的布局也带动相关产业的发展。

分省数据能够使不匹配度分解的考察更加细化，表 10 - 2 给出了三个阶段的 31 个省区的不匹配度的分解结果。由表可见，第一阶段不匹配度缩小和扩大的地区大致相等，缩小地区数量略占优势，第二阶段绝大多数地区不匹配度都在扩大，第三阶段各地区不匹配度缩小成为主流。从两种效应的贡献来看，总体上，A 效应起着主导作用，贡献率基本在 50% 以上，个别地区甚至超过 100%。值得注意的是，在第三阶段中，东部地区绝大多数省市的不匹配度都在缩小，这些地区的 B 效应贡献较前一阶段明显提高，而且有超过 A 效应的势头。造成这种现状的原因一方面是随着近年来东部地区增速的下降，以及中西部地区增速反超，地区间经济增长速度在趋同，故其改变经济分布能量在削弱；而另一方面，随着劳动力市场的完善和户籍制度壁垒的降低，人口向东部地区流动的趋势反而有所增强，导致东部地区人口份额有较大幅度的上升，从而提高了 A 效应。中西部地区虽然 A 效应仍占主导地位，但 B 效应也比上一阶段大有提高。这在某种程度上意味着随着劳动力市场的完善，人口流动性提高，起到"削高补低"的作用。

总体来看，中国区域差距变化过程中，经济聚集起到了主导作用，人口聚集的作用相对较小，这种影响格局在区域差距扩大的时期表现得尤为明显。但近年来，随着要素流动壁垒的下降，特别是户籍制度的放松，人口流动对缩小地区差距，促进区域均衡发展的作用大幅提高，对东部地区而言人口聚集甚至超过了经济聚集的贡献。因此，促进要素，特别是人口在区域间的合理流动是实现区域均衡发展的有效途径。

表 10-2　　　　　　　　　三个阶段分省不匹配分解结果

地区	第一阶段：1978—1990年			第二阶段：1978—1990年			第三阶段：1978—1990年		
	A	B	R指数	A	B	R指数	A	B	R指数
北京	75.4	20.2	缩小	268.6	-169.1	扩大	27.3	50.9	缩小
天津	92.0	5.4	缩小	159.1	-60.9	扩大	-219.7	302.8	缩小
河北	78.8	18.9	扩大	71.8	29.9	缩小	83.9	15.0	扩大
上海	95.4	2.3	缩小	618.8	-509.7	扩大	39.8	38.5	缩小
江苏	69.9	32.6	扩大	90.8	11.1	扩大	126.2	-27.4	扩大
浙江	84.2	22.9	扩大	109.2	-8.9	扩大	50.5	41.4	缩小
福建	109.6	-13.5	缩小	112.5	-14.1	扩大	84.3	14.6	缩小
山东	98.8	1.5	缩小	67.2	36.8	扩大	99.1	0.9	扩大
广东	112.7	-17.7	扩大	209.4	-107.8	扩大	31.5	54.5	缩小
海南	150.2	-55.3	缩小	50.0	42.0	扩大	72.6	25.5	扩大
辽宁	114.7	-12.9	缩小	125.0	-20.5	缩小	154.5	-53.8	缩小
吉林	645.2	-542.2	缩小	117.6	-15.5	扩大	55.6	47.5	缩小
黑龙江	125.6	-20.5	缩小	116.1	-13.5	缩小	128.6	-24.3	扩大
山西	94.5	4.9	扩大	82.9	15.5	扩大	-1012.5	1109.6	扩大
安徽	119.4	-20.6	缩小	110.0	-10.6	扩大	4.4	104.5	缩小
江西	94.3	5.1	扩大	102.7	-1.3	扩大	103.0	-3.2	缩小
河南	173.2	-76.0	缩小	-203.8	309.9	扩大	60.0	44.9	缩小
湖北	96.1	3.9	扩大	118.9	-18.8	扩大	53.9	52.4	缩小
湖南	105.3	-5.0	扩大	155.8	-54.9	扩大	80.6	21.8	缩小
内蒙古	90.2	10.1	缩小	10.8	90.6	缩小	98.4	2.6	扩大
广西	207.0	-112.0	缩小	106.1	-7.3	扩大	55.7	51.2	缩小
重庆	166.8	-59.4	扩大	9.0	108.0	缩小	92.7	8.2	缩小
四川	164.1	-57.5	扩大	147.5	-48.1	扩大	24.5	84.5	缩小
贵州	240.9	-143.2	缩小	89.8	6.3	扩大	19.5	92.9	缩小
云南	107.0	-8.4	缩小	84.8	12.0	扩大	95.0	4.5	扩大
西藏	88.1	7.8	扩大	-19.6	111.0	扩大	66.2	27.7	扩大
陕西	95.9	3.8	扩大	102.3	-1.8	扩大	87.8	15.7	缩小
甘肃	95.7	3.0	扩大	89.9	7.4	扩大	716.7	-611.1	扩大
青海	83.6	13.3	缩小	81.0	14.3	扩大	109.4	-10.2	缩小
宁夏	39.1	50.9	扩大	45.1	47.0	扩大	123.1	-26.9	缩小
新疆	116.1	-20.2	缩小	37.3	51.9	扩大	53.4	39.9	扩大

资料来源：同图 10-1。

第二节　人口流动、经济集聚与地区差距

如果将不匹配视为一个状态变量，那么改变不匹配这个状态的则是人口和资本两个控制变量，特别是二者流动的相对速度。如前文分析，如果劳动力和资本能够协同流动，即各区域资本与劳动力的流入和流出相对速度大体一致，那么地区差距将保持在一个较低的水平上。反之，若两种要素流动不协同，不匹配度和地区差距将不断扩大。以下，本节将先分别描述改革开放以来中国区域和省域层面人口和资本两种要素的流动特征；而后对两种要素流动的相对速度进行对比，即考察二者流动的协同性，借此找到不匹配与要素流动协同性之间的关系。需要说明的是，资本和劳动力流动在现实中很难衡量，本研究以投资和人口流动作为其代理变量进行考察。

一　人口流动与集聚的区际特征

随着人口流动规模的不断扩大和人口自然增长率的不断下降，流动人口日益成为改变人口地理分布的主要动因。东部沿海地区是我国经济最为发达的地区，东北地区次之，中西部地区最后。经济发展水平的差距往往意味着居民收入水平、就业机会存在差距。在这些差距的诱导下，人口不断地向经济发达的东部地区流动。

根据历次人口普查数据显示（如表 10－3 所示），全国跨省迁移人口向东部地区集中呈现先扩大再缩小的趋势，跨省迁入东部地区的人口占全部跨省迁移人口的比例由 1987 年的 52% 增加到了 2005 年的 82.4%，2010 年又有所下降，达到 77.3%。由中、西、东北三大地区流向东部地区的跨省迁移人口规模占本区迁出人口比例的绝大部分。值得注意的是，东部地区迁往中西部地区的人口占东部地区总迁出人口的比重呈现出先下降后上升的趋势。2005 年后，东部地区迁出人口占总流动人口的比重有所上升。迁往中部地区的比重由 2005 年的 8.2% 提高到 2010 年的 16.5%，迁往西部地区的比重由 10.7% 提高到 15.9%。这显示出，中西部地区人口向东部流动的规模在下降。随着中部崛起、西部开发战略的实施，中西部地区出现了一些发展较快的增长极，例如省会城市、能源基地、交通枢纽城市等，带

动了产业聚集，一定程度上分流了东部地区的流动人口。因此，从人口流
动的趋势也可以看到，随着区域多元化发展格局的形成，未来区域格局将
会朝着更加均衡的方向发展。

表 10 – 3　　　　　　　　　1987—2010 年跨省迁移人口的地区分布

单位:%

迁入地	时间（年）	迁出地				
		全国平均	东部	东北	中部	西部
东部	1987	52.0	49.7		61.7	44.2
	1995	75.0	64.4		71.8	56.5
	2000	72.6	62.3	53.0	84.3	67.0
	2005	82.4	76.4	61.3	89.7	79.0
	2010	77.3	63.4	60.0	86.5	75.9
东北	1987					
	1995					
	2000	4.2	5.8	31.7	1.4	2.2
	2005	3.6	4.7	30.8	1.1	1.8
	2010	3.3	4.2	25.0	1.3	1.9
中部	1987	24.6	31.3		21.8	21.2
	1995	9.8	20.5		12.7	13.4
	2000	8.0	16.1	4.8	5.7	7.0
	2005	4.1	8.2	2.2	3.3	3.7
	2010	7.1	16.5	4.5	4.8	5.1
西部	1987	23.3	18.9		16.6	34.6
	1995	15.3	16.1		15.3	30.2
	2000	15.3	15.8	10.5	8.5	23.9
	2005	9.9	10.7	5.7	5.9	15.5
	2010	12.3	15.9	10.4	7.4	17.0

资料来源：根据历次人口普查和人口抽样调查数据计算。

人口流动会对流出与流入地同时造成影响，对流入地而言是获得了新
劳动力，满足了产业用人的缺口，但也增加了政府公共设施投入和管理成

本；对流出地而言是减轻了人口负担，带来了转移收入，但也意味着人力资本的流失，有可能带来地方经济衰退。因此，人口的流入与流出对地方的经济、社会发展有着重要影响。按照一般逻辑，东部地区经济较发达、收入水平高，应该是人口净迁入省；中西部地区经济发展滞后，就业机会少，收入水平相对较低，应为人口净流出省。根据统计结果（如表 10-4 所示），虽然总体趋势符合逻辑判断，即沿海省市为人口净流入省。但部分中西部省凭借特色产业发展，反而是人口净流入省，例如新疆、内蒙古、青海等。人口净流入与净流出主要是由经济发达程度决定，但人口密度、距离中心城市距离、自然资源丰裕程度也都会发生作用。

表 10-4 　　　　跨省流动人口净迁入的省区（按规模大小排序）

	1990 年	1995 年	2000 年	2005 年	2010 年
跨省流动人口为正的省（市、区）	广东	上海	广东	广东	广东
	湖南	山西	上海	浙江	浙江
	上海	北京	浙江	上海	上海
	北京	新疆	北京	北京	北京
	辽宁	内蒙古	新疆	江苏	江苏
	天津	浙江	福建	福建	福建
	江苏	天津	江苏	天津	天津
	湖北	广西	天津	新疆	新疆
	河南	云南	辽宁	辽宁	辽宁
	山西	吉林	云南	云南	内蒙古
	新疆	江西	海南	海南	海南
	山东	江苏	山西	内蒙古	宁夏
	海南	西藏	宁夏	西藏	青海
	宁夏	青海	西藏	山西	西藏
	青海	宁夏	山东	宁夏	
	福建				

资料来源：1990 年、2000 年人口普查资料和 1995 年、2005 年 1% 人口抽样调查资料。

　　跨省迁移人口绝对规模在不断扩大（如表 10-5 所示），人口流动格局朝更加均衡的方向发展。1990—2010 年，跨省迁移人口年均增长率为 10.3%，

表 10 - 5　　　　　　　　　1990—2010 年各地区跨省迁移人口规模

单位：万人

	1990 年	1995 年	2000 年	2005 年	2010 年
北京	67.3	63.3	199.2	338.4	704.5
天津	24.5	19.8	51.8	117.5	299.2
河北	52.0	34.0	81.0	84.1	140.5
山西	30.7	15.9	40.3	39.3	93.2
内蒙古	25.4	31.0	34.3	67.6	144.4
辽宁	54.1	35.6	79.5	106.8	178.7
吉林	23.7	12.1	26.8	28.4	45.6
黑龙江	36.8	29.5	31.7	37.0	50.6
上海	67.6	64.0	228.5	462.5	897.7
江苏	79.0	72.0	200.9	418.9	737.9
浙江	33.3	33.2	285.8	617.6	1182.4
安徽	33.8	9.7	33.0	31.7	71.7
福建	25.1	28.6	142.0	280.2	431.4
江西	22.5	9.2	24.9	23.0	60.0
山东	59.4	33.4	95.2	122.1	211.6
河南	49.3	16.0	49.5	25.3	59.2
湖北	51.6	23.7	63.8	42.3	101.4
湖南	27.2	12.9	38.2	28.8	72.5
广东	126.2	181.3	1210.6	1628.5	2149.8
广西	14.3	7.9	30.3	34.7	84.2
海南	15.0	8.8	22.9	28.7	58.8
重庆	—	—	47.2	33.7	94.5
四川	46.7	16.5	62.1	46.0	112.9
贵州	19.0	17.5	27.5	36.6	76.3
云南	24.8	22.2	77.4	78.7	123.7
西藏	0.0	3.2	7.4	4.2	16.5
陕西	31.5	14.1	44.5	36.1	97.4
甘肃	19.9	9.7	21.4	15.3	43.3
青海	11.6	6.2	8.1	12.0	31.8
宁夏	9.2	4.2	13.6	11.3	36.8
新疆	34.2	47.9	120.2	101.9	179.2
全国	1214.6	883.4	3399.8	4939.4	8587.6

　资料来源：同表 10 - 1。

2010 年流动人口占总人口比重达到 19.5%，其中跨省迁移人口占到 6.4%。分区域来看，东部沿海地区各省一直是人口迁移的主要目的地，广东、浙江、上海、江苏、北京分别是接纳跨省迁移人口规模最大的五个省市。但是，2000—2010 年，东部沿海传统人口流入大省吸纳的流动人口规模速度明显下降，广东成为跨省流动人口增长率最慢的省，其他东部沿海省份包括辽宁、浙江、江苏、福建等省份在流动人口增长格局中所处地位均有下降。这一方面与东部沿海地区原有的流动人口基数较大有关，另一方面也与沿海地区产业扩散加速、内陆地区经济增长加快等经济格局变化有密切关联。

图 10 - 3 显示，东部地区在人口分布中所处地位逐步提高，中西部份额不断下降，东北地区基本稳定。1978—2010 年，东部地区人口规模占全国总人口比重基本没有改变，2000 年以后，东部地区人口规模开始显著提升，由 35.2% 提高到 2008 年的 36.7%。虽然人口一直流向东部地区，但前一阶段东部地区人口份额并未发生显著改变，主要是因为流动人口规模较小，不足以大幅度改变各区域的人口份额，后一阶段，随着流动人口规模的扩张，其改变人口分布格局作用明显增强。

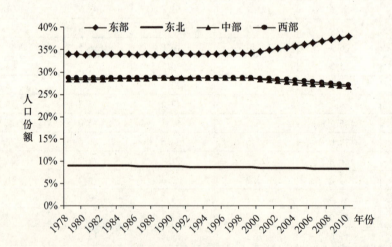

图 10 - 3　关键年份四大区域和三大城市群人口占全国总人口份额变化

资料来源：根据《新中国 55 年统计资料汇编》和《中国统计年鉴》（2005—2009）计算。

二　投资与经济集聚的区际特征

经济集聚在地区差距演变过程中发挥着主导作用，经济的集聚决定了产出的分布，而且通过创造就业岗位影响劳动力的流动，进而影响人口的分布。资本是经济活动中最基本的要素之一，具有稀缺性、累积性和易流动性等特征，是决定生产布局变化的主导因素。直接对资本流动进行测量比较困难，但可通过投资分布变化间接观察到资本流动的方向。

1. 区域经济增长格局由发散向趋同转变

经济的集聚直接表现为区域经济增长速度的差异，部分地区经济增速高于其他地区，使这些地区产出规模在全国经济格局中的地位逐步上升。由于各地区经济年度增长率波动比较大，比较区域增长差异较为困难，故本章将改革开放至今的三十多年划分为 7 个阶段（以 5 年为间隔），比较各时间段中经济增长率的差异情况（如图 10 - 4 所示）。可以看到，东部地区增速长期高于其他区域。2005 年之前，东部地区与其他区域增长率差异显著，而其他三个区域增长率却呈现趋同的趋势。2005—2010 年，东部地区平均增长率与前一阶段持平，而东北、中部和西部增长率较前一阶段却有明显上升，东部地区增长率被其他区域超越。

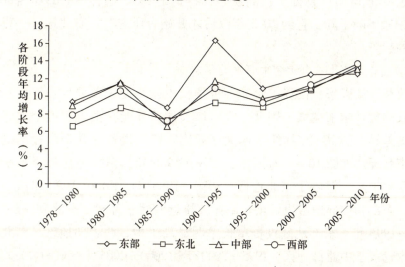

图 10 - 4　不同时间阶段四大区域经济增长速度比较

资料来源：同图 10 - 1。

区域增长率格局的变化必然会影响经济分布的变化。表 10 - 6 中给出主要在五个关键年份，各省市区 GRP 占全国的份额变化情况。可以看到，东部地区各省市 GRP 份额在 1978—2010 年都有所提升，而上海市除外；中部地区仅有河南的 GRP 份额在上升，西部地区内蒙古、新疆、宁夏有所上升，其他省区市都在下降。在上升的序列中，广东、江苏、浙江、山东提高的幅度比较大，是带动东部地区经济份额提升的主导力量。广东是中国改革开放的前沿阵地，江苏、浙江和山东既有临海的区位优势又是民营经济蓬勃发展的地区。下降序列中，上海、辽宁、黑龙江、四川下降幅度分列前四位。改革开放以前，上海集聚的产业规模过于庞大，但其发展的空间毕竟有限，改革开放后，其他区域的崛起分摊了上海的经济集聚程度，这种结果并不意味着上海功能的下降。相反，上海通过产业的扩散和高端化将浙江、江苏纳入统一分工体系内，反而加强了其经济控制力。其他三个省都是名副其实的老工业基地，国有经济比重大、民营经济发展不足、市场体系建设相对滞后，经济增长速度落后于经济先发地区。

为与四大区域增长率变化相对应，以下我们测算了各区域 GRP 占全国总产出份额的变化情况（如图 10 - 5 所示）。可以看到，1978—2005 年，东部地区 GRP 份额一直处于提高状态，特别是 1990 之后，中部和西部地区 GRP 份额不断下降，直到 2005 年以后才开始有所提升，东北地区一直处于下降的趋势。

2. 投资分布由东部偏重向区域均衡转变

改革开放以来，投资扩张在经济增长中始终处于重要地位，而且对经济增长的贡献越来越大。因此，投资增长的差异能在很大程度上解释经济增长的差异。图 10 - 6 描绘了四大区域固定资产投资在几个阶段中的年均增长率状况。如图 10 - 6 左所示，1978—1980 年，东部地区投资增长率高于中西部地区，但慢于东北地区；1980—1985 年、1985—1990 年两个时间段中，东部和中部地区投资增长率比较接近，而显著高于东北和西部地区；1990—1995 年，东部地区投资增长率明显高于中、西、部地区，东北地区增长率远低于中西部地区，1995—2000 年和 2000—2005 年区域间投资增长率又缩小到较低水平，这与国家的区域协调发展战略实施有关；2005—2010 年东北、中部投资增长快于西部地区，东部地区投资增长率低于其他区域，

表 10 - 6　　　　　　　主要年份省际 GRP 分布情况及其变化

	1978 年	1990 年	2000 年	2005 年	2010 年	1978—2010 年变化	1978—2000 年变化	2000—2010 年变化
北京	3.14	2.69	3.21	3.50	3.23	0.09	0.07	0.02
天津	2.38	1.67	1.73	1.96	2.11	-0.27	-0.65	0.38
河北	5.27	4.81	5.12	5.03	4.67	-0.61	-0.15	-0.45
山西	2.53	2.30	1.87	2.12	2.11	-0.43	-0.66	0.23
内蒙古	1.67	1.71	1.56	1.96	2.67	1.00	-0.11	1.11
辽宁	6.60	5.70	4.74	4.04	4.22	-2.38	-1.86	-0.52
吉林	2.36	2.28	1.98	1.82	1.98	-0.38	-0.38	0.00
黑龙江	5.03	3.84	3.20	2.77	2.37	-2.66	-1.84	-0.83
上海	7.86	4.06	4.84	4.64	3.93	-3.93	-3.01	-0.92
江苏	7.18	7.60	8.68	9.34	9.48	2.30	1.50	0.80
浙江	3.56	4.82	6.23	6.74	6.34	2.78	2.67	0.11
安徽	3.28	3.53	2.95	2.69	2.83	-0.45	-0.34	-0.12
福建	1.91	2.81	3.82	3.29	3.37	1.46	1.91	-0.45
江西	2.51	2.25	2.03	2.04	2.16	-0.34	-0.47	0.13
山东	6.49	8.10	8.46	9.22	8.96	2.47	1.97	0.50
河南	4.69	5.01	5.13	5.31	5.28	0.59	0.44	0.15
湖北	4.35	4.42	3.60	3.31	3.65	-0.70	-0.75	0.05
湖南	4.23	3.99	3.61	3.31	3.67	-0.56	-0.63	0.06
广东	5.35	7.89	10.90	11.32	10.53	5.18	5.55	-0.38
广西	2.18	2.41	2.11	2.00	2.19	0.00	-0.07	0.08
海南	0.47	0.55	0.53	0.45	0.47	0.00	0.06	-0.06
重庆	1.94	1.61	1.63	1.74	1.81	-0.13	-0.31	0.19
四川	5.32	4.47	3.99	3.71	3.93	-1.39	-1.33	-0.06
贵州	1.34	1.40	1.05	1.01	1.05	-0.29	-0.30	0.01
云南	1.99	2.42	2.04	1.74	1.65	-0.34	0.05	-0.39
西藏	0.19	0.13	0.12	0.12	0.12	-0.08	-0.07	0.00
陕西	2.34	2.17	1.83	1.97	2.32	-0.02	-0.50	0.48
甘肃	1.86	1.30	1.07	0.97	0.94	-0.92	-0.80	-0.13
青海	0.45	0.38	0.27	0.27	0.31	-0.14	-0.18	0.04
宁夏	0.37	0.35	0.30	0.31	0.39	0.01	-0.07	0.09
新疆	1.13	1.47	1.38	1.31	1.24	0.12	0.26	-0.14

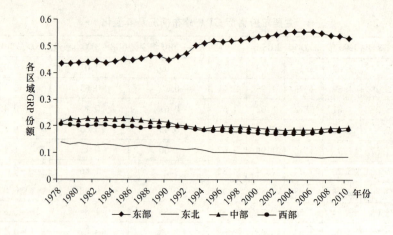

图 10 - 5 1978—2010 年各区域 GRP 份额变化

资料来源：同图 10 - 1。

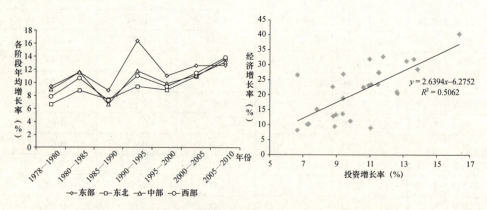

图 10 - 6 区域各年度增长率及投资增长与经济增长关系散点图

资料来源：同图 10 - 1。

这可能是造成 2005 年以后区域差距缩小的直接原因。右图描绘投资增长率与经济增长率的关系，可以看到投资增长与经济增长之间呈现很高的正相关关系。

表 10 - 7 给出了 1978 年以来 5 个年份的各省市区固定资产投资占全国的份额。我们还归纳了 1978—1990 年、1990—2000 年和 2000—2010 年三个阶段份额变化情况，其中 " + " 代表期末比期初份额提高，" - " 表示份额减少。由表可见，1978—1990 年东部地区的省市投资份额总体处于上升趋势；中部地区河南、江西和安徽三省在提高；西部地区基本都在下降。1990—2000 年，东部地区各省市投资份额总体仍在上升，西南地区各省加

入了投资份额上升的行列，中部地区的河南、江西和安徽又退出了投资份额上升的地区行列。2000 年后，投资分布继续向中西部地区倾斜，特别是

表 10 - 7 　　　　　　　　1978—2010 年主要年份投资分布状况

	1978 年	1990 年	2000 年	2005 年	2010 年	1978—1990 年变化	1990—2000 年变化	2000—2010 年变化
北京	4.0	4.5	4.0	3.2	2.0	+	−	−
天津	3.6	2.1	1.9	1.7	2.3	−	−	+
河北	6.6	4.2	5.7	4.8	5.6	−	+	−
山西	3.8	2.8	1.7	2.1	2.2	−	−	+
内蒙古	2.7	1.5	1.3	3.0	3.3	−	−	+
辽宁	4.5	6.1	4.0	4.8	5.9	+	−	+
吉林	3.2	2.2	1.9	2.0	2.9	−	−	+
黑龙江	4.8	3.8	2.6	2.0	2.5	−	−	−
上海	4.9	5.3	5.9	4.0	1.9	+	+	−
江苏	3.8	8.4	8.1	9.4	8.5	+	+	+
浙江	4.1	6.0	7.4	7.5	4.6	+	+	−
安徽	2.3	2.9	2.5	2.9	4.3	+	−	+
福建	2.4	2.5	3.5	2.7	3.0	+	+	−
江西	1.4	1.6	1.6	2.5	3.2	+	−	+
山东	7.4	7.8	7.9	10.7	8.6	+	+	+
河南	4.4	4.8	4.3	5.0	6.1	+	−	+
湖北	5.9	3.3	4.2	3.1	3.8	−	+	−
湖南	3.6	2.8	3.2	3.0	3.6	−	+	+
广东	4.8	9.5	9.9	8.0	5.8	+	+	−
广西	1.7	1.6	1.8	1.9	2.6	−	+	+
海南	0.6	0.8	0.6	0.4	0.5	+	−	−
重庆	1.0	1.6	1.8	2.2	2.5	+	+	+
四川	4.0	3.8	4.4	4.1	4.8	−	+	+
贵州	1.9	1.1	1.2	1.1	1.1	−	+	−
云南	2.7	1.9	2.1	2.0	2.0	−	+	−
西藏	0.3	0.2	0.2	0.2	0.2	−	−	−
陕西	3.6	2.4	2.0	2.2	2.9	−	−	+
甘肃	1.6	1.3	1.2	1.0	1.2	−	−	−
青海	1.2	0.5	0.5	0.4	0.4	−	−	−
宁夏	0.8	0.5	0.5	0.5	0.5	−	+	+
新疆	2.3	2.0	1.9	1.5	1.3	−	−	−

中部地区，东部地区除天津、江苏外，其他省市都退出了投资份额上升的行列，东北地区的辽宁、黑龙江，中部地区大部分省投资份额都有所提升。

分区域来看，东部地区投资份额呈"倒 U"形变化趋势，1978—1995年投资份额不断提升，1995 年后投资份额开始下降，2003 年后投资份额下降速度加快。其他几个区域投资份额先下降后上升，中部和西部地区投资份额非常接近，1978—1995 年下降，1995 年后不断提高。如果把中国 31 个省级行政区划分为沿海和内陆两个区域，可以看到沿海地区投资份额变化与东部地区变化趋势一致，内陆地区投资份额先下降后上升，1995 年是由降转升的转折点。2003 年后，内陆地区投资份额上升加快，2009 年超过了沿海地区。这说明，随着近年来东部地区产业结构升级和要素价格提升，以及国家西部大开发、中部崛起等战略的实施，中西部地区的基础设施和产业配套条件的逐步改善，东部地区产业向内陆地区迁移加速，这有利于地区差距的缩小和区域协调发展目标的实现。此外，四大区域劳均投资量（如图 10 – 7 右所示）计算显示，东部地区人均投资份额与中西部地区之间的差距从改革开放后开始扩大，20 世纪 90 年代中期以后人均投资量差距扩大的趋势才停止。2003 年之后，东部地区与其他区域人均投资量之间的差距迅速缩小，2006 年甚至被东北地区超越。出现这种状况一方面是因为东部地区产业"西进"步伐加快，另一方面也与劳动力在收入差距诱导下继续向东部地区迁移，增加了东部地区劳动力蓄水池的规模有关。

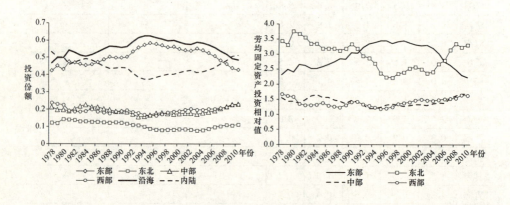

图 10 – 7　投资区域分布与区域间人均投资量

资料来源：同图 10 – 1。

综上，通过对省际与区际人均投资量变化的考察，并将其与人均 GRP 对比可以发现如下几条规律：首先，随着投资回报率的变化，投资开始由东部沿海向内陆地区流动，特别是中部地区正在成为投资增长的重点地区；其次，人均投资与人均收入的变化趋势高度一致，二者均呈现先扩大再缩小的趋势；最后，人均投资的差异幅度大于人均 GRP 的收入，而且其变化先于人均 GRP 的变化幅度，这表明投资对经济格局变化起着先导作用。

3. 资本与人口集聚的协同性

资本和人口流动的协同性是影响匹配性变化背后的动力。资本流动主导了产业的集聚和转移，并决定着经济的分布。劳动力的流动则决定了人口的流动，而人口的流动又影响了人口的分布。如果资本流动的同时能够相应带动人口流动，使得经济与人口增长相同步，不匹配的问题会逐渐缩小。反之，如果资本流动不能带动人口的流动，即经济增长快于人口增长；或者相反，那么不匹配的状态就会扩大。

图 10-8 绘制了投资份额变化与流动人口规模变化的散点图，借此来反映资本的流动是否带动了人口相应流动。其中，横轴表示各省区投资份额的变动，纵轴代表流动人口份额的变动。投资用固定资产投资规模来表示，流动人口用人口普查和 1% 抽样调查中现住地和五年前常住地分离的跨省迁移人口来表示。1990—1995 年，投资份额与流动人口份额变化之间存在正相关，但这一时期不匹配在迅速扩大，因为此阶段流动人口规模偏小，对人口分布改变的作用有限，而快速增长的投资拉动了经济的增长，造成不匹配的扩大。1995—2000 年和 2000—2005 年两个阶段，投资份额变化与人口份额变化之间的相关关系非常弱，表明资本与人口的流动存在不协同，受此影响不匹配也在不断扩大。2005—2010 年，投资分布与流动人口分布的变化之间呈现出较强的正相关关系，表明资本流动和人口流动逐步协同的，而且这一时期流动人口规模已经很大，足以改变人口分布的格局，故不匹配开始迅速缩小。

此外，四大区域的投资份额和人口份额变动（见图 10-9）显示，1990—1995 年，四大区域投资份额变化与流动人口变化方向相同，东部地区是投资—人口双增长地区，其他区域基本不变或减小。1995—2000 年，

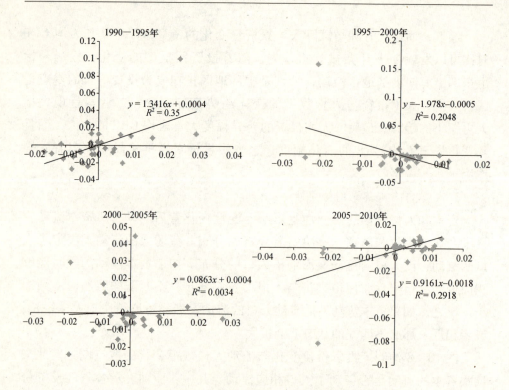

图 10-8 省际投资份额和流动人口份额散点图

资料来源：同图 10-1。

东部地区投资份额略微下降，而流动人口规模却大幅增加，其他三个地区流动人口份额进一步下降。2000—2005 年，东部地区投资份额大幅下降，而流动人口继续保持高增长；西部投资份额迅速提高，因此资本和人口的"相对流动"加快扭转了不匹配扩大的局面。2005—2010 年，资本和劳动的流动出现了较为协同的局面，但各区域投资与流动人口的变动方向与1990—1995 年正相反：东部地区成为投资和流动人口份额双下降地区，其他区域则是双上升。由以上分析不难发现，投资变化在不匹配变化过程中起着决定性作用：当东部地区投资份额提高时，地区差距会迅速拉大，而后期，内陆地区投资份额上升时，不匹配得到校正。人口流动在不匹配变化过程中起到辅助作用，在当前资本由东部沿海向内陆地区快速转移的态势下，人口继续东移有效地促进了地区差距的缩小。

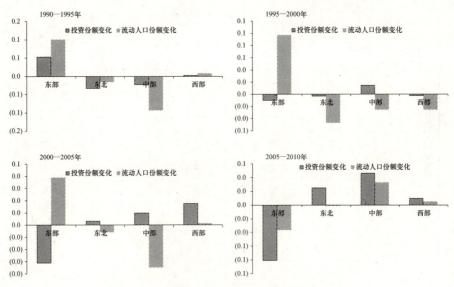

图 10 – 9 投资份额和流动人口份额变化趋势

资料来源：同图 10 – 1。

第三节 不匹配度的国际比较及对中国
区域均衡发展的思考

为了更清楚地了解中国区域发展的不均衡程度，我们可以观察一下世界上其他国家的状况。这里使用人口与经济分布不匹配度指标的 R 指标来观察。由于 $R=1$ 意味着区域处于匹配状态，可以 $R=1$ 为中心，两边分别取相等的距离构造若干对称的区间，然后计算落在各个区域间内的区域数量占全部区域数量的比重来刻画不匹配度的分布状态，这种方法实际上是借鉴了概率密度的思想。为评价区域的不匹配度状态，需要对各个区间所代表的不匹配程度进行分类，而分类就需要有参照标准，这里尝试通过国际比较的方式找出一个适宜的参照标准。我们对世界主要发达国家和几个发展中国家不匹配度的历史数据进行了考察（见表 10 – 8）①，这里对这些国

---

① 将发达国家历史经验与中国进行比较，首先要控制发展阶段的差异。通常，人均 GDP 是判断发展阶段的主要标准。按可比价格计算，2010 年中国的人均 GDP 为 7000 国际元左右，主要发达国家在相似水平的年代大致处于 20 世纪五六十年代。

表10-8 不同历史时期各国 R 值区间内的地区数量及其占比

国家名称（年份）	时间	人均GDP（国际元）	地区总数	地区数量（个）R值区间					地区数量占比（%）R值区间				
				0.9—1.1	0.8—1.2	0.7—1.3	0.6—1.4	0.5—1.5	0.9—1.1	0.8—1.2	0.7—1.3	0.6—1.4	0.5—1.5
澳大利亚	1949	8090	6	5	6	6	6	6	83.3	100.0	100.0	100.0	100.0
	2009	25592	8	3	5	6	8	8	37.5	62.5	75.0	100.0	100.0
奥地利	1957	5907	9	3	7	7	9	9	33.3	77.8	77.8	100.0	100.0
	2009	24596	8	3	5	6	8	8	37.5	62.5	75.0	100.0	100.0
法国	1954	6199	21	8	12	19	20	20	38.1	57.1	90.5	95.2	95.2
	2009	22159	22	9	13	20	21	21	40.9	59.1	90.9	95.5	95.5
德国	1958	6737	16	8	11	12	14	14	50.0	68.8	75.0	87.5	87.5
	2009	21059	16	4	8	14	15	15	25.0	50.0	87.5	93.8	93.8
意大利	1960	5916	19	3	8	10	13	15	15.8	42.1	52.6	68.4	78.9
	2009	19711	21	3	8	14	20	21	14.3	38.1	66.7	95.2	100.0
加拿大	1950	7412	11	2	4	7	8	10	18.2	36.4	63.6	72.7	90.9
	2009	24737	12	4	7	9	10	11	33.3	58.3	75.0	83.3	91.7
美国	1910	6012	40	10	15	23	29	37	25.0	37.5	57.5	72.5	92.5
	2007	31357	47	19	33	42	45	45	40.4	70.2	89.4	95.7	95.7
韩国	1990	6916	7	3	4	5	7	7	42.9	57.1	71.4	100.0	100.0
	2009	19992	8	3	6	7	8	8	37.5	75.0	87.5	100.0	100.0
日本	1965	6506	47	8	19	31	42	44	17.0	40.4	66.0	89.4	93.6
	2009	22682	47	19	35	43	45	45	40.4	74.5	91.5	95.7	95.7
芬兰	1958	5474	16	7	12	15	16	16	43.8	75.0	93.8	100.0	100.0
	2009	24558	16	11	13	15	16	16	68.8	81.3	93.8	100.0	100.0

续表

国家名称（年份）	时间	人均GDP（国际元）	地区总数	地区数量（个）					地区数量占比（%）				
				R值区间					R值区间				
				0.9~1.1	0.8~1.2	0.7~1.3	0.6~1.4	0.5~1.5	0.9~1.1	0.8~1.2	0.7~1.3	0.6~1.4	0.5~1.5
瑞典	1950	6769	25	6	20	24	24	24	24.0	80.0	96.0	96.0	96.0
	2009	24323	25	14	21	24	24	24	56.0	84.0	96.0	96.0	96.0
智利	1991	6795	15	1	3	4	6	8	6.7	20.0	26.7	40.0	53.3
	2009	13483	15	3	6	6	7	9	20.0	40.0	40.0	46.7	60.0
波兰	1998	6705	16	7	10	15	15	16	43.8	62.5	93.8	93.8	100.0
	2009	10663	16	4	8	14	15	15	25.0	50.0	87.5	93.8	93.8
俄罗斯	1990	7779	105	15	36	61	76	94	14.3	34.3	58.1	72.4	89.5
	2010	10258	77	4	19	29	40	53	5.2	24.7	37.7	51.9	68.8
墨西哥	1998	6753	32	3	6	15	16	26	9.4	18.8	46.9	50.0	81.3
	2009	7985	32	7	13	17	23	25	21.9	40.6	53.1	71.9	78.1
土耳其	2000	6508	26	4	8	10	14	19	15.4	30.8	38.5	53.8	73.1
	2008	8066	26	3	5	13	17	20	11.5	19.2	50.0	65.4	76.9
巴西	2010	6922	27	1	8	11	14	19	3.7	29.6	40.7	51.9	70.4
印度	2010	2975	35	2	6	12	16	20	5.7	17.1	34.3	45.7	57.1
印度尼西亚	2010	4856	33	0	1	1	4	9	0.0	3.0	3.0	12.1	27.3
中国	2010	7100	31	1	7	16	21	23	3.2	22.6	51.6	67.7	74.2

注：由于 Middison（2010）只提供了截止到 2008 年的数据，为保持数据的一致性，我们按照增长趋势对各国 2009 年和 2010 年的数据进行了推算。

资料来源：人均 GDP 数据是以国际元单位（Geary - Khamis Dollars）衡量结果，数据来自 Middison（2010）。除俄罗斯、巴西、印度、印度尼西亚和中国外，其他国家 20 世纪四五十年代的数据来自 Williamson（1965），20 世纪 90 年代以后的数据来自 OECD. Stat。俄罗斯 1990 年的数据来自 Mikheeva（1999），印度尼西亚、巴西和印度数据来自各国统计机构网站，中国的数据来自《2011 年中国统计年鉴》。

家的区域划分与中国省级区域基本相当，以便和上文对中国的分析结果具有可比性。由表 10 – 8 不难看出，发达国家分布在 0.7—1.3 的 R 值区间内的区域数量占该国全部区域数量的比重在 70%—90% 之间，分布在 0.8—1.2 区间内的比重占 50%—60%，分布在 0.9—1.1 区间内的比重占 20%—40%。根据其他国家发展的经验，我们可以按不匹配度的区间将区域进行分类：R 值处于 0.7—1.3 区间内的地区可称为低度匹配，0.8—1.2 区间内的地区可称为中等匹配，0.9—1.1 区间内的地区可称为高度匹配。

再来看中国的情况。表 10 – 9 中计算了 1978 年、1990 年、2003 年和 2010 年四个年份，分布在三个匹配区间内的省级行政地区。高度匹配区间内分布的地区总体在减少，1978 年和 1990 年的地区数量大体相等，2003 年高度匹配区间内的省区减少为 4 个，2010 年减少为 1 个。中等匹配和低度匹配区间内的省区数量经历了先减少后增加的过程，1978 年最多，2003 年最少，2010 年又有所增加。

表 10 – 9 　　　　　　　　　　　中国不同匹配区间内的地区变化

时间	高度匹配（0.9—1.1）	中等匹配（0.8—1.2）	低度匹配（0.7—1.3）
1978	河北、山西、吉林、浙江、湖北、广东、西藏、甘肃、宁夏	河北、山西、内蒙古、吉林、江苏、浙江、山东、湖北、广东、海南、西藏、陕西、甘肃、青海、宁夏、新疆	河北、山西、内蒙古、吉林、江苏、福建、江西、山东、湖北、湖南、广东、海南、重庆、四川、西藏、陕西、甘肃、青海、宁夏、新疆
1990	山西、内蒙古、吉林、福建、山东、湖北、海南、青海、新疆	河北、山西、内蒙古、吉林、福建、山东、湖北、海南、青海、宁夏、新疆	河北、山西、内蒙古、吉林、黑龙江、江苏、安徽、福建、山东、湖北、湖南、海南、云南、陕西、青海、宁夏、新疆
2003	河北、内蒙古、吉林、黑龙江	河北、内蒙古、吉林、黑龙江	河北、山西、内蒙古、吉林、黑龙江、山东、湖北、海南、重庆、宁夏、新疆
2010	吉林	河北、辽宁、吉林、湖北、重庆、陕西、宁夏	河北、山西、辽宁、吉林、黑龙江、福建、山东、河南、湖北、湖南、海南、重庆、陕西、青海、宁夏、新疆

进一步地，图 10 – 10 刻画了四大区域和 31 个省级行政区的 R 指数，图中深色带状区域为高度匹配区间范围，外围浅色区域为中等匹配区间的范

围，中间的虚线为完全匹配线。可以看到，东部地区的 R 指数在中等匹配区间上边界之外，东北地区处于高度匹配区间之内，中部和西部地区在中等匹配区间下边界之外。因此，如果以中等匹配为标准状态，东部与中西部地区不平衡程度相对较高，而东北地区不平衡程度相对较低。动态来看，2003—2010 年四大区域的 R 指数在向完全匹配线移动，31 个省级地区的 R 指数也呈收敛的态势。

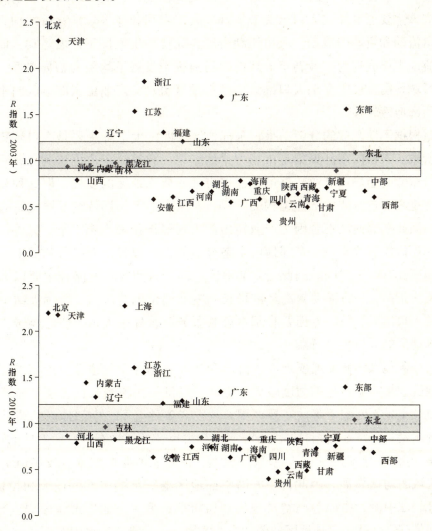

图 10 – 10　2003 年和 2010 年四大区域和省级地区的 R 指数

根据跨国比较的结果，以及对中国省级地区类型的划分，我们可以从协调人口与经济集聚的角度提出促进区域向均衡发展的思路。当区域发展不均衡表现为人口与经济分布的不匹配时，其原因要么人口承载过多、产业聚集过少，要么是产业聚集过多、人口承载过少。因此，对人口聚集过多的地方，实现区域均衡发展的路径应该是引导人口流出的同时加快产业聚集和经济发展；而对于经济聚集程度偏高的地区，区域均衡发展的路径则应该主要通过加快人口聚集来实现。人口聚集和经济聚集背后的动力是人口流动和资本的流动，人口流动表现为大量外出农民工进城运动，而资本流动主要表现为产业转移。从中国目前区域发展不均衡的格局来看，实现区域均衡发展就要求人口继续向东部地区流动，产业由东部地区向中部和西部地区转移。

根据不匹配度的分解结果，东部地区不匹配度下降主要是人口聚集效应所致。人口向东部聚集是市场力量的结果，政策制定应因势利导，顺应人口东移的趋势。产业转移虽然能够带动中西部地区的发展，但这种转移往往是东部自觉调整产业结构的结果，对东部地区长期持续发展也是有利的，因此东部地区不会因为产业转出而出现经济份额大幅下滑。另外，从主体功能区定位来看，东部地区生态容纳能力比较强，大城市和城市群的发展还具有一定空间。因此，东部地区向匹配区间收敛的路径主要以人口聚集为指向，一方面要提高经济增长的就业岗位创造能力，继续吸纳中西部的人口进入，另一方面要将基本公共服务覆盖外来人口，使已经转移至东部地区的人口稳定下来。

中部地区均衡发展要走人口流出和产业聚集并重的道路。近年来，中部地区承接产业转移的力度较大，推动了经济的快速增长，这也是经济聚集效应主导不匹配下降的主要原因。从发展条件上看，中部地区的劳动力资源丰富，经济基础相对厚实，环境承载力也较大，具有良好的发展前景。但是，由于中部地区的人口基数比较大，仅依靠产业聚集难以较快地实现本区域的均衡发展。因此，一方面中部地区继续承接东部的产业和投资，培育长江中游、中原等已初具规模的城市群；另一方面应继续输出人口，特别是已经转移至东部地区的劳动力的家属、子女需要迁移到东部。

西部地区向匹配区间的收敛也是经济聚集主导的结果，这得益于20世纪末西部大开发战略的实施。从区域的主体功能来看，西部地区是国家生态功能区主要分布的地区，作为生态安全屏障的地位突出。虽然近年来西部地区通过开发获得了较高的经济增长速度，但经济活动带来的环境影响也不容忽视，对全国的生态安全也产生了一定威胁。整体上，西部地区需以维护生态安全为主，只能在少数资源、生态条件适宜的区域进行点状集中开发。但是，对于西部巨大的空间范围，点状集中开发很难改变西部地区在国家经济格局中的地位。因此，西部地区实现均衡发展的路径应主要通过人口流出来缩小分母实现。具体而言，一方面，继续引导西部地区劳动力向东部地区流动；另一方面，生态脆弱地区的生态移民可考虑跨区域转移的方式，以达到缩小区域差距和保护生态环境的双重目的。

东北地区处于高度匹配区间中，但其内部的省际异质性较高，吉林的匹配程度较高，而辽宁和黑龙江差异较大，前者 R 值稳定在 1.3 左右，后者 R 值下降幅度较大，两者折中效果出现区域匹配程度较高的结果。黑龙江生态安全功能地位突出，不适宜大规模聚集产业，实现地区均衡发展需要向外输出人口。辽宁是国家重要的工业基地，国家当前发展阶段的需求与辽宁产业优势比较契合，故而辽宁的经济聚集功能还有进一步提升的空间，可利用辽中南城市群的发展提高吸纳人口的能力。从区域整体来看，东北地区均衡发展的路径是促进人口由北向南部流动，实现区域内部人口和经济分布的均衡。

第四节　结论与建议

本文通过构造不匹配指数，并对 1978—2010 年省际区域数据的计算，我们发现区域不匹配度大致经历了三个阶段，1978—1990 年先小幅下降，1990—2003 年大幅提高，2003—2010 年开始稳步下降。种种迹象显示，2003 年是中国区域格局由非均衡走向均衡的"拐点"，这和使用传统度量地区差距方法得到的结论是一致的，由此我们可以比较肯定地认为中国区域差距已经出现收敛迹象。

鉴于区域差距是由于人口和经济集聚过程不协同所致，我们将不匹配度变动分解为经济集聚效应和人口集聚效应后发现，中国的区域差距主要由经济聚集度变化所决定，人口聚集度变化往往处于从属地位，但随着人口流动壁垒的降低，其在缩小区域差距上的作用在不断加大。

基于本章的研究和分析结果，我们认为要实现区域均衡发展，中国应继续实施人口向东聚集和产业向西转移的"双向转移"策略。由于要素流动本身已经显示出促进区域均衡的倾向，区域政策的设计应采取顺向调节，破除要素流动壁垒的方式来协助区域的均衡发展。具体到四大区域的均衡发展路径而言，东部地区均衡发展的路径要以聚集人口为主，提高经济发展的就业岗位创造能力，继续吸纳外来劳动力，同时要稳定现有外来人口，实现流动人口的本地化；中部地区在承接和扩张产业的同时，仍应继续转移出剩余人口，特别是在东部就业劳动力的家属；西部地区的生态安全功能突出，应采取面状保护、点状开发的策略，对本区域不能"消化"的人口，应通过鼓励劳动力向东部转移以及跨区域生态移民等方式解决；东北地区内部差异性较大，互补性较强，可通过促进区域内部人口由北向南的流动来实现区域均衡发展的目标。

参考文献

1. 蔡翼飞、张车伟：《地区差距的新视角：人口与产业分布不匹配研究》，《中国工业经济》2012 年第 5 期。

2. 洪兴建：《中国区域差距、极化与流动性》，《经济研究》2010 年第 12 期。

3. 李国平、范红忠：《生产集中、人口分布与地区经济差异》，《经济研究》2003 年第 11 期。

4. 魏后凯、蔡翼飞：《西部大开发成效及展望》，《中国发展观察》2009 年第 10 期。

5. 徐现祥、王海港：《我国初次分配中的两极分化及成因》，《经济研究》2008 年第 2 期。

6. Cowell, F. A., "Measurement of Inequality", *Handbook of Income Distribution*, 2002, Volume 1: 87 - 166.

7. Maddison, A., "Historical Statistics of the World Economy: 1 - 2008 AD", 2010, http://www. ggdc. net.

8. Mikheeva, N. , "Differentiation of Social and Economic Situation in the Russian Regions and Problems of Regional Policy", Economics Education and Research Consortium, Working Paper, 1999, http: //www. eerc. ru.

9. Williamson, J. G. , "Regional Inequality and the Process of National Development: A Description of the Patterns", *Economic Development and Cultural Change*, 1965, 134: 1 – 84.